北京建筑大学"北京建筑文化研究基地"资助

教育部人文社会科学研究专项任务项目（马克思主义中国化　时代化　大众化）

"胡绳的马克思主义哲学大众化思想研究"（12JD710074）资助

青年学术丛书·哲学

YOUTH ACADEMIC SERIES-PHILOSOPHY

马克思主义哲学大众化史论

张 华 著

人民出版社

目　录

自　序

2007年我有幸进入扬州大学社会发展学院，在周一平教授门下攻读马克思主义中国化博士学位。先生对待学问精益求精，在史学理论界享有很高的声誉，教学方面也以对博士生严格要求而著称。因此，入校伊始，我就在考虑博士论文的选题问题。恰逢党的十七大召开，马克思主义大众化问题成为学术界的新热点。于是，就有了这本书稿的题目。论文在写作过程中得到了周一平教授的悉心指导，先生不厌其烦一次又一次给我推荐阅读书目和参考文献。拙著的出版是对先生付出辛苦的一点回报。

本书根据大量的原始报刊书籍资料，参照中国现代思想文化史和政治社会背景，对20世纪30年代开始的马克思主义哲学大众化运动的产生、发展和演变进程进行了翔实的梳理和评论。

书中所谓"新哲学"，是马克思主义哲学在20世纪30年代至50年代间的代称，"马克思主义哲学大众化运动"，时称"新哲学大众化运动"，是指从20世纪30年代的上海开始，在中共中央文委直接领导下，以中国社会科学家联盟为组织机构，社联成员艾思奇、沈志远等作为核心骨干力量，带动一批进步知识分子发起并推动的一场以大众化、通俗化为特征的，宣传马克思主义哲学的社会思想运动，这场运动在抗战中和新中国成立后一直持续进行。1958年开始的工农兵学哲学用哲学运动是整个马克思主义哲学大众化运动的最后一个高潮。该运动随着"文化大革命"的兴起而结束于20世纪60年代。

这场运动的发生，有其深刻的历史和学理因素。1927年之后，国民党背叛革命，镇压共产党，并在全国上下推行国民党唯心哲学。此时，中国共产党领导的民主革命处于革命的低潮,工人运动由盛而衰,武装革命遭遇挫折。中共六届二中全会的《宣传决议案》确定了宣传工作中的大众化路线,向大众展开意识形态宣传,准备迎接革命高潮。而此时的苏联哲学界经过几次斗争形成了比较完善的新体系,中国的学术界在此前唯物史观传播的基础上,吸纳了这个体系形成了唯物辩证法的研究热潮。马克思主义哲学自身发展的要求和马克思主义哲学在中国传播的脉络在中国共产党需要向大众展开意识形态宣传的时候汇集起来,终于形成一股马克思主义哲学大众化运动的潮流,冲破了国民党唯心哲学的围追堵截。

中共中央文委领导下的中国社联是这场运动的主要发起组织,而艾思奇对推动这场运动走向第一个高潮的贡献最大。在社联时期,主要的代表人物还有张如心、陈唯实、沈志远、李平心、胡绳、冯定等人。这一时期产生了《大众哲学》、《通俗辩证法讲话》等一批影响巨大的大众哲学作品。随后,日寇开始了对中国的全面侵略,形势的变化迫使这些人离开上海,走向全国,并迎来了这个运动的第二个高潮。抗战时期的马克思主义哲学大众化运动,沿着"社联"时期的道路继续前进,涌现了一批充满活力和创造力的新人和反映这个时代背景的新作,比如胡绳的《辩证法唯物论入门》、葛名中的《科学的哲学》等。抗日战争结束后,中国的主要矛盾又从中外民族矛盾回到阶级矛盾。马克思主义哲学作为工农大众的革命斗争的精神武器,依然发挥着重大作用。原有的大众化哲学著作仍然在翻印重版,而新的作品也层出不穷。第三个高潮中的新作更注重马克思主义哲学的实际应用,突出了思想方法论和人生观等方面。到了1958年,全国上下掀起了工农兵学哲学用哲学运动的新高潮,最终导致了马克思主义哲学大众化作为一个社会运动的结束。

这场运动使马克思主义哲学从学界、政坛走到普通大众的生活中,改造了几代人的思想意识形态,为社会主义的革命和建设打下了坚实的基础。

本书除前言外,"导论",回顾了国内外的研究,确定本书的研究思路;正文共有七章。第一章"新哲学大众化概念界定",辨析了已有的术语,阐释了"马克思主义哲学大众化运动"的名和义;第二章"马克思主义哲学大众化的历史背景",从社会历史的角度分析马克思主义哲学大众化运动之所以兴起的外因;第三章"马克思主义哲学大众化的思想渊源",从哲学史和思想史的角度分析马克思主义哲学大众化运动之所以兴起的内因;第四至六章分别是"第一个高潮:社联时期"、"第二个高潮:抗战中"和"第三个高潮:新中国成立前后",详细解析了每个时期的代表人物、作品和特征;第七章"马克思主义哲学大众化的经验启示",总结了经验教训,阐发了这场运动的历史与现实意义。

　　拙著是在博士论文的基础上修改加工而成,难免有疏漏与不足,恳请读者批评指正!

张　华

于北京永安里灵通观寓所

2013 年 4 月 20 日

前　言

　　哲学的思潮往往是时代的人生观变易之际的产物。譬如法国革命前的百科全书派，启蒙学派，或是欧战前后的复古思潮，都是社会制度根本动摇时的影响。然而每一时代新旧交替之际，各派思想的争辩都含有阶级的背景。①

——瞿秋白

　　革命前辈的警句掷地有声，一语中的，揭示出了哲学思潮和革命斗争的关系。其中有两个关键：第一，哲学斗争在意识形态斗争中的重要性；第二，哲学斗争在政治斗争中的重要性。认识到这两个关键，再来看待现实和历史，就会有更深刻的理解。

　　胡锦涛在中国共产党第十七次全国代表大会报告中提出，要"开展中国特色社会主义理论体系宣传普及活动，推动当代中国马克思主义大众化"②，这体现了当代中国共产党人对巩固马克思主义意识形态阵地的强烈责任和深刻忧虑。自此之后，当代中国马克思主义大众化研究成为一时之热潮，方兴未艾。论文、专著姑且不论，单是同题博士论文近 4 年来至少就

---

　　①　瞿秋白：《实验主义与革命哲学》，《新青年》1924 年第 3 期。
　　②　胡锦涛：《高举中国特色社会主义伟大旗帜　为夺取全面建设小康社会新胜利而奋斗》，《人民日报》2007 年 10 月 25 日。

有 6 篇。① 中国共产党第十八次全国代表大会报告再次重申"推进马克思主义中国化时代化大众化"②,这说明马克思主义大众化的当代意识得到了充分的应有的重视。

然而,在学者们把目光投向当代马克思主义大众化的理论和实践研究的时候,马克思主义大众化的历史研究却还未被引起足够关注,目前仅有 3 篇博士论文对延安时期马克思主义大众化展开研究。③ 历史作为现实的镜子,其价值是不可忽略、不可替代的。很多事件在历史上一次又一次地重演,好像有一只看不见的手在推动着,历史规律的作用何其大焉! 以史为鉴,有益于不重蹈往日的覆辙,不走过去的弯路;以史鉴今,有益于看清前进方向,开拓创新。

历史地看,在中国,马克思主义的大众化是以马克思主义哲学的大众化为灵魂的。一系列的史料都讲述着这一宏大的历史事件,这是不可忽视、不可否认、不可抹杀的。所以,笔者把目光聚焦于马克思主义哲学的大众化运动在中国的兴起和发展,希望能有纲举目张之功效。

本书的研究对象是"马克思主义哲学大众化运动"。对于这场运动,现有的讨论实在太过模糊。对于其名称,涉及的人物、刊物、书籍,整个事件的前因后果,至今都没有一个完整而详尽的研究。甚至,这是不是一场运动,

---

① 截至 2012 年底,在中国知网(CNKI)的"中国博士学位论文全文数据库"和国家图书馆馆藏学位论文中,这方面的博士论文主要包括:1.李栗燕:《当代中国马克思主义大众化过程中的对话平台研究》,南京航空航天大学博士学位论文,2012 年;2.王恒兵:《当代中国马克思主义大众化问题研究》,河南大学博士学位论文,2011 年;3.曹根记:《当代中国马克思主义大众化研究》,湖南师范大学博士学位论文,2010 年;4.姜洁晶:《当代中国马克思主义大众化研究》,中共中央党校博士学位论文,2010 年;5.阮东彪:《当代中国马克思主义大众化研究》,中国人民大学博士学位论文,2009 年;6.杨宏庭:《中国马克思主义大众化研究》,兰州大学博士学位论文,2009 年。杨宏庭一文虽然题目中没有"当代"二字,但其内容涉及的范围却和其他三篇相同。

② 胡锦涛:《坚定不移沿着中国特色社会主义道路前进 为全面建成小康社会而奋斗》,人民出版社 2012 年版。

③ 截至 2012 年底,在中国知网(CNKI)的"中国博士学位论文全文数据库"和国家图书馆馆藏学位论文中,这方面的博士论文主要包括:1.焦金波:《延安时期马克思主义大众化研究》,陕西师范大学博士学位论文,2012 年;2.郭德钦:《延安时期知识分子与马克思主义大众化研究》,陕西师范大学博士学位论文,2012 年;3.陈欣欣:《延安时期毛泽东马克思主义大众化思想研究》,吉林大学博士学位论文,2012 年。

都有人怀疑。

　　研究中,笔者一次又一次地慨叹,为什么这一段历史被人遗忘了?要知道,过往的记忆往往会使人变得更加明智。笔者深刻地感觉到有责任让中国人记住这段历史,记住在这片国土上,曾经有人为了让劳苦大众走出被剥削被压迫的痛苦而以笔为刀战斗过,曾经有人为了让马克思主义哲学成为人民大众的斗争武器而奋斗过。

　　要研究马克思主义哲学大众化运动,首先要破除两个影响颇大的误解。第一,马克思主义哲学大众化运动就是艾思奇一个人捧着《大众哲学》一本书孤军奋战;第二,马克思主义哲学大众化运动在艾思奇离开上海后就已经偃旗息鼓。本书的目的之一,就是要沿着历史的脉络,把一个完完整整的沿革有序的马克思主义哲学大众化运动呈现给学界。

　　为此,笔者将首先确定研究思路,厘定概念体系;继而将以翔实的史料展现这段历史的真实面貌,并展开严谨的思想史论述。

导　　论

一、为何研究马克思主义哲学大众化运动

（一）理论意义

马克思主义哲学大众化运动研究涉及史学、哲学、政治学、社会学、文化学和传播学等层面，关注哲学如何进入社会、进入生活、进入大众的根据、条件和机制之所在。哲学大众化不仅是一个从现存的哲学到既定的大众的单向传播过程，同时大众化本身又是一个反观哲学、检验哲学、发展哲学的反馈过程。马克思主义哲学大众化既从属于马克思主义大众化的过程及规律，又具有哲学自身性质所要求的特点及内容。当代中国广泛而深刻的变革赋予当代中国马克思主义哲学大众化新的时代内涵和实践要求，并推动马克思主义哲学工作者们去研究哲学社会化过程中所出现的新问题。

马克思主义哲学大众化是马克思主义哲学基本原理由抽象到具体、由深奥到通俗、由被少数人理解和掌握到被广大群众理解及掌握的过程。在新的历史条件下，如何推动和实现马克思主义哲学大众化，已经成为当代马克思主义哲学发展中的重大课题。

马克思主义哲学大众化是由马克思主义哲学的本质、特点和功能所决定的，马克思主义哲学是实践的哲学、生活的哲学，这就要求让它贴近实际、贴近群众、贴近生活，以通俗易懂的形式，使中国化的马克思主义哲学真正为大众所理解、接受和掌握。事实上，当代中国马克思主义哲学已经取得了许多新的重要成果，迫切需要将其"大众化"。改革开放三十多年来，中国

化的马克思主义哲学既坚持了经典马克思主义哲学的基本理论,又在实践经验和理论成果上丰富了马克思主义哲学,中国特色社会主义理论具有坚实的哲学基础,蕴含着丰富的哲学思想,包容了多方面的新成果,这些凝聚了中国共产党人的集体智慧,体现了中华民族优良文化传统的哲学思想,是当代中国马克思主义哲学大众化的重要内容。

通观人类社会发展史,任何一次巨大的社会变革总是以哲学变革为先导,社会实践越是向前发展,就越需要代表时代精神的精华的哲学,就越需要人们重视哲学,学好哲学,用好哲学,并不断地发展创新哲学。2003 年中国进入改革发展的关键期,即进入了人均国内生产总值 1000 美元至 3000 美元的发展机遇期和矛盾凸显期,分配不公,就业难,社会保障体系不健全,利益诉求渠道不畅通,社会公益事业发展滞后,城乡之间、不同区域之间发展不平衡等深层次矛盾凸显,这一系列社会问题的出现不可避免地冲击和影响着人们的世界观、人生观和价值观。哲学作为"时代精神的精华"和"文明的活的灵魂",不应当脱离现实,飘忽于九霄云端之外,高居于神圣的殿堂之上,而应直面社会问题,作出自己的解答。马克思说:"问题就是公开的、无畏的、左右一切个人的时代声音。问题就是时代的口号,是它表现自己精神状态的最实际的呼声。"①只有触及、回答和解决时代所提出的问题,哲学才有可能承担并实现自己应有的使命,才能在新的实践中,推动自身理论的创新发展。苏东剧变的一个重要启示就是一旦把马克思主义哲学研究教条化、神圣化,去搞复杂烦琐的论证和大部头的著作,只能使哲学脱离实践,脱离人民,最终使哲学淡出现实生活,从而窒息了自己的生命而成为"历史"的东西。

苏东剧变后,社会主义运动处于低潮,马克思主义及其哲学遭受了前所未有的挑战和诘难。挑战即是机遇。只有迎接挑战,直面困境,检视和反思自身,在实践中不断地推进理论的创新与发展,才能变挑战为机遇,迎来马克思主义及其哲学研究的新高潮。正如中共十七大报告所言,"当今世界正在发生广泛而深刻的变化,当代中国正在发生广泛而深刻的变革。机遇

① 《马克思恩格斯全集》第 40 卷,人民出版社 1982 年版,第 289—290 页。

前所未有,挑战也前所未有,机遇大于挑战"。① 实际生活总是在不停地变动,这种变动的剧烈和深刻,近100多年来达到了前人难以想象的程度。实际生活、实践的变化,必然引起理论的发展与变化。理论若不为时代和实践所淘汰,就不能停滞不前,就要发展创新,就要与时俱进。为此,研究马克思主义哲学大众化运动,不仅填补了相关史料空白,弥补了相关理论研究中的不足,而且通过总结哲学前辈们在传播、坚持与发展马克思主义哲学过程中所作出的重大贡献和创新之处对于今天马克思主义哲学的创新、传播与发展无疑具有重大的理论指导意义。

(二)现实意义

改革开放以来中国共产党意识形态建设已取得一些成绩,今天中国的马克思主义,正在贴近现实,与人民息息相通。从邓小平理论,到"三个代表"重要思想,到科学发展观,它所具有的科学化、现实化与人本化的趋向,已日益鲜明。但随着改革开放的发展,中国社会的变化,马克思主义意识形态正面临着影响范围被削减、指导作用被削弱的"边缘化"危机。其原因主要有以下几方面:

首先,意识形态淡化。这种淡化的主要背景表现为和平与发展这一时代主题的凸显,使得以经济和科技发展为核心的综合国力竞争上升为首要的地位;两极格局的解体,使得以意识形态对抗为特征的"冷战思维"让位于全球性的对话。无论是时代的演进还是中国实践的发展,无论是市场取向的改革,还是全方位对外开放,都要求把经济建设作为中心,把发展作为第一要务,使中华民族实现伟大复兴。但是20世纪90年代,出现了所谓"意识形态终结"的思潮,布热津斯基和福山企图以社会主义在20世纪的兴亡证明西方政治价值及其制度不可超越;有着强烈意识形态色彩的西方文化正借助全球化的潮流向全世界扩散,使包括中国在内的广大发展中国家出现了身份认同危机,即文化自我确认的迷茫和意识形态守护的乏力。

---

① 胡锦涛:《高举中国特色社会主义伟大旗帜　为夺取全面建设小康社会新胜利而奋斗——在中国共产党第十七次全国代表大会上的报告》,《人民日报》2007年10月15日。

其次，意识形态多元。现实生活中多元意识形态并存是一个客观的事实，它主要取决于当今世界社会制度、政治架构、民族国家、民族文化的多样性。在经济全球化和信息网络化的大潮中，全球范围内各种思想文化相互激荡；在中国全方位对外开放的环境下，中外文化正进行着史无前例的交流和碰撞。现代社会作为一个复杂的有机体存在着多元主体，存在着不同的思想观念和价值追求，因而也就必然存在着多种多样的意识形态。值得注意的是由于中国教育科技不发达，加之长期存在封建主义文化残余思想的影响，各种宗教的影响正在扩展，有调查显示，20世纪80年代出生人群的超自然信仰较高，越来越多的青少年对星座、算命、宗教等领域感兴趣。即使在党员、领导干部中，不信马列信鬼神的也不乏其人。面对纷繁多样的思想观念和价值追求，马克思主义对于社会思想文化的引领和主导作用正受到消解，主流意识形态遭遇严峻挑战。

第三，马克思主义理论宣传的亲和力、渗透力还很不够。马克思主义作为当代中国主导意识形态总体特征，是一种带有"革命性"或"运动性"的意识形态。具体表现为：精神气质上，具有明显的批判性和斗争性；运行方式上，注重与群众性政治运动相结合；推动手段上，主要通过国家政权来推动和保障。其宣传方式过于简单化、表面化，习惯以直白的政治口号作为自己的工作语言。突出政治性，强调统一性；硬性灌输多，理性分析少。马克思主义理论宣传有战斗力是不够的。没有亲和力、渗透力也就没有战斗力。这样的工作方式和工作语言不仅会损害意识形态本身的形象，也很难达到预期的目标和理想的效果。言不由衷的说教很难进入人们心中，只会成为调侃的对象。

最后，马克思主义理论深入普及工作做得还很不够。某些干部，特别是中下层基层干部，学习、了解、掌握马克思主义理论不多，马克思主义理论水平不高；群众特别是工人农民学习、了解马克思主义理论不多，极少有人主动去关心全国人大的报告及政府工作报告；学生中对马克思主义不感兴趣的也大有人在。研究者们往往只重视把马克思主义指导思想与党和国家政治层面以及哲学社会科学理论中的方向、指导原则等问题联系起来，而对马克思主义与大众生活和实践的关系重视不够。20世纪30年代艾思奇的

《大众哲学》在广大青年人中起到了宣传普及马克思主义的极好效果,反观现在的图书市场,马克思主义大众读物屈指可数,又有多少专家、学者愿意做这些普及工作?列宁说过:"最高限度的马克思主义=最高限度的通俗和简单明了","最高限度的马克思主义=最高限度的通俗化。"①把马克思主义与大众生活和价值观联系起来,是加强中国意识形态建设的客观要求。

要彻底扭转马克思主义意识形态"边缘化"的危机,巩固中国意识形态的安全,迫切需要在广大人民群众中大力宣传、普及马克思主义,特别是用马克思主义中国化的最新成果武装人们的头脑,大力推进当代中国马克思主义大众化工程。马克思主义哲学大众化运动的重要启示在于,马克思主义的大众化,必须由马克思主义的通俗化开道。没有马克思主义的通俗化,也就没有马克思主义的大众化。通俗化和大众化紧密相连,通俗化是指用语浅显,形式接近于大众的生活习惯,它是大众化的一个方面。而大众化则包含更广泛、更深刻的意义,马克思主义的大众化也就是马克思主义的群众化,把高深的马克思主义理论用通俗的词句加以解释,深入浅出,让马克思主义走出理论家的书斋,和人民大众生活接近,使人们知道在日常生活中要注意哲学思想的修养,以便掌握正确的思想武器。学习研究 20 世纪 30 年代马克思主义哲学大众化运动的成功经验及历史教训有助于当代中国马克思主义大众化工程的顺利进行,有助于中国的意识形态建设。

二、马克思主义哲学大众化运动研究综述

(一)国内研究的情况

目前,理论界对于"马克思主义哲学大众化运动"的专题研究还基本处于空白,没有专门的博士论文和专著,仅在一些专著内的部分章节有所论述。当前的研究现状给人留下的印象是,该运动的代表人物就是艾思奇,他的代表作就是《大众哲学》。研究哲学大众化的论文基本上都提到艾思奇

---

① 《列宁全集》第 36 卷,人民出版社 1959 年版,第 467—468 页。

的《大众哲学》,有数篇论文研究了胡绳在哲学大众化运动中的贡献,但是,对其他的作品和其他人物的论述则极其罕见。这样的研究很不平衡,有很多漏洞和空白。

现有的研究对陈唯实、沈志远、胡绳、冯定、张如心、李平心在哲学大众化运动中的贡献偶有论及,而且大多较为简略,而对巴克、曹达、陈伯达、陈瑞志、黄特、李何明、刘鸿钧、卢心远、马特、平生、秋平、袖群、宋振庭、王健、徐懋庸等人的贡献则几乎无人提及。对这次运动所涉及的大量书籍,无论是译作还是原创,乃至报刊、杂志中的相关文章至今也都无人涉猎。对照中文参考文献中所列出的马克思主义哲学大众化运动基本历史文献,就可以很容易发现这一点。

1.对艾思奇与哲学大众化运动的研究

艾思奇是一位在马克思主义哲学传播与发展史上占有重要地位的历史人物。国内外学者对他的研究取得了丰硕的成果。在国内,真正意义上开始研究艾思奇是改革开放以后的事情。随着对艾思奇所遗留下来的几百万字的文字著述的整理与出版,随着人们对近现代中国哲学史的总结和清理,人们对艾思奇的关注与研究也渐渐地多了起来。艾思奇的夫人王丹一对于推动学界对艾思奇的研究做了很多工作。她不仅是艾思奇文稿整理小组的成员之一,也是多次艾思奇纪念活动文稿编辑组的成员之一,而且还把艾思奇生前藏书及手稿捐献给了家乡的云南省图书馆,这无疑为研究者提供了极大的便利。学界对艾思奇在哲学大众化运动中的贡献的研究成果,表现在如下几个方面:

关于艾思奇的研究著作主要有如下几部:艾思奇文稿整理小组编《一个哲学家的道路——回忆艾思奇同志》①,艾思奇学术思想座谈会秘书组编《马克思主义哲学家艾思奇》②,杨苏著《艾思奇传》③,艾思奇同志纪念文集

---

① 艾思奇文稿整理小组编:《一个哲学家的道路——回忆艾思奇同志》,云南人民出版社1985年版。

② 艾思奇学术思想座谈会秘书组编:《马克思主义哲学家艾思奇》,中共中央党校出版社1987年版。

③ 杨苏:《艾思奇传》,云南教育出版社1994年版。

编辑组编:《人民的哲学家:艾思奇纪念文集》①,谢本书著《战士学者——艾思奇》②,马汉儒主编《哲学大众化第一人——艾思奇哲学思想研究》③,李今山主编《常青的大众哲学》④,卢国英著《智慧之路——一代哲人艾思奇》⑤,中共云南省委宣传部编:《哲学向大众普及理论为实践服务:纪念艾思奇〈大众哲学〉发表七十周年暨科学发展观理论讨论会论文集》⑥,李景源、孙伟平主编《怀念与思考:艾思奇与马克思主义哲学中国化》⑦。

在这些书籍中,都有一部分内容涉及艾思奇对马克思主义哲学大众化运动所作的贡献。其中尤其值得重视的是艾思奇的一些生前好友写的回忆录一类的文章,具有重要的史料价值。

博士论文:缪柏平的博士论文《艾思奇哲学道路研究》⑧。其中第一章的第五小节"开创哲学大众化之路"对艾思奇这方面的贡献做了研究。不过篇幅较少,因而这部分也不够深入。

发表了一系列关于艾思奇与《大众哲学》研究的学术文章。这些文章研究了艾思奇的《大众哲学》及其所开创的马克思主义哲学大众化之路,评估了《大众哲学》一书的社会影响和价值,探讨了进行哲学大众化、通俗化工作的理论和现实意义。

总体而言,对于艾思奇与哲学大众化运动目前学界的研究虽然广泛,但不够细致、深入。

比如,缺乏比较研究,如没有把艾思奇与陈唯实、沈志远、胡绳等其他代

---

① 艾思奇同志纪念文集编辑组编:《人民的哲学家:艾思奇纪念文集》,云南人民出版社1997年版。

② 谢本书:《战士学者——艾思奇》,贵州人民出版社2000年版。

③ 马汉儒主编:《哲学大众化第一人——艾思奇哲学思想研究》,云南人民出版社2002年版。

④ 李今山主编:《常青的大众哲学》,红旗出版社2002年版。

⑤ 卢国英:《智慧之路———一代哲人艾思奇》,人民出版社2006年版。

⑥ 中共云南省委宣传部编:《哲学向大众普及理论为实践服务:纪念艾思奇〈大众哲学〉发表七十周年暨科学发展观理论讨论会论文集》,云南大学出版社2006年版。

⑦ 李景源、孙伟平主编:《怀念与思考:艾思奇与马克思主义哲学中国化》,中共中央党校出版社2008年版。

⑧ 缪柏平:《艾思奇哲学道路研究》,中共中央党校博士学位论文,2004年。

表人物的理论贡献进行比较,也没有将中外的马克思主义哲学大众化方面的工作来进行比较。

再如,对于艾思奇在马克思主义哲学大众化运动中摸索出来的一套经验尤其是技术手段方面的意义及其留下的启示论述得也不充分,因而对当今的马克思主义哲学大众化工作缺乏具体的指导意义。具体说来,就是如果要写一本新时代的《大众哲学》,从目前的研究来看,还无法找到完整的系统的操作性建议。《大众哲学》之后,仿作甚众,对这些作品取得的经验教训也缺乏研究。

再如,缺乏版本的校勘、研究。《大众哲学》印行了几十版,艾思奇本人反复对其修订。各个版本之间其实差异很多,甚至有一些本质性的差异。研究《大众哲学》的版本情况,不只是一种版本学意义的研究,更是探索艾思奇本人思想发展脉络,特别是揣摩艾思奇在哲学大众化工作中的具体思想发展的重要途径。然而,现有的研究仅是卢国英在《智慧之路》中有一节用8页的篇幅作了讨论,涉及的版本也还不甚周全。这个方面是值得进一步探索的。

这些都是本书希望能够作出贡献之处。

2. 对马克思主义哲学大众化运动中其他人物及作品的研究

黄楠森等的《马克思主义哲学史》①第6卷中的第三章第一节"马克思主义哲学的宣传、研究和普及"中的第二、三两部分,是目前最具权威性的研究。执笔者是中国社会科学院哲学研究所的孙克信和于良华两位资深专家。他们主要论述了中国社会科学家联盟的组织发动工作,以及艾思奇和《大众哲学》的贡献,也简要涉及了陈唯实、沈志远和胡绳三位作者。

中国社会科学院哲学研究所的徐素华深化了孙、于两位专家的研究。《中国社会科学家联盟史》②第四章的第五小节"提倡社会科学'面向大众'"中相当一部分涉及马克思主义哲学的大众化,除了艾思奇、沈志远和胡绳外,还涉及了李平心。《马克思主义哲学在中国:传播 应用 形态

---

① 黄楠森等:《马克思主义哲学史》第6卷,北京出版社2005年版,第257页。
② 徐素华:《中国社会科学家联盟史》,中国卓越出版公司1990年版,第109页。

前景》①一书的第二十二章论述了"大众化形态的马克思主义哲学——艾思奇的大众哲学等",除艾思奇外,还详细论述了陈唯实、沈志远和胡绳的贡献。徐素华另有多篇论文涉及这方面的研究,详见参考书目。

《马克思主义哲学在中国(从清末民初到中华人民共和国成立)》②一书的第六章名为"马克思主义哲学的系统传播"。主要论述了李达、沈志远和艾思奇,也各以一节的篇幅论述了吴亮平、张如心、陈唯实和胡绳的贡献。不过,因为写作的重点也在"系统传播",所以,对大众化这方面并未非常侧重。

在学位论文方面,仅有一篇硕士论文研究了陈唯实在大众化运动中的贡献③。

现有的研究几乎没有把译作放入研究视野。当时有相当多的译自俄语和日语的马克思主义哲学初级和普及读物,这一些作品在当时也产生了巨大影响,也应该属于推进马克思主义哲学大众化的工作。

3.对于整个事件的认识

由于现有的研究主要集中在艾思奇的《大众哲学》上,只看到一个历史的片段中的个别人,难免有盲人摸象、管中窥豹之嫌。只需要追问两个简单的问题,艾思奇在《大众哲学》之后,就没有再写过大众化的哲学作品吗?类似《大众哲学》的书籍后来就没有了吗? 在图书馆中翻翻那个时代的书,就可以回答这两个问题。而答案,则迫使笔者不得不试图在历史长河中,摸索完完整整的马克思主义哲学大众化运动始末。

（二）国外研究的情况

1.关于艾思奇《大众哲学》的研究

从 20 世纪 70 年代到 90 年代,国外的学者,尤其是对马克思主义在中

---

① 徐素华:《马克思主义哲学在中国:传播　应用　形态　前景》,北京出版社 2002 年版。

② 李其驹等:《马克思主义哲学在中国(从清末民初到中华人民共和国成立)》,人民出版社 1991 年版,第 355—383 页。

③ 付婷:《陈唯实与中国马克思主义哲学的大众化传播:以 20 世纪 30 年代为中心》,中山大学硕士学位论文,2009 年。

国的历史命运以及中国的革命史有着浓厚研究兴趣的西方学者,都把艾思奇列为他们在这一领域中的主要研究对象和突破口。他们的研究成果是显著的,表现如下:

最早对艾思奇进行研究的是法国人彼埃尔(O. Briere)。他最先于1947年写了《中国马克思主义哲学的贡献》①,随后又在其著作《中国哲学50年(1898—1948)》②中论及了艾思奇。然后是伊格纳修斯·曹(Ts'ao Ignatius)的发表于1972年的《艾思奇——中国共产主义的倡导者》③、《艾思奇的哲学——辩证唯物主义》④两篇专论。接着是1986年出版的德国学者韦纳·麦斯纳(Werner Meissner)的专著《哲学与政治在中国——三十年代关于唯物辩证法的论战》⑤,其中有一部分涉及艾思奇。美国学者乔舒亚·福格尔(Joshua A. Fogel)1987年出版的专著《艾思奇对中国马克思主义发展的贡献》⑥,在欧美学界很有影响,出版之后随即就出现了近十篇推荐书评。美国学者泰瑞·博登霍恩(Terry Bodenhorn)1994年发表了长篇论文《艾思奇和中国身份的重新构建,1935—1936》⑦,从一个全新的视角进行了讨论。

西方学者的研究重点主要集中在以下两个方面:

一是考察了哲学大众化的起源与发展,以及《大众哲学》一书受欢迎的

---

① 彼埃尔:《中国马克思主义哲学的贡献》,《复旦大学学报》1947年第3期。

② O. Briere, S. J. *Fifty Years of Chinese Philosophy*, *1898—1950*. Translated from the French by Lawrence G. Thompson. New York: Macmillan, 1956.

③ Ignatius J. H. Ts'ao. Ai Ssu-ch'i: The Apostle of Chinese Communism. Part One: His Life and Works. *Studies in Soviet Thought*, Vol. 12, No. 1(Mar., 1972), pp. 2-36.

④ Ignatius J. H. Ts'ao Source. Ai Ssu-Ch'i's Philosophy. Part Two: Dialectical Materialism. *Studies in Soviet Thought*, Vol. 12, No. 3(Sep., 1972), pp. 231-244.

⑤ Werner Meissner. *Philosophy and Politics in China*: the Controversy over Dialectical Materialism in 1930s. English translation, Stanford, California: Stanford University Press, 1990. Originally published in German in 1986 by Wilhelm Fink Verlag, Munich, as *Philosophie und Politik in China*: *Die Kontroverse uber den dialektischen Materialismus in den dreissiger Jahren*. Originating publisher of English Edition: C. Hurst & Co.(Publishers)Ltd., London.

⑥ Joshua A. Fogel. *Ai Ssu-ch'i's Contribution to the Development of Chinese Marxism*. Harvard Contemporary China Series: 4. Cambridge, Massachusetts, 1987.

⑦ Terry Bodenhorn. Ai Siqi and the Reconstruction of Chinese Identity, 1935—1936. *Modern China*. 1997 vol. 23. pp. 275-297.

原因。关于哲学大众化问题,乔舒亚·福格尔的研究颇具有启发意义。他不仅将艾思奇的马克思主义哲学大众化工作与民国以来许多思想家所做的文化通俗工作进行了比较,而且还与中国历史上宋代以来的儒家学说的传播朝通俗化方向发展的趋势作了比较研究。福格尔还谈到在马克思主义发展史上,从事大众化工作比较出名的还有俄国的布哈林、意大利的葛兰西等人。关于《大众哲学》受欢迎的原因,泰瑞·博登霍恩在前人研究成果的基础上更进一步,分析得最为全面。他从《大众哲学》一书本身的内容结构和写作时的社会历史环境这两个方面入手来研究。例如,仅就书的内容结构而言,他就分析了有 10 个方面的技术性原因。这种细致的分析正是国内学界所缺乏的,也正是可以学习并有所突破之处。应该说,国外在这方面的研究显得更为全面、系统、细致、具体,使历史人物的研究更具有历史感和真实感。

二是考察了艾思奇哲学思想与苏联 20 世纪 30 年代哲学的关系。从目前的研究资料来看,国内学者对这个问题的研究不是太多,即使有所涉及也未曾深究。而国外学者对此兴趣很大。伊格纳修斯·曹和乔舒亚·福格尔在这方面都有论及。总体来说,他们的主要观点是艾思奇的哲学思想要得益于 30 年代的苏联哲学,艾思奇的一生也未摆脱苏联哲学的影响。其实,早在延安时期,毛泽东和艾思奇等人就一直在积极倡导"马克思主义哲学的中国化、现实化",力求谱写出新形态的、有中国风格的马克思主义哲学。新中国成立后,他们更是为此进行积极的探索。尽管西方学者在这方面观点有些牵强附会,结论也不太确切,甚至还有史实上的出入,然而可为在此方面的深入研究提供借鉴和参考。总的说来,国内外学者在艾思奇研究方面已达到一定的深度和广度,甚至在某些领域,凭借其特有的优势,研究还是相当深入的。

2.关于大众化研究

田辰山的《中国辩证法:从易经到马克思主义》①的研究,着眼于通俗化

---

① Chenshan Tian. *Chinese Dialectics*：*From Yijing To Marxism*. Lanham：Lexington Books. 2004. 另有中译本:田辰山:《中国辩证法:从易经到马克思主义》,萧延中译,中国人民大学出版社 2008 年版。

来看待这场运动,把艾思奇的主要贡献放在中国化上。该书对瞿秋白和李达对马克思主义哲学中国化的贡献有专门的论述,却只有4页内容略略涉及吴黎平、张如心、沈志远和陈唯实,没有太多地展开,所用史料也不详尽。

尼克·奈特的专著《马克思主义哲学在中国——从瞿秋白到毛泽东(1923—1945)》①,作者先以多篇论文的形式发表,然后修订成书。因此他的研究在西方学者中显得比较充实,有分量。该书把马克思主义唯物辩证法在中国的发展线索整理得非常清晰。对艾思奇的评价时有新论。但是此书的缺点也非常明显,把大众化运动只是看成一般意义上的宣传普及,忽略了马克思主义哲学的党性和意识形态的阶级性。这同样是在当代马克思主义哲学大众化研究和实践中需要重视的问题。

三、本书的研究思路

(一)研究方法

本书总体上以马克思主义的辩证唯物主义和历史唯物主义思想为指导原则。鉴于目前这段马克思主义哲学传播史的研究现状,主要的缺点在于第一手资料的完整搜集工作还没有人做过,本书的立意便首先是做好史学的资料整理工作,其次才是哲学的论述,因此本书的研究形态是史论。有史有论,以重要性来看,首先是以具体的材料实事求是地说清楚历史事件到底如何,其次才是论述,力求不让论述变成无本之木。本书属哲学史研究,研究中具体采用的史学、哲学的理论方法有:

1.辩证唯物论的方法

研究、分析、总结马克思主义哲学大众化运动,只有采用辩证唯物论的方法,即客观、辩证和实事求是的方法,特别是在大背景下以历史和发展的眼光看待这场运动,以群众史观来看待其代表人物及其理论贡献,才能给出

---

① Nick Knight.*Marxist Philosophy in China*：*From Qu Qiubai to Mao Zedong*,*1923—1945*. Amsterdam：Springer. 2005.

准确定位,得出有说服力的结论。

2.历史与逻辑相统一

历史从哪里开始,逻辑也应该从哪里开始。对于历史事件的研究,尤其如此。通过对相关代表人物所遗留下的宝贵的文字著述资源的挖掘、整理和利用,通过对当时不同刊物发表的文章进行分析研究,才可能对这场运动有一个清晰的了解和把握。

3.阶级分析法

在阶级社会里,要认清纷繁复杂的社会现象特别是上层建筑、意识形态现象,掌握意识形态变化、发展的规律,必须坚持阶级分析方法。在当代中国,阶级矛盾虽然不是社会的主要矛盾,但坚持四项基本原则与资产阶级自由化的斗争将长期存在。同时,国际上社会主义与资本主义两种制度、两种意识形态的对立还存在,还存在着和平演变与反和平演变的斗争。因此观察当今社会矛盾时必须坚持阶级分析的方法。当然,必须注意克服以往那种在运用阶级分析方法时的简单化和庸俗化倾向。

4.多学科综合研究法

研究马克思主义哲学大众化的历史与现实问题是一个涉及多学科的问题。所以,研究中必须兼用哲学、历史学、政治学、经济学、社会学、传播学、舆论学等理论和方法。马克思主义哲学在社会生活中的传播是一个各系统要素的互相作用、互相依存、互相促进、有机联系的系统网络。这种思维方法要求既研究马克思主义哲学大众化运动的整体,又要研究其内部的各种因素、结构、方面,然后综合形成对马克思主义哲学大众化运动的系统认识。

5.理论联系实际

对于马克思主义哲学大众化运动的研究,目的是为推进理论创新,促进当代中国马克思主义大众化工程。只有紧密地联系实际,才能深刻阐发出哲学大众化运动的当代意义。艾思奇等哲学前辈们同样极力倡导理论联系实际的方法,他们为此有过专门的论述和阐释。

6.比较史学的方法

引入比较史学的方法,是为了拓展和深化对这场运动的研究。运动的代表人物艾思奇、沈志远、陈唯实、冯定等人对马克思主义哲学大众化的理论贡献不同。对他们哲学大众化的理论和方法进行比较和分析,对于深入地了解和把握那段历史,在新世纪进一步推进马克思主义哲学的发展与创新意义重大。

7.心理史学的方法

要做好人物的比较,就不得不运用心理史学的方法。比如,艾思奇和李平心的个性截然不同,他们的大众化作品也呈现出不一样的特质,"文如其人"就是如此。这方面的研究也是此前没有人做过的。

8.内史和外史相结合

匈牙利学者拉卡托斯把科学史的研究方法分为"内史"和"外史"两种,这一方法论为众多学科所接纳①。同样,思想史的研究也可以有两个维度:一是注重思想运动发展的内在理路,即本身的内在运行轨迹,或者是注重研究历史上不同的学术流派、不同的思想观念之间的内在逻辑关联,这种方法可称为"内史"研究;一是注重思想运动与当时的社会历史条件及时代氛围的关系,如时代背景、社会结构、风俗习惯、政治权力、地理和人文环境、学者个人的个性等等对思想运动发展的影响,这种方法可称为"外史"研究。本书也将采取这种内史和外史相结合的方法。

(二)创新之处

鉴于目前国内学界缺乏对马克思主义哲学大众化运动的专门研究,还没有文章和专著出现,因而本书的研究重点是对起源于 20 世纪 30 年代的哲学大众化运动进行全面深入细致的研究,总结经验与不足。既要看到这次运动对马克思主义哲学在中国的传播与发展所起到的积极贡献,也要看到其时代局限性和不足与缺陷,为当代中国普及马克思主义哲学提供借鉴、启迪,推动马克思主义大众化工程的顺利进行,促进马克思主义哲学的研究、发展与创新。因此,本书希望在以下几个方面取得突破和创新:

第一,较为全面、系统地分析、论述和把握哲学大众化运动。现有的研究都是片断式的,本书拟作出系统性整体性的研究。

---

① 参见赵敦华:《现代西方哲学新编》,北京大学出版社 2001 年版,第 210—211 页。

第二,对以往学界有过研究的艾思奇、陈唯实、沈志远、胡绳、冯定在哲学大众化运动中的理论贡献进行深入细致的研究,包括比较研究。

第三,对哲学大众化运动中的相关刊物及文章进行整理研究,特别是对以往学界几乎没有触及的巴克、曹达、陈伯达、陈瑞志、黄特、李何明、刘鸿钧、卢心远、马特、平生、秋平、袖群、施存统、宋振庭、王健、徐懋庸等人的贡献作出开创性研究。

第四,对这次运动的意义及其启示作出思考,特别是在对当代的马克思主义哲学大众化工作有具体指导意义的技术手段方面作出研究,达到以史鉴今的目的。

第一章　新哲学大众化概念界定

本书研究的对象是"马克思主义哲学大众化运动",由于"新哲学"是马克思主义哲学在 20 世纪 30 年代至 50 年代间的代称,因此,本书的研究对象时称为"新哲学大众化运动",即"新哲学"的大众化运动,不是新的哲学大众化运动。前者是一个历史事件,后者则可能被理解为在当前开展一个新的不同于以往的"哲学大众化"运动。鉴于下面要论述的都是马克思主义哲学大众化运动,后文"新哲学大众化运动"作为一个完整的术语出现,在术语的指称对象明确了以后,文中不再给"新哲学大众化运动"单独加上引号。

要给新哲学大众化运动作一个准确的界定,首先需要阐明几个基本概念:新哲学、大众、大众化、运动、大众化运动。在此基础上,才能说清何谓新哲学大众化运动,才能看清楚历史上到底有没有发生过新哲学大众化运动。

第一节　新哲学

一、作为专有名词的新哲学

"新哲学"作为一个术语,现在虽然确实已经很少被人提及,但是在历史上却曾经有过辉煌,不仅出现在哲学专业工作者的口中笔下,也在普通大众口中风靡一时,影响了整整一代人。但是在当今几部大型的哲学专业词典[①]

[①] 包括冯契主编:《哲学大辞典》修订本,上海辞书出版社 2007 年版;金炳华主编:《马克思主义哲学大辞典》,上海辞书出版社 2003 年版;方克立主编:《中国哲学大辞典》,中国社会科学出版社 1994 年版;黄楠森、杨寿堪主编:《新编哲学大辞典》,山西教育出版社 1993 年版。

和百科辞书的代表《辞海》(第6版)中都没有收入这个名词,这不免令人遗憾。尽管失收,这些辞书中却又都出现一些包含"新哲学"在内的词条,比如:"新哲学辞典"、"新哲学论集"、"新哲学的人生观"、"新哲学体系讲话"、"新哲学教程"、"新哲学论丛"、"新哲学论战集"。这说明"新哲学"作为一个马克思主义哲学史上的名词,是绕不过去的。

单看这些条目的名称,也许有人会提出疑问,这些词条中的"新"是只修饰"哲学"呢,还是修饰后面的整体? 根据常识,这两种情况都是有可能的。比如当时同样轰轰烈烈的"新启蒙运动"就是一个"新的启蒙运动"而不是"新启蒙的运动"。不过根据语言学的句法测试手段,这些书的名字都不能分析为"新|哲学辞典"、"新|哲学论集"等,而只能分析为"新哲学|辞典"、"新哲学|论集"等。比如,以加"的"的手段测试结构层次。"新哲学辞典"的意思是"新哲学的辞典"而不是"新的哲学辞典",因为编者沈志远并未有意拿这一部辞典和别的什么旧的"哲学辞典"作比照,他本人此前也更没有编写过别的"哲学辞典"。《新哲学论集》也是如此,这是艾思奇的第一部哲学论文集,无所谓新旧,而该书论述的对象则是"新哲学"。①

二、新哲学之风行

下面再以史料来证明这一点,以说明这些词条中出现"新哲学"并非偶然,"新哲学"确实是当时风行于世的一个专有名词。

先来看看在那段时间研究"新哲学"的著作。暂且不论其内容立场如何,也暂且不涉及论文,单看题目中出现"新哲学"名号的书籍,主要作品就有下面这些:

> 《简明新哲学教程》,塞尔萨莫著,吕见平、克士译;
>
> 《为发展新哲学而战》,叶青著;
>
> 《新哲学》,褚柏思著;

---

① 今天多数以"新哲学"为题的论文中的"新哲学"都可以替换成"新的哲学",这不属于本书所要讨论的对象。

《新哲学——辩证唯物论——纲要》，沈易编著；

《新哲学——唯物论》，郭列夫著，瞿秋白译；

《新哲学辞典》，沈志远著；

《新哲学大纲》，米定等著，艾思奇、郑易里译；

《新哲学的人生观》，胡绳著；

《新哲学读本》，平生著；

《新哲学概论》，阿多拉茨基著，吴大琨译；

《新哲学纲要》，德永直、渡边顺三著，张宏模、慎修等译；

《新哲学基础读本》，巴克著；

《新哲学简明教程》，李仲融著；

《新哲学讲话》，德永直等著，包刚译；

《新哲学讲话》，宋振庭著；

《新哲学教程》，巴克著；

《新哲学教程》，侯外庐、罗克汀著；

《新哲学教程》，罗逊达尔著，张实甫译；

《新哲学教程》，裘振刚著；

《新哲学教程纲要》，苏联红色教授哲学院编著，吴清友译；

《新哲学论丛》，张东荪编；

《新哲学论集》，艾思奇著；

《新哲学论战集》，叶青编①；

《新哲学漫谈》，张铁君著；

《新哲学社会学解释辞典》，辞书编译社编辑；

《新哲学世界观》，陈唯实著；

《新哲学手册》，朋司辑，周建人译；

《新哲学谈话》，黄特著；

----

① 该书在1935年由上海辛垦书店最初出版时题为《哲学论战集》。但是长沙湖南图书馆所藏另一民国本即名为《新哲学论战集》，并且该书所附的《哲学论战文字一览表》也改称为《新哲学论战文字一览表》。而该书在台湾再版时也重新定名为《新哲学论战集》，台中：文听阁图书有限公司2010年版。加上这一"新"字，可能也是出于"新哲学"一词的时代意义。

《新哲学体系讲话》,陈唯实著;

《新哲学通俗题解》,春明书店编辑部政治常识编委会编;

《新哲学研究纲要》,哲学研究社编。

这个列表中有少数几部是"打着红旗反红旗"的阴谋之作,如张东荪的和叶青的;也有借"新哲学"之名鱼目混珠为国民党党治文化的哲学思想张目的,如褚柏思的和张铁君的。不过,这种情况的出现,反而更能说明"新哲学"一词在当时的号召力。除了那几本以外,翻开这些"新哲学"的书籍,目录上最醒目的都是辩证唯物主义和历史唯物主义的各种新名词,比如"哲学的基本问题"、"哲学的党派性"、"科学的辩证法"等等。

三、新哲学就是马克思主义哲学

再看当时的人们是如何使用"新哲学"的。直接使用"新哲学"指称"马克思主义哲学"而在上下文不出现明确解释的非常多,这说明当时"新哲学"就是"马克思主义的辩证唯物主义和历史唯物主义哲学"的代名词。不过这些用例对本段的解说帮助却不大,所以下面选用的是一些更加能够清晰地说明"新哲学"所指的例子:

"我力求有系统的叙述,使读者看了这部书,便会具有关于新哲学的初步概念。新哲学的产生,发展以及内容等等,我都给以概括的叙述。初读哲学的人,最不容易弄明白的,是关于哲学的流派。因为哲学的流派,自古代至现在,实在是太复杂了。所以我这部书的叙述,只是限于现代的新哲学——唯物论辩证法——的一部分,关于哲学的流派问题,避免不谈……"[1]

"我们的伟大的革命导师就在于艰苦的实践中批判了而建立了最科学的新哲学——唯物论辩证法。"[2]

---

[1] 巴克:《新哲学教程》,万叶书店 1949 年版,《序》第 4 页。着重号为笔者所加。

[2] 刘涟:《新哲学上的几个问题》,《哲学》1941 年第 1 卷第 3 期。着重号为笔者所加。

"此书算是《新哲学体系讲话》续编，系对于新哲学（辩证法唯物论）史的发展之研究。"①

"新哲学就是辩证法唯物论，它是科学的人生观、社会观、宇宙观，它是大众的哲学，它是非常重要的学问，它是大众所必需的知识，它是大众生活的指南针。"②

"哲学史上的玄学时代已经过去了，观念论哲学也由于物质世界的进展而站不住脚，代之而兴的便是作为研究'自然，人类社会（历史）以及思维之发展法则'的新哲学——辩证法的唯物论。"③

"大革命失败后，许多先进分子从事在理论上重新武装自己。经过革命的再生，九一八的事变和华北几次的事变，每次都给了理论以新的充实，新的武装。新哲学同样也在这艰苦的历程中，确立了自足坚固的阵地。新哲学（新唯物论）在中国到处都已成为不可抵抗的力量。这点就是新哲学的敌对者也是公开承认的。"④

"新哲学就是辩证法唯物论的哲学，也即是卡尔主义的哲学。"⑤

从这几句来看，所谓"新哲学"，指的就是"唯物论辩证法"或曰"辩证法（的）唯物论"，这是确定无疑的了。在著作的题名中就直接标明这一点的，至少就有两本书，一本是瞿秋白所译郭列夫（B. I. Goreff）著的《新哲学——唯物论》⑥，一本是沈易编著的《新哲学——辩证唯物论——纲要》。再看

---

① 陈唯实：《新哲学体系讲话》，作家书店 1937 年版，书后附页《书讯·新哲学世界观》。着重号为笔者所加。

② 陈唯实：《新哲学世界观》，作家书店 1937 年版，第 2 页。着重号为笔者所加。

③ 张如心：《抗战中的哲学研究》（新知讲话），《新知（十日刊）》1939 年第 1 卷第 1 期。

④ 陈伯达：《哲学的国防动员》，《读书生活》第 4 卷第 9 期，1936 年 9 月。

⑤ 艾思奇：《现代哲学读本》，一般书店 1937 年版。

⑥ 郭列夫：《新哲学——唯物论》，瞿秋白译，霞社 1927 年版。该书共有四个版本。最早是 1927 年 3 月（一说 1 月）广州新青年社出版的《无产阶级之哲学——唯物论》，实为同一本书。霞社的是第 2 版。时隔一月，从"无产阶级之哲学"易名为"新哲学"，译者当有其用意。1930 年 3 月，上海明日书店以《唯物史观的哲学》为题印刷了第 3 版，译者使用笔名屈章。1949 年 4 月上海原野出版社印刷了《新哲学——唯物论》的第 4 版。因为笔者还没有找到该书原文，原书题名是什么还无从查考，所以暂且不放入更改题名的例子中。参见丁言昭的《谢澹如与瞿秋白》，载《出版史料》第 2 集。

两个修改原名的例子,更加有趣:

> "本书原名《辩证法唯物论》,为出版的便利计,改名为《新哲学大纲》。"①
>
> "一百年前的二月里,一个伟大的文献发表了。关于这个文献的研讨,我们曾读到不少的专书和文章。本篇是'新群众'迎接新哲学百年纪念连载中的第一篇,作者是一个进步的数学教授,援助印尼独立委会主席,原题《人征服神话》,副题:《马克思主义与科学传统》,从侧面说明了这个文献的伟大意义和内容,并提及三百年前的另一个文献,作了有兴味的比较。"②

这两段引文都是翻译者说明对原题的改动,值得注意的是,两位译者都把原来题目中与"马克思主义哲学"同指的术语修改成了"新哲学"。前者艾思奇的解释是"为出版的便利计"。这个出版的便利,绝非编辑和印刷上的便利。这个便利,笔者推测,第一是为了规避国民党当局的出版审查,堂而皇之地打出马克思主义哲学的旗号会受到阻挠,不过考虑到当时也还有很多书籍就是名为"唯物论"或者"辩证法"的,所以,这一点恐怕还是其次,更重要的应当是为了有一个更加能够"吸引眼球"的题目。至于后者,译者把英文版原副标题改为中文版正标题,并修订为《新哲学与科学传统》,恐怕也是出于同样的目的。打出"新哲学"的旗号,便能够有更大的读者群。

到解放后,新哲学大众化运动并未偃旗息鼓,而是更加理直气壮地展开宣传。《新哲学通俗题解》是一本问答体的常识小册子,其中对"新哲学"作出了如下的解释:

---

① 米定:《新哲学大纲》,艾思奇、郑易里译,国际文化社 1936 年版,《译者序》第 3 页。着重号为笔者所加。

② [美]D. J. 史特鲁伊克(D. J. Sruik):《新哲学与科学传统》,章怡译,《读书与出版》1948 年第 3 卷第 2 期。引文是译者序,在原文第 32 页。着重号为笔者所加。按:"印尼独立委会",原文如此,疑"委"后缺"员"字。

"问：什么是新哲学？

答：新哲学是指辩证唯物论这一学说而言的。其所以说他是新哲学，因为它是最进步的，最完备的，最富于实践性、斗争性和创造性的哲学，是人类科学思想最伟大的收获。它综合并发扬了所有人类科学思想（一切哲学思想在内）的精华，批判并抛弃了哪些错误的、不合理的渣滓，成为认识世界和改造世界的科学理论的基础。"①

这个定义指出了新哲学之所以为新哲学的特征：实践性、斗争性和创造性；还指出了新哲学在革命斗争中的作用：认识世界和改造世界。

四、新哲学一词的时代性

新哲学一词的使用是有时代性的。考之典籍，以"新哲学"指称"马克思主义的辩证唯物主义和历史唯物主义"，大致是 20 世纪 20 年代末到 50 年代初这一段时期内的风潮。在书名中使用"新哲学"的，最早是瞿秋白翻译的郭列夫的《新哲学——唯物论》，1927 年霞社出版。在马克思主义哲学的宣传普及期，这么说是为了突出马克思主义哲学之"新"，以便和旧哲学相区别。新中国成立后，"旧"的哲学已经没有了市场，马克思主义哲学取得了绝对的胜利，渐渐地也就不需要和"旧"相对而称了。所以到了 20 世纪 50 年代以后，所谓"哲学"指的就是马克思主义哲学了，翻翻一般所谓"哲学概论"之类的书籍就可以知道，其内容都是马克思主义哲学的，并不需要特别地称之为"马克思主义哲学概论"。在学术圈中指称别的哲学倒是需要特别的修饰语的。② 到了当代，各类思潮泛滥，打开一些以"新哲学"为名的书籍，其中宣扬的却正是艾思奇们当年批判过的"旧哲学"。由此正

---

① 春明书店编辑部政治常识编委会编：《新哲学通俗题解》，春明书店 1951 年版，第 1 页。

② 这一随着指称对象在人们生活中的认知原型程度而改变事物称谓的现象其实很常见。比如，最早的"冰箱"就是在箱子里面放上冰，所以叫"冰箱"。后来有了用电制冷的，因为不同于以往人们的认知原型，所以就加上"电"，称为"电冰箱"。再后来，电冰箱普及开来，生活中只有"电冰箱"的时候，人们发现没有必要再加上"电"来区别，所以现在一般生活中只说"冰箱"就可以了。

可见当代马克思主义哲学大众化的必要性。

五、使用新哲学一词的标志性事件

"新哲学"这一马克思主义哲学史的术语在历史上的存在,不仅仅出现在书籍中,更体现在一个标志性的事件上——"新哲学论战"。因为论战双方都在马克思主义哲学的旗帜下立论,故称"新哲学论战"。当事人就是这么称呼这一事件的,叶青还汇编了一本《新哲学论战集》。伪马克思主义者、共产党的叛徒叶青①极力宣扬他那一套所谓科学与哲学统一论、哲学消灭论、吸收观念论与吸收形式逻辑论,宣称:"我对于新哲学底研究,采用逻辑的思维与文献的印证之二方式。以逻辑的思维去理解文献,以文献去印证逻辑的思维。所以我提出的那几个理论,不是任意的、独断的,实为新哲学底逻辑之展开,有新哲学底文献之证明。只要新哲学站得住脚,它们就是颠扑不破的真理。"②他在对张东荪的批评中,把自己化装成"正宗的新物质论"的拥护者,实际上却从根本上篡改了辩证唯物主义的基本原理。针对叶青等人的唯心论、二元论、折中主义等错误观点,以艾思奇、沈志远、陈伯达为代表的马克思主义者以《读书生活》等杂志为主要阵地进行了严肃认真的批判,并取得了最终的胜利。这一论战促进了马克思主义哲学在中国的系统传播,扩大了马克思主义哲学的影响,"新哲学"取得了更为崇高的地位。中国学界把对叶青的斗争称为"新哲学论战",把对张东荪的斗争称为"唯物辩证法论战"③,两者可合称为"哲学论战"④、"哲学战线上的论

---

① 有一种观点认为叶青是托派分子,但据党史研究并非如此,他本人也不承认。参见刘平梅:《中国共产党与中国托派》,(香港)《十月评论》1994 年第 5、6 期合刊、1995 年第 1、2、4 期及 5、6 期合刊。他的哲学观点也并非托洛茨基主义的,就是打着新哲学旗号的胡搅蛮缠,是破坏新哲学宣传的阴谋。

② 叶青:《新哲学论战集·序言》,载叶青编《新哲学论战集》,辛垦书店 1936 年版。着重号是笔者所加。

③ 李其驹等:《马克思主义哲学在中国(从清末民初到中华人民共和国成立)》,人民出版社 1991 年版,第 355—383 页。

④ 钟离蒙、杨凤麟编:《哲学论战》(上),《中国现代哲学史资料汇编》(第 2 集第 1 册);《哲学论战》(下),《中国现代哲学史资料汇编》(第 2 集第 2 册),辽宁大学哲学系 1982 年版。

争"、"唯物辩证法诸问题上的争论"①或"关于辩证法的论战"②。而西方学者韦纳·麦斯纳③可能更赞同合称的说法。他的《哲学和政治在中国——三十年代关于辩证唯物论的论战》④一书封面上的中文标题使用了"关于辩证唯物论的论战",但是书中却多处使用"新哲学"一名,并讨论到了"新哲学论战"。这也从一个侧面说明了"新哲学"和"辩证唯物论"的同指关系。

"新哲学"的另一个标志性的事件,就是延安新哲学会的成立。1938年9月,在毛泽东的倡导下⑤,由艾思奇、何思敬等18人发起,新哲学会在延安成立。这是抗日战争时期建立的最重要的一个研究和普及马克思主义哲学的学术团体。新哲学会成立的宗旨,就是组织研究、翻译和学习马克思主义哲学。该会组织翻译出版了许多马克思主义哲学著作,编辑哲学教材,并经常举行各种形式的哲学报告会、座谈会、讨论会。参加新哲学会活动的有共产党的高级干部、理论文化教育工作者和一般干部。以新哲学会为中心,延安的许多党政军机关、学校,陆续成立了各个层级的哲学研究会或研究小组。毛泽东、朱德等许多中国共产党中央领导人亲自参加并指导新哲学会的活动。该学会研究马克思主义哲学,却不称为"马克思主义哲学会",绝非因为如同国统区似的不能用"马克思"之名,而更可能是出于"新哲学"的号召力。

---

① 徐素华:《中国社会科学家联盟史》,中国卓越出版公司 1990 年版,第 136—161 页。

② 庄福龄主编:《中国马克思主义哲学传播史》,中国人民大学出版社 1988 年版,第 339 页。

③ 这里我们尊重作者意愿采用韦纳·麦斯纳的译名。因为在该书的封面上有作者认可的中文名。而徐素华发表于《东方论坛》1995 年第 2 期的论文《中西学者关于中国三十年代哲学论战的研究》中采用的译名是沃纳·麦斯纳。

④ Werner Meissner. *Philosophy and Politics in China*: *the Controversy over Dialectical Materialism in 1930s*. English translation, Stanford, California: Stanford University Press, 1990. Originally published in German in 1986 by Wilhelm Fink Verlag, Munich, as *Philosophie und Politik in China*: *Die Kontroverse uber den dialektischen Materialismus in den dreissiger Jahren*. Originating publisher of English Edition: C. Hurst & Co. (Publishers) Ltd., London.

⑤ 这一史实可以参见黄丹林、庄福龄主编的《马克思主义哲学史教学资料选编》,北京大学出版社 1984 年版,第 1219—1220 页。

六、国内外学界对新哲学一词的使用

前面说到,"新哲学"一词在很多大部头的哲学辞典中都失收,大多数的马克思主义哲学史著作中用得也不多,即使使用了,也常常不加解释。据目前资料所及,仅有少数几部著作对"新哲学"一词随文做了简单的解释说明,比如"新哲学(马克思主义哲学——引者注)"①,"新哲学即辩证唯物主义哲学"②,"新哲学(即唯物论辩证法和唯物史观)"③,或"马克思主义哲学(当时称为'新哲学')"④这样的处理方法。在"新哲学"一词还是典型地用于指称"马克思主义辩证法唯物论"的时候,这是可以的。可是在今天,情况并非如此,甚至"新哲学"常常指称非马克思主义哲学的其他理论。那么,对"新哲学"这个名词做详尽的解释,就显得很有必要了。

反观国外学界,对这个词倒是颇为重视。比如,澳洲学者尼克·奈特(Nick Knight)的《马克思主义哲学在中国——从瞿秋白到毛泽东(1923—1945)》⑤一书,就紧紧围绕"新哲学"在中国的传播和发展组织全书。不过,该书对新哲学的定义和笔者并不一样。他对"新哲学"的理解是:"米丁的哲学著作","在斯大林的支持下"的"对马克思主义的正统解释"⑥。也就是说,把"新哲学"当成"马克思主义哲学"的一个下位概念,指的是马克思主义哲学在苏联时代,特别是苏联20世纪20年代哲学论战之后形成的"正统解释"。言下之意,就是把错误的机械论的唯物主义和形式主义的德波林派理论也当成辩证唯物主义,这是不可取的。在本书中,"新哲学"就是马克思主义哲学在那个时代的代称。本书不认为打着马克思主义哲学旗号而有着不可告人的目的的假马克思主义哲学,以及对马克思主义哲学的

---

①　赵德志等:《中国马克思主义哲学七十年(1919—1989)》,辽宁大学出版社1991年版,第125页。

②　郭建宁:《20世纪中国马克思主义哲学》,北京大学出版社2005年版,第197页。

③　田辰山:《中国辩证法:从易经到马克思主义》,萧延中译,中国人民大学出版社2008年版,第111页。

④　徐素华:《中国社会科学家联盟史》,中国卓越出版公司1990年版,第136页。

⑤　Nick Knight.*Marxist Philosophy in China：From Qu Qiubai to Mao Zedong*,*1923—1945.* Amsterdam：Springer. *2005.*

⑥　Nick Knight.*Marxist Philosophy in China：From Qu Qiubai to Mao Zedong*,*1923—1945.* Amsterdam：Springer. 2005. pp.74-75.

歪曲的或者错误的理解也是马克思主义哲学的某个流派。

七、新哲学之新

"新哲学"的体系诞生于苏联 20 世纪 20—30 年代的两次哲学论战之中，就其体系性而言，确实是一个"新"的哲学，是前人没有提出来过的。马克思主义的经典作家，虽然开创了伟大的理论，但是并没有在学科建设的意义上提炼出一个哲学体系来。简单地说，马克思并没有写过哲学概论。马克思对他所发现的唯物主义历史观所作过的经典性的表述，是在 1859 年的《〈政治经济学批判〉序言》①中。但这毕竟只是一个简要的论述。1868 年马克思在写给狄慈根的一封信中还曾计划："一旦我卸下经济负担，我就要写《辩证法》。"②这里所谓的"经济负担"，根据上下文，所指应该是经济学方面的研究，即写作《资本论》。但遗憾的是，皇皇巨著《资本论》还没写完，马克思即已撒手人寰。那么，马克思的《辩证法》究竟会是什么样，也便成了一个永远的谜。接着，先是恩格斯在《自然辩证法》中，后是列宁在《哲学笔记》中，都曾谈到过他们对建立唯物辩证法哲学体系的计划和构想。但是，这几位革命导师由于必须肩负更艰巨的理论开拓任务，而且面临着革命斗争的紧迫现实，最终都未能把他们的愿望变为真正的作品。到了 20 世纪 30 年代，米丁（Mark B. Mitin）等人，通过两轮哲学论战，终于把这一愿望化为现实的具有体系性的著作。和旧有的一切哲学体系相比而言，这一成果自然应当称为"新哲学"。

不过，应该承认的是，中国对"新哲学"一词的使用，在那样一个求新的时代，确实也是因承新文化运动之"新"而来，曾经是一个没有特定指称对象的名词短语。但是，在马克思主义中国化、大众化、通俗化的运动中，新哲学指的就是辩证唯物主义和历史唯物主义（或曰唯物辩证法、辩证唯物论等等）。这是一个马克思主义哲学中国传播史的专有名词，有其独特的时代性。本书以"新哲学大众化运动"来指称研究对象，正是由于这一术语有

---

① 《马克思恩格斯选集》第 2 卷，人民出版社 1995 年版，第 31—35 页。
② 《马克思恩格斯全集》第 32 卷，人民出版社 1975 年版，第 535 页。

效表达了该运动的时代性。

八、余论

现在,需要解决的最后一个问题是,本书称之为"新哲学大众化运动"的那场运动,当时人们有没有以"新哲学"称之? 下面略举一例,以解疑惑:

"近年来国内新哲学运动的发展,反映着中国社会生活的剧变和进步,特别反映着中国青年追求真理找寻出路的迫切需要。……新哲学运动所遭遇的命运不会和别的真理运动有什么两样。因为他和大众生活联结起来,在卫道派眼中,就是威胁了神圣的道统,在学院派眼中,就是亵渎了学术的尊严,两者都是最无可逭的。"①

第二节　大众

一、"大众"的多质性在语境中消解

"大众"一词,可以有很多理解。在今天,当然可以把"大众"理解为"广大民众"或者普通语词意义上的"群众、民众"。甚至,还可以理解为"普通人"②,这也许是最具有当今"大众文化"意义的理解。但是,学术论文毕竟是有特定论域的。如果上面这些理解放在本书所讨论的那个时代,那个历史事件中,这些理解就会导致误解。在今天的很多文章论著中,"大众"这个词是不做解释的,好像是一个公理性的存在。甚至有可能研究者本人对此也没有清晰的认识。这一概念的不明确,可能会导致研究的方向性错误。比如,把大众化等同于通俗化,或者等同于广泛宣传。对于这一点,在下一段还要详加论述。本段所要解释的,是在"新哲学大众化运动"的时代,"大众"指的是谁。

---

① 平心:《平心序》,载黄特:《新哲学谈话》,新人出版社 1940 年版。着重号为笔者所加。

② 参见北京大学中文系张颐武教授的评论文章《"大众"的复杂》,《中关村》2010 年 10 月第 89 期。

在政治学的意义上,有一种观点强调"大众"从来都具有多质性①。笔者的看法是,"大众"当然有多质性,如果认为存在着全部同质化甚至匀质化的大众,这显然是一个没有立场的幻想。马克思主义经典作家确实也都曾在多种意义上使用过"大众"的概念,包含了广泛的、不同的社会阶级或阶层。

马克思、恩格斯曾经以"人民大众"来指称"无产阶级"②;也曾经以"人民大众"来指称农民和小资产者,比如马克思就说过:"在革命进程把站在无产阶级与资产阶级之间的国民大众即农民和小资产者发动起来反对资产阶级制度,反对资本统治以前,在革命进程迫使他们承认无产阶级是自己的先锋队而靠拢它以前,法国的工人们是不能前进一步,不能丝毫触动资产阶级制度的。"③但是,同时也要注意,这里说的是"国民大众"而不是"人民大众",这是作为"资产阶级"的对立面而出现的。

列宁在一些论述中,也曾经明确地将工人、农民、厂主、地主等都归入"大众"。不过需要注意的是,原文是这么说的:"对于英雄和大众(不管这是工人大众、农民大众、厂主大众或者是地主大众)之间存在什么关系的问题,他却极感兴趣。"④在这里的"大众"是和"英雄"相对而言的。

所以,关键问题是,不能因"大众"在不同时代、不同论域中的多质性抹杀了"新哲学大众化运动"中的"大众"的阶级性。需要在一定的时代背景中,在一定的语境中,在特定的对比项中,明确"大众"的所指对象是谁。这三点是笔者确定"新哲学大众化运动"中"大众"之所指的原则。

二、"大众"的最初使用

要讨论"新哲学大众化运动"中"大众"之所指为谁,需要回到那个年代,看看这场运动的当事人是如何定义"大众"的。鉴于"大众化"运动首先

---

① 沈壮海:《多质的大众与共享的价值——关于当代中国马克思主义大众化的思考》,《思想政治教育研究》2009 年第 5 期。
② 参见《马克思恩格斯选集》第 1 卷,人民出版社 1995 年版,第 95 页。
③ 参见《马克思恩格斯选集》第 1 卷,人民出版社 1995 年版,第 386 页。
④ 《列宁选集》第 1 卷,人民出版社 1995 年版,第 27 页。

发起于文学界,而当时文学界的大众化工作者、科学大众化的工作者、社会科学大众化的工作者包括哲学大众化的工作者同属当时中共中央"文化工作委员会"(简称文委)的领导,并且有些人是横跨多个领域的(比如艾思奇以《大众哲学》而闻名,也写过多篇科普作品),对大众的所指范围的讨论,在文学大众化的早期就已经讨论成熟了,所以,追本溯源,应当首先在文学大众化的讨论中寻找谁才是"大众"。

1930 年 2 月,一直在摸索"大众文艺"的《大众文艺》编辑部,在更换了前任主编郁达夫后,为了转变编辑方针,探索新的"大众文艺"道路,召集创造社、太阳社的十几位作家举行"文艺大众化"座谈会,同时就"文艺大众化"专题向各方征文。

3 月 1 日,《大众文艺》第 2 卷第 3 期刊发了座谈会的发言记录及 7 篇专题文章,作者分别是沈端先、郭沫若、陶晶荪、冯乃超、郑伯奇、鲁迅和王独清。随后的第 4 期还有另外一组同题的讨论文章《我希望于大众文艺的》,计有 26 位作者参与了这第二轮的讨论。

左翼文化领袖、研究领域横跨文艺和诸社会科学的郭沫若,在《新兴大众文艺的认识》里,用充满讽刺的笔调,批评了郁达夫对大众内涵的理解:

> "据一些间接的介绍,说它是和无产文艺对抗而产生的。那么它的所谓'大众'要是把无产阶级除外了的大众,是有产有闲的大众,是红男绿女的大众,是大世界新世界青莲阁四海升平楼的老七老八的大众! 那么这样的大众文艺,结果要和'Made in Japan'的东洋货正当得是难弟难兄了。"①

郭沫若对"大众"的新界定值得注意,他采用"工农大众"为"大众"正名:"你要清楚你的大众是无产大众,是全中国的工农大众,是全世界的工农大众!"②

---

① 郭沫若:《新兴大众文艺的认识》,《大众文艺》1930 年第 2 卷第 3 期。
② 郭沫若:《新兴大众文艺的认识》,《大众文艺》1930 年第 2 卷第 3 期。

关于"大众"的范围,时任中共中央文化工作委员会第一书记潘汉年则把"大众"与"革命的主力军"的"工农大众"联系起来,他说:"我为甚要希望《大众文艺》这么办,理由很简单,因为工农大众是我们革命的主力军,我们的普罗文学运动的任务,假如不能争取与鼓动他们中间的识字份子,这是多么错误!"①由于潘汉年在党内的职务关系,这番话可以视作为当时共产党对文化的大众化工作方向的具体指示。

此外,参与讨论的其他人员也有类似的看法。比如:

沈端先(即夏衍)引用了列宁的话:"……为着几百万勤劳的大众,——就是为着工人农人而存在……"②

冯乃超的意见是:"我们现在所谈的大众当然要包括从有意识的工人以至小市民。"③

画室(按:冯雪峰的笔名)强调:"然而所指的大众,是被压迫的工农兵的革命的无产阶级,并非一般堕落腐化的游散市民。"④

孟超认为:"如果我们认为'大众'的定义是指的劳苦大众的话,那末我们的文艺——所谓大众文艺,一定需要一步步走向劳苦的大众的,而不是一个笼统的略说所能包括的。"⑤

周全平则是从正反两方面来阐述这个问题的:"我知道这里的'大众'的对象是些甚么?但假若我们假定它不是纨绔公子,闺阁名媛,名人隐士,而是为社会服务的广大的劳苦的人们的时候……"⑥

王独清也强调"大众"不是"全民":"文艺的作用便是在促进社会的自觉,当然而且必须要走向大众里面去。不过应该注意,这儿所谓的'大众',并不是'全民'!所谓'大众',应该是我们的大众,——新兴阶级的大众。'大众文艺'这个名目,应该很正当地解作'代表我们大众的文艺'。"⑦

---

① 郭沫若等:《我希望于大众文艺的》,《大众文艺》1930年第2卷第4期。
② 沈端先:《所谓"大众化"的问题》,《大众文艺》1930年第2卷第3期。
③ 冯乃超:《大众化的问题》,《大众文艺》1930年第2卷第3期。
④ 郭沫若等:《我希望于大众文艺的》,《大众文艺》1930年第2卷第4期。
⑤ 郭沫若等:《我希望于大众文艺的》,《大众文艺》1930年第2卷第4期。
⑥ 郭沫若等:《我希望于大众文艺的》,《大众文艺》1930年第2卷第4期。
⑦ 王独清:《要制作大众化的文艺》,《大众文艺》1930年第2卷第3期。

还有一些观点表达得虽然并不是直接的判断,但也有同样的含义。比如郑伯奇说道:"我们先要看清楚中国生产大众的文化的水准。中国劳苦弟兄的最大多数,不客气地说,还是连字都识不到几个。"①由此可知,他的"大众",指的是"生产大众"或者"劳苦弟兄"。

《大众文艺》的新任主编陶晶荪说道:"……我们晓得大众乃无产阶级内的大多数人便好了。大众是被支配阶级和被榨取者的一大群……"②陶晶荪在另一篇文章里还说得更加简洁明了:"大众是劳苦大众而不是白相大众。"③事实上,他不仅在理论上有此认识,在随后的实践中,也一改前任郁达夫的编辑作风,努力使《大众文艺》变得名副其实,为真正的"大众"服务。

以上是"大众化运动"初期的一次最重要的讨论中的主要意见。可以看到,虽然"大众化运动"初期有很多理论上的分歧和实践上的困难,但是对于"大众"的认定,在左翼文化的前锋们之间,基本上是有共识的。这种共识不仅体现在文艺界,笔者还可以举出一例来说明:

> "明白了上面大众、民众和群众的区别,大众的意义,也就容易明白了。大众是什么？大众二字,实在包含着一切做工的种田的做小买卖的以及其他靠自己劳力生存而不在榨取他人劳力所得的人们,就是现代人类社会中间的最大多数。"④

该文发表在邹韬奋主编的《大众生活》上,作者毕云程⑤,二人均为非中共党员的民主人士。他们对"大众"的认识,和党员同志是一致的。

---

① 郑伯奇:《关于文学大众化的问题》,《大众文艺》1930 年第 2 卷第 3 期。
② 陶晶荪:《大众化文艺》,《大众文艺》1930 年第 2 卷第 3 期。
③ 陶晶荪:《文学大众化问题征文》,《北斗》1932 年第 2 卷第 3—4 期合刊,第 452 页。
④ 毕云程:《大众的人生观》,《大众生活》1935 年 11 月 16 日创刊号,第 3 页。
⑤ 毕云程(1891—1971),浙江海盐澉浦镇人。早年曾在上海商务印书馆当纸版管理员。曾长期从事棉纱业。20 世纪 20 年代起始用"新生"笔名为邹韬奋主编的《生活周刊》写稿,后任生活书店总经理。解放后筹建韬奋纪念馆,任韬奋纪念馆长。为上海市第四届政协委员。

三、"大众"的阶级性

整个左翼进步学界对"大众"的这种认识在随后的"大众化运动"中被继承和发扬下来了。对此,有必要强调两点:

首先,兴起于20世纪二三十年代的大众化运动所指的"大众"有着特定的含义,"是被压迫的工农兵的革命的无产阶级"。这个"大众"有阶级意识的划分,就是被压迫阶级的"大众"。当然,根据维特根斯坦的论述,人类语言中的概念大多数都是原型概念,具有家族相似性,有其典型成分和边缘成分①。"大众"这个概念也不例外。如果要指出"大众"的外延的话,可以说"大众"主要指的是工农劳苦大众,除了核心成分工人、农民,还包括店员、学徒、车夫、报童、失学失业者等等②,其外围成分还包括即将进入工农劳苦大众群体的学生、文化水平也并不甚高的小学教师等等。此外,还有必要申明的是,"大众"显然也并不全等于"无产阶级"或"普罗列塔尼亚"。除了在内涵及外延上的不同外,在语用上也有不同。

秀立对"大众"的所指对象的灵活性有明确的认识:

> "大众通常是指农工。但是理论大众化的对象绝不仅限于农工。尤其是在这工作的起始阶段,目光不能集中于知识分子。(不过最后的目的当然还是农工。)"③

这就涉及一个问题,知识分子是不是属于大众? 回答这个问题,首先要看,大众化运动中和"大众"相对应的概念是什么?

---

① 维特根斯坦发现并解释了这样一种有趣的现象:尽管下棋、打牌、赛球、奥林匹克比赛等活动都称为游戏(games),但是它们并没有一组共同的特征(比如:比赛方式、决定胜负的方式等等),它们之间只是存在着部分地重叠、交叉的相似性。就像同一家族的成员在体形、相貌、眼睛颜色、步态、气质等方面部分地重叠、交叉相似一样。这就是所谓的家族相似性(family resemblances)。参见 L. Wittgenstein. *Philosophical Investigations*, translated by G. E. M. Ansoombe, Basil Blackwell. 1958. pp. 31–32。

② 参见陶行知:《大众读书谈》,转引自李公朴主编:《读书与写作》,读书生活出版社1936年版。文中列举的"大众"有"卖报孩子、小农人、女工、识字农人、送花车夫、小车上流动工学团"等。

③ 秀立:《理论大众化问题》,《清华周刊》1936年第44卷第3期。

如果从阶级的维度看,就是剥削阶级。

如果从实施大众化运动的主体和对象的维度看,则应该是"智识阶级",亦即"知识分子阶层"。在很多论述中,都是拿"智识阶级"和"大众"相对比。比如:"大众所爱好的是平易,是真实,是简单明了。智识分子所耽溺的炫奇的表现和复杂的样式,是他们所不能领略的。……智识阶级的作家想创造大众文学却也不是容易的事情。"①对投身革命的知识分子而言,"工农劳苦大众",是无产阶级革命斗争的主力,也是可以而且必须团结的同盟。先觉的知识分子要利用手中的笔来创作大众化的作品,宣传革命,唤醒"劳苦大众",争取"劳苦大众"的支持和参与,谋求民族的自由与解放。

那么,"智识阶级"到底属于哪个阶级呢? 根据中共八七会议的《中国共产党中央执行委员会告全党党员书》的划分,"智识阶级"属于下层的革命的小资产阶级。原文如下:

> "所谓与左派联盟,实是与革命小资产阶级联盟,我们党应当首先注目于下层群众,如智识阶级,手工工人,店员等,赞助他们的政治经济要求,而时时记着一切和小资产阶级上层领袖的联络,大都是靠不住的,只有这样,才能真正实现与小资产阶级的联盟。"②

从这一段来看,智识阶级和手工工人、店员一样,都是小资产阶级中的下层。而从当时生活状况的史料记载来看,下层知识分子、有技术的手工工人以及有文化的店员收入都高于一般工人的,但本质上也和工农一样,是要靠自己的劳动才能有收获,而不是靠榨取获利的。其不同在于,他们掌握的文化知识程度高。而在政治立场上,一般而言,他们属于大众的边缘。那么,他们到底是不是属于"大众"? 下面这条标准非常实用:

"大众固以工农为中心,但不一定是工农,只要真实以大众利益为中心

---

① 郑伯奇:《关于文学大众化的问题》,《大众文艺》1930 年第 2 卷第 3 期。
② 中央档案馆编:《中国共产党中央执行委员会告全党党员书》,载《中共中央文件选集》第 3 册,中共中央党校出版社 1989 年版,第 279—280 页。

的人都是大众。"①

即使不是出身大众，只要是维护大众利益的人，就是大众。总之，在那个阶级斗争尖锐的时代，"大众"一词的使用是有其独特的阶级性含义的。

四、"大众"的渊源

如果要更进一步追溯"大众"的根源，可以发现有两个源头。

其一，就是前文沈端先所引的列宁的理论："真正自由的写作应当为千千万万劳动人民服务。"列宁在1920年曾对艺术问题发表过这样一段著名的意见：

> "像我国这样多的人口，艺术对几百个人甚或几千个人的贡献也是不重要的。艺术属于人民。它必须在广大工人群众②中间有其最深厚的基础。它必须为群众所了解和爱好。它必须深植在群众的感情、思想和愿望中，并与他们一同成长高。它必须鼓励和启发群众中的艺术家。难道当工农大众还缺少黑面包的时候，我们要把糖饼送给少数人吗？我这话的意思，正如你或许会想到的，不仅是字面上的，而且是打比喻的。我们必须经常把工农放在眼前。我们必须竭力为他们打算，为他们想办法。即使在艺术和文化的范围内也是如此。"③

从中可以清楚地看出，在知识分子向大众做宣传这个论题上，列宁对大众内涵的认识就是"广大工人（劳苦）群众"，就是"工农大众"。

其二，前述那些大众化运动的发起者，很多是留日归国的知识分子，所以日本的大众化理论对他们的影响也很大。

文艺大众化的提倡是日本无产阶级文学运动的一项重要内容。日本学者展卅对大众化的讨论，比中国稍早一些。全日本无产者艺术联盟（简称

---

① 平生：《新哲学读本》，珠林书店1940年版，第121页。
② 另一版本译为"广大劳苦群众"。着重号为笔者所加。
③ ［德］克·蔡特金：《列宁印象记·列宁论文化》，马清槐译，三联书店1954年版，第13页。着重号为笔者所加。

纳普)①成立后不久,便展开了如何使艺术大众化的"艺术大众化论争"。藏原惟人批判了"最艺术的东西就是最大众的,而大众的东西是艺术的"这种错误观点,同时指出"单只客观地描写了大众化的生活便立即成为大众的艺术"的说法也是错误的,他提出文艺大众化是无产阶级文艺的中心问题。这一观点为"纳普"中多数人赞同并接受。

1930 年,贵司山治和藏原惟人就艺术的大众化问题又展开了一次论争。在这两次争论的基础上,日本无产阶级作家联盟中央委员会通过了《关于文艺大众化的决议》。该决议正确地指出:大众化的问题,重要的是如何使无产阶级艺术大众化。②

1931 年 11 月,"日本无产阶级文化联盟"(简称克普)成立。"克普"提出的任务中关于文艺大众化的内容有两项:"(一)系统地启蒙工人、农民及其他劳动人民的政治和经济的任务;(二)充实(以上人们的)文化生活的要求。"③日本无产阶级文学运动中的大众即"工人、农民及其他劳动人民"。日本进步学者的大众化讨论虽然比中国略早,但是几乎同时得出最终结论,得出的结论也相互一致。这说明只要抓住阶级分析这一关键,"大众化运动"论域中的"大众"定义,就是明确的。

五、新哲学大众化运动中的"大众"

"大众化运动"中的对象——"大众",指的就是被剥削被压迫的"工农劳苦大众",在"文学大众化运动"争论中得出的这一结论,被完全吸收到了随后仍然是由中共中央文委直接领导,同一批进步学者发起并投身其中的"科学大众化运动"、"新社会科学大众化运动"以及"新哲学大众化运动"中。

---

① "纳普"是世界语 Nippona Aritista Proleta Federatio(全日本无产阶级艺术联盟)头一个字母的约音。它成立于 1928 年 4 月,地位相当于中国的"左联"。

② 参见日本无产阶级作家联盟中央委员会:《关于文艺大众化的决议》,《战旗》1930 年7 月号。

③ [日]中村新太郎:《日本近代文学史话》,卞立强等译,北京大学出版社 1986 年版,第386 页。

　　一起来看看哲学大众化运动中的代表作品是如何为"大众"服务的。这里先略拣艾思奇《大众哲学》中的几段示下：

　　　　"能够真正明了火车的人，只有开车的工人，制造火车的技师，在学校专做物理试验的学生，他们对于火车的知识，却是从实践中得来的，因此他们的知识就不是空洞的说明，而是能够直接应用到火车本身上去的真理。"①

　　　　"这两年来的水灾旱灾，农人们求神拜佛，不知道多么虔诚，如果有神，为什么不灵验呢？中国的农人有了这种实践的经验，大多数都明白神和宗教只是骗人的勾当了。"②

　　　　"他们常说：所谓可能性，只不过是指我们头脑里想得通的事罢了，不必一定要可以实现的。如做店员学徒的人，认为自己也可以变成慕沙里尼，因为慕沙里尼是人，自己也是人，这不是很想得通的吗？"③

　　　　"再说到革命运动的问题吧，革命的成功，一方面社会的发展中必须具备成功的条件，必须要有广大的民众不满于现状而要求革命，同时旧制度的维持者也缺乏维持的力量了，这些都是必要的客观条件。"④

　　可以说，《大众哲学》之所以能够成为"大众哲学"，就是因为作者心目中的"大众"有非常明确的对象，行文中时时刻刻都没有离开"大众"——"工农劳苦大众"的实际生活。

　　六、"新哲学"和"大众"的关系

　　明确了"大众"的所指，"新哲学"和"大众"的关系也就明确了，"新哲学"的"大众化运动"就找到了非常明确的方向。

　　比如陈唯实是这样论述的：

---

① 《艾思奇全书》第 1 卷，人民出版社 2006 年版，第 499 页。着重号为笔者所加。
② 《艾思奇全书》第 1 卷，人民出版社 2006 年版，第 567 页。着重号为笔者所加。
③ 《艾思奇全书》第 1 卷，人民出版社 2006 年版，第 586 页。着重号为笔者所加。
④ 《艾思奇全书》第 1 卷，人民出版社 2006 年版，第 588 页。着重号为笔者所加。

　　"新哲学并不是几个学者的,而是属于大众的,所以新哲学家不应站在学者本身的地位说话,不能以供给少数人的研究为对象,应该站在大众的立场说话,以供给大众的哲学智识为任务。使新哲学能够在千千万万的大众里面发生作用,这才有价值。"①

平生的《新哲学读本》自序中也阐述了新哲学和大众的关系:

　　"新哲学必与大众同利害,否则就不成其为新了。有一位大革命家,人问他何以说话如此打动大众的心,他说因为他的心目中唯有一个大众。本书也反复指出何以必须站在大众的立场,过进步的生活,学新哲学的最须致力于此。"②

再看另一位大众化作者黄特的《新哲学谈话》中的论述:

　　"准确的说法应该是这样,新哲学本身有革命性,进步性,因此它就常常是一个时代里最进步阶级的哲学,同时另一方面它也正是一个时代里最进步阶级的意识的反映。一个时代里的最进步阶级往往总是那一个时代里的最大多数人,因为他们对于推进社会所起的作用总是最大。而在这个不平等的社会里,在阶级制度没有消灭的社会,里③最大多数人又往往是最受压迫的一群人,因此在今天,新哲学也便是一切被压迫人群的哲学。"④

　　平生和黄特,这两位新哲学大众化的实践者在如今的研究中极少被提到。不过他们的这两段论述,在当时却是很有代表性的。两者谈的其实是同一个观点,却分别从不同的角度入手,相得益彰。平生是从新哲学的角度

---

① 陈唯实:《新哲学体系讲话》,作家书店 1937 年版,第 10 页。
② 平生:《新哲学读本》,珠林书店 1940 年版,《序》第 2 页。
③ 原文如此,此处当为倒文,应作"里,"。
④ 黄特:《新哲学谈话》,新人出版社 1940 年版,第 13 页。

说要反映大众的立场,黄特是从大众意识的进步性说新哲学的革命性。两者都是在阐述新哲学和大众的阶级统一性。

综上所述,一旦明确了大众的阶级性,就可以说,新哲学就是大众的哲学,这是由哲学的党性所决定的。

第三节　大众化

一、对"大众化"的误解和误用

坚持"新哲学"的党性,坚持"大众"的阶级性,再来看"大众化"就会消除许多模糊的,甚至错误的认识。这样的认识在如今一般的研究文章中很是常见。笔者先以两位知名的国外学者的研究为例,试为之"解剖麻雀"。

第一种典型的错误认识,就是认为"大众化"等于广为宣传。

尼克·奈特在他的《马克思主义哲学在中国——从瞿秋白到毛泽东》中,多次把艾思奇对马克思主义的大众化工作称为 dissemination[①](散布,传播(信息、知识等))[②]。

这是错误的。尽管这位学者基本上能够做到实事求是地处理历史材料,但是他并没有意识到大众化工作的阶级性。而事实上,他在文中也多次表达了对"哲学的党性"的不理解与不赞同。比如他说:"《辩证法唯物论教程》[③]的起首一章便强有力地维护哲学的'党性',强调这就是为什么'机械唯物主义'和德波林对辩证唯物主义的解释被抛弃的根本原因。到了社会主义时代,苏联的马克思主义理论必须要有一个主要标靶,就是那些反对党

① Nick Knight.*Marxist Philosophy in China From Qu Qiubai to Mao Zedong*,1923—1945. Amsterdam:Springer. 2005. pp.xi,9,14,45,91,94,95,98,101,108,129,144,195,198,203,208, 211,212,213,219.

② 英文的解释更加准确:to spread information,knowledge,etc. so that it reaches many people,即散布信息、知识等,使之达于更多的人。此据[英]霍恩比:《牛津高阶英汉双解词典》第7版,王玉章等译,商务印书馆2009年版。

③ [苏]西洛可夫、爱森堡等:《辩证法唯物论教程》,李达、雷仲坚译,笔耕堂书店1932年版。

的'正确政策'的机会主义分子。在这些'阶级敌人'中,孟什维克分子最为有害,因为他们即使在环境改变以后也拒绝改变他们的错误观点。因此,党最紧迫的需要就是,哲学和哲学家们应当适应这种斗争的需求。"对《辩证唯物主义教程》一书如此的处理,尼克·奈特评论竟然是:"新哲学的这一基本前提,使用高度争辩性的语言清晰地表达出来,甚至对马克思主义哲学的其他解读进行恶毒攻击,讽刺挖苦。"[1]

不得不说,对尼克·奈特而言,他的政治立场确实影响到了哲学研究。这正是哲学的党性的体现,不管他是否承认哲学的党性的存在。

第二种典型的错误认识,就是把"大众化"和"通俗化"混为一谈。

美国夏威夷大学中国研究中心的美籍华人学者田辰山即持有此类观点。他在他的 Chinese Dialectics(《中国辩证法》)一书中使用了popularizing[2]一词,而他所陈述的对象,则和本书相同,即被称之为"大众化"的事件。该书的中文本译者把它翻译为"通俗化"[3],这应当是得到通中文的原作者的认可的。

笔者看来,这个翻译也是符合作者原意的达诂。Popularizing 一词的词根 popular 本意其实是"suited to the taste and knowledge of ordinary people(适应普通人口味或知识水平的);通俗的;大众化的"[4],其拉丁语的语源是 populris(民众的)[5],popularizing 的准确翻译当然包含有一般意义上的"大众化、通俗化",很多英汉词典确实就是这么解释的。

但是,应该明确的是,这只是一般语词的意义,而非特定论域中的意义。更为关键的是,在英语的一般概念中,对"大众化"和"通俗化"是不做本质

---

①　Nick Knight. *Marxist Philosophy in China*:*From Qu Qiubai to Mao Zedong*,*1923—1945*. Amsterdam:Springer. 2005. p. 76.

②　Chenshan Tian. *Chinese Dialectics*:*From Yijing To Marxism*. Lanham:Lexington Books. 2004. p. 107.

③　[美]田辰山:《中国辩证法:从易经到马克思主义》,萧延中译,中国人民大学出版社2008 年版,第 96 页。

④　[英]霍恩比:《牛津高阶英汉双解词典》(第 7 版),王玉章等译,商务印书馆 2009 年版。

⑤　The American Heritage Dictionary of the English Language,4th edition(美国传统英语词典,第 4 版). Orlando:Houghton Mifflin Harcourt. 2004.

的区分的。这也是汉语中的"大众化"一词很难找到一个准确的英语对译的原因。语言学上的证明过程从略,这里仅用一个简化的语义地图①来表示如下:

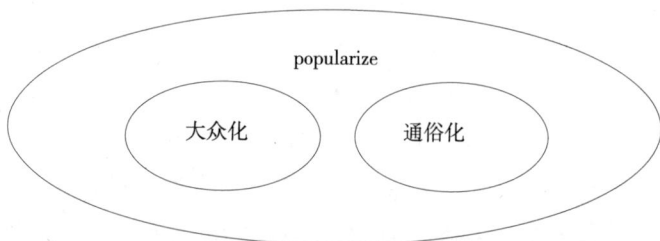

英语"**popularize**"和汉语"**大众化**"、"**通俗化**"的概念域

由于语言表征本身的原因,使用英语表达这个概念,含混不清就是必然的。可是在中国学者的研究中,既然在这场运动的进行中早就有学者明确地区分了"大众化"和"通俗化"(容后详述),今天的后学们如果再犯这样的错误,就愧对先人了。关于"大众化"和"通俗化"的区别和联系,笔者将在后文专门论述。

值得注意的是,在这一章的结尾,田辰山先生说道:"其方式首先是为了普通大众的理解,将唯物辩证法的语言通俗化,使用日常生活普通用语。"由此看来,把"大众化"和"通俗化"混为一谈的根本原因,还是在于把"大众"定义为"普通大众",这是对"大众"的认识缺乏阶级分析的观点。

二、"大众化"最初使用

抛开以上这两类典型的错误来看看"大众化"的真义。首先,笔者还是用最早呼唤"大众化"的当事人的看法来说明。

　　"已经是无产文艺了,为什么还要来大众化?

　　"这说来好像有点滑稽,然而这正是无产文艺目前所应走的一个

---

　　① Semantic Map,这是最近语言学界用以描述词汇以及语法的认知概念意义的一个理论工具。

阶段。

"大凡在无产文艺运动的初期,总不免有一种高踏的现象,这种现象在中国为尤甚。

"这种现象正是难免的,因为从事无产文艺运动的大都是青年的智识分子。他们向理想的飞跃很勇猛,然是个的飞跃而非全的飞跃。飞跃得愈勇猛反转有脱离全的倾向,好像一个火花迸出自一炉尚未燃透的煤炭。

"大众是母体。

"飞得不甚高的,大众仍然要把他吸转过来。

"他第二的一步便是如何使这母体的大众作整个的燃烧。

"大众大都是和文字绝了缘的,所以所谓无产文艺结果仍不外是少数进步的智识阶级青年的文艺。"①

这是郭沫若以麦克昂为笔名发表的文章的节录。文字表达很有文学性,讨论的问题却很深刻。因为该文讨论的是文艺,而本书讨论的是哲学,所以笔者以上位概念"文化"来进行下面的论述。该文开头的这一个问题,提得非常尖锐。这就说明,在当时很多文化战线上的革命者还没有认清"无产阶级文化"和"大众文化"的差异。这一问,促使人们思考"无产阶级文化"的"大众化"性质。为什么要提出"大众化"这个口号,就是因为当前"智识分子"的"高踏"现象。这会导致文化战线的革命者脱离大众,而一旦脱离大众,他所从事的工作便失去了进步性、革命性。

再看另一位著名的左翼文学理论家叶以群以华蒂为笔名发表的一段观点:

"文学之最主要的任务,就在于推进社会底发展。要使文学能够负担起这样的任务,就必须把文学底基础建筑在广大的工农劳苦大众底身上。以工农劳苦大众底意识为意识,以工农劳苦大众底立场为立

---

① 麦克昂:《普罗文艺的大众化》,《艺术》1930 年第 1 期。着重号为笔者所加。

场的文学,才是大众自身底文学,才能在大众中发展作用;也只有这样的文学才能负担起推进社会发展的任务。回看现在中国的文学,始终只是转辗在一部分智识分子底中间。即一般方向正确的左翼文学,也还只能在一些进步的智识分子中流传,当然尚不能充分地发生推动社会发展的作用。所以目前中国文学上底最迫切的课题,就是'文学大众化';实践'文学大众化'就是开拓中国文学前途之唯一的路径。"①

三、"大众化"和"学术化"

以上所引段落写的虽然是文学,但是如果把其中的"文学"换成"哲学"或者"新哲学",所表达的基本观点也是一样的。

马克思主义哲学刚刚传入中国的时候也是通过"智识分子"文化人流传而来。译介的工作不可能由"工农劳苦大众"来进行。以他们的生活环境和知识准备,他们不具有接触、理解、宣传马克思主义哲学的可能性。详细的情况后文会谈到。这里只想强调一点事实,马克思主义哲学是由"高蹈"的"智识分子"引入中国的。但是,马克思主义哲学的本质,又要求它必然是由"工农劳苦大众"来掌握,来实践。这就存在一个事实上的脱节,需要有人在"智识分子"和"工农劳苦大众"之间穿针引线,填补上这个鸿沟。把马克思主义引入中国的是一批先进的知识分子,下一步是要把马克思主义引入大众中去。刚刚步入中国的马克思主义哲学,必须从知识分子阶层走向工农劳苦大众,这就是马克思主义哲学的大众化。

反过来说,马克思主义哲学也可以仅仅作为一种学术观点,局限在知识分子阶层中,只在学术界流传。就像现在的一些西方国家中的实际情况一样。他们也有一些学者研究马克思主义,但是,马克思主义哲学没有能够最终成为劳苦大众的实际掌握的实践工具。这就是没有大众化。这样的马克思主义哲学,对于资产阶级统治者来说,就好像把炸药放在了保险柜里,是安全的,不过是一种玩物而已。

---

① 华蒂:《文学大众化问题征文》,《北斗》1931年第2卷第3—4期合刊。着重号为笔者所加。

以上谈的虽然是"大众化"和"学术化"这一组概念的区别,但需要强调的是,这两个概念之间也不是那么泾渭分明,是不能够也不应该截然分清的,其间存在一个过渡地带。关键在于对于读者的设定。如果是写给专家,至少是专业人士看的,就是学术化的;如果是写给非专业人士看的就是大众化的,那些写给专业基础比较浅的读者看的入门类读物也属于大众化的作品。

四、新哲学的"大众化"

现在可以把"大众化"定义为"无产阶级文化"从被知识分子掌握转化为被工农劳苦大众掌握。这其中包括文艺、科学、社会科学,也包括"新哲学"。由于新哲学起初掌握在知识分子手中,这一转化过程也必须由知识分子,或者来自工农大众的知识分子来完成。而要破除"哲学"的"高蹈"局面,让"新哲学"变得"大众化",必须首先说明"新哲学"的"大众性"。这一点,在当时早被新哲学大众化的实践者们所认识,请看下面这几段引言:

> "新哲学运动所遭遇的命运不会和别的真理运动有什么两样。因为它和大众生活联结起来,在卫道派眼中,就是威胁了神圣的道统,在学院派眼中,就是亵渎了学术的尊严,两者都是罪无可逭的。"①

这是新哲学大众化运动的干将平心为新一辈的大众哲人黄特所著的《新哲学谈话》所写的绪言中的一段。这段话说明,在新哲学的对立面——卫道派和学院派看来,新哲学和大众的密切关联是明明白白、一清二楚的,更何况大众自己呢?在新哲学大众化作品中,这个特点随处可见。试看下面这段话:

> "一、哲学并不神秘——哲学与日常生活的关系
> "哲学的踪迹可以在日常生活里找到

---

① 平心:《平心序》,载黄特《新哲学谈话》,新人出版社1940年版。

"哲学对于社会生活的关系，始终都是很密切的。在日常生活里，随时都有哲学的踪迹出现，但是因为是日常生活，我们习惯了，所以就不察觉，不反省。……我们只以朋友的久别重逢是一件很平常的事情，只觉得在这件事情之下所发生的感想也是极平常的感想，与我们素常想象中的高深玄妙的哲学是离得很远很远的，我们不但不了解这里面就有哲学，如果听见有人说这就是一种哲学思想，也许还会惊异：为什么很普通的一件事里也会有哲学呢？但是，只要再稍稍多想一想，就知道这其实也用不着惊异。哲学并不是从天上掉下来的东西，而是从人类社会中产生出来的……

"很多人以为哲学太神秘，也有人说哲学是太空洞的学问……他们以为只有日常生活中的感想才是最平凡而不神秘，最切实而不空洞。他们不知道哲学正是在日常生活的基础上发生起来，而人们日常生活的感想也正有着丰富的哲学的萌芽。要说切实，则哲学也许会更切实，要说神秘，则日常的感想中也有很多神秘的要素。例如今年天气不好，各处农村里不是水灾就是旱灾，当遭受到这些严重的灾难，有许多农人会认为这是命运不好，这是天意。农人自己这样想，一点也不觉得他们心中的'命运'和'天意'等有什么奇怪，然而只要稍稍认真地一加思索，便知道他们认为平淡无奇的这日常感想，才是最神秘，最空洞的。现实世界里的天灾人祸，本应该就在现实世界里追求它的原因，现在的农人却不向现实世界里去找原因，却把一切都归诸想像的冥冥中的主宰，这不是神秘和空洞还是什么？"①

这一段是艾思奇《大众哲学》的开头，以"农人"在生活中最常见的，对他们的生产生活最重要的"天气"、"灾难"、"天灾人祸"为例，说明真正的哲学来自生活，而迷信的思想才是"神秘"、"高深玄妙"的。这样就很能够引起大众的共鸣："是啊，我以前就是这么想的啊，现在天灾人祸这么多，原来并不是天意，都还可以有哲学的解释，我应该多多反省。"这就把"新哲

---

① 《艾思奇全书》，人民出版社2006年版，第440—443页。

学"转化为了"大众"的思想武器,从学院书斋走向大众。这就是"大众化"。

为了说明这不是孤例,有必要再从别处引一小段:

> "讲大众哲学的人,只怕大家听不惯哲学二字,一提起哲学,就以
> 为和自己没有关系,对它表示冷淡,或者一知半解地以为哲学高深得
> 很,不是我们所能懂得的,或者以为哲学空洞无用,值不得去研究它;因
> 此无不极力向大家解释,说哲学既不是高深难懂,也不是空洞无用,其
> 实哲学与我们的生活有密切的关系,个人的日常生活之中,都有哲学思
> 想存在,只是自己不觉得罢了。这话说得很对,我在下面要举例
> 说明。"①

这是新哲学大众化工作者平生对大众哲学书籍的写法的一个总结。他
总结得十分正确。要让"大众"接受哲学,"新哲学"一开始就必须放下"高
蹈"的身段,抛弃"高深"的面目,投入"大众"的生活。这就是"大众化"。

五、"大众化"和"通俗化"

出于确定本书研究对象范围的需要,笔者需要简单谈谈大众化和通俗
化的关系。

致力于向"劳苦大众"传播马克思主义哲学的文章书籍,不管客观上是
否通俗,都是"新哲学大众化"的作品。换个说法,学院派的研究,则不属于
"大众化"范畴。简单地说,大众化是目的,而通俗化是一个可以用于大众
化的重要手段。大众化不仅仅要做到通俗,大众化不是仅仅为了让更多的
人懂,更是要把话说到大众的心坎儿里去。大众化的作品,大多通俗;好的
大众化作品,一定通俗;而通俗化的作品,却未必属于大众。那种通俗,可能
是庸俗,甚至可能是政治欺骗。通俗化是大众化的题内之义,是大众化的必
要手段。所以,当大众化运动解决了大众是谁的问题之后,就会迎来通俗化
这个技术性问题。这一点是为 20 世纪 30 年代大众化运动的历史所证

---

① 平生:《新哲学读本》,珠林书店 1940 年版,第 1 页。

明的。

关于"大众化"和"学术化",以及"大众化"和"通俗化",可以用毛泽东同志的一段话来做一个精彩的总结:"许多同志爱说'大众化',但是什么叫做大众化呢?就是我们的文艺工作者的思想感情和工农兵大众的思想感情打成一片。"①"打成一片"正是"大众化"的一个最形象化的表达。

六、马克思主义哲学的"大众化"形态

关于马克思主义哲学在中国传播的形态,目前最深入的研究是徐素华的《马克思主义哲学在中国:传播 应用 形态 前景》②一书的第三编"马克斯主义哲学在中国存在形态的变化"。其中把马克思主义哲学在中国的发展形态分为"中国化形态的马克思主义哲学——毛泽东哲学思想"、"大众化形态的马克思主义哲学——艾思奇的《大众哲学》等"、"教科书形态的马克思主义哲学——李达的《社会学大纲》"和"当代形态的马克思主义哲学——邓小平哲学理论"四类。

笔者认为,这个分类看似四个并列的项目,但其实贯穿了不同的分类标准。

首先,这四种马克思主义哲学在中国的形态其实都是已经中国化了、本土化的形态,是马克思主义哲学原理在中国政治、经济、文化环境的基础上的演变和发展。以中国化为标准,这四种中国的马克思主义哲学形态和经典的马克思主义哲学形态相区别。

其次,以影响范围为标准来看。毛泽东哲学思想和邓小平哲学理论的影响范围遍及中国政治的各个层面,特别是在政策的层面上,包括学术界和普通大众。而毛泽东哲学思想对学术界和普通大众的影响更大。教科书形态的马克思主义哲学主要限于学术界,或者扩大一些范围至知识界。而大众化形态的马克思主义哲学形态主要限于普通大众,一般而言,不能满足学术界对马克思主义哲学研究的需要。

---

① 《毛泽东选集》第3卷,人民出版社1991年版,第851页。

② 参见徐素华:《马克思主义哲学在中国:传播 应用 形态 前景》,北京出版社2002年版。

第三,从时间来看。毛泽东哲学思想和邓小平哲学理论很显然是两个时代的代表,尽管其中有继承发展和扬弃的关系。大众化形态和教科书形态,按徐素华的讨论范围来看,主要是属于毛泽东时代的,但是,在以邓小平哲学理论为主导的新时代,也应该后继有人。

以笔者对于马克思主义哲学形态观的理解,马克思主义哲学的大众化,一是要从教科书对经典马克思主义哲学的阐述和发展走向大众,二是要从政治领袖对马克思主义的创新和应用走向大众。而这两条路,都是面向中国大众的,所以,都是马克思主义哲学中国化的一个重要组成部分。

第四节　大众化运动

一、运动

有一种观点质疑本书所说的"新哲学大众化运动"能否称之为"运动"。所以,首先有必要解释一下什么是"运动"。

本书所谈的这个运动是社会运动。根据《现代汉语词典》①的解释,运动是"政治、文化、生产等方面有组织、有目的而声势较大的群众性活动:五四运动,技术革新运动"。由此看来,判断一个社会事件是否能够成为运动的标准有如下几条:一是涉及政治、文化、生产等方面;二是有组织;三是有目的;四是声势较大;五是群众性。

质疑主要来自两个方面:一是有没有组织? 二是声势是否较大?

这两个质疑产生的原因都是目前的研究还过于薄弱,现成的研究中涉及的资料还比较贫乏。关于第一个疑问,可以简单地回答如下。"新哲学大众化运动"是在中共中央第六次代表大会第二次中央全会决议所确定的方针②指导下,由中共中央文委直接领导,以中国社会科学家联盟(简称社联)为组织机构,社联成员为核心骨干力量,带动一系列进步知识分子发起

---

① 中国社会科学院语言研究所词典编辑室:《现代汉语词典》,商务印书馆 2005 年版。

② 参见《宣传工作决议案》,载中央档案馆编《中共中央文件选集》第 5 册,中共中央党校出版社 1990 年版。

并推动的有组织有目的的社会运动。

至于第二个疑问,产生的主要原因可能是当前的大多数研究仅仅把这场运动和艾思奇的《大众哲学》联系在一起,艾思奇的其他作品和其他作者都较少提及,给读者一个印象:就只有《大众哲学》一本书能叫做运动吗?在笔者看来,这个疑问不成其为问题,这一时期产生的期刊文章和书籍是十分丰富的。

另外还有一些疑问,就显得和运动的定义更远了。比如,当时人有没有承认这场运动存在,或者说当时人有没有把这场运动称为"新哲学大众化运动"? 如果没有,能不能以此为名来称呼这场运动? 笔者的回答很简单:"五四运动"1919 年 5 月 4 日在北京爆发时也不叫做"五四运动"。这个名称也是后来人确定的。笔者在本书中称为"新哲学大众化运动"的那场运动,在当事人笔下,则称为"新哲学运动",比如前文已经引证过的这一句:

"近年来国内新哲学运动的发展,反映着中国社会生活的剧变和进步,特别反映着中国青年追求真理找寻出路的迫切需要。"①

也有就称之为"哲学运动"的:

"新哲学绝对不是神秘的,它是宇宙哲学,社会哲学,人生哲学,思维哲学,它是现实主义的,革命主义的,战斗主义的,实践主义的,这就是新哲学的伟大内容。故无论从任何方面说,都非把它具体化不可,只有具体化才能发挥真实的作用。因此新哲学的具体化是哲学运动的最重要的任务。"②

如前所述,"运动"这个词本身就包括"群众性"的组成部分,是隐含有"大众参与"、"大众化"的意思在内的。这里只不过把"大众化"的意义在

---

① 平心:《平心序》,载黄特《新哲学谈话》,新人出版社 1940 年版。着重号为笔者所加。
② 陈唯实:《新哲学体系讲话》,作家书店 1937 年版,第 9 页。着重号为笔者所加。

形式上外化了。所谓"新哲学运动"就是"新哲学大众化运动"。

二、大众化运动

特别需要说明的是，新哲学大众化运动不是新哲学工作者孤零零地战斗，而是在中共中央文委的领导下全面发动的大众化运动的一个组成部分，包括各类文艺（文学、美术、音乐、戏剧、电影等）、科学、社会科学的大众化，还包括提高大众一般文化知识的"大众文化运动"①。笔者将在后文阐述时代背景时详细论述这场运动，但是在这里有必要申明一点，在这场轰轰烈烈的大众化运动中，新哲学的大众化远远不只是其中的一个构成成分，而且是整个大众化运动的灵魂。来看看一位从事文学大众化的作家本人的现身说法。当时他参加"左联"不久，下面这段话是多年以后的回忆：

> "在实践中，觉得搞创作不懂文艺理论不行。乃转而攻读马克思主义文艺学。拿起理论书来读，不管普列汉诺夫的《艺术论》也好，卢那察尔斯基的《文艺与批判》也好，或者日本藏原惟人的艺术论文也好，才又恍然大悟：他们的灵魂又都是马克思主义哲学——辩证唯物主义与历史唯物主义。缺乏这个灵魂，就根本无法进入马克思主义文艺理论的堂奥。于是我下决心攻读马克思主义哲学。"②

事实上，林焕平是农民出身，当过小学教师，后来到上海求学。他来自大众，又投身大众化运动。从他当时充满战斗性的时事评论和日后的文艺理论学术贡献来看，是新哲学给予了他艺术与学术生命的养分。③

---

① 参见夏征农：《拿些什么给大众读》，署名"征农"，载李公朴主编：《读书与写作》，读书生活出版社1936年版。

② 林焕平：《灵魂的探照灯》，《新民晚报》1987年6月30日。着重号为笔者所加。林焕平教授是著名的左联老作家、马克思主义文艺理论家、文学史研究家、翻译家，开创了广西师范大学中文系的学术传统。

③ 参见任美衡：《论林焕平文艺论文的思想精神》，《桂林市教育学院学报》2001年第1期。

第五节　新哲学大众化运动

一、对现有术语的分析

在明确了上述这些概念以后,"新哲学大众化运动"的所指对象就已经很明确了。笔者还需要说明的是,为什么采用这个名称,而不采用别的。

首先,有必要来分析一下在现有的研究中所采用的名称。目前尚没有定于一尊的术语,主要有以下这五种说法:

1.哲学大众化运动①;

2.(新)哲学大众化、通俗化运动②;

3.辩证唯物主义通俗化/唯物辩证法运动③;

4.(20世纪早期)中国马克思主义哲学大众化运动④;

5.20世纪三四十年代马克思主义哲学的大众化⑤;

6.(十年内战时期)马克思主义大众化工作⑥;

7.新民主主义革命时期马克思主义大众化⑦;

8.马克思主义新哲学大众化运动⑧。

下面笔者逐条分析:

---

① 黄楠森等:《马克思主义哲学史》(第6卷),北京出版社2005年版,第257页。

② 徐素华:《中国社会科学家联盟史》,中国卓越出版公司1990年版,第109—110页。

③ 田辰山:《中国辩证法:从易经到马克思主义》,萧延中译,中国人民大学出版社2008年版。

④ 刘艳:《20世纪早期中国马克思主义哲学大众化研究》,内蒙古大学硕士学位论文,2010年。

⑤ 胡为雄等:《20世纪30—40年代马克思主义哲学的大众化——以艾思奇、胡绳、陈唯实为例》,《中共浙江省委党校学报》2010年第6期。

⑥ 侯松涛:《十年内战时期马克思主义大众化及其启示》,《马克思主义研究》2010年第5期。

⑦ 孙谦:《论新民主主义革命时期马克思主义大众化的策略》,《安徽史学》2010年第5期。

⑧ 徐素华:《马克思主义哲学在中国:传播　应用　形态　前景》,北京出版社2002年版,第47页。

黄楠森等称之为"哲学大众化运动",这可能是目前最有影响力的说法。采用这个术语的还有《马克思主义哲学的传人和研究》①等书。这个说法有以下缺点:其一,所指不明。这个术语放在宏大的八卷本马克思主义哲学史语境中无误。因为通篇都是在讲马克思主义哲学,理当可以省称为"哲学"。可是如果脱离了这一语境,单称"哲学",这是一个包含广泛内容的名词,再说"哲学大众化",其所指对象就会不明确,就有可能被误解。其二,即使明知这个"哲学"指的是"马克思主义哲学",也还是会有所指对象不明的情况。因为除了那一场"新哲学"的大众化运动外,还有在新中国成立后继之而起的一场轰轰烈烈的马克思主义哲学大众化的运动——工农兵学哲学运动。今天活跃在马克思主义哲学界的一些学者,就曾是这场在工厂农村广泛展开的运动的参与者。对于这场运动的研究目前极少②。不过,很多书籍、史料都能说明这一场运动的存在。这场运动随着"文革"的结束而结束了。另外一场马克思主义哲学大众化运动,就是发生在眼前的事实。从十七大报告提出要"开展中国特色社会主义理论体系宣传普及活动,推动当代中国马克思主义大众化"③以来,提倡新一轮马克思主义哲学大众化者众多,然而像80年前那样的实践者却很少。但笔者相信,这无疑是一个新高潮的开端。这样,如果采用"哲学大众化运动"这个术语,就可能会有三个指称对象,一个是发起于20世纪30年代的,一个是继之而起并结束于"文革"末的,一个是正有目共睹的。所以,要指称其中的第一场运动,还需要使用别的术语才好。

徐素华称之为"哲学大众化、通俗化运动",就是在黄楠森的提法上增加了"通俗化"这一点。这可能是为了强调这场运动的"通俗化"的特性。

① 杨河等:《马克思主义哲学的传人和研究》,福建人民出版社2006年版。

② 现有的研究主要有:1.辛鸣:《中国新哲学的一次尝试——对"工农兵学哲学"运动的理论思考》,《毛泽东思想论坛》1996年第4期;2.徐素华:《马克思主义哲学在中国:传播 应用 形态 前景·第九章 哲学解放与工农兵学哲学用哲学》,北京出版社2002年版;3.崔英杰:《对"工农兵学哲学"的回顾和思考》,《赤峰学院学报》(汉文哲学社会科学版)2006年第1期。

③ 胡锦涛:《高举中国特色社会主义伟大旗帜 为夺取全面建设小康社会新胜利而奋斗——在中国共产党第十七次全国代表大会上的报告》,人民出版社2007年版。

但是,前文阐述过,通俗化是大众化题内之义,并且不是本质性的特征,所以加上去并不能增加这个术语的内涵,反而有叠床架屋之嫌疑。值得注意的是,她在随后的段落中又加上了"新"字。据目前资料所及,这是她的首创。

田辰山采用的"辩证唯物主义通俗化"和"唯物辩证法运动"这两个说法也都不准确。前者问题出在"通俗化",前文已经有过论述,此处不赘。后者的问题在于没有指出这场运动的特征是"大众化"。如果对这场运动发生的历史源流作出考察,就会发现,新哲学大众化运动发生之前,在学术界就已经开始了宣传唯物辩证法的一个热潮①。在术语中如果不点明"大众化"的特征,显然是不能把它和"学术化"的唯物辩证法热潮区分开的。

"(20世纪早期)中国马克思主义哲学大众化运动"这个名称比较长,和黄楠森的"哲学大众化运动"相比较,增加了三个主要成分:一个是时间段"20世纪早期",一个是地点"中国",一个是内容"马克思主义"。这个时间段加得不够准确,因为这场运动作为一个完整的历史事件发生于20世纪20年代末到50年代初,跨度有1/4个世纪,不能用"20世纪早期"这样笼统模糊的说法来概括。

"20世纪三四十年代马克思主义哲学的大众化"和"(十年内战时期)马克思主义大众化工作"这个名称和上面那个比较接近。问题之一在于时间段偏小,问题之二在于"工作"这个说法不能表达出该历史事件的群众性和巨大历史影响。

"新民主主义革命时期马克思主义大众化"这个说法的问题在于时间的跨度同样不准确。众所周知,在中国现代史上,新民主主义革命时期指的是从1919年到1949年。1919年还没有开始马克思主义大众化的工作,1949年也不是这一轮马克思主义哲学大众化运动的自然结束。

关于时间,还有 个明确的表述是"1934年底至1937年初期间的哲学大众化、通俗化运动"②。这个时间段放在"中国社会科学家联盟史"这个语境中基本上是适合的。但是如果离开社联史这一段历史时间,这场运动

---

① 卢毅:《20世纪30年代的"唯物辩证法热"》,《党史研究与教学》2007年第3期。
② 徐素华:《中国社会科学家联盟史》,中国卓越出版公司1990年版,第109页。

并没有随社联的结束工作而结束。在 1937 年以后又出版了许多新哲学大众化的著作和文章,比如平生的《新哲学读本》和巴克的《新哲学基础读本》出版于 1939 年的,黄特的《新哲学谈话》出版于 1940 年的,李衡之《唯物辩证法的基本知识》出版于 1949 年的,宋振庭的《新哲学讲话》出版于 1950 年的,政治常识编委会编的《新哲学通俗题解》出版于 1951 年的。如果把这些作品排除在马克思主义哲学大众化运动之外,恐怕是极不公正的,尽管此前没有人研究过他们。马克思主义哲学大众化运动,作为一个事件在历史上并没有间断过。并且,这场运动一直延续到了新中国成立后。如果所讨论的语境是就一般情况而言,就不应当再使用"1934 年底至 1937 年初"这个时间段了。

综上所述,在确定运动的时间段方面,目前的研究者做过多种尝试,却没有找到一个适合的词语。笔者认为,问题在于,这一场运动并不和任何其他为人所熟知的历史时间段直接对应,所以以任何其他事件的时间段来转指本书题内的这场运动都是不确切的。

另外,还有一些书籍采用更为模糊的名称,比如:"三十年代唯物辩证法宣传运动"①,"马克思主义哲学的普及运动"②,"哲学理论浅显化、通俗化的工作"③。笔者认为,这些都是执笔者对该历史事件没有足够的认识所致。只要看到足够多的历史材料,都不应该赞同这一类说法。

徐素华最新的说法是这样的:

> "在以上海为中心的国民党统治区域,以李达、艾思奇、沈志远、陈唯实等人为代表的一批马克思主义哲学的传播者,在非常艰苦的条件下,坚持开展马克思主义哲学的研究和宣传,给中国共产党领导的正在广大农村迅猛发展着的革命运动以有力的理论支持,特别是他们组织

---

①　赵德志等:《中国马克思主义哲学七十年》,辽宁大学出版社 1991 年版,第 105 页。这个名词可以在以后有更广泛的所指。

②　丁祖豪等:《20 世纪中国马克思主义哲学》,中国矿业大学出版社 2002 年版,第 200 页。

③　王玉平:《马克思主义哲学在中国的理论嬗变》,中国社会科学出版社 2005 年版,第 115 页。

参与的马克思主义新哲学大众化运动,成为中国马克思主义哲学传播史上最辉煌的篇章。"①

"马克思主义新哲学大众化运动"这个说法的缺点是"马克思主义"和"新哲学"概念有重合。笔者主张在一般情况可以删去,使用简洁的"新哲学大众化运动"这一术语。

二、"马克思主义哲学大众化运动"这一术语的优点

就全书内容而言,在现有的术语大都不能令人满意的情况下,笔者尝试并倡议采用"马克思主义哲学大众化运动"这个术语,有如下几点好处:

第一,"马克思主义哲学"相对于"新哲学"而言更具普遍性、代表性,一目了然,容易理解,而"新哲学"是一个具有时代性的名词,20世纪50年代以后为了避免概念的混乱以及与苏联哲学接轨,"新哲学"一词退出了哲学舞台,离开了众人的视线。但是,可以说整个马克思主义哲学大众化运动随着"新哲学"的风行而兴起,也随着"新哲学"一词的渐渐隐没而隐没。这种隐没不是失败,而恰恰是其成功的象征。如前所述,"新哲学"一词的隐没正是因为"新哲学"的胜利主导了哲学的发展方向。所以继之而起的新的运动就不再使用"新"这个字眼了,直接就叫做"工农兵学哲学运动"了。

第二,"马克思主义哲学"(时称新哲学)是一个指称明确的术语。如前所述,此处不赘。

第三,采用这个名称符合术语所需要的简明性,如果称之为"20世纪20年代末至50年代初的马克思主义哲学唯物辩证法大众化运动"恐怕就太过于拗口了。而且,也不能表现这场运动的本质。

因此,"马克思主义哲学大众化运动"是指称本书所研究的历史事件的最适合的术语。

如果需要为今后的哲学专业词典拟定一个简明的词条的话,可以如下:

---

① 徐素华:《马克思主义哲学在中国:传播 应用 形态 前景》,北京出版社2002年版,第47页。着重号为笔者所加。

"【马克思主义哲学大众化运动】从 20 世纪 30 年代的上海开始，在中共中央文委直接领导下，以中国社会科学家联盟为组织机构，社联成员艾思奇等作为核心骨干力量，带动一系列进步知识分子发起并推动了一场以大众化、通俗化为特征的，宣传马克思主义哲学的社会思想运动。这场运动在抗战中和新中国成立后一直持续进行。1958 年开始的工农兵学哲学用哲学运动是整个马克思主义哲学大众化运动的最后一个高潮。该运动随着'文化大革命'的兴起而结束于 20 世纪 60 年代。"

第二章　马克思主义哲学大众化的历史背景

本章分析马克思主义哲学大众化运动兴起的外因，即做一个外史的研究。

由于艾思奇的《大众哲学》产生了巨大的轰动效应，不仅在当时人，而且在当代的很多研究者眼中，马克思主义哲学大众化运动给人一种平地起惊雷的感觉。唯物史观认为，所有历史事件，都由其深刻的内因和外因导致。马克思主义哲学大众化运动的爆发，不是突如其来的从天而降，而有其深刻的社会历史背景和思想渊源。

从历史大势来看，革命斗争的形势需要找到一个充分发动工农大众提高觉悟投身革命的凭借；从马克思主义哲学本身的发展来看，也到了一个可以而且必须走出象牙塔拥抱实践者的阶段。

第一节　国民党党治文化的哲学思想

一、党治文化的推行

从1911年辛亥革命起，以国民党为政治代理的中国资产阶级就一直致力于谋求一个统一的中国以实施完整的统治。第一次国共合作，对国民党内右派阴谋分子而言，是一个利用、销蚀、限制共产党，最终分裂共产党的策略。以"四一二"反革命政变和马日事变为标志，国民党反共势力实施了对共产党的一次重大打击。至1927年的"宁汉合流"，国民党内部反共势力完成了利益分配，形成了以蒋介石为首的反共核心。1928年底，张学良服从国民党中央,实施"东北易帜",至此,国民党大致完成了中国形式上的统一。但此时内外危机依旧频仍,为了维护和巩固刚刚到手的一党专制局面,国民党随即开始了所谓的党治文化建设运动。

所谓党治文化的本质,就是一种披着民主外衣的专制的权威主义的体制化的文化控制政策。它通过国民党对政治权力的实际垄断,使得国民党内的政治信仰与行为规范,在全社会范围内推行,亦即通过使遵守国民党政党信条义务的无条件地由其党员扩展至全体公民,得以在不需要对国家性质、国体、政体、公民权利地位作任何法律形式上的改变的情况下,使一党之私凌驾于法律之上,事实上否定法律规定的公民权利,使其对社会实施绝对的统治,使得国家成为实现政党意志的工具。①

1925 年 7 月中华民国国民政府在广州成立。1926 年,教育部拟定《教育方针草案》,积极推行"党化教育"。其主要内容是要使教育贯彻反帝、反封建的方针政策,这在当时有其进步意义;但就其形式而言,却是"党治文化"的滥觞。1927 年"四一二"反革命政变,5 月蒋介石在南京成立国民政府后,彻底改变了原有的"党化教育"的目的,要求以国民党的纪律约束学生服从其指挥。1927 年 4 月,国民党上海市党部拟定了《党化教育委员会章程》,据此该委员会不仅有权监督党化教育之推行,还有权审查和取缔有违反党义言行的教职员、课本、学校。1927 年 8 月 4 日,国民政府教育行政委员会制定了《学校施行党化教育办法草案》,把"党化教育"推至全国。1928 年第一次全国教育会议,确定了以"三民主义"的参与宗旨代替"党化教育"的方向,至 1929 年 4 月正式公布施行"三民主义教育宗旨"。详审其内容则是"要使教育融会贯通,陶融儿童青年忠孝仁爱、信义和平之国民道德"。其目的就是使学生顺从于国民党的政治统治,使学生脱离革命道路,抵制共产主义思想的传播。1932 年起,国民党在其所占领的赣、闽、皖、鄂等省的革命根据地,又实行所谓"特种教育",目的正是在于通过反共宣传,灌输"忠孝仁爱信义和平",消除革命影响,麻痹革命意志。

1934 年是国民党党治文化的高峰期,标志性事件有三。第一,在一次

_____

① 参见许纪霖等主编:《中国现代化史》第 1 卷,三联书店 1995 年版,第 478 页。

国民党中常会上,通过了"尊孔祀圣"的决定。第二,陈立夫发起组织了"中国文化建设协会",出版《文化建设》杂志,提倡"中国本位文化建设",实际上是以中国的封建传统思想为主体,并且糅合进西方的法西斯主义思想,为国民党的文化政策服务。① 第三,蒋介石发起"新生活运动"。打着"新"的名义,用封建的三纲五常、四维八德、礼义廉耻来禁锢人民的思想和言行,奴化人民的斗争意志,维护已有的统治秩序。但这只是蒋介石的"宽以律己、严以待人"的幌子,连冯玉祥都指责"新生活是说着骗人的"②。新生活运动,对于蒋介石集团而言,就是把他们提倡的唯心哲学生活化大众化的运动。

总之,种种做法都是螳臂当车。正如美国学者克罗泽所指出的:"当毛泽东承诺要解放农民并扫除一千年来的传统压迫的时候,当年轻的知识分子被革命的吸引力所打动的时候,蒋介石却充耳不闻地求助于儒家的价值观和基督教的清教主义。"③

蒋介石集团的这一系列文化策略,在哲学上的表现就是戴季陶的"民生哲学",蒋介石提出的"力行哲学"和陈立夫提出的"唯生论"。

二、民生哲学

孙中山在 1924 年 1 月主持召开了国民党第一次全国代表大会,重新解释三民主义,确立了联俄、联共、扶助农工三大政策。第一次国共合作开始,中国革命出现了一个高潮。但是,在 1925 年 3 月孙中山病逝以后,国民党右翼势力迅速串通一气,公开篡改新三民主义,进行反共活动。为了迎合反共势力的需要,戴季陶提出了一个右派反革命理论主张,被称为"戴季陶主义",而其哲学基础,则是所谓的"民生哲学"。

戴季陶,1910 年参加同盟会,以国民党内的中间派理论家自居,也曾阅读并翻译过一些马克思主义的著作,但他并不相信马克思主义。孙中山逝世以后,他在解释孙中山学说的幌子下发挥孙中山思想中消极的东西,完全

---

① 参见李新等:《中华民国史》第 3 编第 2 卷,中华书局 2002 年版,第 392—397 页。

② 冯玉祥:《我所认识的蒋介石》,黑龙江人民出版社 1981 年版,第 204 页。

③ [美]布赖恩·克罗泽:《蒋介石传》,内蒙古人民出版社 1999 年版,第 162 页。

阉割其革命精神,为资产阶级右派反共反人民拼凑了一套理论。他在1925年5月召开的国民党一届三中全会上发表了"接受总理遗嘱的宣言",提出要建立所谓"纯正的三民主义"为中心的国民党"最高原则"的建议。随即又在6月和7月抛出为国民党反共清党制造舆论所著的《孙文主义之哲学基础》和《国民革命与中国国民党》两本小册子,为资产阶级右派提供反共的理论依据并制造舆论。

戴季陶也发现了唯物史观的革命性,他说:"应用唯物史观,说明社会革命,很容易使劳动阶级的人,生出革命的觉悟来","所以能够取得革命哲学的地位"①。但是他污蔑说:"马克思的唯物史观,能够说明阶级斗争的社会革命,不能说明各阶级为革命而联合的国民革命。……我们今天在国民革命进程中,为农民工人而奋斗,绝不须用唯物史观做最高原则。争得一个唯物史观,打破一个国民革命,绝不是革命者所应取的途径。"他还攻击共产党人制造阶级斗争,破坏革命,是"放着可以解决我们所要解决的一切问题的理论,去固执一个不能解决我们的问题的理论……是害了空想病"②。

他用来攻击唯物史观的武器便是所谓的"民生哲学",把民生哲学规定为"指导国民革命的最高原则"。所谓"民生哲学",尽管打着"民生"的旗号,但是正如瞿秋白所说,这其实是"唯心论的道统说"③,并没有任何先进性可言。戴季陶反对阶级斗争的武器是中国古代哲学中的抽象人性论,鼓吹"仁爱"是中国固有的道德基础,"仁爱是人类的生活";而"阶级的对立,是社会的病态,并不是社会的常态"。戴季陶断章取义,把孙文学说歪曲为"完全是中国的正统思想,就是继承尧舜以致孔孟而中绝的仁义道德思想",是"二千多年以来中绝的中国道德文化的复活",而三民主义则要以中国固有的伦理哲学和政治哲学思想为基础。可见,所谓的戴季陶主义的民生哲学,不过是封建思想的沉渣泛起与西方资产阶级政治哲学的纠集。

---

① 戴季陶:《孙文主义之哲学基础》,载蔡尚思、朱维铮主编:《中国现代思想史资料简编》第2卷,浙江人民出版社1982年版,第608—609页。

② 戴季陶:《国民革命与中国国民党》,载蔡尚思、朱维铮主编:《中国现代思想史资料简编》第2卷,浙江人民出版社1982年版,第584页。

③ 瞿秋白:《中国国民革命与戴季陶主义》,载《瞿秋白选集》,人民出版社1985年版,第181页。

以"民生哲学"为基础,萨孟武阐发了所谓的"民生史观"①,旨在反对唯物史观,特别是反对阶级斗争。文章对孙中山的一些言论断章取义,随意发挥,污蔑阶级斗争为生存所迫,共产主义和"李闯献忠"一样。还列出数据来误导读者相信:中国没有劳资对立,世上并无理想的社会制度,也就不必阶级斗争谋求共产主义了。

民生哲学对一般学人并非没有影响。这可以从苏渊雷的经历看出来。苏渊雷,1908年生,1924年入国民党,1925年入共产党,1927年被捕入狱,7年后出狱,和共产党组织失去了关系,任上海世界书局编辑所编辑,后参与创办进步的新知书店,也曾参加共产党领导下的新型社会科学座谈会等活动。抗战中至重庆,任中共中央政治学校教员,苏渊雷此时的思想虽不再革命,却也还是有民主倾向的。但此时,他写了一本《民生哲学引义》②为国民党的唯心哲学敲边鼓。在其《〈民生哲学引义〉述旨》中他说道:"时下有关民生哲学之阐述,率多限于历史观,钩沉索隐,虽可明势,究未能窥见宇宙与人生之全圆。本书于建立历史观外,复将近人所不讲或详略互见之宇宙论、认识论、人生论三者,全行纳入新体系中";"中山先生应运而生,抉择西洋文化之长,复折衷古圣先贤之学说,揭橥民生哲学";该书更要将古今中外之所有哲学熔为一炉,形成一个"综合的"的"哲学之新体系"。其为"民生哲学"歌功颂德之本意可见一斑。

三、唯生论

唯生论是国民党的宣传干将陈立夫的个人"独创性贡献"。

1931年,陈立夫抛出"三民主义的中正论"③,扭曲出一个蒋介石版的三民主义来。其主要论点一个是反对唯物论和唯物史观,把唯物论说成"唯利论";另一个就是宣扬孔孟泛爱之道。1933年2月发表的《唯生论的人生观和社会观》④主要宣扬的是"人类的历史是一部求生存的……记录,

---

① 萨孟武:《民生史观》,《新生命》1卷5号,1928年5月1日。
② 苏渊雷:《民生哲学引义》,商务印书馆1943年版。
③ 陈立夫:《三民主义的中正论》,《大公报》1931年8月28—29日。
④ 陈立夫:《唯生论的人生观和社会观》,《进展月刊》2卷2期,1933年2月。

是唯生而不是唯物的";3月发表的《民族生存的原动力》①宣扬的是"诚是民族生存的原动力",实则就是要求所有人对统治者特别是蒋介石的愚忠;9月,汇集了陈立夫在中央政治学校演讲稿的《唯生论》上下两卷在上海正中书局出版,全面推出陈立夫的歪理邪说;12月发表的《唯生论的新伦理观》②在"新"的幌子下,还是鼓吹"敬礼仁爱忠"的老一套;1934年发表的《生命的动力——诚》③继续鼓吹为领袖"牺牲与奋斗"。1935年起陆续刊出《陈立夫先生言论集》,一直到1944年的《生之原理》,都是一直在贩卖他的唯生论。

陈立夫的"疯产",引发了一个吹捧唱和的热潮,国民党陆续成立了专门编凑理论的机构"唯生论社"、"唯生学会"等,在社会上产生了较大的影响,对进步文化的宣传构成了一定的冲击。有一种观点认为,唯生论"在当时影响不大"④,看来是不对的。当时为唯生论鼓吹的书和文章非常多,主要作品如下:黄文山的《唯生论的历史观——民生史观论究》⑤,张铁君的《唯生论与唯物论》⑥和《唯生论的方法论》⑦,何行之的《唯生论哲学理论之基础》⑧,蒋静一的《唯生论政治学体系》⑨和《唯生论文选》⑩,任觉五的《唯生论与民生史观》⑪,以及詹竞烈的同名作品⑫,还有胡汉民、萨孟武等人也与其相唱和。而段麟郊所写的《唯生论辩证法》⑬,尤其值得重视。因为在20世纪30年代,辩证法已经成了一个学界与社会上热门的词汇,唯生论如

---

① 陈立夫:《民族生存的原动力》,《北洋理工季刊》1卷1期,1933年2月。
② 陈立夫:《唯生论的新伦理观》,《新中华》1卷12期,1933年12月。
③ 陈立夫:《生命的动力——诚》,《京沪杭甬铁路日刊》143—145期,1934年12月4日至5日。
④ 黄楠森等:《马克思主义哲学史》第6卷,北京出版社2005年版,第563页。
⑤ 黄文山:《唯生论的历史观——民生史观论究》,正中书局1936年版。
⑥ 张铁君:《唯生论与唯物论》,贵州唯生学会1939年版。
⑦ 张铁君:《唯生论的方法论》,贵州全省各界抗敌后援会三民主义学会1938年版。
⑧ 何行之:《唯生论哲学理论之基础》,正中书局1935年版。
⑨ 蒋静一:《唯生论政治学体系》,政治通讯月刊社1935年版。
⑩ 蒋静一编:《唯生论文选》,政治通讯月刊社1937年版。
⑪ 任觉五:《唯生论与民生史观》,拔提书店1934年版。
⑫ 詹竞烈:《唯生论与民生史观》,中南印刷所1947年版。
⑬ 段麟郊:《唯生论辩证法》,《中华季刊》第2卷第3期。

果不整出一个辩证法来,似乎就影响了诱惑力。该文从孙中山所说的"古今一切人类之所以要努力,就是因为要求生存",引发出"民生史观",认为这是"本党革命理论的中心基础",统一唯心论和唯物论为"唯生哲学",立意要新创一个唯生论辩证法。然而其所谓新创,却也不过是贩卖二元论和歪曲黑格尔的辩证法,尤其是否定之否定法则。在结论中,其意在剿灭共产党的目的暴露无遗:"我们民族生存的自信力,只要剿匪有办法,先把内因冲突解决,则抗日终有办法,而外因冲突亦随之消灭了。"

陈立夫名之曰"唯生论",看似与唯物论和唯心论鼎足而三,祥芝①和戴鸿猷②就试图为其粉饰。但其实唯生论就是彻底的唯心论,目的是为了反对马克思主义的辩证法唯物论。陈立夫在《唯生论》的导言中说,近几年来,唯物论之论调日见嚣张,他要反对这种偏见。他用以反对的唯物论的手段乃是先把马克思主义哲学加以曲解,然后再加以攻击。

唯生论,是新哲学大众化运动的一个主要对手。

四、力行哲学

蒋介石也深知哲学在意识形态控制上的重要性。1932 年他在以《革命哲学的重要》③为题的一次讲演中,以重塑国魂为幌子,打着革命与科学的旗号,宣扬看似是"知难行易"实则是"大学之道"的一套封建教化。

在 1939 年的《三民主义之体系及其实行程序》中,蒋介石继续推演所谓的民生史观。他说:"因为人类全部历史即使人类为生存而活动的记载,不仅仅是物质,也不仅仅是精神,所以惟有以民生哲学为基础的民生史观……才能说明人生的全部与历史的真实意义。"④他还借此宣扬地主资产阶级的人性论、阶级调和论。宣扬抽象的共同人性,其目的就是要求革命群

---

① 祥芝:《唯心论唯物论与唯生论》,《政治月刊》1935 年第 3 卷第 6 期。
② 戴鸿猷:《唯物论唯心论唯生论在人生哲学上底价值》,《革命与战斗》1933 年第 2 卷第 4 期。
③ 蒋介石:《革命哲学的重要》,载《中国现代思想史资料简编》第 4 卷,浙江人民出版社 1983 年版,第 586 页。
④ 蒋介石:《三民主义之体系及其实行程序》,载《中国现代思想史资料简编》第 4 卷,浙江人民出版社 1983 年版,第 328 页。

众放弃革命的阶级斗争,好让他自己大搞反革命的阶级斗争。

1943 年的《中国之命运》一书,完整地推出了他的唯心主义力行哲学的观点。该书由蒋介石授意,由陶希圣执笔。在认识论方面,该书以唯生论的本体论为基础,发展成为"力行哲学",在中国哲学的传统命题"知"和"行"的关系上做文章,宣传反理性的唯心论,提倡迷信和盲从,反对客观科学知识。比如对于"知",他就宣称"知的本源在于人类的本性,不必外求。就表面上说,我们求知,要接受民族的经验和教训,要学习外国的科学和技术。然而就实质上说,知识如果'无得于己',便不能算是真知。唯有'有得于己'的知,才是真知,不但真知,而且易行"①。这就否定了客观事物及其规律,是彻头彻尾的唯心论。而对于"行",他则认为"行"只是天地间自然之理,是人生本然的天性,也就是我们说的"实行良知";"力行"就是革命。他从陈立夫的唯生论那里拿来一个"诚"字,当作"行"的原动力,"惟有诚乃能尽己之性,近人之性,尽物之性,惟有诚乃为物之始终,乃能一往无前,贯彻到底;惟有诚乃能创造能奋斗,能牺牲"②。

这一套所谓的"力行哲学",其实就是要求人民对领袖愚忠,完全是一派极端的唯心主义谬论。周恩来便指出"蒋介石提倡力行哲学,其中心是要人民于不识不知之中,盲目地服从他,盲目地去行"③。

第二节　国民党唯心哲学的"大众化"

一、代表书刊

鼓吹上述哲学思想的文章,大多半文不白,故作深沉,叫人敬而远之,对劳动人民相对毒害较少。然而,国民党逐渐意识到这样的宣传不能争取到

---

①　蒋介石:《中国之命运》,义信印书局 1943 年版,第 101 页。

②　蒋介石:《三民主义之体系及其实行程序》,载《中国现代思想史资料简编》第 4 卷,浙江人民出版社 1983 年版,第 332 页。

③　周恩来:《论中国的法西斯主义——新专制主义》,载《周恩来选集》上卷,人民出版社 1980 年版,第 146 页。

更多群众,随即把着力点放在普及性、通俗性的宣传上。比如,陈立夫本人,就经常四处做演讲,散布他的唯生论。同时借助一些书刊的力量为其造势宣传。下面略举一二。

第一,《综合哲学讲话》。

1940 年,由河南洛阳的大华书报供应社出版了宋垣忠写的《综合哲学讲话:由唯生的观点发展之新哲学体系》。这是一本打着"讲话"和"新哲学"招牌的令人啼笑皆非的东施效颦之作。

宋垣忠,字英仇,河南新蔡人。曾留学日本,是资深国民党党员。国民党一大时,他还在日本,被指派为日本东京第二支部的唯一代表①。1930年,国民党中央军战败冯、阎占领河南之后,西山派的宋垣忠(和 C.C.系也有瓜葛)受国民党中央党部委派参与组建"河南省党务指导委员会"。其后又连任国民党河南省政府委员兼省党部委员,主任委员,兼开封第一高中校长,河南大学教授,教授公民课。

宋垣忠自命为学者,是河南文化运动委员会名下的期刊《中原文化》的主持人,该刊物实则是国民党 C.C.系的理论杂志。除了这本《综合哲学讲话》,他还写过《知命轩哲学论集》(共计 97 页)②、《三民主义概述》(共计68 页)③、《新哲学之建立》(共计 24 页)④、《哲学的新观点》(共计 41页)⑤,都是不足百页的薄薄的小册子。根据王尽忠的考证,宋垣忠是一个不折不扣的冒充文化人的国民党党棍,在主持第一高中期间,曾因不懂教育遭遇教师罢教、学生罢课,最后不得不辞职了事。论学术,根本没有什么水平;论拍马,倒是颇有一套。⑥

《综合哲学讲话》就是他推衍唯生论以拍陈立夫马屁的"杰作"。原本是在河南反省院对在押政治犯讲课的稿子。反省院中在押的多为进步青

---

① 参见罗家伦主编:《革命文献》第 8 辑,中国国民党中央委员会党史史料编撰委员会出版社 1955 年版。
② 宋垣忠:《知命轩哲学论集》,新生晚报社 1945 年版。
③ 宋垣忠:《三民主义概述》,国民图书出版社 1941 年版。
④ 宋垣忠:《新哲学之建立》,河南民报社 1943 年版。
⑤ 宋垣忠:《哲学的新观点》,艺美印刷厂印 1953 年版。
⑥ 参见王尽忠主编:《新蔡人物志》第五章第一节,中州古籍出版社 2000 年版。

年,所谓讲课,其实就是洗脑。用作讲稿的还有周佛海的《三民主义之理论体系》等等。唯生论这一套唯心哲学,自然也是必讲的内容。

该书的第一版绪言颇有迷惑性,说到"犹忆数年前国人曾倡建立新的社会科学体系之议——予于民国十六年时已早持此说——惜乎迄今尚未发现其端绪,此篇之作,仿佛是意……"这就完全把自己伪装成一幅新模样。可惜张口闭口仍旧是孔孟之道。绪言起头第一句就是"孔子曰:天何言哉,四时行焉,百物生焉,天何言哉"。

全书共分 12 讲:哲学是什么,传统哲学的类型,宇宙的性质,认识形态及二重性,社会性质及其基本条件,社会内部关系及其演变,人之两种性质,自我创造与人格之完成,享受与贡献。内含 200 个小标题。看似包罗万象,洋洋大观,其实正文仅仅只有 56 页。

该书的主要思想内容和形式有以下四个方面的特点:

首先是鼓吹唯生论。他说:"'生存''生动'只是一'生'。且'生'可以表达客观的实体,但不限于个体而将个体消融于全体之中,既不同于'心'之空虚,亦不同于'物'之呆执,所以我们舍弃了唯心论唯物论二元论及一切传统哲学的立场,而建立'唯生论'。"

尽管唯生论自命为超出唯物论和唯心论的唯一正确的哲学,但是该书对传统的唯心论倒没有太多的批评,竟然说"唯有观念论才是真实",这就透露出唯生论和唯心论私下是串通一气的。对唯物论在近代的发展的事实,他也不敢断然否定。但是该书曲解了当时物理学上的新发现海森堡的"测不准原理"①,以此来反对唯物论。他说:"十八九世纪间自然科学之进步,增强了唯物论的气势不少。然物质之所由名,乃基于个体之存在,依据最近自然科学之证明,质点是最终的个体之测定极为不可能,是则物质已失其实际的意义。"当时的人们对物理学上的新发现没有太多认识,这段话还

---

①　又名"测不准原理"、"不确定关系",英文"Uncertainty principle",是量子力学的一个基本原理,由德国物理学家海森堡于 1927 年提出。该原理表明:一个微观粒子的某些物理量(如位置和动量,或方位角与动量矩,还有时间和能量等),不可能同时具有确定的数值,其中一个量越确定,另一个量的不确定程度就越大。它反映了微观粒子运动的基本规律——以共轭量为自变量的概率幅函数(波函数)构成傅立叶变换对;以及量子力学的基本关系,是物理学中一条重要原理。测不准原理否定的是机械论,却恰恰能够证明辩证唯物论。

是具有相当欺骗性的。

其次是孔孟之道的老生常谈。文中多处引用儒家经典，且妄加评述。比如他在貌似公允的批评利己主义的时候①，引用"一人之身而百工之所为备"说明孟子提倡社会劳工合作无私。这显然是断章取义，随意发挥。孟子的原文是这样的："然则治天下独可耕且为与？有大人之事，有小人之事。且一人之身而百工之所为备，如必自为而后用之，是率天下而路也。故曰：或劳心，或劳力。劳心者治人，劳力者治于人；治于人者食人，治人者食于人。天下之通义也。"孟子本意说的是："难道治理天下偏偏能够与耕种同时进行吗？有官吏们的事，有小民们的事。再说一个人身上（所需的用品）要靠各种工匠来替他制备，如果一定要自己制作而后使用，这是导致天下的人疲于奔走。所以说：有些人动用心思，有些人动用体力。动用心思的人治理别人，动用体力的人被人治理；被人治理的人养活别人，治理人的人靠别人养活。这是天下通行的道理。"这段话多年以来一直被剥削阶级用来作为阶级剥削和压迫的理论依据。宋垣忠本人未必不知道这一点。他的曲解，也正是为阶级压迫有理而阶级斗争有罪制造理论依据。

再次是拼凑一些西方哲学名词。开篇就卖弄了几个英汉对照的名词："哲学一词，为西文（英 Philosophz② 法 Philosophie）之译名"，"亚里斯多德氏（Aristotle）"，"斯多亚派（Stoics）"，"伊壁鸠鲁派（Epicurians）"等等。而仔细读下来，他也不过是只知其一不知其二。其后文像这样的还有多处，明显就是故作高深的障眼法。

最后，再看该书的形式。虽为"讲话"，但是之乎者也不离口。且不说引用孔孟之道的原文，他的解说也是如此，比如："哲学既与各特殊学科有所不同，于是，一般学者乃更所求哲学科学二者区别之所在。有谓二者之区别基于其研究方法之差异者，有谓二者之区别基于其研究对象之差异者。"

---

① 其实他本人施行的正是利己主义。根据史料，"新蔡党务自民国十六年即为省党部委员宋垣忠（新蔡人）一手把持，引用私人，排斥异己，卑鄙污浊，腾笑社会，贻羞党国。珉被派充指委年余，屡谋陷害，至再至三，皆为宋垣忠所操纵。"（任均：《我这九十年》，华文出版社2010年版）1940年12月，在《综合哲学讲话》粉墨登场之际，他本人正干着"藉兴学名义狡占金粟寺"的勾当。

② 这里拼写错误，原文如此。

这哪里是什么平易近人的"讲话"。这样的语言只会疏离劳苦大众。

因为他所信奉和宣扬的哲学都不是大众的哲学,而是资产阶级为了维护自己的统治而敷衍出来的哲学,所以这本书在内容和形式上显然都不可能做到真正的大众化。但是,他的大众化的用意,确实很明显。这不能不算是国民党"理论家们"的暗算行为。中共的大众哲学工作者,如果不在新哲学的大众化这方面做出成绩来,可能真的会有一些不明真相的普通群众为他们欺骗。

第二,《读书青年》。

1936 年 7 月 1 日创刊,1937 年 7 月停刊。半月刊,上海读书青年社编辑出版。该刊面向中等学校学生及一般青年的课外进修。该刊打着漂亮的旗号,自称以指导青年思想、探讨世界学术、发扬中国文化和引起读书兴趣为宗旨,"以本刊献给一般青年们作为他们精神上的粮食",同时又作为一般青年"自己的园地"。撰稿者"都是对于青年问题富有研究的,有的是著名学者,有的是青年的导师,有的是现任中学或师范的教师"。由于刊物面向青年学生,很多栏目都采用讲话体,比如"读书讲话"、"中国文化讲话"、"作文讲话"、"国际问题讲话"、"自然科学讲话"等,具有通俗性刊物的性质。

其实,这是上海市教育局官办的一个刊物。最高领导是国民党"CC"系的主要骨干潘公展。1927 年初,他由陈果夫推荐去南昌见蒋介石,"四一二"反革命政变后,历任国民党上海特别市党部常务委员、上海市农工商局长、社会局长、教育局长、国民党中央委员、国民党中央宣传部副部长、新闻检查处长、中央图书杂志审查委员会主任委员等职。1932 年 8 月起,他一直任上海市教育局长兼社会局长。1934 年 3 月,国民党统治集团标榜"以三民主义建设新中国的文化",设立"中国文化建设协会",蒋介石为名誉会长,潘公展为常务理事兼书记长,随即在上海设分会,力图控制、扼杀革命文化事业。《读书青年》杂志不过是潘公展面向青年学生举起的思想屠刀罢了,他本人就在上面发表过《非常时期青年应有之觉悟》[①],《中国不

---

① 潘公展:《非常时期青年应有之觉悟》,《读书青年》1936 年第 1 卷第 1 期。

亡论》①,《蒋委员长革命事迹》②等文章。

该刊跟风新生活运动,刊载过给蒋介石歌功颂德的《蒋委员长的青年时代》③等文章,教训青年要读教育当局规定的书,叫嚣"凡冠上'中学生读物'或'青年丛书'一类的书籍加以审查,审查以后凡应该取缔的则取缔之,应该介绍的则介绍之"④。该刊1937年第2卷第6期上发表论坛文章《青年的觉悟与修养》,要求青年"确立中心信仰。信仰是一种归宿,是一种力量。当兹外侮日亟,国难日深,我们当统一意志,团结精神,确信三民主义为救国主义,在革命领袖领导下,迈步前进,突破国难"。这就全然是力行哲学的一套了。其所谓《青年问题讲话》⑤,也不过是讲讲如何谈恋爱罢了。该刊物由于受到官方的支持,在学校中广设代销处,发行量非常大,而且该刊物带着通俗和善的面具,对青年可能产生更深的毒害。

面对潘公展们在《读书青年》的进攻,新哲学大众化的实践者们努力扭转局面,利用这个合法刊物为革命服务。这里有必要提一提戴介民的特别贡献。戴介民,笔名巴克,中共党员,在社联支持下创办建承中学并担任校长,亲自教哲学和社会发展史等课程,著有《新哲学基础读本》⑥和《新哲学教程》⑦,此外还有《日本资本主义研究》⑧、《战后世界资本主义研究》⑨等,并且翻译了《唯物论的哲学》⑩、《经济学的实际知识》⑪、《唯物史观的基础》⑫和《社会主义的基础》⑬,是新哲学大众化运动的干将。他利用自己的合法身份,在《读书青年》上发表《读书生活巡礼》等系列文章,为青年"解

---

①　潘公展:《中国不亡论》,《读书青年》1936年第1卷第12期。
②　潘公展:《蒋委员长革命事迹》,《读书青年》1936年第1卷第9期。
③　顾森千:《蒋委员长的青年时代》,《读书青年》1937年第2卷第6期。
④　仞千:《中学生的课外读物》,《读书青年》1936年第1卷第5期。
⑤　庄子华:《〈青年问题讲话〉青年与恋爱问题》,《读书青年》1936年第1卷第6期。
⑥　巴克:《新哲学基础读本》,万叶书店1939年版。
⑦　巴克:《新哲学教程》,万叶书店1949年版。
⑧　巴克:《日本资本主义研究》,现代书局1929年版。
⑨　巴克:《战后世界资本主义研究》,明日书店1929年版。
⑩　[日]佐野学:《唯物论的哲学》,巴克译,乐华图书公司1930年版。
⑪　[日]高桥龟吉:《经济学的实际知识》,巴克译,联合书店1930年版。
⑫　[日]河上肇:《唯物史观的基础》,巴克译,明日书店1930年版。
⑬　[德]马克思:《社会主义的基础》,巴克译,山城书店1930年版。

毒"。关于他的贡献,后文还要专门论及。

第三,《中国革命》。

1933 年 1 月中国革命周刊社在南京创立的《中国革命》就是一个打着革命旗号行极右翼反革命之实的反共刊物。该刊主张"攘外必先安内",所载文章以时评和政论为主,政治倾向不仅反共且反对国民党左派观点,甚至宣扬"中国政治实有法西斯化的必要"。1934 年第 9 期《中国革命》就是一个"新生活运动"的专辑,刊发了蒋中正的《新生活运动之要义》、程时煃《论礼义廉耻须从生活中养成》等鼓吹反共生活哲学的文章。第 10 期继续唱着这台戏,刊发了多篇相关文章。

这个刊物上也有一些哲学论文。比如面向青年的《现代中国青年的人生哲学》①,模仿通俗化作品的《杂俎:哲学漫谈》②,标榜革命的《革命哲学》③等等。不管它们是何化身,究其实质,都是唯心哲学。

第四,《中心评论》。

1936 年在南京创刊,由中心评论社编辑,正中书局发行。该刊本旨在探讨抗日战争爆发前夕,中国社会的中心问题。内容有关于政治,经济,财政,教育,外交等各种问题的理论研究或实际评论;关于国际时事的系统评述;海外学术思想的介绍等,但也常刊有攻击共产党的文章。君毅的《杂论哲学》④就是带有通俗化色彩但却宣扬力行哲学唯心论的文章。文章拉拉杂杂,似乎中西贯通,但其中心却不离唯心主义的"自强不息,唯有念念反观"。文章的结尾明白无误地表达了自己力行哲学的观点:"中国哲学者,诚咸深体此义而力行之,哲学精神之培养庶几可矣。"

二、对新哲学的歪曲和攻击

张铁君的《新哲学漫谈》企图鱼目混珠,打着"新哲学"的旗号,顶着通俗化"漫谈"的帽子,其目的是为了宣扬国民党唯生论。然而,这个题目的

---

① 李奇流:《现代中国青年的人生哲学》,《中国革命》1933 年第 2 卷第 23、24 合刊。
② 佚名:《杂俎:哲学漫谈》,《中国革命》1933 年第 2 卷第 15 期。
③ 佚名:《革命哲学》,《中国革命》1933 年第 2 卷第 18 期。
④ 君毅:《杂论哲学》,《中心评论》1936 年第 4 期。

吸引力还是不小的。

张铁君写过《唯生论与唯物论》①和《唯生论的方法论》②等书籍宣传唯生论，而后他看到新哲学风云突起，也混入其中鱼目混珠。

由于这本书的"大众化"、"通俗化"水平较高，故不能等闲视之。这方面的水平越高，危害就越大。书中的章节，据作者自己说，都是在各处的谈话，有些是和大学生谈的，有些是和"三民主义青年团"团员谈的，有些是在"中学教员暑期讲学班"谈的，所以，文风比较通俗。而且，作者对"通俗化"是有意而为之的，他在《自序》最后说：

"一般青年谈到哲学，大家都感到头痛，好像神秘奥妙而不敢问津。其实哲学是人类生存不可缺少的精神食粮，应该使它成为家常便饭才可以供应青年们的需要。"③

这段话看起来倒是很像出自艾思奇等人之手，但是只要抓到其中"人类生存"这个关键词，就不难发现他的通俗化的表象背后，是"唯生论"的黑手。

这本书的目次安排，一反国民党唯心哲学家们板着脸故作高深的之乎者也，倒是一副亲民的模样。比如有些章节的题目就是这样的："老问题的新解决——为什么要研究哲学"，"头头是道——怎样研究哲学"，"要识庐山真面目——实体问题"，"骷髅的跳舞——唯物论"，"金钱为何物——认识论"，"奇妙的一语苦恼的圈——方法论之一"，"哲学成为神秘的原因"，"感觉与布丁"，"一株向理念发展的树"，"使青年彷徨的恶魔"等等。最为奇妙的是，这本书的结尾深得佛教宣传方式的真谛，以"十六字心传"来给长篇大论做总结：

"千言万语，总结起来仍不过这十六个字：

---

① 张铁君：《唯生论与唯物论》，贵州唯生学会1939年版。
② 张铁君：《唯生论的方法论》，贵州全省各界抗敌后援会三民主义学会1938年版。
③ 张铁君：《新哲学漫谈》，国民图书出版社1942年版。

"人心惟危

"道心惟微

"惟精惟一

"允执厥中"

这十六个字,是《尚书·大禹谟》中的名句。以此作结,可以激发读者的共鸣。

客观地说,这本书运用的通俗化技巧还是比较丰富的。比如讲故事,书中用到不少中国历史上传统的故事,借以阐释道理。在"苦恼圈的解决"这一部分,就用到了战国时的一个故事:"秦王使人献玉连环于君王后曰:'齐人多智。能解此环乎?'君王后取椎击碎之,谢使者曰:'已解之矣。'"这无疑能够增加书籍的生动性。再如,这本书也像《大众哲学》那样,每隔几个自然段,主题转换跟进的时候,就用一个小方框内以短短十来个字点明话题。

但是,这样的唯心哲学,在通俗化的面目中,是笑里藏刀的。新哲学运动如果不掌握群众,群众很可能就会跟张铁君的"新哲学"走。这就是新哲学大众化运动面临的险恶形势。

国民党的御用文人和"帮闲"写手们在宣传自己那一套歪理邪说的同时,不忘攻击新哲学。周肖鸥的《辩证唯物论之透视》①就是典型。其绪言中自述其写作动机,是因为"近年来国内出版关于马克思主义的著作很多",对于马克思主义的批判,则"大都只是一般理论的批判,对于专门问题特别是哲学问题"的批判力度还不够,他要挺身而出。之所以批判马克思主义,是因为"国父曾提出社会主义的种类很多,然而所致力批判的却只有马克思主义,这正证明批评马克思主义的工作,在我们这个时代实有必要"②。他所谓的理论基础,无非就是唯生论而已。为了欺骗读者,还要假装出"全以客观的态度,科学的精神,力求能作持平之论","是为真理而批

①　周肖鸥:《辩证唯物论之透视》,正中书局 1942 年版。

②　周肖鸥:《辩证唯物论之透视》,正中书局 1942 年版,第 2 页。

判,不会为批判而批判"。

该书共有 102 页,除了绪论和结论外,主体共有六章:唯物论、辩证法概论、对立统一律、质量互变律、否定之否定律。从这个结构来看,他把重点放在辩证法上。从当时唯物辩证法成为时代热潮的背景看,他这样考虑,是选对了攻击重点。然而,用来攻击唯物辩证法的手段却不甚高明。

他认为,马克思主义哲学以唯物论为本体论的错误在于,不能把哲学的基本问题定位于唯物论和唯心论的区别。他说:"哲学之历史的发展过程,并不符合马克思主义者这种论理的叙述。虽然马克思主义的哲学家不断地作了许多企图,把一切哲学思想别为唯心论和唯物论的两大营垒,但实际工作却不想理论家的如意算盘,有许多哲学家在分类时是要超出这两大营垒的。"他认为"世界的本质,可以不是精神或者物质",这个更加深刻的本质"就是为宇宙之中心的'生'"。也就是说,唯生论是超出唯物论和唯心论之上的。

很可惜,他的攻击并没有跳出哲学基本问题。唯生论依然是唯心论的一种。恩格斯在 1886 年写的《路德维希·费尔巴哈和德国古典哲学的终结》①一书中第一次对此作出了明确表述。为区分唯物主义和唯心主义两种对立的哲学体系、哲学派别以及对它们的客观评价提供了正确的标准,指导人们掌握哲学发展的普遍规律,具有重要的意义。只要坚持恩格斯的观点,唯生论的唯心论实质就会昭然若揭。

在《辩证唯物论之透视》粉墨登场之前的 1941 年,艾思奇批判过唯生论的唯心主义实质②。他明确指出:"唯生论主张宇宙的本体是心与物的综合,就这一点来说,是二元论的表现。""唯生论只是在表现上是二元论的,在本质上却是完全唯心论的,世界的最后的创造者既是精神的原理,所以是精神决定物质,是精神产生物质了。"艾思奇还指出了唯生论借机宣传宗教蒙昧主义的伎俩。因为唯生论不但在理论上对"神的境地"做了论证,而且

---

① 《马克思恩格斯选集》第 4 卷,人民出版社 1995 年版,第 223 页。

② 艾思奇:《抗战以来的几种重要哲学述评》,载《艾思奇文集》第 1 卷,人民出版社 1981 年版,第 549—585 页。引文见 565—569 页,原载《中国文化》第 3 卷第 2、3 期合刊,1941 年 8 月 20 日。

承认事实上的超人类的鬼神是存在的。陈立夫就认为，比人类更有精神的就是神仙之类。统治阶级宣传有神论，这是老一套的把戏了。为了在对新哲学的大众化宣传中驳斥这一点，《大众哲学》中就有多处戳穿有神论的叙述。比如在第一章的结尾就用了伏尔泰告诉朋友不要在仆人面前谈论无神论以免仆人造反的故事。

《辩证唯物论之透视》攻击新哲学常常采用曲解新哲学的方式，先歪曲表述新哲学的观点，再加以攻击。比如，他说："照他们的观点，世界上只有运动而没有静止，而承认有静止性的观点，就被指斥为形而上学。"[1]然而众所周知，马克思主义哲学的运动观意为，运动是绝对的，而静止是相对的。这和"只有运动而没有静止"有天壤之别。比如新哲学大众化运动的另一个主将平生所翻译的由苏联哲学家米丁·易希金柯编著的《辩证法唯物论辞典》中说的就是"运动是物质的永久存在形式，也与物质一样，是永不消灭的"[2]。为了预防这种故意的歪曲，新哲学大众化运动很注意基本概念的阐释，除了翻译苏联的哲学辞典外，新哲学大众化运动的另一个主将沈志远还亲自编写了《新哲学辞典》[3]。其中也说道："没有运动的物质，是没有的，并且不会有的。"明眼人都可以看出来，这和"没有运动是没有的"决然不同。这两个辞典都出在《辩证唯物论之透视》之前，新哲学大众化的实践者们在这个回合的斗争中又抢在了敌人的前面。

像这样直截了当抹黑唯物辩证法的还有一本《唯物辩证法批判》。这本书装出一副"批判的态度，作客观的研究，首先并不包涵什么成见，也没有夹杂什么情感"。然而，他对艾思奇的批评却发乎"中庸之道"的成见："共产党的理论家艾思奇氏更不懂得这个'中'字，……艾思奇的话，刚刚是反乎中庸的假中庸，他是孔子所说的'乡愿'"[4]。这本书没有申明站在唯生论的立场上，仅仅看目录，很像一本介绍马克思主义哲学的书籍。但看其

---

① 周肖鸥：《辩证唯物论之透视》，正中书局1942年版，第49页。

② ［苏］米丁·易希金柯编著：《辩证法唯物论辞典》，平生、执之、乃刚、麦园合译，读书生活出版社1939年版，第303页。

③ 沈志远编著：《新哲学辞典》，笔耕堂书店1933年版，第235页。

④ 王民：《唯物辩证法批判》，国民图书出版社1944年版，序第1、147、62页。"马克思"原文即作"马克斯"。

内容,实则是站在"三民主义"立场上的。比如书中这么写道:"这种见解,一方面为马克斯主义迷惑了,另一方面是不懂三民主义的本质,他们没有理解到三民主义的根本精神……"这本书在理论上颇能迷惑人。

《基本哲学问题》是另外一种攻击新哲学的代表,它的"特色"是一边攻击新哲学,一边高唱天主教的有神论。该书标明为施德所著,若凌译,哲学问题研究社出版。不过他们具体是谁,何年出版均不可考。该书共有四编十九章,看似博大精深,却也仅仅有177页。装扮出庞大的体例吓唬人,这是国民党唯心哲学宣传上的固定招式,但这却毫无疑问地反映出来他们的外强中干。

第一编有七章,是"论一些基本的思想",从黑格尔讲到马克思的辩证唯物论,并用一章的篇幅专事攻击。可笑的是,该书竟然称赞马克思主义的好处来:"马克斯的思想体系上的首要优点,并不是出自他的德国唯物哲学,乃是由于他的犹太精神——即是他坚持地注意到'千年期'。马克斯主义,黑格尔主义,以及天主教,三者都给人类历史立定一个目的。"也就是说,该书认为马克思主义好在和天主教有同样的观点上。该书对马克思主义哲学的否定,有如下几点理由:"马克斯并没有证据证明,他否认天主存在的主张","他(指马克思)绝对没有证明经济因素占社会首位,而且也无从证明","马克斯不了解穷人,是因为他根本不了解人性,他又不细查人性,因为他的基本兴趣不在人,而在制度上(在体系上)……因为马克斯忽略研究人性,所以他将人性不是估计得太高,就是看得太低。"①因为这本书的论证更丰富,也不流于肤浅的口号,而且常常着眼于"人"、"人性"来讲,所以,它对马克思主义哲学的攻击比《辩证唯物论之透视》更为厉害。

更有迷惑性的是,这本书也常常欺骗性地站在工人的立场上来讲话。比如:"我们已经看见教宗庇护第十一世所发表的意见。教宗良十三,于四十六年前同样的指责了资本主义,也同样的论述了工人们的权力。""因为教会'遵守主日'(每第七日休息一日)的诚命,无形中使工人的生活有了一

---

① 施德:《基本哲学问题》,若凌译,哲学问题研究社,第62、64页。

个大改善。"①这种把工人的斗争成果说成是上帝的恩惠的言论具有一定的欺骗性。

第二编"论人",论述了人的理性,社会性,最终目的,是为了证明"人是天主所造之物"这一唯心主义观点。第三编"论人的缺陷",全然从天主教神学入手,宣扬一些基督教教义。第四编"论社会秩序的重建",讲述了几百年来的天主教社会观,无甚新意。这三编总是不忘攻击马克思主义哲学。一言以蔽之,该书不过用天主教(基督教)的"基本神学问题"来偷换科学的"基本哲学问题"②。

除了书籍,国民党还利用《晨光周刊》、《丁丑杂志》等期刊攻击新哲学。以罗鸿诏为例,他除了在《暨南学报》等研究性学术刊物上发表文章批评辩证唯物论③,还在杭州的《晨光周刊》等比较接近平民的刊物上发表谬论,《唯物论及其批判》④竟然连载5期。这种形势下,新哲学家们必须针锋相对地予以还击。

第三节　中国共产党革命斗争形势的逆转

"四一二"反革命政变后,蒋介石集团取得了政治、军事上的优势,文化上也采取攻势,进入编造、宣传国民党唯心哲学的时期。与此同时,中国共产党则处于劣势,谋划着以新哲学的大众化为突破口的"文化反围剿"。

一、中国共产党在革命低潮中寻求路线转变

1924年至1927年的大革命,是中国共产党成立后领导的第一次反对帝国主义和反对封建主义的伟大革命。但是,由于种种主客观因素,轰轰烈

---

① 施德:《基本哲学问题》,若凌译,哲学问题研究社,第165、166页。
② 天主教和基督教在对基本教义的阐释上有区别,是不同的宗派。而该书虽以天主教为主,但间或也用基督教,可见该书连基本神学问题也没有弄明白。
③ 罗鸿诏:《唯物论及其批评》,《暨南学报》1936年第1卷第1期。
④ 罗鸿诏:《唯物论及其批判》,《晨光周刊》1936年第5卷第24—28期。

烈的大革命最终陷于失败。中国共产党领导的革命事业进入了一个低潮期。

大革命失败后，共产国际指导下的中共中央，在革命路线上经历了两次大的转变。最初是从国共全面合作退而转向和国民党左派合作，随即又彻底转向工农大众。

由于蒋介石和汪精卫叛变革命，国共合作破裂，但中共中央仍寄希望于国民党左派。1927年7月29日，南昌起义爆发前，中共中央向国民党左派发出倡议，发表了长篇的《中国共产党中央执行委员会致中国国民党革命同志书》，号召：

>   "如今只有决然的完全的和背叛革命与党的少数领袖决裂，而团结广大国民党员群众于革命的政纲之下才能救党，使国民党的旗帜不要变成反动的旗帜。……
>
>   "一切国民党的革命同盟，都应当团结起来，努力救党……我们大家都应当继续孙中山先生的国民革命伟业，努力为解放中国广大的劳动民众而奋斗，而牺牲，力求革命之最后胜利，毋使国党竟亡于封建资产阶级反动联盟之手。"[①]

"八一南昌起义"执行的就是中共中央的左派国民党策略。共产党仍然保持与国民党左派合作，用国民党左派的名义、旗帜和政权形式进行武装起义。这样的路线方针，使得共产党仍然没有自己的阶级独立性，没有能够获得自己在政治上的依靠。南昌起义最终失败[②]。

但是，这次武装斗争，无疑成为对国民党左派革命性的试金石。比如蔡廷锴，后来的十九路军军长、抗日英雄，他在南昌起义中的表现就严重损害

[①] 中央档案馆编:《中共中央文件选集》第3册，中共中央党校出版社1989年版，第227—237页。此系根据《武汉政府反动后中国共产党执政之主张》刊印。

[②] 南昌起义最终失败是中共中央文件及革命领导人当时即已承认的。中央档案馆编《南昌起义(资料选辑)》(中共中央党校出版社1981年版)中的多数文件就是直陈失败，总结教训，实事求是，并无讳言。10月3日流沙会议后，周恩来、叶挺等流亡香港，最后朱德整编的起义军只剩不到一千人。

了这次革命的起义。① 蔡廷锴于 1920 年加入国民党，1946 年发起组织中国国民党革命委员会，是国民党中著名的左派将领。南昌起义中，蔡廷锴跟随叶挺部队行动，被委派为军事委员会委员，第十一军副军长兼第十师师长，任起义军左翼总指挥，率师南下。但他参加南昌起义却并不是自愿的。当起义部队南下途经贤县时，蔡廷锴趁乱清理了队伍中的共产党员，率部脱离了起义军。蔡廷锴率部出走使起义部队南下计划受到严重挫折。

这一类事件在起义中还有多起，这促使中共中央作出了一个判断，国民党左派也不可靠。还在南昌起义部队南下的进程中，1927 年 9 月 19 日，中共中央政治局会议便通过了《关于"左派国民党"及苏维埃口号问题决议案》②。该决议认识到：

> "八月决议案中关于左派国民党运动与在其旗帜下执行暴动的一条必须取消。……以后关于组织群众的革命斗争，当然无论如何说不上再在国民党的旗帜下进行。"

南昌起义失败③后不久，张太雷在中共中央南方局和广东省委联席会议上更是总结道：

> "以前还是用国民党的旗帜去号召，以后便不要了，改用红旗。以前只限于宣传苏维埃，以后便要真正建设工农兵代表会。……军队一律改工农革命军……"④

---

① 金一南：《枪声背后：你不知道的南昌起义》，《读报参考》2009 年第 22 期。

② 中央档案馆编：《中共中央文件选集》第 3 册，中共中央党校出版社 1989 年版，第 369—371 页。此系根据 1929 年 9 月 30 日出版的《中央通讯》第 6 期刊印。着重号为笔者所加。

③ 以 10 月 3 日的流沙会议为标志。

④ 张太雷：《张太雷在中共中央南方局和广东省委联席会议上的报告——"八一事件"之经过、失败原因及其出路》（1927 年 10 月 15 日），载中央档案馆编：《南昌起义（资料选辑）》，中共中央党校出版社 1981 年版，第 13—14 页。

更重要的是认清了此前政治路线的模糊性。中共中央在总结了南昌起义失败在政治上的教训之后,发出了一个通告,其中说道:

"我党以前的政策——是机会主义的政策,其错误的主要点,便是无产阶级政党抛弃独立的政治行动,侧重小资产阶级领袖妥协让步。……

"但是武汉政府反动后,中国革命进到一个更新的时期——工农民众暴动的时期……这新时期中,我们的主要政策是组织民众暴动,赞助民众暴动……我党的责任,便是组织和准备以及赞助指导这民众武装暴动,在各地率领民众起来推翻新旧军阀豪绅资产阶级的政权。在这种总暴动之下,叶贺军队自然有很大的意义,但是,革命的基础力量始终并不是叶贺的部队,而是工农群众。"①

总而言之,起义失败,错在依赖小资产阶级的代表而没有真正依靠工农大众,中共中央终于认清了无产阶级的革命胜利只有依靠工农。随后爆发的广州起义即举起了以镰刀斧头为标志的红旗,建立了苏维埃政权和红军。

从国共合作到依靠工农,这一路线转变,使得共产党的革命斗争找准了自己的阶级根本,找到了自己革命政党的独立性②。工农大众的政党,必须依靠工农大众,才能赢得革命的胜利。

二、上海工人运动由盛而衰

1927 年八七会议以后,为了适应革命运动发展的需要,中共中央于 9

---

① 《中共中央通告第十三号——为叶贺失败事件》(1927 年 10 月 24 日),载中央档案馆编:《南昌起义(资料选辑)》,中共中央党校出版社 1981 年版,第 17—19 页。着重号为原文所加。

② 参见《中共中央通告第一号——八七会议的意义及组织党员讨论该会决议问题》(1927 年 8 月 12 日),载中央档案馆编:《中共中央文件选集》第 3 册,中共中央党校出版社 1989 年版,第 311 页。文中曾经批评了无产阶级政党不能失去自己的独立性:"第五次大会以后,又因为不能了解对付小资产阶级的策略,而更加错误。总以为既要联合国民党,便必须要一种让步政策。如是无产阶级政党的独立性不免泯灭了。"

月从武汉迁往上海。上海成为中国共产党革命的中心。由于上海工业起步较早,产业工人数量排在全国前列,因此一直是工人运动的重点,在 20 世纪 20 年代有过辉煌的工运历史。但是一系列的"左"倾错误导致了从 20 年代末到 30 年代初上海的工人运动发展由盛而衰。

八七会议在反对右倾错误的同时,也为"左"倾错误开辟了道路。会议接受了共产国际及其代表关于中国革命形势、革命性质、阶级关系等问题的观点,这些观点的"左"倾倾向非常明显,滋长了冒险主义和命令主义的倾向。

1927 年 11 月 9 日开始,中国共产党在上海召开了由瞿秋白主持的临时政治局扩大会议。这次会议重申了中共中央在 9 月提出的关于放弃国民党的旗帜,打出苏维埃的旗帜等一些正确的决定,但也发展了八七会议以来党内"左"的倾向,形成"左"倾盲动主义。最根本的错误就是误判形势,认为当时的革命形势"无疑的是在高涨"[1];"全中国的状况是直接革命的形式"[2],认为军阀混战和各地零星的工人罢工和农民暴动就是"显然证明革命并未低落,而正在高涨","(当时的形势)已经是工农民众四处自发的奋斗起来,有汇合成较大范围内的工农总暴动夺取政权之趋势"。[3]

这样,当时的中共中央制定了一个组织全国武装暴动的盲动主义的斗争总策略,要求"工农总暴动"。中共中央给各省发布指示,要求制定上海、武汉、天津等大城市举行"总罢工"、"总暴动"的计划。同时,还规定了一系列过"左"的政策,比如提出:"暴动胜利之时","工厂归工人管,厉行劳动法,如果小厂主怠工闭厂,便也没收他的工厂……征发有产阶级的财产,改良贫民生活"[4],强令工人罢工,等等。这种"左"倾的政策,反而把一部分

---

① 瞿秋白:《中国革命低落吗?》,载《中共党史教学参考资料》第 1 册,人民出版社 1979 年版,第 115 页。

② 《中国现状与共产党的任务决议案》,载《中共党史教学参考资料》第 1 册,人民出版社 1979 年版,第 127 页。

③ 《中共中央通告第十六号——中央临时政治局扩大会议的内容与意义》(1927 年 11 月 18 日),载中央档案馆编:《中共中央文件选集》第 3 册,中共中央党校出版社 1989 年版,第 527 页。根据 1927 年 1 月 30 日出版的《中央通信》第 13 期刊印。

④ 《中国现状与共产党的任务决议案》,载《中共党史教学参考资料》第 1 册,人民出版社 1979 年版,第 130 页。

革命同盟军赶到帝国主义和豪绅买办阶级那边去,壮大了敌人的阵营,孤立了革命的力量,直接导致 1927 年 11 月进行的上海工人第四次武装起义以流产告终。1927 年 11 月、12 月沪东纱厂和英电两次"强迫罢工"惨败。共产党领导下的赤色工会实行红色恐怖,恐吓工人必须罢工,这使得党脱离了群众,孤立了自己。"工人阶级疲倦了,消沉了……!"①

这一"左"倾路线在 1928 年 7 月召开的中国共产党第六次全国代表大会上遭到了严厉的批评。尽管如此,"左"的倾向依然在工人运动中占主导地位。1928 年 7 月 9 日,在共产国际的指示下,中共六大出台《职工运动决议案》②,批判了"阶级合作"的思想,"反对厂家所办工会",要求抛弃与国民党左派支持的黄色工会的合作,建立独立的中共直接控制下的赤色工会。但当时赤色工会已属于非法,在白色恐怖之下很难生存。"拒绝利用合法,坚持搞非法的赤色工会,其结果是削弱了中共与工人的联系。"③随后的政策还鼓励冒险的飞行集会,结果大批革命者被捕。

1929 年后,工运更趋低落,飞行集会等"左"倾行动严重危害了工人运动的发展和基层党组织。④ 比如,1929 年 8 月 16 日,中共江苏省委指示,要"到工厂门口开飞行集会"⑤。这无异于自投罗网。

1930 年 6 月 11 日,由李立三领导的中共中央政治局通过了《新的革命高潮与一省或几省的首先胜利》⑥的决议案,再次推行新的"左"倾冒险主义的"立三路线",强调"中心城市的武装暴动"。计划在上海搞总同盟罢

---

① 瞿景白:《一九二七年的中国职工运动》,《党史资料》第 2 辑,第 41—50 页。

② 《职工运动决议案》,载中央档案馆编:《中共中央文件选集》第 3 册,中共中央党校出版社 1989 年版,第 367 页。

③ 沈以行、姜沛南、郑庆声主编:《上海工人运动史》,辽宁人民出版社 1991 年版,第 480 页。

④ 沈以行、姜沛南、郑庆声主编:《上海工人运动史》,辽宁人民出版社 1991 年版,第 422 页。

⑤ 《中共江苏省委为指示线厂斗争问题致闸北区委及工联党团信》,载《上海工会联合会》,档案出版社 1989 年版,第 113 页。

⑥ 《新的革命高潮与一省或几省的首先胜利》(目前政治任务的决议,1930 年 6 月 11 日中共中央政治局会议通过),载《中共党史教学参考资料》第 1 册,人民出版社 1979 年版,第 279 页。

工,在各大城市举行总罢工、总起义,反对工人运用合法的斗争手段。这个计划实际上造成了党组织和广大工人阶级的关系变得疏远,罢工也因为实际上行不通而归于失败。中共江苏省委机关报《红旗周报》1931 年 3 月 16 日发表文章①,分析了一个案例,批评了立三路线。工人自发募捐请律师援救一位被捕工友,支部同志积极参加这一活动,而区委却加以阻挠,要求罢工。结果,罢工没有实现,而工人的热情也冷落了下去。《红旗周报》1931年 4 月 18 日发表文章,批评由于立三路线,党的领导和普通工人在实际斗争中发生了严重的脱离,工人称赤色工会小组为"先生","甚至不敢把厂内斗争的消息告诉我们"②。

　　1931 年 1 月中共中央六届四中全会出台了第三次"左倾机会主义"的王明路线。导致不少人在实际工作中公开主张用进攻的策略消灭黄色工会③。结果同样是破坏性的。刚刚恢复起来的共产党的秘密组织和革命力量又遭到了严重的摧残和破坏,许多同志被捕和牺牲。大革命高潮时赤色工会曾有 80 万会员④。1930 年,中共领导下的上海赤色工会有两千余名工人,到 1932 年时则下降到 500 人左右,到 1934 年时,已经所剩无几⑤。

　　从大革命失败到 1936 年,上海工运一直处于"左"倾错误支配之下,这是惨遭失败的主要原因⑥。这种不利的局面,导致在上海中共领导下的工人运动损失惨重,共产党对普通工人群体的影响力也在下降。这个时候,如何提高共产党对工人群众的影响,是一个摆在革命者面前的直接的任务。

　　与此相似的是农民问题。陈独秀的右倾投降主义错误,忽视了农民问

---

　　①　半轩:《应该怎样去领导群众——论群众工作中的一个问题》,《红旗周报》1931 年 3 月 16 日 4 版。

　　②　斯勉:《建立下层统一战线问题》,《红旗周报》1931 年 4 月 18 日。

　　③　一般而言,黄色工会是指在资本主义国家和旧中国,被资产阶级或其政府、政党收买的工会。它们主张工人阶级与资产阶级实行"阶级合作",维护资产阶级的利益,破坏罢工,分裂工人阶级的团结。

　　④　参见沈以行、姜沛南、郑庆声主编:《上海工人运动史》,辽宁人民出版社 1991 年版,第 479 页。

　　⑤　沈以行:《工运史鸣辨录》,上海社会科学院出版社 1987 年版,第 143、162 页。

　　⑥　参见王建初、孙茂生:《中国工人运动史》,辽宁人民出版社 1987 年版,第 176 页。

题,损害了农民利益,没有发动广大农民参加革命①。在南昌起义过程中,农民也有不满意的情绪②。其后中共中央的三次"左"倾错误,对农民利益也都有损害。在苏南农村,就有强推农民暴动的情况。而根据《上海工运志》,上海的工人,在"进入 20 世纪后","外地农民成为上海各业工人来源的主要部分"。

在革命的低潮,中国共产党从陈独秀的借鸡生蛋的投机路线转向踏踏实实依靠自己的阶级根本——工农大众时,偏偏一次又一次地伤害了自己的革命根本,这样的党群关系显然是不牢靠的。中国共产党,作为一个无产阶级的政党,必须回到紧紧依靠自己的阶级,启发工农大众的阶级觉悟,激发他们革命热情的道路上来。

第四节　中国共产党宣传工作中大众化路线的发展

从中国共产党的宣传工作文献来看,中共的宣传路线有一个逐渐找准方向,找对手段的进步过程。在这个进程中,共产国际的指导也发挥了重大的作用。总的来说,面向工农大众在党的宣传工作中日益凸显出其重要性。大众化方向,是中共在宣传工作实践的经验和教训中不断摸索出来的一个正确的方向。

一、六大以前

1925 年 1 月,中共四大《对于宣传工作之决议案》③提出,为了纠正"左"倾及右倾的影响,中国共产党有"宣传马克思列宁主义和各国党之布

---

① 参见中共中央党校党史教研室:《中国共产党史稿》第 1 分册,人民出版社 1981 年版,第 95—237 页。

② 参见张太雷:《张太雷在中共中央南方局和广东省委联席会议上的报告——"八一事件"之经过、失败原因及其出路》(1927 年 10 月 15 日),载中央档案馆编:《南昌起义(资料选辑)》,中共中央党校出版社 1981 年版,第 11—12 页。

③ 《对于宣传工作之决议案》,载《中共中央文件选集》第 1 册,中共中央党校出版社 1989 年版,第 374 页。

尔什维克化之必要"。

文件中强调了三方面的工作。第一,要加强政治教育。第二,要加强对工人的宣传,认识到"本党过去在职工运动中常因太偏重机关式的组织工作,竟使党的宣传和阶级教育未得输入工人群众,以致基础不稳,完全经不得摧残"。考虑到"其客观所具有的条件,如不识字,识字不多,不善听纯粹理论的议论,注意目前切身的实际问题"等等,在方法上要注重"从实际问题中灌输简明的理论智识和浅近的小册子"。这一点正是日后大众化通俗化小册子之滥觞。第三,要加强对知识分子的宣传,认识到对知识分子要注意"共产主义理论的宣传和引导","在智识界中以马克思列宁主义的见地传布无产阶级的文化是很重要的一件工作"。这正是自20世纪20年代后半叶至30年代学术化的马克思主义哲学研究翻译和著作兴盛的一个重要原因。而学术化的研究,毫无疑问是大众化通俗化宣传的一个重要基础。

1925年10月,在中共中央扩大执行委员会的《宣传问题决议案》①中,可以发现,中国共产党对大众化通俗化的宣传有了更进一步的新认识。比如:"我们的鼓动应当使群众了解,要使极落后的工人苦力都能懂得,才能有力。所以应当用极通俗的言语文字。""这种宣传,应当注意工人政治智识的程度和他们自己的需要。宣传也和鼓动一样,应当是听讲的是容易了解,否则宣传的目的便达不到。""发展我们党的机关报,使他们通俗化。编辑通俗的小册子歌曲等……"

除了语言形式上的要求外,更重要的是,该《宣传问题决议案》提出了内容上的要求:"不但言语文字要接近群众,鼓动的内容也要接近群众。群众中的鼓动,第一是要具体,根据于工农群众眼前的事实。……要能考察群众的言论,知道他们的需要,在口头上文字上的宣传表现他们的心理。""翻译马克思主义的书籍——是文字上的宣传和鼓动的根本职任。"

这段时间,革命形势疾速发展。中共党员人数已经从四大时的"九百

---

① 《宣传问题决议案》,载《中共中央文件选集》第1册,中共中央党校出版社1989年版,第478页。

余人增至五万余"①。党员范围从极少的先知先觉的无产阶级的精英代表,迅速地扩大,对内统一思想和对外宣传鼓动工作的重要性日益凸显。1927年4月中共五大以后,在中共中央下面成立了宣传鼓动部,在大的省组织里也成立了相应的部门。五大的《职工运动决议案》强调,在工会活动中,"要多注意政治的教育"②。

这一阶段,共产国际对中国共产党的指导也加强了对工农宣传的重视。1928年3月,诺林代表共产国际与向忠发、苏兆征讨论中国宣传鼓动工作的谈话中,就提到"出版小册子、书籍和其他群众性通俗政治读物的工作做得不好,迫切需要出版这样的图书"③。

二、六大以后

为了总结第一次大革命的经验,分析当时的革命性质和政治形势,规定中国共产党在新时期的方针路线,中国共产党在共产国际的协助下,于1928年6月18日至7月11日,在莫斯科召开了第六次全国代表大会。

六大的《政治决议案》正确指出当时的政治形势是处在两个革命高潮之间,共产党在当时的总任务不是进攻,而是"争取群众";"党底主要任务就是加强自己的战斗力及党底无产阶级化"④,为此,要加强"党内的马克思列宁主义教育"。

中共中央及其领导人在理论上、实践上一直比较注意群众利益问题。1928年,中共六大宣传工作决议案:《宣传工作的目前任务》指出,"解释与阐明党的基本口号自然应当同劳动群众目前需要紧密联系起来。应当牢记

---

① 《政治形势与党的任务决议案》,载《中共中央文件选集》第3册,中共中央党校出版社1989年版,第48页。

② 《职工运动决议案》,载《中共中央文件选集》第3册,中共中央党校出版社1989年版,第82页。

③ 《诺林与向忠发和苏兆征关于中国宣传鼓动工作的谈话记录》(1928年3月28日),《联共(布)、共产国际与中国苏维埃运动》,中共中央党史研究室第一研究室译,中央文献出版社2002年版。

④ 《中国共产党第六次全国代表大会决议案》(1928年7月9日),载《中共党史教学参考资料》第1册,人民出版社1979年版,第160、164页。

着,只有在自己的地方的具体需要的基础上才能向千百万的工农群众说明广大的政治前途"。因此,"为要使广大的文化比较落后的工农群众接受党的宣传,党必须要充分利用工农群众实际生活中的每个问题,特别是经济问题,鼓动他们为直接的要求而斗争,同时并且使群众从实际经济生活与斗争的中间,认识党的政治宣传口号"。

随后,共产国际在莫斯科通过的《共产国际第六次代表大会〈关于中国共产党的任务〉决议案》提出:"目前,基本上不存在中国人民大众的革命高潮,在这种情况下,党的总路线是争取群众。"并且,"随着党员群众政治水平的提高,要加强对他们的理论教育工作,要组织对马克思主义和列宁主义……的系统宣传工作"。[1]

1929年6月,中共六届二中全会召开,对宣传工作提出了更进一步的新要求。其《政治决议案》中,对宣传和教育工作专门有一段论述。其中提到"同时特别加强共产主义思想的宣传尤为重要,过去对于这一点极少注意是一个莫大的缺点。……同时<若没有>对于全党同志的马克思列宁主义的理论教育工作,特别是在斗争中解释党的基本理论与策略,决不能推进党的布尔塞维克化,完成当领导革命的任务"。[2] 并且,在方法上,特别反对"清谈的倾向"。

六届二中全会《宣传工作决议案》[3]是六大以后宣传政策的一个最重要的文献。其中有很多新的思想和具体的办法,对扭转当时宣传工作的方向,推进面向大众宣传马克思主义起到了决定性的作用。

面向大众的目的:"党要实现自己的一切任务,最重要的条件是要能获得广大的工农群众,在党的口号之下,形成伟大的争斗的力量。"对于面向

---

① 《共产国际第六次代表大会〈关于中国共产党的任务〉决议案》(不晚于1928年7月25日),《联共(布)、共产国际与中国苏维埃运动》,中共中央党史研究室第一研究室译,中央文献出版社2002年版,第517—520页。

② 中央档案馆编:《政治决议案——现在革命的形势与中国共产党的任务》(1929年6月二中全会通过),载《中共中央文件选集》第5册,中共中央党校出版社1990年版,第203页。

③ 中央档案馆编:《宣传工作决议案》(1929年6月二中全会通过),载《中共中央文件选集》第5册,中共中央党校出版社1990年版,第249—276页。

工农，还有一段论述："党要接近广大的落后的工农群众……党必须站在群众面前，随时给以群众各种必要的政治指导……群众组织的宣传工作，一定是要站在群众的立场，要更注意从群众本身实际问题，引导群众认识党的主张"。

宣传应该通俗："若是我们有正确的政治口号，而群众不接受，这显然是我们宣传的方法不通俗，不能深入群众，要在这里改正我们的宣传路线……""达到极通俗而适合于工农群众的需要"；"编印发行画报画册及通俗小册子……注意解释各种政治与革命的理论问题。此类小册子每种篇幅均不宜过长，内容不宜太繁复，最要能做到工农群众都能了解"。

马列主义理论能够对大众进行通俗化宣传的理论基础是："马克思列宁主义完全是从工人群众实际生活中产生的理论，因此，群众组织的宣传工作，一定是要站在群众的立场。因为站在了群众的立场，所以就群众的实际生活来宣传证明马克思列宁主义的理论，并不是什么难事。"理论宣传只要能够契合群众的感情，群众就会愿意接受。

宣传的组织方针："尽量利用群众的宣传组织与刊物，但须切实审查给与正确的指导。为适应目前群众对于政治与社会科学的兴趣，党必须有计划的充分利用群众的宣传组织与刊物，以求公开扩大党的政治影响。党应当参加或帮助建立各种公开的书店，学校，通信社，社会科学研究会，文学研究会……"

宣传斗争的目标："注意从事实与理论上反三民主义与反改良主义的宣传。……与之为系统的理论斗争……"这一点在马克思主义哲学大众化的进程中表现得也很明显。国民党也搞三民主义的大众化，搞那一套唯心哲学的大众化。如果中共不与之斗争，可能广大群众就要被欺骗被蒙蔽。

宣传斗争的内容："扩大马克思列宁主义的宣传并且要普遍这种宣传到工人中去①。为要加强革命思想的领导，党必须在群众中扩大马克思列宁主义的宣传，党应该纠正一般同志以为只有在党内应当加强马克思列宁主义的训练，而忽略在党外群众中这种思想的宣传，或者以为只有在学生群

---

① 着重号为原文所加。

众中能进行这种宣传,在工人群众中不能进行这种宣传等错误的工作态度。马克思列宁主义完全是从工人群众实际生活中产生的理论,所以就工人实际生活来宣传证明马克思列宁主义的理论,并不是什么难事。"

宣传工作的重点:"要特别注意宣传共产主义的思想。"

宣传工作的方式:"为使党的宣传能获得成千成万的广大工农群众,党必须利用一切公开的可能来扩大宣传……要尽可能的采用在群众中公开自由的谈话的方式,或利用现成的群众组织,群众集会,与现成的书店刊物,因为只有这样,党的宣传才能深入广大的工农群众中间。"

总之,从1928年6月中共第六次全国代表大会到1929年6月党的六届二中全会,对思想文化工作提出了一系列要求,包括要翻译、介绍马克思列宁主义的主要论著,要用马列主义的理论解释党的纲领和重要决议,要写出通俗的政治书籍,也要撰写与发行比较高深的理论书籍,要抓报刊、办书店,要宣传文化战线的党员参加各种社会科学等团体,举办马克思主义的讲座与报告等等。

简而言之,中共确定了一条向大众进行马列主义理论通俗宣传的道路。在知识分子看来,工作的目标就很明确了。比如史存直在其回忆录中写道:"党向我们提出了'社会科学大众化'的口号。"[①]宣传马列主义理论,就是为了做革命的意识形态宣传,这在艾寒松的《大众革命知识》中体现得非常明确:

> "革命一定要为一种思想所指挥,这思想表现为革命所要达到的目的、政纲等等,而这种思想的系统化就成为革命的理论。……大家知道,无产阶级的革命理论就是马克思主义,列宁主义,(简称马列主义),马列主义是最进步,充实,完备的革命理论,它科学地客观地说明了宇宙和人类社会的发展规律。……理论对于无产阶级的革命更是重要,列宁说过:'没有革命的理论,就不会有革命的运动。'马克斯也说

---

① 史存直:《回忆三十年代的中国社联》,载上海市哲学社会科学学会联合会编:《中国社会科学家联盟成立五十五周年纪念专辑》,上海社会科学院出版社1986年版,第116页。

过：'理论一旦为群众所掌握，便立刻成为物质的力量。'理论是革命实践的指南针……"①

这本书说明，马列主义的新兴社会科学和新哲学的大众化宣传，不是羞羞答答地躲在哲学的背后偷偷摸摸地搞阴谋，而是光明正大地用革命的理论武装革命的群众的正面斗争，和武装斗争一样，都是阶级斗争的必要手段。

三、"文委"和社联

革命斗争处于低潮的形势，需要开展面向大众的马列主义通俗宣传。要开展这样的宣传，就要有相应的领导部门和组织机构。这样，中共中央文委和社联就相继成立了。

六届二中全会的《宣传工作决议案》第七部分"宣传工作的组织问题"中第三点规定了"中央宣传部的组织"，其中明确包括"文化工作委员会——指导全国高级社会科学的团体，杂志，及编辑公开发行的各种刊物书籍"。据此，在1929年下半年，中宣部领导下的中央文委建立起来，统一领导文艺和文化工作。时任中宣部长李立三，首任书记是在创造社有过实际理论工作经验的潘汉年，委员有朱镜我、杨贤江等人，后来吴黎平从莫斯科回来也参加了"文委"工作。1930年3月，朱镜我接替潘汉年任书记。"文委"领导的团体有左联、社联、剧联、美联、教联、音乐小组、电影小组等等。1930年10月在上海正式成立了中国左翼文化界总同盟，简称"文总"。文总是"在中国运用马克思列宁主义在革命的实践中教育大众的参谋本部"②。到1932年底，文委一直由中共中央宣传部直接领导；1933年初临时中共中央迁往江西苏区后，由中共上海中央局宣传部领导。1933年6月起，文委改由中共江苏省委宣传部直接领导。1934年开始，在上海的中央局和江苏省委遭到破坏，"文委"失去了上级领导，也失去了同中共中央的

① 艾寒松：《大众革命知识》，华夏书店1949年版，第50—52页。
② 《关于发表新纲领的紧急通告》，《文报》第11期，1935年10月25日。

联系。1934 年 6 月至 10 月,上海中央局两次遭破坏,文委已经不能按照以前的程序进行活动。到 1935 年 2 月阳翰笙、田汉被捕后,文委只剩下了周扬和夏衍,在与中共中央失去联系的情况下,周扬受革命同志推举,担任书记,组建了新的文委,直到 1937 年上海革命青年大批赴延安为止,"文委"才停止活动。

1929 年"文委"成立之后,就立即着手筹建统一领导中国新兴社会科学运动发展,团结党内外广大社会科学工作者共同战斗的统一战线的组织——中国社会科学家联盟,简称社联。与此同时,新型社会科学运动也已经蓬勃发展,参与其中的中共理论工作者和进步文化人,也都认识到:中国新型社会科学运动已经成为文化运动上的伟大势力,有必要建立一个统一的组织,在马克思主义旗帜下扩大新社会科学运动。

这样,上下同心,"文委"决定由潘汉年组织,朱镜我负责,社联的筹备工作很快顺利展开。据冯乃超回忆:"为了斗争的需要,'文委'决定成立'社会科学家联盟'。第一次会议是在邓初民家开的,当时参加的有潘汉年、吴黎平、熊得山、朱镜我、邓初民、钱铁如、宁敦伍、王学文和我(冯乃超),一共是十来个人,商讨筹备社联的事。"[①]经过一段时间的筹备,1930年 5 月 20 日,中国社会科学家联盟成立大会在上海召开。在社联的直接组织和领导下,轰轰烈烈的新社会科学大众化运动进一步展开了。

"文委"、"文总"和社联随即建立起了成系列的期刊编辑部门和书籍出版部门。这些都是实施新社会科学大众化运动的实体。"文委"创办的刊物有:《社会生活》周刊,《正路》等。1932 年 11 月"文总"创办了机关刊物《文化月报》。中国社联创办的刊物有《社会科学讲座》、《社会科学战线》、《研究》、《文化斗争》、《社会现象》、《书报评论》、《新思潮》、《新思想》、《社联盟报》等,特别是《读书生活》及其后来的《读书半月刊》、《生活学校》,这是哲学大众化和新社会科学大众化的主要阵地。社联还利用其他公开的合法刊物《东方杂志》、《新中华》、《理论与实践》、《大学月刊》等进行宣传。

---

① 冯乃超:《回忆社联成立前的一次筹备会》,载史先民主编《中国社会科学家联盟资料选编》,展望出版社 1985 年版,第 77 页。

社联北平分盟创办的刊物有《北方社会科学》、《世界文化讲座》等。这些刊物中,有很多都发表过推动新哲学大众化的作品,有些还辟出专栏,连载刊登。

《读书生活》半月刊,1934年11月10日创刊于上海。读书生活社出版,上海杂志公司总发行。主编李公朴,发行人张静庐,编辑柳湜、艾思奇、夏子美(夏征农)。第二卷开始改署主编兼发行人李公朴,编辑柳湜、艾思奇。创刊时提出:"本刊注重实际研究,不尚空泛理论。为在校学生之补充读物,失学青年之自修导师。"提倡"读活书","从生活需要读书"。刊载时事短论,发表读书感想和人生观、社会观方面的文章,通俗地讲解哲学、政治、经济、历史、文学、自然科学等知识,也发表文艺作品。"一二·九"运动后,加强了抗日救亡宣传。读者面很广,销行国内外。主要撰稿人有李公朴、柳湜、艾思奇、陈望道、夏征农、陶行知、陈彬龢、唐弢等。这个刊物的最大的特色就是面向大众,主要栏目有社会相、时事解说、哲学讲话、文学讲话、读书问答、读书经验、研究方法、名著提要、名著介绍与批评、读过的书、名词浅释等。后来还陆续增加了社会常识读本、我们的世界、经济常识讲话、人类的故事、国际政治讲话等栏目,并将青年创作改为大众习作。

1936年,艾思奇筹款1000元,郑易里出资3000元,把读书生活社发展为读书生活出版社。由艾思奇、郑易里邀约黄洛峰出任经理,艾思奇为编辑部主任。1937年2月创刊《读书》半月刊,接着以《生活学校》半月刊名义出版,抗日战争爆发后出版《战线》五日刊。此外还出版了柳湜主编的《大家看》半月刊以及艾思奇主编的大型理论刊物《认识月刊》。1940年曾出版《哲学杂志》。还出版了哲学、政治、经济、历史、文艺等方面图书。哲学相关的出版物有艾思奇著《哲学讲话》(《大众哲学》)、柳湜著《如何生活》和《社会相》、曹伯韩著《生活的逻辑》,米汀等著《新哲学大纲》(艾思奇、郑易里译)、《哲学选辑》(艾思奇编)、《科学历史观教程》(艾思奇、吴黎平著)、《论民主革命》(吴黎平著)、《通俗社会科学二十讲》等。这是推动新哲学大众化运动最得力的出版社。上海"孤岛"后期,读书出版社已不能公开营业,曾改用"辰光书店"、"鸡鸣书店"、"高山书店"、"慧星出版社"、"北极书店"、"富春书店"等名义出书。

　　新知书店,1935 年 8 月成立,也是党领导下的社会科学出版机构。出版过《新哲学研究纲要》(哲学研究社编著)等新哲学大众化书籍。

　　另外,1929 年成立的华兴书局,也是中国共产党地下出版机构。主要出版马列主义理论著作和介绍苏联革命的图书,特别是"上海社会科学研究会丛书",其中陈文瑞翻译布哈林著《资本主义之解剖》是带有大众宣传性质的马列主义著作。然而该书 1931 年被查封。

　　1936 年,在抗日情绪高涨的时刻,社联根据中共的指示而解散。社联盟员们分散到其他组织中去。但此时,社联盟员们非但没有放弃新哲学大众化的工作,反而出了更多的成果。据新哲学大众化运动的中坚之一胡绳在晚年的回忆:由于民族危机的加深,群众爱国情绪的高涨,逐步形成更为广泛有力的群众性抗日爱国浪潮。中共原来那一套"左"倾路线、政策和工作方法,愈来愈与群众要求脱节。客观形势迫使人们去总结经验,纠正错误。许多党员盟员努力应变,对中共临时中央的错误指挥,他们早就产生怀疑,有所抵制,并在工作中逐步改变了一些"左"的做法。特别是在上海党中央机关屡遭破坏,中国共产党的基层组织与领导机关失去联系的时候,他们在各自作战中,更加能够跳出藩篱,独立作出符合实际情况的新创造,开辟了一片生气勃勃的新天地。①

　　总而言之,新社会科学大众化运动是一场中国共产党在逆境中求生存求发展的运动,是在宣传战线上开拓新战场和国民党黑暗的党治文化哲学思想针锋相对的运动,是在大众的田野上深耕细作的运动。新哲学大众化运动就是这场运动的核心与灵魂。

----

　　①　参见郑惠:《胡绳谈三十年代中期上海左翼文化工作的进步》,《中共党史研究》2000年第 6 期。

第三章　马克思主义哲学大众化的思想渊源

　　本章分析马克思主义哲学大众化运动兴起的内因，即做一个内史的研究。

　　马克思主义哲学大众化运动于 20 世纪 30 年代初在上海兴起，不仅是中国共产党的革命斗争的需要，也是马克思主义哲学自身的发展和在中国的传播到了一定阶段的结果。正如两条小河在适合的地方汇成大江冲破堰塞阻挡，马克思主义哲学自身发展的脉络及马克思主义哲学在中国传播的脉络在共产党需要向大众展开意识形态宣传的时候汇集起来，冲破了国民党唯心哲学的围追堵截。这就是马克思主义哲学大众化运动兴起的时与势，是历史与逻辑的必然。

第一节　马克思主义哲学在苏联的发展

一、20 世纪二三十年代苏联马克思主义哲学的发展

　　20 世纪二三十年代，苏联人民开始了社会主义建设，共产主义实践向哲学社会科学提出了更高的要求。20 年代初，苏联成立了马克思恩格斯研究院，出版《马克思恩格斯全集》等书籍，促进了对马克思主义哲学的广泛宣传和研究。《新哲学中的辩证唯物哲学史纲》①等对马克思恩格斯思想遗

---

　　①　转引自黄楠森等编著：《马克思主义哲学史》第 5 卷，北京出版社 2005 年版，第 290 页。

产的整理成果以专著、教材、参考书、文集的形式大批出现。1933 年的纪念卡尔·马克思逝世 50 周年学术讨论会召开,讨论了唯物辩证法等问题。

1924 年,成立了列宁研究院,开始系统研究列宁的思想。随后出版了列宁的《哲学笔记》,又掀起了一个列宁哲学研究的新高潮,并特别关注列宁关于辩证法、逻辑学和认识论的一致思想。他们强调,这一思想是马克思和恩格斯关于辩证法就是认识论这一见解的新发展。列宁指出,辩证唯物主义是统一的完整的哲学学说。对列宁哲学思想的整理,很大程度上体现在 1932 年至 1934 年共产主义学院哲学研究所集体出版的高等院校哲学教科书《辩证唯物主义和历史唯物主义》上,该书随后在中国出版。

辩证法研究成为哲学界的热点。1931 年,战斗唯物主义者和辩证法家协会在莫斯科召开全国大会,米丁等作了题为《从讨论会总结看哲学战线当前的工作任务》的报告,会议通过的文件确定了辩证唯物主义和历史唯物主义研究当前最迫切的三个问题,其中前两个都和唯物辩证法有关:第一,马克思《资本论》中的辩证法、逻辑学和认识论;第二,帝国主义、无产阶级革命和过渡时期的辩证法。这一时期出版的罗森塔尔《唯物辩证法》等书籍,随后在中国都很快地翻译出版了。

苏联哲学界的辩证法潮流,很快带动了中国的唯物辩证法传播,在 20 世纪 30 年代初,掀起了一个宣传唯物辩证法的高潮,并反映到了新哲学大众化的实践中。这从新哲学大众化运动中的多数书籍和文章的重点都是阐述唯物辩证法而不是唯物史观这个特点上可以看出来。

二、两次论战和马克思主义哲学新体系的确立

十月革命的胜利被视为马克思主义世界观在苏联人民中广泛传播的结果,自觉的马克思主义哲学家们充分认识到这一点,决心为新社会的建立作出根本贡献。① 所以在 20 世纪二三十年代,苏联哲学界发生了两次重大的哲学论战。一个是 1924 年至 1929 年之间德波林学派的辩证论者反对机械

---

① 参见 D. J. Bakhurst. Deborinism versus Mechanism:A Clash of Two Logics in Early Soviet Philosophy.*The Slavonic and East European Review* ,Vol. 63,No. 3(Jul.,1985),pp. 422-428.

论者的论战,一个是米丁等红色教授学院学者对德波林派的批判。经过这两次论战,确立了马克思主义哲学的教科书体系,也确立了辩证唯物主义走出学院派的书斋和实践相结合的宣传方向。

尽管当时马克思主义意识形态占据了统治地位,但是仍有一些人公开反对马克思主义哲学,他们哲学的共同取向是机械主义。1922年彼得格勒大学校长米宁发表文章《把哲学抛开》要求放弃马克思主义哲学。1924年斯捷潘诺夫发表《历史唯物主义和现代自然科学》反对把唯物辩证法用于自然科学。1925年,恩格斯的《自然辩证法》在苏联发表。德波林据此写了《恩格斯和辩证法的自然观》反驳斯捷潘诺夫,证明恩格斯不是机械唯物主义者,而是辩证法家。1928年斯捷潘诺夫发表《辩证唯物主义和德波林学派》[①],指责德波林是唯心主义,否定现代自然科学,否定实证。1929年,在全苏马克思主义代表大会上,德波林学派对机械论者全面反击,取得论战胜利。

整个论战围绕对恩格斯《自然辩证法》的理解,哲学与自然科学的关系,以及辩证法的理论问题展开。德波林学派的文章对保卫马克思主义哲学起了一定的作用,对促进辩证唯物主义和历史唯物主义的发展主要有两个方面的积极意义:第一,对克服否定哲学取消唯物论辩证法的倾向有积极意义。机械论的基本特性就是否定辩证法,而德波林最大的贡献就是捍卫了马克思的辩证法。在同机械论的斗争中,建立和发展了"战斗的唯物辩证法论者协会"。第二,对马克思主义哲学同自然科学结合有积极意义。机械论者认为马克思主义哲学没有资格指导自然科学。而恩格斯和列宁都主张必须在自然科学中影响唯物辩证法。通过反机械论的斗争,自然科学工作者认识到把唯物辩证法贯彻到自然科学中去,不仅是自然科学本身的需要,而且也是反对资产阶级思想和资产阶级世界观的进攻所必需的。在马克思主义哲学和自然科学之间,在马克思主义哲学家和马克思主义自然

---

① 关于此次论战的原始文献,可查阅 Zapata, Rene(ed.). *Luttes philosophiques en U.R.S. S., 1922—1931.* Presses Universitaires de France, Paris, 1983. Translations into French of articles by Trotsky, Lenin, S. Minin, V. Rumiy, A. M. Deborin, I. I.(Skvortsov-)Stepanov, A. K. Timiryazev, M. B. Mitin and others, and other documents. Introduction by Rene Zapata.

科学家之间,逐步结成紧密而巩固的联盟。

除以上这些方面,这个论战也对中国的新哲学大众化运动产生了积极的影响。比如,在 1937 年 3 月,陈唯实的《新哲学世界观》在被查禁以后,修改书名重新出的第四版就叫做《战斗唯物论讲话:新哲学世界观》。"战斗唯物论"显然是继承了"战斗的唯物辩证法论者协会"的斗争精神。再如,在马克思主义哲学同自然科学结合方面,科学大众化运动和哲学大众化运动就是相互配合、同为大众化运动的一个组成部分。艾思奇本人就不仅进行新哲学大众化的宣传工作,还进行自然科学的大众化宣传工作,尤其值得注意的是,他常常把自然科学和唯物辩证法结合起来。在写《大众哲学》的同时,还写了《谈死光》、《毒瓦斯》、《谈潜水艇》、《火箭》等科普文章。在《哲学讲话》的第一版中,第三章第七节叫做"牛角尖旅行记——哲学的物质和物理学的物质"。该文涉及生物学的细胞学说、化学的分子学说和物理学的原子结构学说等科学常识,对解说哲学上的物质定义和物理学上的物质定义的异同做了非常形象生动的说明。这一部分在后来的版本中被删去了,也许是为了使得全书的哲学问题的探讨更加集中,但是从新哲学和自然科学结合的角度来说,却也未尝不是一种损失。

德波林学派对机械论者的论战虽然取得了胜利,但也犯了许多理论上的错误。其表现在于:第一,德波林的论点带有严重的黑格尔的唯心主义倾向,忽视马克思主义哲学同黑格尔哲学的本质区别,甚至认为黑格尔的唯心哲学体系不需要根本的改造。第二,在对辩证唯物主义原理和概念的解释上,有许多背离马克思主义的地方。特别是关于理论和实践的关系方面,德波林把马克思主义的辩证法看成是"纯粹方法论"的学问。所以,这一论战刚刚结束半年,就发生了新一轮的论战。

以米丁、尤金为代表的红色教授学院的一批年轻学者,根据斯大林的讲话精神"我们的理论思想工作赶不上实际工作的成就,我们的实际工作成就和理论思想的发展之间有些脱节"这一点,对德波林提出批评。他们认为,德波林等人忙于解释哲学史、搞经院哲学是错误的,哲学应当和现实社会的形式结合起来。德波林派当然也做了自我辩护和反击。论战以斯大林的干预为转折,米丁派取得了胜利。1931 年 4 月全苏哲学战线积极工作者会议,提出了哲学工作者的工作重心要转移到解决社会主义建设实践中提出的各种任务上来。

对这一次论争,特别对德波林学派的批判,夹有不公正的政治斗争色彩,产生了一些消极后果,这在今天当然有了公允的评价①。但是,这场论争也有积极的意义。

第一,克服了理论脱离实践、哲学脱离政治的倾向,坚持了理论和实践相统一的原则,有利于充分发挥马克思主义哲学在革命斗争中的作用。哲学史上的任何一种哲学主张都是为一定阶级利益和政治斗争的需要服务的。在阶级社会,哲学作为一种意识形态,总是自觉或者不自觉地反映出一定阶级的利益和要求,为一定阶级的根本利益服务。马克思主义的哲学,亦即辩证唯物主义和历史唯物主义,作为无产阶级的世界观,是为无产阶级的政治利益服务的,是工人阶级劳苦大众的精神武器。因此,马克思主义哲学不能和无产阶级的革命实践脱节,也不可能停留在书斋中作为学院式的纯粹理论而存在,必须要和工农结合起来,成为大众的斗争武器。所以,马克思说道:"哲学把无产阶级当做自己的物质武器,同样地,无产阶级也把哲学当做自己的精神武器。"②毛泽东也说道:"辩证唯物论是为无产阶级服务的。"③哲学为无产阶级的斗争服务,这次论证的这一成果,立即在中国革命的实践中,在新哲学大众化运动中得到了活生生的体现。

第二,克服了否定和歪曲马克思主义哲学党性原则的倾向,坚持了哲学为无产阶级服务的原则。各种哲学观点,都具有一定的阶级性,反映了一定阶级的利益和要求。哲学派别之间的斗争,其实质就是阶级斗争。马克思主义哲学代表无产阶级和劳动人民的根本利益,总是旗帜鲜明地亮出自己的阶级身份,强调哲学的党性。而一切国民党唯心哲学,为了掩盖它们为剥削阶级服务的实质,总是有意识地在哲学的党性问题上打马虎眼,把自己化装成"全人类"的、"超阶级"的,其不可告人的目的就是麻痹和蒙蔽劳苦大

① 参见黄楠森等编著:《马克思主义哲学史》第 5 卷,北京出版社 2005 年版,第 372—378 页。

② 《马克思恩格斯选集》第 1 卷,人民出版社 1995 年版,第 15 页。

③ 《毛泽东选集》第 1 卷,人民出版社 1991 年版,第 284 页。

众。而实际上,任何哲学的阶级性都是实实在在不可抹杀的。德波林学派把战斗的唯物主义当作教授式的书斋哲学,当成纯粹的学术研究,这和哲学的党性要求是背道而驰的。对哲学党性的强调,是这一次论证的一个重要成果。

第三,米丁等学者在论战后写作了一系列的马克思主义哲学著作,确立了马克思主义教科书体系。

三、马克思主义哲学新体系对新哲学大众化运动的影响

这三点积极的意义,在新哲学大众化运动中,都得到了充分的体现。

第一,关于哲学为斗争服务。新哲学大众化运动本身就是用马克思主义哲学为斗争服务的一次重大实践。前面说到,在国民党发动"文化围剿",国民党唯心哲学宣传铺天盖地的时候,在中国共产党进入斗争的低潮期的时候,就是最需要马克思主义新哲学的时候。新哲学的大众化运动,总是能够和时代的当前斗争相结合。下面笔者以《大众哲学》的版本更迭为例来说明这一点。成书之前的系列文章《哲学讲话》写于1934年到1935年之间,当时的上海是中国资本主义最发达的地方,也是工人最为苦难深重的地方。哲学讲话第一篇《哲学并不神秘》开头就提到了工厂、商店的倒闭或者半死不活地支撑着[1],以此来形象地说明万事万物都在变化。到了结集成书出第四版改名为《大众哲学》的时候,已经是1936年,这时日本正加紧对华侵略,上海又是首当其冲的战略要地。《大众哲学》中就增加了一些这方面的内容:"我们中国的广大民族是被压迫者,压迫者为了自己的利益,常要用种种神秘观点来蒙蔽我们。(如日本人鼓吹的'王道',以及东方精神文明等,都是这一类东西。)"[2]到了1948年出重改本的时候,已经是抗战胜利的时候了,这时候,艾思奇又在这一部分加上了这样的一段话来表现时代的变化,表现万事万物皆变化的道理:"例如一个朋友,抗战以后和你离别了七八年,现在又相见了。这时你作何感想? 你首先就会觉得他和以前

---

① 艾思奇:《哲学并不神秘》,《读书生活》半月刊创刊号,1934年第1卷第1期。
② 艾思奇:《大众哲学》,读书生活出版社1936年版,第6页。

有种种不同,你觉得他的面容多少有些苍老了,但是,经过八年抗战的锻炼磨折,你会看出他的思想知识更进步,经验更丰富更成熟了……"这种使读者产生切身感受的话语,最能使哲学和实际斗争紧密结合,使人得到教益。

第二,关于哲学的党性。恩格斯在《路德维希·费尔巴哈和德国古典哲学的终结》中阐述了哲学基本问题和哲学中两大阵营根本对立的原理,深刻地指出"全部哲学,特别是近代哲学的重大的基本问题,是思维和存在的关系问题"[①]。哲学家们依照如何回答这个问题而分成了唯物主义和唯心主义两大阵营。苏联哲学教科书体系代表之一的《辩证法唯物论教程》的绪论部分,就是在阐述"哲学之党派性"。按译者李达的说法:"本书是集体研究的结晶,是最近哲学大论战的总清算,是辩证法唯物论的现阶段,是辩证法唯物论的系统的说明。本书以马—伊的遗教为中心,统一理论与实践,结合哲学与政治。从这个根本观点出发,在绪论之中,从新说明了哲学的党派性。"[②]

所以,哲学的党性也是新哲学大众化运动中特别加以强调的地方。前文说过,所谓民生史观也好,唯生论也好,都是借人所共有的生存来抹杀社会人的阶级性;这是典型的剥削阶级强加给被剥削阶级的哲学观。"唯生论大众化"的《新哲学漫谈》就质疑道:"哲学上就没有第三个营垒吗?"[③]这种宣传模糊哲学的党性,就是为了模糊阶级分化,就是为统治者的剥削打马虎眼,就是反动哲学。因此,为了抵消这种错误的宣传,新哲学大众化必须旗帜鲜明地亮出哲学的党性和阶级性,指明唯物论和唯心论在阶级性上的本质区别。

艾思奇在《读书生活》上连载《哲学讲话》的时候,就很注重这个问题。在讲完新哲学不神秘和不空洞以后,在连载的第四期谈的就是《两大类的世界观》[④],作为进入第二部分的开篇。在《哲学讲话》出版的时候,又加上

---

① 《马克思恩格斯选集》第4卷,人民出版社1995年版,第223页。
② [苏]西洛可夫、爱森堡等:《辩证唯物论教程》,李达、雷仲坚合译,笔耕堂1936年版,译者《例言》第1页。"伊"指伊里奇,即列宁。
③ 张铁君:《新哲学漫谈》,国民图书出版社1942年版,第81页。
④ 艾思奇:《两大类的世界观》,《读书生活》1934年第1卷第4期。

了副标题"哲学的两大阵营",并且在这一篇的最后加上一个小标题"哲学只有两个营垒",这都是为了强调哲学的党性的重要性。

曹达主编的《通俗哲学讲话》也特别强调这一点。在第一讲"研究哲学之先决问题"中,第6节就是"哲学上的两大畛域"。该小节由李平心主笔,其特点是重在给"唯物论"正名,避免把"唯物论"当成"物质的欲望"和"纵欲主义"的误解,并特别指出:"只有'唯心论'才是人欲横流的时代所需要的东西。"①这就用形象的手段点明了"唯物论"和"唯心论"的阶级属性。

平生的《新哲学读本》在准备"要讲大众哲学的内容"的时候,就首先从"物质和精神的关系"开始,申明"大众哲学是唯物论哲学,彻底反对不合事实的唯心论"②。

黄特的《新哲学谈话》,在扉页上就标明是一本"通俗简明的哲学中级读物",但是,其中并没有忽视哲学的党性。其第一章第六节就是"哲学的党派性"。这一节的写法也很有特色,不是平铺直叙地陈述所谓哲学的党派性,而是从"为什么有人反对新哲学"这个问题谈起。这个问题之所以存在,就是因为哲学的党派性,为无产阶级服务的新哲学,必然会受到剥削阶级的反对和攻击。作者回答道:

> "这正因为新哲学所揭示出来的真理,对于社会上某一部分的人是不利的。随便举一个例,譬如新哲学是告诉我们'一切皆变'的,可是社会上一些有地位有财势的人确实在听了头痛。假如'一切皆变',那么他的地位,他的财产,不也都是有'变'的可能吗?……这个道理在新哲学里有个术语,就叫做'哲学的党派性',那就是说在某一种阶级某一种立场的人,总是说某一种话。"③

随后,作者还指出,"新哲学……是一个时代里最进步阶级的哲学……是一切被压迫人群的哲学",最终,将"成为全体人类的哲学"。

---

① 曹达主编:《通俗哲学讲话》,一心书店1937年版,第24页。
② 平生:《新哲学读本》,珠林书店1939年版,第29页。
③ 黄特:《新哲学谈话》,新人出版社1940年版,第12页。

第三,关于米丁等学者的马克思主义哲学的教科书体系。米丁等学者对马克思主义哲学的贡献,主要不是在于创新,而在于对以往成果的整理和宣传。这个工作同样也是重要的。如果不把马克思、恩格斯、列宁等革命导师的思想从卷帙浩繁的经典中提纲挈领地整理出来,普通的工农大众是无法从中汲取营养的,更无从得到革命的指导。

米丁的哲学著作,作为教科书形态的马克思主义哲学,被翻译介绍到中国来,直接促进了知识分子对马克思主义哲学的理解,间接推动了当时正在进行的新哲学大众化运动。20世纪30年代翻译的米丁著作主要有:《新哲学大纲》、《辩证唯物论与历史唯物论》、《斯宾诺莎哲学批判》、《辩证法唯物论辞典》、《新哲学体系》。40年代有:《论群众哲学》、《辩证法唯物论》、《逻辑学研究提纲》、《论资产阶级民主的危机》、《"共产党宣言"一百年》。1949年后,对米丁作品的翻译并没有停步,主要有:《历史唯物论》、《辩证唯物与历史唯物论教程大纲》、《哲学》、《论斯大林的〈辩证唯物主义与历史唯物主义〉》、《马克思列宁主义哲学问题论文集》、《斯大林是马克思主义辩证方法底巨匠》、《辩证唯物论诸问题》。

除了米丁的作品,另外一本在苏联哲学界被认为是最正统的马克思主义哲学教科书也翻译到中国来,即李达、雷仲坚翻译的西洛科夫、爱森堡合著的《辩证法唯物论教程》。这些教科书,采取体系化的形式清晰地阐述了马克思主义经典著作中的基本原理,为马克思主义哲学的传播提供了快捷的模式,促进了中国的新哲学大众化运动。

米丁等人的工作就是对马克思、恩格斯、列宁思想的再创作。这当然是一个学术性的工作,但也是大众化工作的第一步,没有这一步,大众化的工作便无从展开。可以说,马克思主义哲学从经典走向大众,是经过一个一个台阶,才最终为群众掌握的。从经典到教科书,就是第一个台阶;紧接着的一个台阶,是概论性的教科书;再接着是辅助学习教科书的提纲、辞典、入门读物等等;再往下的一个台阶,才是面向大众的读本、讲话、谈话、漫谈、常识类书籍,以及期刊上的通俗短文。以往的研究中,只注意这最后一个台阶,其实,如果没有前面的工作,马克思主义是不可能一步跨到大众中来的。

人们常说，一步登天不可能，同样，一步落地也是不可能的。大众化，需要"化"，这里有一个"化"的过程。笔者在对新哲学大众化运动的研究中，不仅仅把眼光放在艾思奇的《大众哲学》这一类直接进入大众的书籍上，还关注了《哲学概论》①、《新哲学教程》②、《新哲学辞典》③等书的贡献。当然，概论类书籍，有些比较通俗，有些也比较深奥，这和作者的写作意图和理论水平有关，需要区别对待。

四、布哈林、郭列夫等人对马克思主义哲学大众化的开创性工作

马克思和列宁都曾有对马克思主义哲学原理，作通俗、简明、系统说明的愿望。1858 年 1 月 14 日，马克思给恩格斯的信中说："我很愿意用两三个印张把黑格尔所发现、但同时又加以神秘化的方法中所存在的合理的东西阐述一番，使一般人都能够理解。"④列宁为了系统地阐述辩证法，写了《谈谈辩证法问题》这篇纲要性的短文。但由于革命形势的关系，他们都没有实现这一愿望。其后，在苏联哲学界，布哈林、郭列夫和斯大林为此作出了他们的贡献。

尼古拉·伊万诺维奇·布哈林(1888—1938)，于 1906 年加入俄国社会民主工党，曾任联共中央委员和政治局委员，共产国际执行委员会委员和主席团委员，党中央机关报《真理报》主编等职，是苏联早期著名的理论家，其著作涉及哲学、经济学、政治理论等领域。列宁曾称他为"学识卓越的马克思主义经济学家"⑤。他有很多作品具有通俗宣传的性质，比如《共产主义 ABC》(1920)等。

布哈林的哲学代表著作是 1921 年的《历史唯物主义理论》。这是俄国在十月革命后，迫切需要进行马克思主义理论教育时，第一部阐述马克思主义哲学基本观点的著作，被誉为马克思主义"对党员干部进行理论训练的

① 张如心：《哲学概论》，昆仑书店 1931 年版。

② 巴克：《新哲学教程》，万叶书店 1949 年版。

③ 沈志远编著：《新哲学辞典》，笔耕堂书店 1933 年版。

④ 中共中央马克思恩格斯列宁斯大林著作编译局辑：《马克思恩格斯〈资本论〉书信集》，人民出版社 1976 年版，第 121 页。

⑤ 《列宁选集》第 4 卷，人民出版社 1960 年版，第 513 页。

一本基本教材"①。它正面阐述了历史唯物主义基本观点,同时涉及辩证唯物主义的内容。该书1949年前的中译本就曾有四五种之多②。

这部著作的最大特色是通俗。布哈林给这本书定的副标题就是"马克思主义社会学通俗教材"。在该书的《自序》中,他夫子自道:"本书是按照《共产主义ABC》一书的样式来写的","力求写得通俗"③。该书旁征博引,文笔流畅,生动活泼,引人入胜,常常使用一些具体的事例来阐述历史唯物主义的基本原理。该书从医学上的精神病分类讲到天文学、地质学和动植物学的发展,从古代的"中国礼仪"讲到现代新的绘画流派。举例之多,涉及面之广,在苏联同时代哲学家的著作中是少见的。比如,在讲述量变质变的规律时,布哈林不仅仅举了蒸汽压力锅的例子,更引用了托尔斯泰的一个故事《三个面包和一个小面包圈》:

> "一个人饿了而吃不饱:他吃了一个面包——还是饿;又吃了一个——还是饿;吃了第三个——仍然还饿;最后他吃了一个小面包圈,忽然觉得饱了。于是他就责怪自己为什么不一上来就先吃小面包圈呢,要那样就用不着吃那几个面包了。"

然后分析道,小面包圈带来的"飞跃"其实是以前面那三个面包的量变为基础的。

这种写法使得该书的观点很容易被工人和农民接受,便于进行大众化通俗化的宣传。在1927年出版的《苏联大百科全书》中,有关布哈林的词条中肯地评论了这个特点:"布哈林是通俗化的能手,他的风格有如极其灵活的'键盘'。"而美国的悉尼·海特曼则认为这本书"对辩证唯物主义和历史唯物主义进行了杰出的阐述"④。沃尔弗松对布哈林的语言风格评论道:

---

① [波]列·柯拉科夫斯基:《作为哲学家的布哈林》,载《布哈林思想研究(译文集)》,人民出版社1983年版,第26页。

② 布哈林:《历史唯物主义理论》,人民出版社1983年版,译者的话第1页。

③ 布哈林:《历史唯物主义理论》,人民出版社1983年版,第1页。

④ 苏绍智等主编:《布哈林思想研究》,人民出版社1983年版,第13页。

"布哈林是……中肯、辛辣、无情的雄辩家，……他的作品充满着对工人阶级创造的新文化的信心，在这种新文化面前'资本主义文明看起来就像"犬吠圆舞曲"在贝多芬的英雄交响曲面前一样'……布哈林一方面运用多种多样的高超的修辞手法（讽刺、冷嘲、借喻、夸张、比较、易于激动的问题等等），同时也很善于通俗化。他有时使自己的语言充满取自生动的口语的各种说法、成语和从工人群众中汲取来的词汇，有时又在自己的讲话中引用文艺作品中的形象"。

以往的研究通常只注意到这本书的通俗化特色，实际这本书的特点不仅仅在于语言上的通俗性，更在于写作目的上的大众化。在其"序言"中，布哈林写道："这本书首先是为寻求马克思主义知识的工人而写的。"而这本书能做到大众化的原因之一，是这本书是和这样一些人讨论而来的："这是一些新型的人：他们从事哲学研究，而又每夜手持步枪执勤；他们讨论最抽象的问题，而一堂课后又去锯木柴；他们经常坐图书馆而又在工厂中呆好几个钟头。"①大众就是学者，学者也是大众，这样的哲学才是大众哲学。

布哈林不同于马克思主义经典作家的写作风格对中国新哲学大众化运动产生了极大的影响。瞿秋白的《现代社会学》共5章6万多字，就是参考布哈林的《历史唯物主义理论》，从社会科学的角度，阐述马克思主义哲学的基本原理和规律，在中国最早系统地阐述辩证唯物主义的论著。这本书同样也具有马克思主义新哲学的大众化、通俗化宣传的特色。

尽管在国际马克思主义运动中的名气远远不如布哈林，但是郭列夫（B. I. Goreff）对马克思主义哲学在中国的早期传播也产生了重大影响，特别是在大众化运动方面。瞿秋白所翻译的郭列夫的《无产阶级之哲学——唯物论》②一书，也是一本马克思主义哲学基本原理的通俗著作。它阐述了哲学的定义，唯物论与唯心论及近代唯物论的发展，辩证唯物论与科学的关系，唯物史观及马克思主义的阶级和国家学说，唯物史观的宗教观、道德观、

---

① 布哈林：《历史唯物主义理论》，人民出版社1983年版，《序言》第1、2页。

② ［苏］郭列夫：《无产阶级之哲学——唯物论》，瞿秋白译，新青年社1927年版。后改名为《唯物史观的哲学》、《新哲学——唯物论》等。参见丁言昭的《谢澹如与瞿秋白》，《出版史料》第2集。

艺术观以及哲学与阶级斗争的关系。

比如这本书的第一章"何为哲学",开篇就是这样的:

> "普通谈话里我们要说某件事情是模糊复杂混乱的,便常常笑着说:'这是哲学'。不但如此,俄国话里有一个字'Ahineya',意思是'莫名甚妙'。这字的来源是希腊文的'雅典'一字——便是几千年最有哲学的地方。……对于哲学,所以会有这种轻蔑讪笑的态度,是因为几千年来的哲学,大半离实际生活太远,完全是调文弄字,巧妙的文辞,谁也用不着的抽象概念之分析,后来便称为'圣院哲学'。"①

通篇都是这样轻松的口吻。看到这样的笔法,再看看艾思奇的《大众哲学》,便知道艾思奇是学有所本了。

1930 年翻译出版的哥列夫(郭列夫)编写的《从猿到人》②是一部唯物史观著作。书中包括恩格斯的《劳动在由猿进化到人的过程中的作用》、《人类进化的过程》(《〈自然辩证法〉导言》中的一段)两篇和哥列夫的《马克思主义观点的达尔文主义》一篇。

1938 年,斯大林遵照马克思、列宁的愿望,综合了马克思、恩格斯和列宁许多著作中的哲学理论,总结了苏联社会主义革命和建设的经验,撰写了《辩证唯物主义和历史唯物主义》这部著作,通俗地系统地阐述了马克思主义哲学的基本原理。这也影响了 1938 年以后中国的马克思主义哲学大众化运动。

苏联哲学界的工作,确立了马克思主义哲学的教科书体系,开创了马克思主义通俗化宣传的先声,这些都对中国的马克思主义哲学大众化运动产生了积极的影响。不过,这些只是外因,外因还需要通过内因才能起到作用。这个内因就是,在中国,马克思主义早已经广泛传播,并且在 20 世纪 30 年代掀起了一个唯物辩证法的热潮。

---

① 郭列夫:《唯物史观的哲学》,屈章(瞿秋白),明日书店 1930 年版,第 5 页。
② [苏]哥列夫编著:《从猿到人》,成嵩译,泰东图书局 1930 年版。

第二节　唯物史观和辩证法在中国的传播

一、20 世纪 20 年代唯物史观的传播

马克思主义哲学在中国的早期传播,始于五四运动前夕。这一时期,马克思主义哲学主要集中于唯物史观的传播。

最早指出马克思主义哲学包括唯物史观和唯物辩证法的是译自日本《社会主义研究》的《马氏唯物史观概要》一文,其中说道:"马克思学说的构成分子,就是当时世上所流行的辨证论的思索法和唯物论的观察法。"[①]但是这一观点在当时却没有太大影响,被淹没在唯物史观的大潮中。这种情况的出现,原因之一在于从当时中国社会的实际需要看,十月革命和五四运动所激起的革命热情,直接推动中国的先进分子去寻求中国社会改造的道路和方法。唯物史观之所以最先引起他们的注意,乃是因为它能直接满足中国社会改造的需要。另一个原因,则在于马克思主义最初在中国的传播是以日本为中介的,特别是和日本著名的马克思主义学者河上肇有关,他的研究重点就是唯物史观。而中国早期的马克思主义者受他的影响特别多,李大钊、李汉俊等人都是师从于他的。经过陈独秀、李大钊、毛泽东等先进知识分子在《新青年》、《晨报副刊》和《湘江评论》等刊物上的宣传,甚至胡汉民的资产阶级革命者对唯物史观的学理介绍和研究,宣传了马克思主义及其哲学的某些基本观点,推动了马克思主义及其哲学在中国学术界和知识分子、学生中间的传播。

在中国共产党创建后,共产主义知识分子开始自觉地向工人进行共产主义教育,灌输阶级意识,以马克思主义武装工人。这一马克思主义与工人运动相结合的过程,也是马克思主义及其哲学,特别是唯物史观深入传播的过程。

从译介这方面来看,在中国共产党的创建初期,早期的马克思主义传播

---

①　《马氏唯物史观概要》,《晨报》1919 年 7 月 18—24 日。著译者均为署名。

者翻译出版了一些论述唯物史观的经典著作。1920 年 8 月就有陈望道翻译的马克思与恩格斯合作的《共产党宣言》,以及郑次川翻译的恩格斯的《社会主义从空想到科学的发展》。10 月,有了恽代英翻译的恩格斯《家庭、私有制和国家的起源》,费觉天翻译的马克思的《〈资本论〉第一版序言》。其后,在二十年代翻译出版的马克思主义经典作品如雨后春笋。一方面反映出马克思主义及其哲学在中国传播的兴盛,一方面也反映出马克思主义哲学的传播仅仅集中于唯物史观。

从研究论文这方面来看,陈独秀的《谈政治》①、《马克思主义学说》②,李大钊的《马克思经济学说》③《社会主义下之实业》④,李达的《马克思还原》⑤、《马克思派社会主义》⑥、《马克思主义与中国》⑦,施存统的《唯物史观在中国的应用》⑧,蔡和森的《马克思学说与中国无产阶级》⑨和毛泽东的《外力、军阀和革命》⑩等文章都是宣传和应用唯物史观的杰作。

从哲学专著这方面来看,瞿秋白的《现代社会学》、《社会哲学概论》、《社会科学概论》和李达的《现代社会学》等,较为系统地阐述了马克思主义哲学的基本原理,是这两位作者结合自己心得体会和中国革命以及中外思想史的实际的研究成果。

从教学这方面来看,李大钊在北京大学教授过"唯物史观"等课程,李达在湖南自修大学教授过"唯物论和辩证法"、"唯物史观和社会发展史"等课程,瞿秋白在上海大学讲授"社会哲学概论"等课程,蔡和森也在上海大学任教,此外还有毛泽东在武昌创办了中央农民运动讲习所。他们的教学

① 陈独秀:《谈政治》,《新青年》第 8 卷第 1 号,1920 年 9 月。
② 陈独秀:《马克思主义学说》,《新青年》第 9 卷第 6 号,1922 年 7 月。
③ 李大钊:《马克思经济学说》,《晨报》1922 年 2 月 21—23 日。
④ 李大钊:《社会主义下之实业》,《曙光》第 2 卷第 2 号,1921 年 1 月。
⑤ 李达:《马克思主义还原》,《新青年》第 8 卷第 5 号,1921 年 1 月。
⑥ 李达:《马克思派社会主义》,《新青年》第 9 卷第 2 号,1921 年 6 月。
⑦ 李达:《马克思主义与中国》,《新时代》(湖南自修大学)第 1 卷第 2 号,1923 年 5 月。
⑧ 施存统:《唯物史观在中国的应用》,《民国日报·"觉悟"副刊》1921 年 8 月 21 日。
⑨ 蔡和森:《马克思学说与中国无产阶级》,《新青年》第 9 卷第 4 号,1921 年 8 月。
⑩ 毛泽东:《外力、军阀与革命》,《新时代》(湖南自修大学)第 1 卷第 1 号,1923 年 4 月。

活动启迪培养了一大批进步青年。

总之,整个20世纪20年代是唯物史观在中国广泛深入传播的年代。从形式上看,唯物史观的传播已经开始逐渐和工农运动结合起来,但是还没有形成面向工农大众的宣传风潮。

二、瞿秋白的首创之功

瞿秋白是中国共产党早期最为重要的思想家之一,是在中国传播辩证唯物主义的第一人,留下了大量的著述。1923年,他受中共委派,出任国共两党合办的上海大学教务长并兼任社会学系主任,以授课提纲为蓝本,写了《社会哲学概论》、《现代社会学》和《社会科学概论》三本书,次年由上海书店出版,成为中国最早一批介绍辩证唯物主义的著作。

在《社会科学概论》中,他写道:"无产阶级的斗争经验及对于资本主义的精密考察,必然归纳而成综贯的、统一的、因果的、明了物质世界之流变公律,并且探析心理助缘之影响程度的宙宇观即人生观——互辩律的唯物论,做他的革命斗争的指针。"①这是最早指明马克思主义哲学对革命斗争的指导作用的书籍之一。

在《社会哲学概论》中,他对于"唯物主义的互辩律的哲学"的内涵作了进一步的介绍,包括宇宙的起源、生命的发展、物质和意识、善与恶、平等、自由与必然、辩证法等内容,特别是对于唯物辩证法的对立统一规律、量变质变规律、否定之否定规律作了论说。在对唯物辩证法三大规律予以说明后,他进一步解释了三大规律之间的联系。他说道:"宇宙的根本是物质的动,动的根本性质是矛盾——是否定之否定,是数量质量的互变。所以我们研究社会哲学,应当从经济关系的哲理入手。"②这段话中,他突出了矛盾在辩证法中的重要地位,强调辩证法与唯物主义之间的关联,不仅用唯物辩证法说明自然世界,而且用唯物辩证法说明人类历史和社会现象。在中国马克思主义哲学史上,这是第一次对唯物辩证法作出系统的阐发,并且第一次把

① 瞿秋白:《社会科学概论》,霞社1939年版,第52—53页。

② 瞿秋白:《社会哲学概论》,载《瞿秋白文集·政治理论编》第2卷,人民出版社1988年版,第357页。

辩证唯物主义和唯物史观贯通起来。首开唯物辩证法热潮之先河。

三、20世纪30年代唯物辩证法在学术界的传播

因为实际斗争的需要,20世纪20年代唯物史观主要是作为一种政治学说在中国的传播的,并且实际上传播的范围大抵局限于先进的革命者,所以其时马克思主义哲学的影响还比较有限,甚至没有遍及整个学术界,更不用说一般群众了。

而30年代,在中国共产党扭转劣势走出低潮的革命斗争形势下,对唯物辩证法的需求更加迫切。社联最早的成员之一彭康,就十分明确地揭示出:现在我们的任务,是"应用唯物的辩证法","来分析中国现实的社会以达到真理以建立指导行动的理论","解决一些紧迫的问题"①。所以,在中共的新宣传工作路线的指导下,唯物辩证法的传播就显出大不一样的态势,很快就渗入到哲学社会科学的各个领域。艾思奇曾经这样描述过这一股唯物辩证法热潮:

> "唯物辩证法风靡了全国,其力量之大,为二十二年来的哲学思潮史中所未有。学者都公认这是一切任何学问的基础,不论研究社会学、经济学、考古学,或从事文艺理论者,都在这哲学基础中看见了新的曙光。……中国哲学的新时代,中国的有着无限的将来的哲学思潮,是在1927年后掩蔽了全思想界的唯物辩证法思潮出现时又才显露头角。"②

郭湛波也论述道:

> "杜威的实验论理学,和罗素的数学逻辑虽曾盛行一时,现在却失掉了权威。继之而起的新思想方法,就算辩证法了","中国自一九二

---

① 彭康:《前奏曲》,江南书店1929年版,绪言第152页。
② 艾思奇:《二十二年来之中国哲学思潮》,《中华月报》第2卷第1期,1933年12月。

七年社会科学风起云涌,辩证唯物论的思想大有一日千里之势"。①

从当时敌对势力的眼光来看,也许能得到对唯物辩证法的风靡状况更加真实的描绘:

"(唯物辩证法)这一派的势力,在现阶段的中国哲学界,可以说是充斥了市场。"②

"'辩证唯物论'这个名词,近年来已成为中国思想界一个最流行的时髦名词了。治社会科学的人,无论懂与不懂,总喜欢生吞活剥的把这个时髦商标贴在自己的货色上,以求兜揽顾客。"③

"(唯物辩证法)这派哲学,一入中国,马上就风靡全国,深入人心。他的感染力实在不小,就连二十四分的老顽固受了他的感染,马上就会变成老时髦。平心而论,西洋各派哲学在中国社会上的势力,要以此派为最大,别的是没有一派能够与它比臂的。"④

在此期间,翻译出版的马克思主义哲学经典作家的著作主要有:《家族私有财产及国家之起源》、《费尔巴哈论》、《哲学之贫困》、《唯物论与经验批判论》、《辩证法经典》、《费尔巴哈与德国古典哲学的终末》、《马克思恩格斯关于唯物论的断片》、《资本论》、《反杜林论》、《自然辩证法》、《费尔巴哈论》、《哲学之贫乏》、《唯物论与经验批判论》、《黑格尔〈论理学〉大纲》。

介绍和研究唯物辩证法的专著或教科书,也大量被翻译到了中国,主要作品如下:《哲学的唯物论》、《辩证法的唯物论》、《战斗的唯物论》、《唯物辩证法与自然科学》、《现代世界观》、《辩证法的逻辑》、《辩证法的唯物观》、《新唯物论的认识论》、《辩证法与资本制度》、《观念形态论》、《旧唯物

① 郭湛波:《近五十年中国思想史》,山东人民出版社 1997 年版,第 192、281、281、179 页。

② 张聿飞:《现阶段中国哲学的派别》,《现代评论》第 2 卷第 1、2 期合刊,1936 年 10 月。

③ 吴西岑:《机械的唯物论与布哈林》,《动力》创刊号,1930 年。

④ 孙道升:《现代中国哲学界之解剖》,《国闻周报》第 12 卷第 45 期,1935 年 11 月。

论的克服》、《社会科学概论》、《唯物论纲要》、《思想起源论》、《马克思主义
的哲学问题》、《从唯心论到唯物论》、《近代唯物论史》、《辩证法的唯物论
入门》、《伊里奇的辩证法》、《哲学与马克思主义》、《从猿到人》、《哲学问题
之唯物的研究》、《辩证法唯物论教程》、《辩证的唯物论与乌里雅诺夫》、
《新哲学纲要》、《新哲学大纲》、《辩证唯物论与历史唯物论》、《辩证法唯物
论辞典》、《资产阶级的唯物论与辩证法唯物论》)。

这些著作的出版,为学术界大规模钻研马克思主义哲学原典创造了可
能,极大地推动了马克思主义哲学在中国的学术研究,涌现了一批中国学者
自己撰写的介绍和研究唯物辩证法的论著。主要有如下这些:《社会科学
概论》、《唯物辩证法入门》、《无产阶级底哲学》、《苏俄哲学潮流概论》、《辩
证法学说概论》、《辩证法研究》、《哲学概论》、《马克思主义世界观——唯
物辩证法》、《史的唯物论之伦理哲学》、《社会哲学概论》、《现代哲学概
论》、《辩证法之理论的研究》、《社会学大纲》。这些著作,特别是其中的概
论、入门类作品,开创了新哲学从学术界走向普通人的先河,为随后出现的
直面大众的讲话、漫谈类作品做了很好的铺垫。

这些书籍不但出版了,而且极受欢迎,营造了书业上的一个"黄金时
代",青年学生对唯物辩证法的渴求,可以从下面这两段话看出来。

"1928 至 1932 年短短时期中,除了普罗文化的口号而外,便是唯
物辩证法和唯物史观之介绍。这是新书业的黄金时代,在这时,一个教
员或一个学生书架上如没有几本马克思的书总要被人瞧不起了。……
旧哲学虽然仍在某些讲坛上有其势力,但一般的学者,都自动地转变
了。而新哲学在有个时期,有些地方,已由民间爬进了大学,甚至在课
程上都列有辩证法那样的科目。如果口里不讲几句辩证法或唯物论,
一定不受学生欢迎。"①

"大革命失败后,许多先进分子从事在理论上重新武装自己。经
过革命的再生、九一八的事变和华北几次的事变,每次都给了理论以新

———————————

① 谭辅之:《最近的中国哲学界》,《文化建设》第 3 卷第 6 期,1936 年。

的充实,新的武装。新哲学同样地也在这艰苦的历程中,确立了自己坚固的阵地。新哲学(新唯物论)在中国到处都已成为不可抵抗的力量,这点就是新哲学的敌对者也是公开承认的。"①

新哲学在知识分子中的加速传播,必然会波及普通的劳苦大众。而跨出从知识分子到劳苦大众这一步,靠的是当时新社会科学运动和一般知识的大众化运动的兴起。

第三节　新社会科学运动

一、兴起

新社会科学运动的兴起,一方面得益于中共在六大以后的新宣传工作路线的领导,另一方面,也是在革命斗争的残酷形势下,知识分子有了新的觉悟。谭辅之认识到:"自1927年后,政治运动的路碰了壁,于是有许多人转到学术思想路上来。的确,行动在先,而思想在后。及到加以思想、反思,则感觉到做政治运动是离不了理论工作。……于是群起介绍新兴的哲学和社会科学。"②王独清也回顾道:"简言之:一九二七年的大革命给予一般民众许多教训,前进的智识分子便露了一个对过去革命检讨的企图。不过要达到这层目的,却非先有一个基本理论的建立不可。这样一来,使产生了一个文化运动。"③冯乃超后来则有了更加清醒的认识:"1927年蒋介石叛变了革命,我们认为,这暴露了中国共产党在幼年时期的弱点,主要是缺乏理论指导。因此觉得,很有赶紧向中国的读者——知识阶级,介绍马列主义理论和展开宣传工作的必要。"④

1928年,中共曾在上海成立秘密出版机构——无产阶级书店,该书店

① 陈伯达:《哲学的国防动员》,《读书生活》第4卷第9期,1936年9月。
② 谭辅之:《最近的中国哲学界》,《文化建设》1936年第3卷第6期。
③ 王独清:《创造社与中国文化过程》,《文艺新闻》第11期,1931年5月。
④ 冯乃超:《革命文学论争·鲁迅·左翼作家联盟》,《新文学史料》1986年第3期。

被封后成立华兴书局,华兴书局被破坏后又相继改名启阳书店、春阳书店,继续出版发行马列主义经典著作和其他革命书籍,从而在出版界掀起了一个社会科学读物出版高潮,"社会科学的书籍,遂如雨后春笋,普遍于全国"①。据统计,1928 年至 1930 年期间翻译的马克思恩格斯著作有近 40 种,翻译出版的列宁著作 14 种。时人曾观察到:"1929 年这一年的出版界,可以说是一个关于社会科学的出版物风行一时的年头。"②鲁迅 1930 年也评论说:"从去年以来……出版界的趋势,已在转向社会科学了。这不能不说是好现象。"③

新兴社会科学,就是马克思主义的社会科学;新社会科学如此繁盛,靠的正是中国社会科学家联盟的积极推动。

二、社联纲领的指导和推动

在社联成立大会上通过的《中国社会科学家联盟纲领》,阐明了社联的五项任务,其中第二点是"研究并介绍马克思主义的理论,使他普及于一般";第四点是"有系统地领导中国新兴社会科学运动的发展,扩大正确的马克思主义的宣传"。这就确定了社联的工作重点之一是宣传马克思主义,方式是"普及于一般",简而言之,就是马克思主义的大众化。

从中共中央文委的工作历程来看,社联的建立及其工作的开展,都是中共中央直接领导之下的产物。在 1935 年以前,中共中央文委常常到社联指导和联系工作的有潘汉年、杜国庠、冯雪峰、阳翰笙、王学文、许涤新等等。1933 下半年,社联的外围组织,以青年学生为主的社会科学研究会,并入社联。

1934 年底到 1935 年初,原来的文委、文总、社联的许多负责同志陆续被捕,社联与中共中央失去了联系。但是社联第七任党团书记马纯古(马亚人)、第八任党团书记陈开泰等人,依靠共产国际出版的《国际通讯》(英

---

① 吴亮平:《中国社会科学运动的意义》,《世界文化》创刊号,1930 年 9 月。
② 君素:《1929 年中国关于社会科学的翻译界》,《新思潮》第 2、3 期合刊,1930 年 1 月。
③ 鲁迅:《我们要批评家》,载《鲁迅全集》第 4 卷,人民文学出版社 1981 年版,第 240 页。

文版)来指导工作,把这上面适合的文章及其他革命斗争消息翻译成中文,刊登在社联内部油印的刊物《社联盟报》上。后来新文委成立,主要成员有王翰(陈延庆)、胡乔木、陈家康、蒋南翔、唐守愚等人,他们也经常下到"社联"的各小组,指导工作,组织活动。

1935 年 10 月 15 日,在新的中共中央文委领导下的中国左翼文化界总同盟常务委员会发出《关于发表新纲领的紧急通告》,号召旗下各联为反抗蒋介石的"文化围剿"制定新的纲领。据此,社联制定了新的《中国社会科学者联盟纲领草案》①。这个纲领和原先的纲领相比较,更加突出了马克思主义大众化的方向,主要表现在以下几方面:

马克思主义哲学的重要性:"在一切进步的社会科学者中间,马克思列宁主义这永远是站在前哨。马克思和列宁都用了自己的生命为实践社会科学的真理奋斗牺牲,从实践当中,他们更给了社会科学以新的生命,新的基础,这就是革命的辩证法唯物论的哲学以及由此而生的政治经济历史理论。""社会科学是马克思列宁主义的社会科学,因此也必须研究哲学作为基础。"

中国大众的要求:"中国大众迫切的要求社会科学,要求马克思列宁主义的社会科学,但是中国的马克思列宁主义的社会科学运动,直到现在,还是非常贫弱和不充分。中国大众从自己的实践中确立了这一运动的基础但是还没有能使它得到很广泛很健全的发展,使它得到广泛而健全的发展正是中国每一个进步的社会科学者的紧急任务。"

中国社会科学运动的特点:"中国社会科学运动的特点首先便是它一开始就遭受了帝国主义者和地主资产阶级残酷的压迫,因此它一开始便与中国大众的政治运动分拆不开。……中国社会科学运动的第二个特点便是他所依据的中国大众的文化水平的非常低落,因为帝国主义国民党的统治,中国大众贫穷到连字都识不起,百分之八十以上还是文盲。大部分的中国工农还生活在黑暗的迷信之中,而基督教、三民主义、法西斯主义、复古运动和各色各样的反动理论的宣传又把他们推到更深的深渊里去。"

---

① 《中国社会科学者联盟纲领草案》,《文报》第 11 期,1935 年 10 月 25 日。

社会科学运动的方式："中国社会科学者联盟的盟员为发挥马克思列宁主义的中国社会科学,要进行社会科学的通俗化与大众化的工作,要向工人、农民、小市民学生和自由职业者仔细的明白的指出帝国主义资本主义的破产,中国和中国文化的出路,苏联和中国苏维埃的艰苦的奋斗和伟大的胜利,一切政治经济斗争的经验和教训;耐心的教育他们,提高他们的认识,使他们成为马克思列宁主义的拥护者乃至理论上的战斗者。"

在提出了这个纲领以后,社联的活动和前一阶段相比,有了显著的改变。扭转了"左"倾冒险主义的斗争方式,不再大搞"飞行集会",不再常到马路上刷标语,而是更多地采取写文章、写书,公开出版刊物,开座谈会、报告会的合法的斗争方式,传播马克思主义的社会科学理论,宣传中国共产党和共产国际的路线、方针和政策。

在中宣部和文委领导下,社联开展了一系列马克思主义大众化的工作,包括成立杂志社与出版社,社联成员投身研究与宣传工作。马克思主义哲学的大众化就是这个潮流中的重要核心。

三、社联骨干力量的身体力行

倡导社会科学"面向大众",是中国社会科学家联盟理论宣传活动的一贯宗旨。社联根据其最初的纲领所提出的"研究并介绍马克思主义理论,使它普及于一般"的要求,计划出版数种小丛书,第一种为宣传苏维埃政权小丛书,共计8册,在8个月内即已全部编写完成,陆续出版。第二种是工农小丛书,共计40多册,其中有理论的与实际的分类,涉及社会、政治、经济等方面,要求在1930年年内全部编写好。并且强调,这些丛书是"当前最需要而最急切的读物","这一丛书之实现,将俟全体会员之努力"。在社联开展工作的前期,这方面的活动虽有开展,但声势和影响都不算大。实际活动的大力开展,是在1933年6月至1936年间,专门设立了工农教育委员会和工人读书班。1935年10月发表了《中国社会科学者联盟纲领草案》。在新纲领中,社会科学"面向大众"口号的正式提出,更是掀起了一个新高潮。1936年春,随着革命形势的发展和联合战线的需要,"社联"虽然奉命在组织上解散,但是其盟员们仍然和其他进步文化人士密切合作,推动社会科学

"面向大众"活动的继续开展,直至抗日战争全面爆发。

1932年"一·二八"淞沪会战之后的半年时间里,担任社联的第三任党团书记并且兼宣传部长的是沈志远。其时,他已经在苏联学习并工作了五年。回到上海后,就参加了社联。他除了担任领导工作外,主要从事马克思主义哲学和政治经济学的研究、普及和宣传工作。1932年出版了《黑格尔与辩证法》。1933年9月出版了《新哲学辞典》,对很多马克思主义哲学的基本概念和范畴做了浅近的解释。1936年6月出版《现代哲学的基本问题》,产生了广泛的影响。同月,还出版了《新人生观讲话》,是新哲学的人生观普及的重要著作。翻译了苏联哲学家米丁的《辩证唯物论和历史唯物论》,分上下两册,分别于1936年12月和1938年7月出版。1937年出版了《妇女社会科学常识读本》,是一本很有特色的面向妇女做新社会科学大众化宣传的著作。1939年任生活书店总编辑,并担任《理论与实践》、《大学月刊》的主编。1949年出版《社会科学的哲学基础》,这本薄薄的小册子属于"社会科学基础读本"丛书,也是一本大众化的作品。

时任社联研究部部长的艾思奇发起新哲学大众化运动正是在中国共产党正确的指导方针之下所激发出来的创造性贡献。1934年6月,艾思奇在"社联"组织的安排下,进入上海《申报》流动图书馆读书指导部工作,后来又在《申报》创办的"量才业余学校"讲授哲学。讲稿在修改后,即从1934年11月起在新出版的《读书生活》杂志的"哲学讲话"专栏里陆续公开发表。到1935年底汇集成册出版,成为著名的《哲学讲话》,第四版起改名为《大众哲学》。在《大众哲学》取得成功之后,艾思奇沿着大众化的思路,继续在《读书生活》、《通俗文化》、《新中华》等刊物上发表通俗阐述新哲学的文章。这些文章后来大多收集在《知识的应用》、《思想方法论》、《哲学与生活》、《新哲学论集》、《如何研究哲学》等一系列马克思主义哲学通俗读物中。其中《哲学与生活》一书是艾思奇继《大众哲学》后,以答读者问的形式写的又一本宣传马克思主义哲学的著作,1937年4月出版。1937年9月,毛泽东读了这部著作,并作了4千多字的《艾著〈哲学与生活〉摘录》,他还写信给艾思奇说:"你的《哲学与生活》是你的著作中更深刻的书,我读了得益很多,抄录了一些,送请一看是否有抄错的。"①艾思奇的新哲学大众化活动,引领了整个新兴社会科学大众化运动。

社联老盟员杜国庠和柯柏年合作编写《新术语辞典》和《新经济学辞典》,比较准确地介绍了马克思主义社会科学理论的基本术语,对人们学习掌握这一新兴社会科学理论很有帮助。李一氓翻译了《马克思论文选译》,收入9篇马克思的经典著作。彭康(又名彭嘉生)翻译了恩格斯的重要哲学著作《费尔巴哈论》(即《费尔巴哈和德国古典哲学的终结》)和《新社会之哲学的基础》等,任白戈翻译了《伊里奇底辩证法》等。这些都对新哲学大众化的开展很有帮助。

四、贡献巨大的出版社

今天的三联书店的前身,生活、读书、新知三家出版社,在新兴社会科学运动中贡献是极其巨大的。这三家书店的创办人多数是社联盟员。出版了众多新哲学书籍,其中影响最大的是通俗哲学读物。1938年冬季,生活、读书、新知三个书店的总店都搬迁到重庆,三店负责人徐伯昕、黄洛峰、徐雪寒为交换业务上的情况,讨论同国民党斗争的策略,形成经常碰头制度。有重要的问题和意见请示南方局后共同执行,南方局指定徐冰为领导三书店工作的具体领导人。徐冰担任这一工作直到抗战胜利。

生活书店,1932年7月1日成立,创办人邹韬奋。其前身是创刊于1925年10月的《生活》周刊社。1929年以后独立经营,并以此为基础成立生活书店。生活书店成立时邹韬奋为经理,徐伯昕为副经理,1922年入党的老共产党员胡愈之实际上也是创始人之一。

生活书店的工作实际上是主动接受中共南方局的领导的。书店常请中共办事处的一些负责同志来书店讲话做报告。1938年2月,周恩来应邀向汉口生活书店的同人作《关于当前抗战形势和青年的任务》的报告。1938年秋冬,生活书店总店迁至重庆,邹韬奋常去访看周恩来以及南方局的其他同志,面谈和请教书店工作以及他在政治活动中所遇到的问题,及时得到指

---

① 《毛泽东书信选集》,人民出版社1983年版,第112页。

点。这是这个时期书店接受中共南方局领导的主要通道和方式。

生活书店抗战前夕在上海开始出版的《世界学术名著译丛》是马克思主义经典著作，"青年自学丛书"是马列主义大众化的启蒙读物。这些丛书在对读者进行思想政治教育、引导青年走革命道路方面有着积极的作用。新哲学书籍（包括翻译苏联的）共出版了 30 种，其中有赵一萍（即李平心）编著的《社会哲学概论》、罗克汀著《自然哲学概论》、胡绳著《思想方法论初步》等。

生活书店曾两次出版月刊《读书与出版》。第一次在抗日战争前，第二次在抗日战争胜利后。《读书与出版》1935 年 5 月在上海创刊，编者李平心、艾寒松。1936 年邹韬奋被国民党逮捕后曾一度停刊。1937 年 3 月恢复出版，编者张仲实、林默涵。这个刊物，虽然编者有变动，但格局却没有多大改动。前几页是几篇短评，或抨击当时文化界的逆流，或颂扬新芽的生长，或议论出版界的风气，或激励知识界去正视现实。每期都有几篇书的评介。起初有同读者商讨问题的专栏，到 1937 年则改为"百科问答"和"信箱"两栏，加强了与读者的联系。此外还有了学习辅导性质的专栏和国外文化消息的报道。《读书与出版》面向大众服务，所以还有一个特点：刊头旁虽然标明预订全年连邮二角，函索附邮二分，但到福州路生活书店门市部买书的读者却可以免费索取的。不仅提供给大众精神食粮，而且在经济上帮助穷苦大众。

抗日战争期间在重庆出版的《读书月报》（1939 年 2 月至 1941 年 2 月），延续了《读书与出版》的编辑风格。头几期由艾寒松和史枚负责，后由胡绳接替史枚。创刊时有"笔谈"和学术性的论文，有介绍学习方法和经验的文章，有书评和"读书问答"等栏，后来增加了知识性的"社会科学初步"栏，连载过赵冬垠的《经济学初步》，第 2 卷有胡绳的《怎样观察事物》，即后来的《思想方法》一书。胡绳接手以后，增加了散文、随笔、小说连载、文化报道和"非文艺性"随笔及学术性论文。

读书生活出版社，也称读书出版社，由《读书生活》杂志社发展而来，1936 年底成立。艾思奇筹款 1000 元，郑易里出资 3000 元。由艾思奇、郑易里邀约黄洛峰出任经理，艾思奇为编辑部主任。读书出版社共出版了 23

种哲学著作,重要的有:艾思奇著《哲学讲话》(《大众哲学》)、柳湜著《如何生活》和《社会相》、曹伯韩著《生活的逻辑》,米定等著《新哲学大纲》(艾思奇、郑易里译)、艾思奇编辑的《哲学选辑》、艾思奇、吴黎平合著《科学历史观教程》、吴黎平著《论民主革命》、《通俗社会科学二十讲》,沈志远的《近代哲学批判》等书,极受欢迎。

在期刊方面,读书出版社最初出版《读书生活》杂志。1937年2月创刊《读书》半月刊,接着以《生活学校》半月刊名义出版,抗日战争爆发后出版《战线》五日刊。此外还出版了柳湜主编的《大家看》半月刊以及艾思奇主编的大型理论刊物《认识月刊》。1940年曾出版《哲学杂志》。

新知书店,1935年8月成立,创办人有钱俊瑞、徐雪寒、薛暮桥、姜君辰、孙晓村、张锡昌、骆耕漠、朱楚辛、石西民、孙克定等。创办时邹韬奋代表生活书店捐款1000元。新知书店共出版了侯外庐等著《新哲学教程》、翦伯赞著《历史哲学教程》等5种新哲学书籍。

除了生活、读书和新知,笔耕堂书店也是一家著名的出版新哲学书籍的出版社。该书店是李达"利用当时外国报刊可在上海租界照常出版和流通的合法性"①,为了规避国民党的出版审查出版自己的译著而自己创办的。笔耕堂书店是以李达的爱人王会悟(又名王啸鸥)的名义,向英租界注册了一个书店的名义,实际上并无实体机构。1935年6月,笔耕堂书店出版了西洛可夫、爱森堡等人的著作,李达、雷仲坚译的《辩证法唯物论教程》,曾先后四次再版;还出版了(日)河上肇著,李达、王静、张票原译的《马克思主义之哲学的基础》。李达著的《社会学大纲》也在笔耕堂书店出版,这是一本对中国马克思主义哲学的发展很有影响的著作。除了李达自己的作品,笔耕堂还出版了沈志远编写的《新哲学词典》及其自著的《黑格尔与辩证》等马列主义著作。

五、新社会科学著作对新哲学的介绍

当时的社会科学家对马克思主义哲学在新兴社会科学中的核心地位和

---

① 李龙如:《李达巧妙出版〈社会学大纲〉》,《长沙晚报》2009年5月19日。

引导作用有非常明确的认识。所以在很多社会科学概论、讲话类书籍中都有对新哲学的介绍,一般都放在先导位置。

瞿秋白1924年的《社会科学概论》,是最早把新哲学和社会科学融合在一起的著作,前文已经有所论述。

1929年,李达和钱铁如合译了日本学者杉山荣的《社会科学概论》①。此书的广告中即称该书为通俗化的作品。全书共分六章,在第一章概论之后的第二章,就是"唯物辩证法",下分三节,分别是"唯物论"、"唯物辩证法"、"唯物辩证法与进化论"。其后第三章才是"唯物史观"。这样的安排可见作者把唯物辩证法看得比唯物史观更重要。

同样是在1929年,杨剑秀的《社会科学概论》②是中国学者自己写得比较早的一本社会科学概论。该书共有九章,涉及社会、经济、政治、法律、道德、风俗、宗教、艺术、哲学等方面。该书的结构非常有特色,在第一章总论部分之后,以第二章"辩证法的唯物论"统领全书,而最后一章则是"哲学"。这样的安排,很清晰地表明了新哲学在整个社会科学中的地位。整个第二章有31页,占全书145页的五分之一,远远超过其他章节的篇幅。这样的安排可见作者对新哲学的重视。"辩证法的唯物论"一章又分为四个小节:唯物论与唯心论,社会科学内唯心论与唯物论的问题,辩证法的来源,和辩证法的三公律。这本概论具有一定的通俗化性质,行笔简洁明了,论述清晰。章节的推进以问题为先导,替读者设身处地地设置疑问,有利于读者理解。在笔调上,也采用了一般学术性书籍不常用的轻松活泼的风格。比如在解释物质现象的时候,作者这么写道:"一种是物质的现象:就是它能占有空间的一位置,确实是一种物质体,我们能够看着它,触着它,嗅着它,尝着它。换言之,就是都能为我们的感官所觉。这都叫做物质现象。"这和学术性书籍的写法完全不一样。比如,米丁的《新哲学大纲》中对物质的解释,就花了五页③。另外,该书采用横排本,也方便不常读书的人阅读。

1930年,杉山荣的《社会科学十二讲》被翻译为汉语出版。这是一本比

---

① [日]杉山荣:《社会科学概论》,李达、钱铁如合译,昆仑书店1929年版。
② 杨剑秀:《社会科学概论》,现代书局1929年版。
③ 米定、拉里察维基等:《新哲学大纲》,艾思奇、郑易里译,读书出版社1936年版。

《社会科学概论》更加深入浅出的大众化作品,"据著者自己说是尽量地平明地,解说和批判,统一和补缀马克思和恩格斯的社会理论之科学"①。这本书不光内容,体例和写法都对中国其后的同类书籍产生了重要影响。该书作为教学讲稿的语言特点非常明显,比如常常出现"我在前讲中,已经举出……","照我的解说"这样的课堂用语了。小标题也经常使用授课时的设问句,比如"唯物论是什么呢","辩证法是什么呢"。其内容也是条分理析,非常清楚。其中第三节对唯物辩证法的要素和特质,都作了非常浅显简明的解说。

1936 年,河上肇著的《新社会科学讲话》由雷敢翻译,在北平景山书社出版。这本书原名《第二贫乏物语》。日语中的"物语"意即故事或杂谈,是具有日本特色的一种古典文学体裁,由口头说唱发展为文学作品,差不多可以拿小说来类比。而读这本书,也颇有读小说的感觉。这本书的前半部分都是对"新唯物论之阐明,以浅显实际的例子,解释唯物论之客观性与实践性,力矫时下谈唯物论者机械空虚之弊"。②

1933 年出版的祝百英《社会科学讲话》是一本大众化特色比较鲜明的新社会科学著作。从"讲话"这样的体例就可以看出。该书一共十讲,每讲不过十几页,薄薄的小册子,非常便于阅读和携带。第一讲破题,便是"哲学与社会科学"。这一讲讲了四个问题:"何谓哲学","哲学中的基本问题","哲学小史","新哲学"。并且在这一讲的最后指明:"宇宙变化基本的规律是矛盾的统一。一切体系都是整体而包矛盾。矛盾的作用就是运动与变化。……社会科学的研究,也得用这新哲学作为方法。"③作者的写法生动、明快,常常打比方,比如:"在中国,张东荪哲学,胡适之哲学之不胫而走,也是哲学'便宜货'销路的表现。"

面向中学生的《哲学与社会科学》④是一本有特色的通俗读物。该书出开明书店列入《中学生杂志丛刊》出版,共汇编了 13 篇文章,头三篇讲哲学

---

① 〔日〕杉山荣:《社会科学十二讲》,温盛光译,乐华图书公司 1930 年版。
② 〔日〕河上肇:《新社会科学讲话》,景山书社 1936 年版,译者序第 3 页。
③ 祝百英:《社会科学讲话》,开明书店 1933 年版,第 12 页。
④ 中学生社编:《哲学与社会科学》,开明书店 1935 年版。

问题,分别是:祝伯英的《哲学与社会科学》,朱光潜的《唯心哲学浅释》,和刘叔琴的《当做认识论的辩证法》。祝伯英的《哲学与社会科学》就是其《社会科学讲话》的第一讲。朱光潜的《唯心哲学浅释》本是在中华学艺社伦敦分社的讲演稿,通俗浅显,开头就是一个苏格拉底关于聪明和无知的故事。这个讲演剖析了哲学史上几个有代表性的唯心主义哲学观点。

其中刘叔琴的《当做认识论的辩证法》这一篇,最具有面向中学生的特点,全篇都是口语体。以自己生活中和一个 5 岁小儿的对话开始,引入到客观与主观、现实与认识的问题上来。言语极为通俗、生动、活泼。在解说世间到处是矛盾的时候,文中这样写道:"有强盗窃贼的矛,于是有侦探巡捕的盾;矛的盗贼越机警,而盾的探捕也越周密;有闲阶级饱食暖衣无所事事,想出以运动代工作的妙法;劳苦阶级节衣缩食不得空,只好以睡眠兼充娱乐了。"这就在近乎调侃之中,把社会矛盾刻画出来。对辩证法的解说,也是以形象的表述为主。比如,在讲到否定之否定的规律的时候,就使用了谷长成稻,稻结成谷的经典例证。这一篇还有一个鲜明的特点就是,在解说唯物辩证法的时候,常常联系到中国古代传统的哲学认识,比如公孙龙子的"白马非马",佛家故事"恒转"等等,显示了丰富的学养和对新哲学的熟练掌握和运用。

其他如刘敬琨的《社会科学概论》[1]等也都把唯物辩证法作为一个专章进行介绍。

第四节 大众化运动

一、大众化运动

大众化的运动实际上在新哲学大众化运动兴起之前,在社联新纲领提出社会科学要"面向大众"之前就已经在知识界成为一项共识,并且,文学的大众化、教育的大众化等工作都一直进行着。没有整个文化界大众化运

---

① 刘敬琨:《社会科学概论》,国立北平师范大学 1935 年版。

动的普及工作,新哲学大众化运动也不会有那么大的影响。

各类文化知识的大众化在当时的中国能够掀起一波又一波的潮流,有其客观原因。当时的中国,劳苦大众的文化水平低。由于帝国主义和国民党的压迫,当时中国民众 80% 以上是文盲,大部分的农民生活在黑暗的迷信中,封建主义、法西斯主义、复古运动和各式各样的反动理论掌握着国家的宣传机器,给备受经济压迫的工农大众又一层精神压迫,把他们推到更深的深渊。中国的知识分子,由于生活不安定,社会文化设备不良,同样不能得到充实的教养。因此,中国有良知的先进知识分子,感到不能不开展广泛的社会教育和自我教育运动。这种广泛的教育运动的最好方法就是"进行社会科学的通俗化与大众化的工作"。

对于知识大众化运动的兴起,黄志明有如下这一段恰当的分析:

"近年来中国民众运动,因为国际间各种革命运动的影响,国内客观形势的决定,以及民众自身意识的进步与力量的增加,有了迅速的,不断的发展,因而民众对于各种智识——社会科学的和自然科学的智识——也发生了切迫的要求。"[1]

而对开启民智在政治运动中的作用,该文也有清醒的认识:

"民众的认识一经有了相当程度的进步,他们本身就会醒觉起来,他们一经有了团结,他们的力量就会增长起来,对于现在的政治教育和经济等:他们就会关心,就要提出改变现在状态,提高本身生活和地位的要求。今年来中国文化界所提出的智识大众化的问题,一般地说来,也就是在这种状况之下产生出来的,所以智识的大众化,就是大众本身的要求,反对从来智识为少数人所独占的状态,要求智识能为大众所接受成为大众本身所有的东西。"

---

① 黄志明:《智识的大众化》,《大众知识》1937 年第 1 卷第 10 期。

实际上,大众化运动的渊源可以追溯到五四运动。1919 年五四运动后,先进知识分子带头掀起了"到民间去"的热潮,他们兴办义务学校,开展平民教育。可以说,大众化运动是从教育大众化开始的。陶行知就是积极倡导"大众教育运动"的领袖之一。而大众教育运动的目的,据陶行知自己说,就是"努力发展为广大劳苦大众服务的教育,而不是发展只为少数特权阶级的教育","不只是叫他们学文化","还要教他们学政治,学经济"①。这和新哲学大众化、社会科学大众化、文学大众化等运动的宗旨是完全一致的。

配合教育大众化和一般知识大众化的,还有一个发起于 1934 年的大众语运动,其实质是语言的大众化运动。大众语运动提出了"五四"白话文运动尚未触及的新问题,如怎样防止白话文变质,如何使白话文成为大众的工具等促使人们对"大众语"讨论的重视。大众语的基本原则是,要从人民大众的实际需要出发,去看待文体改革上的问题。从语言形式上看,大众语是大众"说得出,听得懂,写得来,看得下"的语言。从表达的内容看,应是代表大众意识的语言。这样的大众语,才能为大众所有,为大众所需,为大众所用。陈望道提出,建设大众语,必须实际接近大众,向大众学习语言。②

新哲学大众化的干将之一平生,也曾经对一般意义上的大众化运动做出过贡献。他曾经写过一本小册子,叫做《写话》③。在这本书的封面上就注明本书的目的"介绍一种初学读和写很有效的教学法"。在序言里更是交代了写作的对象:"本书是给工农大众文化工作者或工农大众以及小学教师或学生们看的。"平生的工作,可以使我们得到一个认识,新哲学的大众化工作,就是知识的大众化工作的一部分。新哲学大众化运动和一般意义上的大众化运动是不可分离的。

关于一般科学及社会科学理论的大众化的讨论,秀立的《理论大众化

---

① 陶行知:《中国的大众教育》,载《陶行知全集》第 3 卷,湖南教育出版社 1985 年版,第 209 页。

② 陈望道:《关于大众语文的建设》,载《文学运动史料选》第 2 册,上海教育出版社 1979 年版,第 439 页。

③ 平生:《写话》,光华书店 1947 年版。

问题》①是一篇值得重视的文章。文章对理论大众化的重要性有清醒的认识：“理论大众化是目前一种急切的需要。是知识分子一项最重要的使命。是文化运动最主要的课题。”尤其是对中国当时的普遍文化水平有清醒的认识：“不过中国一般知识水准远不如欧美先进国。许多东西在外国被当做常识的，在中国被当作理论，还须得大众化。”这篇文章最值得注意的地方，是对理论大众化的性质提出了三点看法：“理论大众化不是降低理论，而是提高理论”；“理论大众化不是翻译而是创造”；“理论大众化不是为人作嫁的工作”。基于对理论大众化重要性的认识，文章对理论大众化工作者提出了较高的要求：“一个生活离大众太远的人一定不能成为一个好的大众化理论家。……我们只能希望理论家和大众接近。大众化理论家必须要具有普通理论家所不具有的气质，才能够抓住大众。闭门造车，出门一定是会出轨的。”

一直到 1949 年前，关于大众化运动的讨论还意犹未尽。1949 年前夕，出版了一本《大众化编写工作》②，总结了大众化运动中的许多问题，比如：大众化的前提，为什么大众化，怎样写，怎样编等等。

二、中国共产党对大众化运动的领导

大众化运动离不开中国共产党的领导。瞿秋白起草的中共六大报告制定了宣传工作面向大众的转变路线，他在六大政治报告讨论后的总结发言中强调：“在宣传上不欺骗群众，应该向工农耐心的解释，应当把马克思、列宁几十年奋斗得到的经验应用。虽然一时不懂，但终久须懂得，不仅知识分子懂得放在口袋里就算了，应使工农群众都懂得”③。

瞿秋白较早意识到大众化问题，在 1931 年写了杂文《吉诃德时代》，发表在 10 月 20 日出版的《北斗》第一卷第二期上，署名笑峰，文章提出了着眼于大众，发动大众的问题。10 月 25 日，写了《普洛大众文艺的现实问题》

---

① 秀立：《理论大众化问题》，《清华周刊》1936 年第 44 卷第 3 期。

② 龚达非编：《大众化编写工作》，大众书店 1948 年版。

③ 瞿秋白：《政治报告讨论后之结论》，载《瞿秋白文集·政治理论编》第 5 卷，人民出版社 1989 年版，第 600 页。

一文,发表在"左联"与 1932 年 4 月出版的《文学》上,署名史铁儿。文章认为:"现在的主要工作,因此应当是创造普洛的大众文艺,——应当向那些反动的大众文艺宣战。这是一条唯一的道路——可以造成新的群众言语,新的群众文艺,占到群众的'程度'上去,同着群众一块儿提高艺术的水平线。"1932 年 3 月 1 日,写《谈谈工厂小报和群众报纸》一文,发表在 3 月 11 日出版的《红旗周报》第 31 期上。署名范亢。文章指出:"工厂小报是宣传最广泛的群众的工具,……所以工厂小报实是党和工会的很重要的工作","党的宣传,首先是要'脸向着群众'"。瞿秋白不光鼓吹大众化,而且亲自实践其中。1932 年 6 月,瞿秋白在《中学生》第 25 期上,发表《两个世界》、《马克思和恩格斯》、《列宁》三篇文章,向广大青年学生介绍无产阶级革命导师的家世及青年时代的生活和革命事迹。

1920 年,上海共产主义小组成立后,出于斗争的需要,非常重视职工教育工作。中国共产党诞生后,更加致力于工人运动,到工人中兴办学校,借以团结、教育职工,培养积极分子,是中共的城市与白区工作的重点。1921 年 12 月筹办的平民女学校,由中共中央局成员李达任教务主任,教员有陈独秀、邵力子、沈泽民、沈雁冰等,张太雷、恽代英、刘少奇、施存统等亦到校讲演。除文化课外,还经常介绍时事形势,并积极投入社会上各项政治斗争。"五卅运动"后,中国共产党通过上海总工会与上海学生联合会成立了平民教育委员会,在全市各工人区开设了 12 所平民学校。大革命失败后,白色恐怖严重。迪过工人夜校开展工人工作,曾一度成为很重要的工作方式。工人夜校与工人学生的接触,主要是在课堂上,因此,充分利用课堂教学贯彻政治启蒙教育非常重要。有的学校为了便于进行政治教育还自编了课本。如女青年会女工夜校教师集体所编《女工秀英的信》,即用尺牍形式叙述女工秀英如何由于农村破产跑到城市来找工作,到城市做工后又如何受压迫等。这种教材很受工人欢迎,因为既易理解,且易受到启发。又如实验民校补习班所选语文教材,即选了鲁迅、高尔基、茅盾等人作品。在讲解时,教师再有意详细介绍作者生平,就直接灌输了革命思想。

讲课、办学,也是社联除了写书以外,进行大众化理论宣传的重要工作。社联第二任党团书记、社会活动家张庆孚等一批在教育界有名望的人,安排社联盟员中一些有水平、能讲课的人,到上海的大学中去任教,利用大学的讲台来宣传马克思主义。在当时的上海法政学院、上海艺术大学、群治大学、暨南大学等院校都有社联盟员活动。社联还有由自己盟员开办的中华艺术大学和上海华南大学,不过因为敌人的破坏,活动的时间都不长。不仅在大学,社联还涉足更为大众化的平民学校、女工学校等,直接面对劳苦大众进行马克思主义的大众化宣传。社联和左联就合作创办了多所学校和各种形式的补习班,包括文艺暑期补习班、现代文艺研究所、浦江中学等,还利用基督教青年会会址创办过短期的学习班和研究会,目的就是宣传马克思主义理论,培育革命新人。

《红旗周报》是当时最重要的党报党刊之一,其中刊登的《江苏省委关于党报的决议》①明确提出"群众日报的内容,还应该力求改善",所提出的数项改进要求中,A、B 两项关于宣传苏联,C 项提出"文字应该更通俗化"。这是中共较早明确提到宣传工作通俗化的文件。

三、向通俗化的进展

历史地看,大众化运动和通俗化运动并不是同时展开的,通俗化运动是针对大众化运动的后期阶段中出现的问题而产生的。

随着大众化运动的开展,20 世纪 20 年代末 30 年代初关于"大众"是谁、为谁服务的争论早已尘埃落定,在大众化写作的实践中,大众化的作家和理论家们遇到的最直接的问题,就是"大众化编写"的技术问题,所以,大众化运动进入了一个新的讨论期:通俗化问题。对于这个历史转折的原因,柳乃夫有过较为稳妥的论述:

> "继大众化运动而来的通俗化问题,已经有一两年的历史。……有人以为大众化与通俗化是两件事,但我总觉得这个过程是一件事的两方面。过去大众化运动不能说没有成绩,但总不够的很;不够的地方,固然由于中国一般文化水准过于低下;但是写作技术的不能配

---

① 《江苏省委关于党报的决议》,《红旗周报》1931 年 3 月 31 日。

合需要,也可说是一大原因。因此,通俗化运动便应运而生。所以,从文化运动的意义上说,我认为大众化与通俗化是必须同时发展的,就是说前者主要的职能,在改进内容;后者主要的职能,在改良形式。"①

柳乃夫的这段话,是应语文社发起的"通俗化问题讨论"而写。参加这个讨论的四十多位作家,有好些就是原来左联和社联的成员。钱俊瑞就通俗化运动中的哲学问题提出了如下意见:

"就通俗化本身的内容讲,我反对把通俗化运动只了解为'把文章写得更容易读得懂'的运动,或是'文字更通俗化'的运动。我总以为通俗化运动除文字以外,另外重要的一面,是内容的更切合于大众的需要,更接近于大众的日常生活,更接触到各种现实的问题。比如,哲学理论和经济学理论的更应当用之于现实问题的解释和解决上去,就是通俗化运动的主要工作之一。"②

通观《通俗化问题讨论集》第1、2两集,以上两位作者的看法是有代表性的。也就是说,通俗化促进了大众化,但通俗化离不开大众化。哲学理论更是要保持为大众的现实服务的特性,才能保证通俗化不变成庸俗化。

从当时大众化运动和通俗化运动的参与者的切身体会来看,更是不能把新哲学的大众化运动仅仅看成是一个对马克思主义哲学做通俗化宣传的运动,必须认清新哲学大众化运动为工农大众的阶级利益服务的本质。

综上所述,马克思主义哲学大众化运动的兴起,从学理上讲,是以下四

---

① 柳乃夫:《通俗化和大众化》,载语文社编《通俗化问题讨论集》第1集,新知书店1937年初版,第97页。

② 钱俊瑞:《技术与内容·通俗化与专门化》,载语文社编《通俗化问题讨论集》第1集,新知书店1937年初版,第64页。

股思潮的合流:马克思主义哲学在苏联发展到了一个比较完整的有体系的阶段性总结阶段,形成了教科书的体系;马克思主义哲学在中国的传播从唯物史观阶段发展到了唯物辩证法的热潮;社联推动的新社会科学运动的兴起;以及文化知识的大众化运动发展到了通俗化阶段。这四个大波浪汹涌而来,汇聚到了马克思主义哲学大众化运动这个共振峰上。

第四章　第一个高潮：社联时期

本章题为社联时期，实际上是从社联重点开展大众化运动的 1934 年到社联作为一个组织已经解散后的 1937 年。不过，即使是在 1936 年社联奉命解散后，其原有的成员作为个体，也还是继续着原来的大众化工作，其方针和原则没有改变。在社联 1935 年 10 月的新纲领的指导下，整个马克思主义哲学指导下的社会科学大众化运动"仍然在'社联'盟员和其他进步社会科学工作者的共同努力下，一直坚持开展到抗日战争全面爆发"。①

这一时期的代表人物有张如心、艾思奇、沈志远、陈唯实、李平心、胡绳等人，李正文、温健公、温锐、陈瑞志、李石岑等人也都是这个运动的积极分子，作出了巨大的贡献。

第一节　张如心

一、生平

张如心(1908—1976)，原名张恕安，广东兴宁人，客家人。1921 年入梅县乐育中学学习，1925 年因参加学生爱国运动被开除。1926 年 2 月赴苏联入莫斯科中山大学学习。1929 年，回国后在上海从事新文化运动及相关的革命工作，传播马克思列宁主义，歌颂十月革命的伟大胜利。他还参加中国社会科学家联盟的筹备工作。1930 年中国社会科学家联盟成立，他任研究

---

① 徐素华：《中国社会科学家联盟史》，中国卓越出版公司 1990 年版，第 114 页。

部部长,是艾思奇的前任。这个时期,他写了《无产阶级底哲学》、《辩证法学说概论》、《苏俄哲学潮流概论》和《哲学概论》四本书,较早地开辟了新哲学大众化的道路。1931年张如心光荣地加入中国共产党,并主持社会科学研究工作,积极宣传马克思主义。

1931年他来到中央苏区,参加了中国工农红军。曾任总政治部《红军报》主编、后方总政治部宣传部部长。其后,历任延安抗大主任教员,军政学院教育长,中央党校三部副主任,延安大学副校长,《北方文化》副主编,东北大学、东北师范大学校长、党委书记,中共中央马列学院、中共中央高级党校中共党史教研室主任,中国科学院哲学社会科学部委员。

在中国共产党内,张如心是比较早提出毛泽东思想这一概念的理论工作者。1941年3月,张如心在《共产党人》杂志发表了《论布尔什维克教育家》一文,文中用"毛泽东同志的思想"这一提法,对毛泽东同志的理论和策略进行了概括,明确指出毛泽东同志的言论和著作"是马列主义理论与中国革命实践结合典型的结晶体"。

二、《无产阶级底哲学》

在"社联"成立之前,张如心即已经开始了马克思主义哲学大众化的工作。《无产阶级底哲学》一书于1930年3月出版①。该书有明确的大众化目标,他在"序言"中说道,本书"完全取一种普通叙述的方式",在短期内完成,"内容主要的是说明辩证唯物论哲学底起源和他的几个基本问题,此外并提及辩证唯物论在马克思主义学说上的地位,与文化革命的关系两个问题"。这本书可能是最早的新哲学通俗读物。

该书约6万字,除了"序言"外,主要包括四章:一、辩证唯物论的历史根源;二、辩证唯物论的几个主要问题;三、辩证唯物论与马克思主义学说;四、辩证唯物论与文化革命。其后,还有一个总论,以及一个专门名词注释。

张如心开门见山地阐述了马克思主义哲学的理论渊源,从唯物论宇宙观和辩证法两个方面具体追溯了古希腊以来哲学的发展和变化,从马克思

①　中国社会科学家联盟于当年五月在上海成立。

主义哲学前史中探寻马克思主义的必然,赞颂马克思综合了黑格尔的辩证法和费尔巴哈的唯物论,创立唯物辩证法,"在人类思想史上开辟了一个新纪元"。接着,他从《博士论文》到《德意志意识形态》阐述了马克思哲学思想的发展。

该书认为,本体论、认识论、方法论这几个主要问题综合起来便是辩证唯物论的哲学系统。关于本体论,辩证唯物论统一旧唯物论"物质为主,精神为附"的主张,"看物质与精神两者为一种辩证的合一,精神为物质高度发展或者有组织的物质底产物",因而把本体论"向前提高了一步"。关于认识论,他认为马克思的辩证唯物论"完全推翻了唯心论的认识学说,彻底的锻炼出新式的认识论,即唯物的、辩证的认识论",指出"辩证唯物论哲学综合两方面的理论,纠正他们的缺点,而把主观性、客观性、感觉、思维、理论、实践这两方面看为辩证法的合一,而以后者为基础"①。关于方法论,他概述了黑格尔辩证法的主要内容及其缺陷,并归纳马克思的辩证法的学说要点为"矛盾合一律,数量转变于质量律,否定的否定律",并且指出"矛盾合一律为他的核子(或重心)"。

该书还概述了唯物史观、经济学、科学社会主义学说,强调了辩证唯物论的意义,并特别指出它"在无产阶级斗争过程中有莫大的意义,是无产阶级斗争的伟大精神武器"。

三、《辩证法学说概论》

《辩证法学说概论》于 1930 年 8 月作为"江南文库"之六出版。这是一套面向大众的普及丛书,其中还收录了李初梨著的《怎样建设革命文学》等大众化运动中的名作。《辩证法学说概论》是一本专门阐述辩证法的小册子,系统介绍从古代希腊至 19 世纪欧洲辩证法思想的发展,以及各个时期辩证法赖以产生的经济基础、科学文化背景和阶级关系。

这本书也有鲜明的大众化通俗化特色,是专为青年读者而写的入门读物。当时,关于辩证法的译作已有不少,但作者认为,那些著作虽然给学习

①　张如心:《无产阶级底哲学》,光华书局 1930 年版,第 58 页。

辩证法的读者提供了不少帮助,却不能提供对辩证法整个理论系统、历史根源和具体应用等方面一个明显的认识。而这本书的目的,是以"一种概括的叙述方式,从古代希腊哲学时代起直到十九世纪的马克思,将辩证法思想的发展系统地介绍给读者",提供"一般的常识"①以贡献给有志的青年。

全书约有 5 万字,分为绪论、古代希腊哲学的辩证法、德国古典派哲学的辩证法、马克思主义的辩证法 4 个部分。他指出尽管古希腊辩证法有许多理论上的缺点,却具有重要的历史意义,特别是赫拉克利特"在哲学史中第一次发现唯物辩证法的基本规律即矛盾合一律……是现代马克思底唯物辩证法的始祖"。在阐述德国古典哲学时,他把大量笔墨放在康德和黑格尔身上。肯定了康德把辩证法系统化的贡献,推崇黑格尔辩证法的范畴观。所有这些,都是为了烘托出马克思的唯物辩证法。书中论述了马克思主义辩证法的发展分期和内容,包括其中的理论要点和意义,及其范畴和规律。指出马克思的哲学之所以能够指导革命,在于其系统建筑在矛盾合一律之上。该书还注意到了列宁对于辩证法的发展,认为列宁关于"对抗的合一学说是辩证法的一个基本的特质"和"辩证法可以说是矛盾合一学说"的说法,"可以说道尽了辩证法的本质","辩证法是列宁主义的灵魂"。

这本书是一本很有个性的入门书,和一般的入门书重在介绍不一样,该书融入了张如心自己的哲学思想。表现有二:

其一,他十分注重新哲学的阶级属性,明确了唯物辩证法是无产阶级斗争武器的职能。还特别指出"辩证法是革命逻辑,他是马克思主义学说的灵魂,无产阶级依靠着他,能够正确地了解历史发展的过程,认识自身革命的任务,推翻阶级剥削的制度,他因此是无产阶级斗争的伟大武器"。这体现了这本书鲜明的大众立场。

其二,对当时的中国哲学界有所评论。在他看来,当时中国哲学界所谓的"方法改造"和"逻辑刷新"的主张,在"理论上始终不曾超出于形式逻辑学的范围"。他批评形式逻辑"只偏于抽象的形式而忽略了思维的内容",提出辩证法是自然科学和社会科学唯一科学的方法。现在看来,这一看法

---

① 张如心:《辩证法学说概论》,江南书店 1930 年版,《序言》第 2 页。

是有所偏颇的，主要受新哲学发展的时代局限。

四、《哲学概论》

1931 年，他编著《哲学概论》一书，介绍了马克思主义哲学基本原理。这本书依然采取了讲话体的写法，还是一本新哲学大众化的书籍，有别于学术研究性的概论。张如心在第一讲的开头就阐明了这一点："当然我们来讲哲学史，并不像那些普遍大学教授马马虎虎把某时代的哲学思潮，笼统地介绍了便算了事，不是这样。"①

不过，这本书对写作内容的处理不同于上两本。前两本主要是面向大众的新哲学通俗入门书，而这一本是介于最普及的大众读物和学术性的概论之间的中级读物，篇幅上远远超过了前两本书的总和，总共有四百多页。唯其如此，它才能和前几本书在功效上相搭配，有效地帮助人们进入唯物论革命哲学领域，并运用历史唯物主义和辩证唯物主义作为分析研究周围事物和各种现象的有力手段，对广大知识分子学习哲学起到了积极推动作用。

该书的正文部分共有十五讲。分为六大部分：第一、二两讲论述的是古代希腊哲学，第三、四两讲论述的是复兴时期的唯物论，第五、六两讲论述的是十八世纪的法国唯物论，第八到第十讲谈德国古典唯心哲学，第十一讲专论费尔巴哈的唯物论，最后四讲重点讲述马克思和恩格斯的辩证唯物论。这本书还附有一个长篇的附录——"列宁与哲学（或命名为伊里基的哲学观）"。这部分又包括三部分：从马克思——经过蒲列哈诺夫——到列宁，列宁与辩证唯物论（哲学，方法，史的唯物论），列宁主义与唯物辩证法。在这本书的最后一部分，还附有 23 个名词解释，主要是人物和流派。

作为讲话体，或者说讲课体，在论述中条分理析，理论的要点一条一条非常鲜明。这本书在每一讲后面还附有"问题提要"和参考书目。张如心特别精心的为读者考虑，给参考书目还划分了层级，方便读者安排自己的学习进度。

总的来说，张如心的作品有大众化、通俗化的意向和特色，所以，笔者认

---

① 张如心：《哲学概论》，昆仑书店 1931 年版。

为,一般所认为的艾思奇是马克思主义哲学大众化的开创人是不完全正确的。比较稳妥的说法是,艾思奇是第一个推出成熟的大众化新哲学读物,并把马克思主义哲学大众化运动推向高潮的人。在艾思奇之前,张如心、李平心等人都已经在进行马克思主义哲学大众化的工作。只是,他们的作品的通俗性还不够,影响还不够大而已。艾思奇的成功,在于他使用了足够"软化"①理论的文体来进行这项工作。

当然,新哲学的理论在张如心这里还仍然不够"软化",把马克思主义哲学大众化运动推向高潮的历史使命落在了他在社联研究部的继任者艾思奇的身上。

第二节　艾思奇

一、生平

艾思奇(1910—1966)原名李生萱。云南腾冲人,蒙古族后裔。1910年生于云南腾冲和顺李家大院。1925年考入云南省立一中,接触马克思主义并与聂耳结为好友。早年留学日本,学习冶金系采矿专业,参加中共东京支部组织的"社会主义学习小组"的活动,对马克思主义发生了浓厚的兴趣,刻苦研读马列主义经典著作,逐步掌握了马克思主义世界观和人生观。"九一八"事变后,出于反对日本帝国主义侵略中国的爱国主义义愤,弃学回国,回到上海,加入"社联",担任研究部部长,掀起马克思主义哲学大众化运动的第一个高潮。1935年参加中国共产党。1937年到延安,历任抗日军政大学主任教员、中央研究院文化思想研究室主任、中共中央文委秘书长等职务。

关于艾思奇对马克思主义哲学大众化运动的贡献,现在谈得最多的就是《大众哲学》。当然,《大众哲学》对马克思主义哲学大众化运动的意义,乃至在整个中国马克思主义传播史上的贡献,怎么谈都不为过。但笔者想

---

① 艾思奇:《通俗文的真义》,《通俗文化》第2卷第5期,1935年9月12日。

强调的是，如果只看到《大众哲学》，这对艾思奇是极其不公正的。他为马克思主义哲学大众化所做的工作，远远不止一本《大众哲学》。本节将重点介绍艾思奇除了《大众哲学》外的其他哲学大众化作品。不过依然需要从《大众哲学》开始，因为这是艾思奇马克思主义哲学大众化工作开始的地方。

二、《大众哲学》

艾思奇作为马克思主义哲学大众化运动的发起者，很早就显露出了哲学方面的天赋。尽管他到日本学理工，但一直坚持自学哲学。1933 年 6 月，他的第一篇哲学论文《抽象作用与辩证法》在"文总"机关刊物《正路》杂志上发表，获得较高评价，受到党组织的重视，由许涤新出面，吸收进中国社会科学家联盟。其时他才 23 岁。随后相继发表了多篇哲学论文，表现出他在哲学上的深厚功底和出众的才华。

1934 年 6 月，由"社联"安排，许涤新推荐，柳湜介绍，艾思奇进入《申报》流通图书馆读书指导部工作。《申报》流通图书馆读者指导部和《申报》"读者问答"专栏，是两块牌子，一套人马。在这里，艾思奇通过接触和处理各地读者来信，了解到随着中国革命的深入和民族危机的加重，人民大众和进步青年，对革命理论的需要越来越迫切，但他们本身却因为受教育的机会少，文化水平低下，难以接受高深的理论，尤其是作用大但抽象、难懂的哲学。这是一个客观的现实矛盾，如何才能解决这个矛盾？在思索解决方法的过程中，艾思奇萌发了把深奥的哲学通俗化，使人民大众都能了解、接受的念头，并开始把这项没有人屑于尝试但又具有伟大意义的开拓性的设想付诸实施。

艾思奇实施哲学大众化设想的第一步，是在 1934 年 11 月。由于国民党特务暗杀了上海进步报纸的主持人史量才，为了纪念他，《申报》创办了"量才业余学校"，李公朴任校长，艾思奇担任教员并讲授哲学。他在认真备课，广泛听取学生意见的基础上，把讲课的讲稿改编成 24 讲，从 1934 年 11 月起，在新出版的《读书生活》杂志的"哲学讲话"专栏里陆续公开发表，每期发一讲，连载了一年，到 1935 年底，以《哲学讲话》为题，汇集成册出版。《哲学讲话》出到第3版后，遭到国民党书报审查机关的查禁，在出第4版时，改名为《大众哲学》。

《大众哲学》一问世，即受到广大读者特别是青年的重视和欢迎，毛泽东也称《大众哲学》是"通俗而有价值"的著作。该书曾是延安以及其他根据地和解放区的学校、部队广大干部和战士学习哲学的入门书，人们当时曾把这本书连同《新华月报》、《解放周刊》等一起称之为"我们的火炬"。《大众哲学》在国统区也广为流传，不仅一般社会青年、大学生，甚至大学里的进步教授都在读它，很多人受其影响逐步确立了马克思主义的信仰，走上了中国共产党领导的革命道路。

《大众哲学》一书，以人们实际生活中的事例，通俗易懂的语言，生动活泼的形式，向人民大众介绍马克思主义新哲学的基本原理，使哲学由抽象、深奥而变得实际、易懂，从而迈开了哲学大众化成功的第一步。该书成为当时众多的马克思主义新哲学读物中最通俗、最大众化的"入门书"。《大众哲学》出版后，受到广大读者的欢迎，从1935年底初版到1938年的两年多时间内，便出了10版，到1948年，仅在读书生活出版社就出了32版。根据图书馆学专家雍桂良的统计，加上其他出版社翻印的总共超过50版，这还不算上石印本、手工刻印和手抄的版本。

对《大众哲学》的评价和研究现有的资料非常丰富。笔者这里不想因袭前人。只想强调一点——在前人的研究中被"通俗"淹没的"大众"。

对通俗化的重视是此前研究中极为明显的。但是，通俗化不过是一个技术手段，如果只是做到了通俗化，《大众哲学》是不可能这么畅销，不可能给大众带来这么大的影响的。宋垣忠写的《综合哲学讲话：由唯生的观点发展之新哲学体系》，同样是在技术上力求通俗化，打着新哲学旗号，但依然不能够赢得读者，不能赢得大众的心。所以，尽管通俗化手段并非不重要，但关键问题还是在于大众立场。

《大众哲学》的大众立场表现在以下几个方面：

第一，大众视野。

一种哲学，要成为大众的哲学，就必须关注和回答大众所关心的现实问题。《大众哲学》的开篇，首先是要破除通常人们所认为的哲学的神秘性。

为什么人们往往认为哲学的表现形式是玄奥的、抽象的、晦涩的、枯燥的？为什么哲学让大众望而却步？这不仅仅是因为人们常常由于不了解哲学的实际功能或现实作用，关键在于，如果理论探讨仅仅停留在书本上，而不是联系大众的实际生活，不管采用多么通俗化的语言，多么生动活泼的表达方式，都不可能引起一般大众的兴趣。

《大众哲学》的一个突出特点就是贯穿全书的关注现实、贴近生活的表述内容。艾思奇在1936年出版的《大众哲学》的第4版的《代序》中，回答了别人对《大众哲学》的批评。他借用批评者的语言，鲜明地表达了该书的写作目的。他写道：

> "（批判者的言论）虽然全是攻击的意味，然而对本书所以要写作的目的，却也是一个很好的说明。是的，我写作本书的时候，自始自终，就没有想到要它走到大学校的课堂里去。如果学生还能'安心埋头开矿'，'皇宫里的金色梦'没有'被打断了'的时候，如果他们没有'醒过来''发觉教科书对于生活上亟待解决的问题毫不中用'的时候，那我只希望这本书在都市街头，在店铺内，在乡村里，给那失学者们解一解智识的饥荒，却不敢妄想一定要到尊贵的大学生们的手里，因为他不是装潢美丽的东西，只是一块干烧的大饼。这样的大饼，在吃草根树皮的广大中国灾民，虽然已经没有能力享受，但形式粗俗，没有修饰剪裁，更不加香料和蜜糖，'埋头'在学院式的读物里的阔少们，自然是要觉得不够味的。"①

由此可见，《大众哲学》就是要为工农大众解决"智识饥荒"的"干烧的大饼"。因此，该书努力避免的正是"对于生活上亟待解决的问题毫不中用"的众多通行的教科书的常见弊端。当作者在1938年对《大众哲学》做再版修订时，他在《第十版序》中又一次明确提出："打算根据许多新的经

---

① 《艾思奇全书》，人民出版社2006年版，第592—593页。

验,写成一本更丰富、更生动、更有实践意义的哲学读物。"①所以,艾思奇始终把帮助广大人民群众学习辩证唯物主义哲学的思想方法作为根本目的,最终是为了提高工农大众在生活实际的革命斗争中认识和解决自己所面临的现实问题的能力。

那么,在当时,大众所面临的现实是什么? 来看看书中的一些片段:

"现在是经济恐慌的时代,我们所最苦恼的是失业和生活难的问题。失业和生活难是大家都看得见,大家都容易明白的事,所以最好就把它拿来当做说明的例子。人遇到失业或生活难的时候,当然都要觉得失望的,这是人之常情,也是必然要有的感情……"

"在生活的实践中,我们常常感到有很多事情不能如意。……再说一说社会上的事情,这两年来,世界各国间的空气非常不安,一场大战看起来是不能免了,于是就有人来做'祈祷和平'的大会。和平可以祈祷得来的么? 宗教家说:'是的! 因为世界是在神的支配势力之下,向神祈祷,神就可以给我们和平。'但是,实际的情势又证明了,战争的风云并不因为有人的祈祷而缓和下去,反而一天比一天更紧张起来……"

"例如说对于日本人的认识,我们在上海看见他们的警察,看见他们的军队,这些都是感性的认识,在这里我们得到他们的耀武扬威的印象。同时在我们的理性认识中,我们又了解这是帝国主义国家的代表。说到帝国主义,于是我们就可以想象到它是富于侵略性质的,它有强大的资本,有强大的武力,和我们落后的半殖民地的中国比较起来,我们是很难抵御他们的压力的。这种想象,在没有实践证明的时候,自然觉得是千真万真的真理。然而,一二八来了怎样呢? 这是一个实践,证明这种想象是太怯懦的想象,证明就是帝国主义的侵略,只要有民众真正起来一致抵抗,也决不是没有希望冲破他们的铁锁。"

"没有遭遇过或亲见过任何灾难的中国人,似乎很少了吧。例如

---

① 《艾思奇全书》,人民出版社 2006 年版,第 607 页。

我，虽然生长地不在江河沿岸，水灾旱灾的苦难侥幸竟没有亲身尝到过，然而对于兵灾却也有一次的经验：忽然地方上传说有什么人要攻来了，于是大家就开始预备好一切逃难去。逃到那里呢？谁也没有把握。城里人只管逃到乡下去，乡下人又只管向城里逃上来，逃来逃去，实际上也没有逃到真正安全的地方，就好象鸵鸟被猎人追急了，把头乱藏到一个洞子里去一样，自以为躲过就算了。结果是城被人攻破，全城的人大多数都遭屠杀。"①

经济恐慌、世界大战、日本侵略、军阀混战，这就是当时的工农大众面对的社会现实。《大众哲学》中包含了众多对中国社会生活所面临的亟待解决的现实问题的研究和解答。通读《大众哲学》，可以发现作者在行文间处处渗透着对现实问题的理性分析，从而使全书洋溢着浓厚的现实感。读者由于可以在书中处处找到关于现实问题的解读和分析，必然会引发很大的阅读兴趣和学习冲动。以此类推，一本真正具有大众视野的当代"大众哲学"需要些什么样的内容，翻翻每天的报纸杂志，听听当下老百姓最关心什么问题就心知肚明了。当前，随着我国经济社会快速发展，社会结构和利益关系深刻变动，热点难点问题层出不穷，就业难、上学难、就医难该怎么看，通货膨胀、房价过高该怎么看，分配不公该怎么看，干部腐败现象又该怎么看，什么样的方法才是真正的解决之道……在这些现实问题上，人们依然有某种理论运用的饥饿感，依然需要用"干烧的大饼"来解饥。看看《大众哲学》的当代仿作，就知道为什么这些仿作没有真正成为"大众的哲学"。来看一本仿作②的目录：

　　玄奘的"无遮大会"和《红白喜事》里的"借寿"

　　老翁、孩子和驴子的故事

　　戈培尔的逻辑和"女扮男装"的怪事

---

① 《艾思奇全书》，人民出版社2006年版，第446、469、494、573页。

② 雷英魁、陈扬炯主编：《当代大众哲学》，辽宁人民出版社1988年版。

"芝诺疑难"和"蝙蝠狡辩"

百年不遇的天体奇观——"九星连珠"

《玉清经》里的趣谈和韩复榘的"笑柄"

"玻璃鱼"的出现和曾侯乙年龄的断定

黑格尔的比喻和郑板桥的妙论

罗马大将狄度的惊奇

伊索的妙计和海伦的倩影

从王充的诘难说到小津津5岁进大学①

尽管这本书也讲述辩证唯物主义原理,趣谈也不是不能讲,但是如果"大众哲学"成了讲故事卖嘴皮子的代名词,就永远脱离了大众的生活。用艾思奇在《通俗文的真义》中的大众化观点来看,这本仿作最多做到了"解释理论",而丝毫没有做到"指示生活"。大众哲学必须讲述大众自己的故事,必须以大众自己的喜怒哀乐为原料,而不是躲在故事后面畏畏缩缩地把马克思主义哲学原理当成奇技淫巧来玩弄。说白了,大众哲学的大众视野就是工农阶级的视野,要看到工农大众的现实生活。因此,当代中国马克思主义哲学要真正实现大众化必须做到用马克思主义的科学世界观和方法论分析中国社会的现实情况,指出解决中国面临问题的现实途径,脚踏实地,关注现实,了解群众所思所想,通过释疑解难来满足群众需求。

第二,与众俱进。

大众是时代的大众。大众哲学必须具有与时俱进,与大众俱进的性质。

艾思奇的《大众哲学》最早写于1934年,此后不断修订,其中修订比较大的版本有:第4版,第10版,1948年重改本,1949年新订重改本,和最后一次修订的1950年版。

与时俱进的表现之一是反映马克思主义哲学的新发展。李公朴在《大众哲学》的第一版《哲学讲话》的《编者序》中写道:"尤其值得一提的是这本书的内容,全是站在目前新哲学的观点上写成的。新哲学本来是大众的

---

① 雷英魁、陈扬炯:《当代大众哲学》,辽宁人民出版社1988年版。

哲学,然而过去却没有一本专为大众而写的新哲学著作。""作者对新哲学中的许多问题,有时解释得比一切其他的著作更明确。虽然是通俗化的哲学著作,但也有许多深化的地方。""作者对于新哲学的理论系统,也不是完全照抄外国著作的。在许多地方,他显然很用了些心力,使理论的前后有更自然的连贯。"①

正如李公朴所指出的,艾思奇的《大众哲学》在对辩证唯物主义理论体系的表述方面已经包含了他自己的研究成果。我们可以在艾思奇回答社会上某些人对《大众哲学》的体系、观点的批评中鲜明地看到这一点。艾思奇说:"至于说到没有布置,这批评我却不很赞同。实际上我自己在未写之先,已经就把书的内容计划过、布置过,并且是尽可能地依着新哲学的最近成果来布置的。对于这布置问题的一部分批评,与其说他们是为了本书没有布置而批评,不如说是由于他不赞同这样的布置。"②。艾思奇努力站在中国当时哲学学术界的前沿,是第一个把刚刚传入中国不久的苏联马克思主义哲学系统化教科书化的最新成果用通俗读物的方式介绍给广大人民群众的人。写于1934年的《大众哲学》已经是比较完整、基本准确地把握了辩证唯物主义的基本概念和理论体系,这在当时显然是处于领先地位的。

与时俱进的另一个表现就是与众俱进。《大众哲学》的每一次重大修订,都加入了当时的重大社会生活的改变。在解放战争期间出版的《大众哲学》重改本中,就联系到了当时抗战胜利而解放战争正在进行,人民的敌人出现了变化的社会现实。书中说道:

"……军阀、官僚、地主、买办、大资本家,他们专门依靠剥削广大人民,过着奢侈腐化的生活,……打败日本之后,只准他们去'接收主权',而不准广大人民接收,如果广大人民要接收,他们要用武力、用内战来禁止这种接收。这是他们中间的主要思想。"③

---

① 《艾思奇全书》,人民出版社2006年版,第589页。
② 《艾思奇全书》,人民出版社2006年版,第596页。
③ 艾思奇:《大众哲学》(重改本),浙江新华书店1949年版,第10页。

而且艾思奇还具有世界眼光。正因为资本主义的剥削是全球性的,所谓全球化无疑是资本剥削的全球化,所以马克思主义哲学是世界的哲学,艾思奇的《大众哲学》中也用到了当时世界形势的变化。比如在谈"规律和因果"的时候,艾思奇就用到了第二次世界大战的例子:

> "事实是同一的原因,在不同的条件之下,可以产生不同的结果。相反的,不同的原因,如果有各种适当条件的配合,却往往产生相同的结果。希特勒的侵略行为,在法国得到了胜利的结果,在苏联却完全失败,这就是因为法国处在反动资产阶级统治的条件之下,而苏联则有社会主义制度这个优越的条件。"[①]

到了解放后的 1950 年最终版,又增加了关于当时国家形势的内容:

> "人民解放战争中国人民经过了这样长期的英勇斗争,到现在已经得到了很大的成绩,在中国已经接近了全国的解放。在解放了的地方,帝国主义、封建势力和官僚资本的压迫都被推翻了,农民得到了田地,工人生活得到了改善,工商业界得到发展的条件。但是,我们的斗争还是没有完结。因为,一方面,解放区以外的人民,现在还是在帝国主义、封建势力和官僚资本之下受压迫。在解放区,虽然这些反动势力都被推翻了,而它们的残遗势力并未完全消灭。因此全国人民,不论是解放区的或非解放区的,在今后还要继续努力,为彻底消灭帝国主义、封建主义、官僚资本主义的势力,并在将来进一步建设社会主义、共产主义社会而斗争。"[②]

可以看到,艾思奇的每一次修订,都是紧紧随着人民大众的实际生活的改变而改变的。这样才能保证他的《大众哲学》也是大众的哲学。

---

① 艾思奇:《大众哲学》(重改本),浙江新华书店 1949 年 7 月再版,第 206 页。
② 艾思奇:《大众哲学》,人民出版社 2004 年版,第 22 页。

当代中国马克思主义哲学大众化也应该注重及时反映马克思主义哲学的新发展、新变化。改革开放三十多年来，马克思主义哲学在中国化进程中不断发展和创新，通过与中国实际相结合，形成了体现中国特色、民族风格、大众需求的当代中国的马克思主义哲学。包括邓小平理论、"三个代表"重要思想和科学发展观等重大战略思想在内的中国特色社会主义理论体系中的哲学思想，既坚持了经典马克思主义哲学的基本理论，又体现了中华民族优良文化传统哲学思想，理应成为当代中国马克思主义哲学大众化的重要内容。同时，当代中国马克思主义哲学大众化应该做到与时俱进。时代性和现实性是马克思主义的重要属性，毛泽东认为："马克思列宁主义的伟大力量，就在于它是和各个国家具体的革命实践相联系的。对于中国共产党来说，就是要学会把马克思列宁主义的理论应用于中国的具体的环境。"①当前，中国已进入全面建设小康社会的关键时期和深化改革开放、加快转变经济发展方式的攻坚时期，世界正处在大发展大变革大调整时期。世界多极化、经济全球化深入发展，科学技术日新月异，各种思想文化交流交融交锋更加频繁，这些对当代中国马克思主义哲学的推广普及提出了新课题、新要求和新挑战。当代中国马克思主义哲学必须与当下的社会生活实际紧密结合起来，回答中国现代化建设中的重大理论问题和实际问题，回应人民群众的思想困惑和利益诉求，才能使马克思主义哲学基本原理真正被广大人民群众所掌握，才能真正实现大众化。

第三，教会大众。

艾思奇的《大众哲学》还有一个使得自己真正属于大众的特点，就是不只是授之以鱼，而且授之以渔。因为他所面对的大众知识水平非常低下。为此他不得不只用1000多个字来适应大众，而且，他必须教会大众学哲学、用哲学。该书非常重视对大众学习运用哲学思维方法和解决现实问题的能力的引导。马克思主义哲学本身就不只是一种理论，更是一种实践的哲学。一种哲学想要成为大众哲学，必须能够使大众真正在使用哲学的过程中感受到哲学的现实力量，从而激发他们学哲学、用哲学的热情。

---

① 《毛泽东文集》第7卷，人民出版社1999年版，第534页。

　　《大众哲学》中随处可见结合实际问题，为大众服务，教会大众的例子。"能够真正明了火车的人，只有开车的工人，制造火车的技师，在学校专做物理试验的学生，他们对于火车的知识，却是从实践中得来的，因此他们的知识就不是空洞的说明，而是能够直接应用到火车本身上去的真理。"[①]"这两年来的水灾旱灾，农人们求神拜佛，不知道多么虔诚，如果有神，为什么不灵验呢？中国的农人有了这种实践的经验，大多数都明白神和宗教只是骗人的勾当了。"[②]"他们常说：'所谓可能性，只不过是指我们头脑里想得通的事罢了，不必一定要可以实现的。如做店员学徒的人，认为自己也可以变成慕沙里尼，因为慕沙里尼是人，自己也是人，这不是很想得通的吗？'"[③]"再说到革命运动的问题吧，革命的成功，一方面社会的发展中必须具备成功的条件，必须要有广大的民众不满于现状而要求革命，同时旧制度的维持者也缺乏维持的力量了，这些都是必要的客观条件。"[④]……其中最典型的是《大众哲学》1950年版的第二节《果树林里找桃树——哲学是什么》[⑤]。这一节带领大众开始深入新哲学原理，文中紧密结合抗日战争时期毛泽东所提出的"持久战"战略方针，分析了不同哲学思想对形成正确的还是错误的战略方针所起的不同作用，细致讲授了运用哲学分析解决问题的原则和方法。这种写作方式用于哲学著作，对大众学会运用哲学观点认识和解决问题具有重要意义。

　　用实践来教育大众学哲学，体现了实践哲学学习要有问题意识的要求。马克思主义哲学的学习，只有紧密联系现实生活中的实际问题，才能使读者真正领会新哲学的社会功能和力量。当年抗日战争的胜利使人们在很长时间里一直沉浸在胜利的喜悦中，举抗日战争战略决策的例子作为哲学分析的切入点，会使人们形成强烈的求知欲和兴奋点，从而使相关的哲学分析给人留下深刻的印象。所以，《大众哲学》的成功绝不仅仅在

① 《艾思奇全书》第1卷，人民出版社2006年版，第499页。
② 《艾思奇全书》第1卷，人民出版社2006年版，第567页。
③ 《艾思奇全书》第1卷，人民出版社2006年版，第586页。
④ 《艾思奇全书》第1卷，人民出版社2006年版，第588页。
⑤ 第一版中的原题是《哲学的真面目》。

于其形式和内容上所采用的易于为人民群众接受的大众化方式，根本在于艾思奇一直关心人民群众的根本利益，始终立足于人民群众的现实需要，用实践来教育大众学哲学、用哲学，努力将马克思主义新哲学转化为大众锐利的思想武器。

当代中国马克思主义哲学大众化除了重视把马克思主义指导思想与党和国家政治层面以及哲学社会科学理论中的方向、指导原则等问题联系起来之外，还应特别重视将马克思主义哲学与大众的生活与实践紧密联系起来，增强其亲和力、渗透力，提高马克思主义哲学的普及深入程度；发挥其批判功能、指导功能，让马克思主义哲学真正走进普通百姓的生活，帮助他们形成马克思主义正确的世界观、价值观，教会他们运用辩证唯物主义的思想方法，在纷繁复杂的社会现实面前，明辨是非，做出正确的选择和判断。近年来，中宣部为了贯彻落实十七大"推动当代中国马克思主义大众化"、"深入回答重大理论和实际问题"的指示精神，从 2003 年开始，每年组织力量，在深入调研的基础上，确定 20 个左右干部群众最关心的社会热点和难点问题，连续六年编写、出版《理论热点面对面》通俗理论读物系列，用党的理论创新成果深入浅出地回答干部群众关心的重大理论和现实问题，受到广大干部群众的欢迎。这一系列丛书之所以能够得到广大人民群众的认可，就在于它始终坚持用通俗化、大众化的表达形式传播党的最新理论成果，解读大家关心的热点难点问题，让理论走进人民大众、服务人民大众。马克思主义哲学"只有为人民大众所掌握，哲学的生命力才是持久的，才能变成指导社会变革的巨大的物质力量"。[1] 通过大量高水平的马克思主义哲学普及读物，教会大众运用马克思主义哲学正确的世界观、方法论，将马克思主义哲学与大众的人生观和价值观联系起来，是推进当代中国马克思主义哲学大众化的必要的有效手段。

第四，大众言语。

这一点以往论者谈得很多了。笔者只想强调一点：艾思奇是真正掌握大众的语言的。书写于上海，书中很多地方出现了具有上海大众特色的语

---

[1]　李铁映：《让哲学成为"解放的头脑"》，新华出版社 2001 年版，第 4 页。

言。比如,第 4 版的第 22 节题目是《规规矩矩》,开头便说:"现在社会上一般人还很重视规矩,对一个人说:'你不懂规矩!'他就觉得这是很大的侮辱。要说服别人,说一声'规规矩矩的!'也可以算做很好的理由。黄包车夫要车钱,说:'规规矩矩三角钱!'这就表示他的讨价三角是很正当的。"这里的对话在上海的黄包车夫看来,是多么的亲切,这样的书,能不打动他吗?这样的书宣传的思想,能不进入他的心灵吗? 言语的通俗是通俗化的一个手段,但是,关键的一点是,通俗不只是一个让人看得懂的手段,更是贴近大众,代表大众,影响大众,让哲学属于大众的手段。

艾思奇这样的文风是群众接受、理解乃至运用理论的催化剂。当代中国马克思主义哲学大众化应充分考虑广大群众,特别是城乡基层群众的接受能力和思维习惯,只有以亲近群众的方式、以群众熟悉的语言宣传理论,才能真正让群众听得明白,让他们心悦诚服。近年来,从中央到地方,改进文风问题得到了相当重视,也取得了一些成效。但仍存在形式僵化呆板、空话套话太多、语言枯燥乏味等问题,使理论大众化的效果大打折扣。可以说,好的文风极大拉近了理论与群众的距离,而坏的文风则在理论与群众之间制造了重重隔阂。

艾思奇曾深有感触地说:"一个理论工作者,如果脱离群众,就没有生命了。哲学脱离了群众,就失去了自己的立足地;群众离开了哲学,就失去了自身解放的头脑,只有把哲学同人民大众结合起来,为人民大众写哲学著作,才是马克思主义理论工作者的正确道路。"[1]艾思奇《大众哲学》的大众立场是他取得成功的秘方,也给当代中国马克思主义哲学大众化的进程留下了宝贵的启示。我们应该深切体悟其中的精神实质,把当代中国马克思主义哲学大众化事业推向前进。

三、其他"哲学讲话"

以往研究论及艾思奇对哲学大众化的贡献,基本都在于对辩证唯物主义的大众化上,其实,艾思奇同样也没有忽视对历史唯物主义的大众化。这

---

[1] 《艾思奇文集》第 2 卷,人民出版社 1983 年版,第 400 页。

集中体现在另外一批"哲学讲话"上。

提及《大众哲学》，读者们都知道这原来是艾思奇在读书生活杂志上"哲学讲话"专栏发表的系列文章，后来编辑成册，初名《哲学讲话》后名《大众哲学》。这个一点都不错。但是，很少有研究者提到在后来又陆续发表的其他和《哲学讲话》一脉相承的系列文章。

这些文章共有 18 篇，包括以下几类：

第一，《读书生活》半月刊第一卷和第二卷的"哲学讲话"栏目中的文章大多已经编辑为《大众哲学》，但是第一卷第二期中的《哲学也有不空洞的》①这一篇并没有编辑入内。原因是作者将这篇文章作为预定的创作目标《历史唯物主义讲话》中的第一篇。

第二，在《哲学讲话（大众哲学）》出版后，这个栏目并没有停止，随后在1935 年的第三卷上又发表了 4 篇，包括：《吃了亏的人的哲学》②，《人生的三大真理》③，《各式各样的生活》④，以及《"有冤无处诉"》⑤。

第三，1935 年下半年，在《读书生活》半月刊上的"哲学讲话"栏目停发，转移到《生活知识》上。《生活知识》半月刊是哲学大众化运动的又一个阵地，在扉页上即印有"通俗化，现实化"的口号。这其中，艾思奇共发表了《观念论的要点》⑥，《什么是机械论的唯物论》⑦，《略说新唯物论》⑧，《思想上的官样文章》⑨等 4 篇。

第四，1935 年底，艾思奇又在由支道绥编辑、通俗文化社发行的《通俗文化》半月刊开辟出"生活的哲学"专栏。作者在第一篇的"后记"中写道："'生活的哲学'，以后将继续写下去，它的内容，是和《读书生活》上的'哲学讲话'连成一气的，希望读者能够参看。""生活的哲学"一共有 3 篇：《失

① 艾思奇：《哲学也有不空洞的》，《读书生活》1935 年第 1 卷第 2 期。
② 艾思奇：《吃了亏的人的哲学》，《读书生活》1935 年第 3 卷第 1 期。
③ 艾思奇：《人生的三大真理》，《读书生活》1935 年第 3 卷第 2 期。
④ 艾思奇：《各式各样的生活》，《读书生活》1935 年第 3 卷第 3 期。
⑤ 艾思奇：《"有冤无处诉"》，《读书生活》1935 年第 3 卷第 4 期。
⑥ 艾思奇：《观念论的要点》，《生活知识》1935 年第 1 卷第 1 期。
⑦ 艾思奇：《什么是机械论的唯物论》，《生活知识》1935 年第 1 卷第 2 期。
⑧ 艾思奇：《略说新唯物论》，《生活知识》1935 年第 1 卷第 3 期。
⑨ 艾思奇：《思想上的官样文章》，《生活知识》1935 年第 1 卷第 5 期。

业闹乱子》①,《全国学生都活动起来了——种种机械唯物论的批评》②,《生活难·汉奸·民族道德及其他》③。

第五,1936年11月,《读书生活》半月刊出至第5卷第2期被国民党查禁,随后更名《读书》半月刊继续出版,由陈子展主编。在《读书》半月刊上,还是以"哲学讲话"为栏目名称,艾思奇发表了《除去着色眼镜》④和《旧戏不够反映生活》⑤这两篇。

第六,不久,《读书》半月刊又被查禁,原班人马又出版了《生活学校》半月刊,编辑宗旨不变。1937年,在《生活学校》上还是以"哲学讲话"为栏目名称,艾思奇又发表了3篇:《老虎打架和人类打仗》⑥,《从二加二等于四说起——一般法则和特殊法则》⑦和《命运的时代》⑧。

第七,以上文章一共有17篇。其中有一些是作者原来打算写成《历史唯物主义讲话》的,但是,因形势变化而未能完成。1939年6月出版《实践与理论》的时候,才以《哲学讲话》的题名将其中的10篇合编在一起,并且增补了一篇未曾在期刊上发表过的《河为什么向前流》,一共是11篇。这11篇的篇目和顺序如下:《哲学也有不空洞的》,《吃了亏的人的哲学》,《人生的三大真理》,《各式各样的生活》,《有冤无处诉》,《除去着色眼镜》,《旧戏不够反映生活》,《老虎打架和人类打仗》,《从二加二等于四说起——一般法则和特殊法则》,《命运的时代》,《河为什么向前流》。因为这一组文章只是整个创作计划的一部分,所以并没有划分出章节。

《通俗文化》上的3篇"哲学讲话"没有被编订进《历史唯物主义》。其中《失业闹乱子》这一篇也是宣传历史唯物主义,讲述的是生产力和生产关系,而其他两篇,《全国学生都活动起来了——种种机械唯物论的批评》和

---

① 艾思奇:《失业闹乱了》,《通俗文化》1933年第2卷第11期。
② 艾思奇:《全国学生都活动起来了》,《通俗文化》1935年第2卷第12期。
③ 艾思奇:《生活难·汉奸·民族道德及其他》,《通俗文化》1936年第3卷第1期。
④ 艾思奇:《除去着色眼镜》,《读书》1937年第1卷第1期。
⑤ 艾思奇:《旧戏不够反映生活》,《读书》1937年第1卷第2期。
⑥ 艾思奇:《老虎打架和人类打仗》,《生活学校》1937年第1卷第2期。
⑦ 艾思奇:《从二加二等于四说起》,《生活学校》1937年第1卷第3期。
⑧ 艾思奇:《命运的时代》,《生活学校》1937年第1卷第5期。

《生活难·汉奸·民族道德及其他——二元论和观念论的思想》,看起来是倾向于阐述辩证唯物主义的,但是如果拿这两篇"哲学讲话"和原有的哲学讲话相比较,其特点还是在于把辩证唯物主义和历史唯物主义结合了起来。总的来说,可以得出一个结论:艾思奇在完成了辩证唯物主义的大众化宣传的第一步之后,开始了历史唯物主义的大众化宣传。

掌握了辩证唯物主义的思维方法,必然要将它用于看待人类社会的历史和现实。历史唯物主义是马克思政治哲学的核心。在革命斗争时代,空谈辩证唯物主义是没有用处的。艾思奇的哲学大众化工作从辩证唯物主义走向历史唯物主义是一个时代的必然,也是一个理论的必然。

关于历史唯物主义的含义,最权威的论述是马克思在《〈政治经济学批判〉序言》中的阐述:"人们在自己生活的社会生产中发生一定的、必然的、不以他们的意志为转移的关系,即同他们的物质生产力的一定发展阶段相适合的生产关系。这些生产关系的总和构成社会的经济结构,即有法律的和政治的上层建筑竖立其上并有一定的社会意识形式与之相适应的现实基础。物质生活的生产方式制约着整个社会生活、政治生活和精神生活的过程。不是人们的意识决定人们的存在,相反,是人们的社会存在决定人们的意识。社会的物质生产力发展到一定阶段,便同它们一直在其中运动的现存生产关系或财产关系(这只是生产关系的法律用语)发生矛盾。于是这些关系便由生产力的发展形式变成生产力的桎梏。那时社会革命的时代就到来了。随着经济基础的变革,全部庞大的上层建筑也或慢或快地发生变革。"①

这其中,核心名词有五个——人、生产力、生产关系、社会意识、上层建筑,五者的相互关系构成了历史唯物主义的主要内容。艾思奇的这些"哲学讲话"虽然只是未完成的《历史唯物主义讲话》,但是已经包含了所有这些内容。下面分别介绍各篇的主要内容。

第一篇是《哲学也有不空洞的》,说明哲学必须联系实际生活,哲学"就是教我们怎样去认识事物",而且,哲学"不能完全离开利害观念的影响"。

①　《马克思恩格斯选集》第2卷,人民出版社1995年版,第32—33页。

连载在《读书生活》上的第一篇"哲学讲话"名为《哲学并不神秘》,这成为了《哲学讲话》(《大众哲学》)的开篇;连载在《读书生活》上的第二篇"哲学讲话"名为《哲学也有不空洞的》,这成为《历史唯物主义讲话》的开篇。前者破除哲学的神秘性,使之回归真实;后者破除哲学的空洞性,使之回归现实。艾思奇说:"实际上我自己在未写之先,已经就把书的内容计划过、布置过,并且是尽可能地依着新哲学的最近成果来布置的。"①而且,现在看来,他不仅计划了《大众哲学》,还计划了《历史唯物主义讲话》,认识到这两者的合璧,才能看到艾思奇哲学大众化工作的完整版图。文章的结尾提出"我们要谨记,除读书之外,要振作生活、观察生活"。这是其他文章的主线,所有的后续文章,都是在对生活的观察中传达历史唯物主义观点的。另外,从写作的时间来看,其他各篇都比较集中,而和这一篇则相距较远。

艾思奇的新哲学宣传中,始终重视马克思主义哲学意义上的"人"。《吃了亏的人的哲学》是紧承上一篇所说的哲学"不能完全离开利害观念的影响",谈的是剥削与被剥削,是阶级的对立,是哲学的党性,是社会的变革。但是,全文并没有出现上面这些哪怕是最简单的术语,尽量采用大白话来说明,比如:"这世界原来已经分成了两种人。吃亏的人和使人吃亏的人。""吃亏"是劳苦大众最朴素的生活感受,艾思奇从这个生活经验入手,解说马克思主义的阶级学说和哲学的党性论,确实是切中肯綮。

艾思奇笔下的"人"是社会中的人,在第三篇《人生的三大真理》中,艾思奇总结了人生的三个真理:"(人)离不开社会,人的存在,就是社会的存在";"人的社会存在,决定人的意识";"社会决定人的意识,这是说人的意识和社会是同一的、统一的;人的意识又使人去改变社会,这是说的人的意识和社会是对立的、矛盾的"。这一篇讨论的其实是社会存在决定社会意识,而社会意识又有反作用这一新哲学的真理。这一篇在写作方式上还有一个值得称道的特点,就是采用第二人称"你"贯穿全文,就好像艾思奇在面对一群工人、农民、学徒娓娓而谈。

---

① 艾思奇:《关于〈哲学讲话〉(四版代序)》,载《大众哲学》,读书生活出版社1936年版。

《各式各样的生活》这一篇，谈的其实是各式各样的经济基础决定了各式各样的上层建筑；各式各样的生活，反映了各式各样的生产关系。在上海，工人被人看不起；在苏联，工人受到敬重。

《有冤无处诉》首先讲述了一个自己亲身见证的事情，房东克扣仆人工资，仆人有冤无处诉，只得作罢。这样的故事在社会里太多了，无疑会引发读者的感悟。文章指出冤从腐败的生产关系中来，讲明了"社会的经济基础改变之后，上层建筑也要改变"的道理，特别指出了"真正的革命就是要改造社会的经济基础"，最后提出希望——"有冤屈想申诉的人，听了这一切，就能够想到自己要走的路子"。

《除去着色眼镜》这一篇讲的是"人的社会存在决定人的社会意识"，要客观地看待社会现象。

《旧戏不够反映生活》讲的是社会在不断的发展变化，只有掌握唯物辩证法才能应对社会生活。

《老虎打架和人类打仗》指出"懂得社会科学的人，都知道对于侵略的行为，要从经济上来说明"。这一篇发表于1937年5月，正是日本侵华战争大爆发的前夜，既是运用历史唯物主义原理分析社会现象，也是运用热点问题宣传历史唯物主义原理。

《从二加二等于四说起》说的其实是"唯物史观的历史法则"，"人类的社会就是一个经济的结构，人类历史的变化和发展，就是这经济结构的变化和发展的表现"。

《命运的时代》倡导"把新哲学应用到社会上"，要"找出社会生活的根本原因"，就要"从人类物质生活里去找寻真正原因"。文章重点分析了"靠命运观念维持秩序的时代"，也就是封建时代的经济关系和经济基础。

《河为什么向前流》先是花了一些篇幅，阐述河流的流动与溃决的道理，随后讲述社会的矛盾使得人类社会发展的道理，特别是简要地分析了封建地租的原理，指出封建社会崩溃的必然性。

《失业闹乱子》没有收录《实践与理论》中的《哲学讲话》，但是和其中的《有冤无处诉》有相当的关联。从发表的时间上来看，《失业闹乱子》发表在前，《有冤无处诉》发表在后。从内容上来看，《有冤无处诉》用到了一些

《失业闹乱子》中的阐述作了进一步的发挥,而《失业闹乱子》则是和当时的社会生活联系得更紧密。文章从上海十万失业工人的生活状况说起,讲到生产力受到阻碍是由于生产关系在作怪,而闹乱子就是要打破旧的生产关系,发展生产力。文章还说明了农民闹乱子也是由于没有了生产的条件,生产力无从发挥。

从内容的全面性来看,以上这12篇文章,已经覆盖了历史唯物主义的主要内容。从内容的现实性来看,这些文章也涉及了当时劳苦大众所面对的活生生的历史唯物主义问题。

重点阐述辩证唯物主义的另外两篇哲学讲话,《全国学生都活动起来了——种种机械唯物论的批评》和《生活难·汉奸·民族道德及其他——二元论和观念论的思想》,相比此前结集的《大众哲学》,历史唯物主义的味道也很浓烈。比如《全国学生都活动起来了》这一篇,并不是纯粹在理论上说明批评几种机械唯物论或假唯物论,而是从实际的斗争中批评4种错误的抗战观,说明形成这种错误观点的实质,其实是错误的哲学观。《生活难·汉奸·民族道德及其他》也是如此,把新哲学的原理用于分析社会现象,指出“汉奸的产生,是有这样的经济背景,这样的社会基础的”,进一步指出所谓“节操运动”、“民族自觉运动”都不过是观念论的思想在社会历史事件上的反映罢了。

发表在《生活知识》的《观念论的要点》、《什么是机械论的唯物论》、《略说新唯物论》和《思想上的官样文章》这4篇可以算作另外一组,主要概述了辩证唯物主义原理。

四、《如何研究哲学》

《如何研究哲学》是艾思奇在新哲学大众化运动中的又一创举。在《申报》流通图书馆的工作经验,使得艾思奇对劳苦大众有具体的了解,深知不能只是向他们宣传哲学理论,更要手把手教他们如何学习、研究新哲学。

《如何研究哲学》1936年8月上海读书生活出版社初版,11月再版,署名李崇基。1940年,在重庆读书生活出版社又出了增订本第4版,附录有《哲学研究大纲》和《怎样研究自然科学》,署名艾思奇。1947年又再版。

　　该书正文不长,仅仅 44 页。但是从内容来看,却能起到足够的指导作用。正文共有 5 个组成部分:一、先认清楚"为什么";二、哲学史和哲学概论的读法;三、怎样辨别正确的哲学;四、怎样建立起自己的哲学;五、必须同时研究社会科学。这个结构安排非常简洁实用,依次是:明确目的,教会方法,指明方向,活学活用,举一反三。按照这样的指导来学哲学,学来的必然就是大众的革命哲学,而不是学究的书斋哲学。

　　关于目的,艾思奇写道:

　　　　"把握正确的意识,找寻正确的生活的道路,这正是我们所以要学哲学的目的;不是为了这个目的,我们就用不着学什么哲学了!"

　　　　"从哲学的研究中,我们要找到正确的世界观,这世界观可以作为我们认识现实的根本方法。我们借此可以得到正确的认识,变革自己的意识,更进而建立起健全的,合理的生活实践。"①

　　在艾思奇新哲学大众化工作中,始终把实践放在枢纽位置。"哲学讲话"的每一篇,都把新哲学和大众的生活紧密联系在一起。这一点已经不需要再举例来说明。而在"先认清楚'为什么'"这一章里,艾思奇更是把这一点挑明了说。对文化程度不高的劳苦大众,适宜的教育方式就是直截了当,简洁明朗。就是要告诉大众,新哲学就是实践的哲学,就是改变劳苦大众生活的哲学,就是革命的哲学。

　　本着为生活斗争的实践而学哲学的目的,在第二章中,艾思奇主张"哲学史和概论是为我们自己的生活而去读它,不是为过去的哲学家去读它"。那么,学习新哲学就需要这样的学习方法:先读哲学史,后读概论,中国的、西洋的都要读,但关键是要批判克服传统思想的遗留,了解最先进的最具有世界性的哲学观点。他还开创了以下书目:西洋哲学史部分包括邓初民的《社会进化史纲》,王纯一的《西洋史要》,瞿世英译的《西洋哲学史》,王若水译的《近代唯物论史》,高晶斋译的《由唯心论到唯物论》,沈志远的《苏俄

————————

　　①　艾思奇:《如何研究哲学》(增订本),读书生活出版社 1948 年版,第 5、10 页。

哲学思潮之检讨》;中国哲学史部分包括沙哈诺夫的《中国社会发展史》和冯友兰的《中国哲学史》;概论部分包括艾思奇的《大众哲学》,李石岑的《哲学概论》,温健公的《现代哲学概论》,艾思奇等译的《新哲学大纲》。

从这个书目来看,作者、译者多为中国社会科学家联盟盟员,可见社联对新哲学运动的推动力之大。从难易程度来看,既有入门类的《大众哲学》,也有中级的《现代哲学概论》,也有较为深入的论文《苏俄哲学思潮之检讨》和全面的《哲学概论》。由此可见,艾思奇对大众的希望,绝不只是停留在读一读新哲学初级读物上,而是要深入学习新哲学,树立坚定的革命意识。这些书的思想倾向基本上是马列主义的,李石岑的《哲学概论》也是在他从西方现代哲学转到向马克思主义哲学靠拢之后的作品,可见艾思奇既突出了马列主义主线条,又充分考虑到读者的辨识意识。

当然,艾思奇并没有放任读者,而是提出了切实的指导,第三章明确指出辨别正确的哲学的标准。这一章最见作者功力。这个功力,不仅是指文字上的通俗和吸引人,而且是指艾思奇对马克思主义哲学的自信,这种自信建立在对马克思主义哲学的透彻理解之上。艾思奇并没有一上来就直接把新哲学灌输给读者,那样或许适得其反,他的方法是多次树立对手,多次拿出"有人说"的观点,再一一批驳。这些观点有学院派的误导,有似是而非的模糊认识,文章都条分缕析,指出错误。最后再拿出正确哲学的标准,而且是"一般普通人的标准",一一核对。这些标准包括:"是要能够说真话的哲学,不麻醉人,不放烟幕弹,不设陷阱的哲学","第一不离开现实问题,第二要有前进民众的立场"。如此对照下来,必然是新哲学莫属。这样得出的结论令人不得不信服。

接着谈"怎样建立起自己的哲学",其实是有的放矢的。这个"的",就是叶青所谓的新哲学。叛徒叶青打着新哲学的旗号,干着浑水摸鱼扰乱思想的勾当。艾思奇等新哲学旗手多次写论文加以批判,但是一般的初学者不一定都能辨识清楚,所以,在这部指导研究哲学的读物中,艾思奇特别加以说明。这在当时的形势下,具有特别意义。这一章首先指出叶青所谓的"创立新哲学"不过是"读死书死读书读书死";而提倡"建立起自己的哲学",所谓"建立自己的哲学",指的是"反对公式主义,表示任何正确的哲

学,都不能把它死板的照抄下来"。尤其要做到的是:

> "我们必须打开亭子间的房门,走到街头上来。我们再要把似高
> 妙而实糊涂的空洞思维尽力革除掉,把注意力多放一点在现实生活上。
> 现实生活中我们遇到的各种非常丰富的事物,没有一样不可以成为建
> 立哲学的材料。小到个人的生活问题,我们可以从这儿建立起我们的
> 人生哲学,大到民族国家所遇到的危险问题,我们可以从这儿建立自己
> 的国家观或世界观。"①

为此,艾思奇对新哲学的学习者提出两点要求,一是"要注意眼前的现实问题",二是"要针对着眼前重要的现实问题来建立起自己的哲学"。要如此,就必须研究相关的社会问题。

所以,第五章谈如何依据新哲学研究社会科学。首先就又开列了一个书目,包括李达译的《唯物史观解说》,蔡和森的《社会进化史》,陈翰笙的《人类的历史》,陶秉珍的《人类史话》,李鼎声的《中国近代史》,沈志远的《新经济学大纲》等9本书。在做了简单介绍之后,重点解说了研究哲学和学习社会科学的关系,并提出具体的指导:

> "我们的哲学要和生活有密切的关系,不能空空的从头脑里幻想
> 出来,因此也不能离开社会科学的认识先造作出那种思想的空想,我们
> 认为最好的方法,是参杂着同时并进。"

增订本的附录一是《哲学研究大纲》,仅有9页,却能起到提纲挈领的作用。分为意义、前提、问题3个部分。重点在第3部分"问题"中就辩证法唯物论提出6点学习指导。每个部分都有几个思考题,提示读者思考。原书出版于抗战全面爆发之前,而增订本出版于抗战全面爆发之后,所以,内容上特别注意到新哲学的研习要和当时的民族解放运动相联系,特别是

---

① 艾思奇:《如何研究哲学》(增订本),读书生活出版社1948年版,第33页。

将唯物辩证法的诸原则和抗战的策略相联系，这是新哲学实践性的一个重要体现。

附录二《怎样研究自然科学》也是很有艾思奇特色的。因为艾思奇在日本留学时原来学的是理工，刚入社联时又写过多篇科普作品，还曾经发起组织过一个社联的外围组织"自然科学研究会"，所以他历来很重视自然科学和哲学的联系。这个部分正好和正文的第五章"必须同时研究社会科学"相得益彰。在新哲学大众化运动中，重视自然辩证法的不多，除了写出《科学的哲学》的葛名中，就数艾思奇了。所以，无论从掀起高潮之强烈，持续时间之长，还是涉及面之广，艾思奇都是新哲学大众化运动中的旗手。

五、《民族解放与哲学》等

一般的观点把新哲学大众化运动当成是唯物辩证法的大众化运动，其实是不全面的。辩证唯物主义，唯物辩证法，历史唯物论，辩证唯物主义的认识论以及人生观、世界观等哲学范畴都是大众新哲们着力宣传的重点。艾思奇以《大众哲学》重点宣传辩证唯物主义和唯物辩证法，《大众哲学》作为一本新哲学的入门读物，其内容覆盖比较全面，结构比较工整，谈到本体论、认识论和方法论诸方面的问题，为广大劳苦大众提供一个最为宽厚的基础知识。在上海进行哲学活动期间，艾思奇还创作了一些针对新哲学其他方面作大众化宣传的作品，各有侧重，相互配合，形成了一个新哲学大众化宣传的综合体系。其中，未完成的《历史唯物主义讲话》重点宣传历史唯物主义，下面分别简要介绍完成并出版的著作。

第一，《民族解放与哲学》。

《民族解放与哲学》①1936年8月由上海大众文化社出版，被列为杨东莼（杨东莼）主编的"大众文化丛书"第一辑第24种。这是一个仅六十几页的薄薄小册子，在当时，把哲学问题和国家大事结合起来，确是别出心裁的一个创举。出版之后大受读者欢迎，当年北新书局即翻版印刷。1937年2月由大众文化社再版。该书后来又收入《实践与理论》一书中。

---

① 艾思奇：《民族解放与哲学》，大众文化社1936年版。

这本小册子包括三个部分。第一部分分别谈了几个基本问题:用得着学哲学吗,什么是正确的哲学呢,哲学只有在实践中才会发展等。第二部分谈唯物论和民族解放运动,分别论述了唯物论的原则,反唯物论的种种倾向和机械唯物论的偏向。第三部分谈唯物辩证法和民族解放运动,包括对立统一法则和联合战线,质量互变律与民族解放运动,以及否定之否定和民族解放运动。最后提出总的结论。

这本书可以说是另一本《大众哲学》,所涉及的哲学问题比较全面,并非只是就事论事,而是借分析民族解放问题,广泛探讨新哲学诸方面的基本概念;同时,全面的运用新哲学的眼光和思维方法看待剖析关系到每个中国人的民族解放问题。两者相得益彰,无所偏废。从这个角度来看,这本书是空前绝后的。

这本书的另一个特点,同时也反映了新哲学的一个本质特征,就是其突出的实践性。本书的第一句话就是"哲学是有它的时代人物的"。随后就指出"我们现在当面的最大的实践问题,是民族解放运动的问题"。然后抓住关于救亡运动的世界观、方法论和理论斗争这3个方面的问题,既把新哲学的基本观点和盘托出,还将之娴熟地用于对现实问题的分析。并且,作者专门用一个小节的篇幅来指出"哲学只在实践中才会发展"。在其后运用唯物论和辩证法的原理分析民族解放运动问题的时候,也是时时刻刻扣住实践来谈,绝无一句空话。比如,运用矛盾统一律来分析统一战线问题,提出相应的策略。就这一点而言,比毛泽东的《矛盾论》还要早。

该书时刻站在劳苦大众的立场上来看待民族解放运动,比如文中说到在抗日救亡中"劳苦大众是最勇敢最坚决的先锋队"。这是艾思奇一贯坚持的哲学为大众的信念,这本书是新哲学大众化的又一杰作。

第二,《思想方法论》。

《思想方法论》①最初出版于1936年,系张仲实主编,生活书店出版的"新中国青年文库"的一种。1940年重庆的生活书店即已出版发行了9个版次。1945年,抗战胜利后,生活书店又出版发行了6个版次。1949年,在

---

① 艾思奇:《思想方法论》,生活书店1936年版。

上海,三联书店的前身生活·读书·新知联合发行所又一次再版。另外,冀东新华书店于 1949 年翻印出版发行。可见这本书同样深受大众的欢迎。

该书视角独特,"特别充分地阐扬了认识的发展和性质"①。概括起来,就是从方法论的角度重新阐发新哲学。艾思奇本人也拿这部小册子和沈志远的《现代哲学的基本问题》比较。两者都谈到了本体论和认识论问题,但是《现代哲学的基本问题》没有涉及辩证法及相关问题,沈志远本人说这要留待其他作品解决。而艾思奇的这部作品正好填补了这个空白,即使是在似乎相同的本体论和认识论问题上,两书也采取了截然不同的视角。沈志远从世界观方面立论,而艾思奇从方法论的视角来立论。所以,二者正好构成互补。这是新哲学大众化工作者的一次精彩配合。

所谓思想方法,中心就是唯物辩证法。全书共分 6 章,包括方法论和思想方法,本体论和思想方法,认识论和思想方法,形而上学方法与辩证法,唯物辩证法诸法则,唯物辩证法的应用上的要点。辩证法虽然在当时风靡一时,人人以谈辩证法为荣,但要真正掌握辩证法谈何容易。这本书着眼于唯物辩证法的实际运用,不仅教人思想的方法,还教给读者行动的方法。避免了把辩证法流于学院化的清谈,而是把辩证法在大众所确实需要的革命和生活的实践中传授给大众。所以,这本书对方法论的介绍不是停留在论方法上,在第一章第一节他就旗帜鲜明地宣称为了"改变世界"的目的而讲究方法。最后,以完整一章的篇幅论述唯物辩证法应用上的要点。《后记》中,他一再叮嘱:"我们可以'抄袭'的只是基础的理论,拿到中国来'复说'时,我们又要把它具体地应用到中国的现实问题上,在这些具体的应用上,我们就不能单纯到抄袭,而需要种种的具体发展了。"②

这本书既以"思想方法论"为名,也必然在方法论论述上有超越《大众哲学》的地方。具体表现之一是论述了一些在《大众哲学》中不曾涉及的具体方法论范畴,比如三段论,反映和感觉,表象和概念,判断和推理,分析和综合,归纳和演绎等等。并且,举出大众所关心的实例,手把手地教会读者

---

① 艾思奇:《关于〈思想方法论〉的问答》,《生活学校》第 1 卷第 2 期,1937 年 5 月。

② 艾思奇:《思想方法论》,生活书店 1936 年版,第 160 页。

运用。比如在解说三段论时，举出中国民众面对日寇侵略的反抗为例。错误的推理，会导致得到错误的结论，以为中国人民抗日必败，而正确的推理，会导致正确的结论——中国人民抗日必胜。这样举例子，就不仅仅是在举例子说明某种思维方法，而且以正确的思维方法，来激励大众斗争的信念。

表现之二，对形式伦理学（形式逻辑学）的看法发生了变化，不再过激地一味批评，而是比较实事求是地看待和吸收运用。由于对形式伦理学的看法受到当时苏联哲学界的错误影响，《哲学讲话》（《大众哲学》）第一版出版后，受到了一些批评。比如卢心远曾专门撰文与之商榷①。艾思奇对此方面的批评虚心接受，在《大众哲学》后来的版本中，做了修订。难能可贵的是艾思奇本人对这一点的新认识，他早在卢心远等人提出批评以前就在《思想方法论》中做了修正说明。

第三，《现代哲学读本》。

《现代哲学读本》②写于1937年3月，当月就由上海一般书店出版，被列为夏征农主编的"新青年百科丛书"中的一种。以"读本"形式进行新哲学的大众化，是艾思奇的首创。"读本"作为和"课本"相对应的一种形式，强调的是从教的角度而言的系统性和从学的角度而言的可读性；既不是散文小品式的一般读物，也不是板起面孔的教科书。采用这种形式，是艾思奇努力从"大众化"走向"化大众"的一个有益尝试，收到了很好的效果。

从这本书的编写体系来看，这是新哲学大众化运动中最为"亲民"的一部马克思主义哲学史自学教材。根据这本书的后记，其能在极短的时间内完成，靠的是永田广志的《现代唯物论》。"叙述的骨干，也大致是依照这他的书做的。"艾思奇丝毫没有掠美的意思，直言"这书也等于是编译"。但是，他还是太谦虚了，这本书和一般的编译、节译并不一样，根据中国读者的需要和中国的实际情形改写的部分很多，增加了不少他自己对马克思主义哲学的理解和诠释。

选择这本书作为《现代哲学读本》的底本是很有眼光的。当时介绍马

---

① 卢心远：《艾思奇如何处理形式逻辑》，《思想月刊》第1卷第2期，1937年3月1日。

② 艾思奇：《现代哲学读本》，一般书店1937年版。

恩思想的作品非常多,但是介绍列宁的哲学观点的作品却很少。造成这现象的主要原因是列宁的著作尚在逐步整理之中,列宁的哲学代表作《哲学笔记》直到 1930 年才由苏联共产党(布尔什维克)中央列宁研究院编入《列宁文集》第 9、12 卷正式出版。而《现代唯物论》的第一编谈的是马恩的哲学,第二编谈的就是列宁的哲学。这样全面的哲学史著作在当时是不多见的。

直到 1937 年下半年,永田广志的《现代唯物论》在中国出了两个翻译本,一个是由新垦书店出版的卢心远的译本,一个是由进化书局出版的施复亮、钟复光的译本。对照这两个全译本,艾思奇的《现代哲学读本》确实是一种二次创作,这种二次创作既是对原作的改造,也是对原作的升华,使得原作对中国读者具有更大的价值。该书显示出如下几个方面的特色:

把原书的"绪说"重新写成篇幅更长的"一个概观"。原书的绪说比较短,就是一个序言,一个引子;而艾思奇的一个概观则几乎是重写,突出了新哲学的实践性,不仅更能起到概观和提纲挈领的作用,而且更加适合中国当时民族解放战争的形势。在结尾,艾思奇写道:

> "就是在目前中国,当我们把新哲学应用于民族解放的实践上来的时候,同样的斗争还是需要的。譬如我们要反对退让的,不抵抗的(也即是右倾的)'唯武器论',反对不能向前斗争的客观主义(譬如借口客观的情势太坏,就连爱国运动也不做了),但同时也要反对空洞的(左的)公式主义,反对那对当前的实践要求有取消意味的爱国无用论,宗派主义关门主义等等。"①

这说明,艾思奇的编译,并不是出于节省时间或笔墨,更不是因为学力不足,而是出于新哲学的实践性的需要。

为了让这个"读本"更能满足读者自学的需要,艾思奇在每一章的后面

---

① 艾思奇:《现代哲学读本》,载《艾思奇全书》第 2 卷,人民出版社 2006 年版,第 201 页。

增加了启发读者思考的"自习问题"。这些问题既不大而化之，也不搞烦琐哲学，而是抓住了新哲学的主干，并启发读者进一步思考。比如第一章最后一个问题是"意识形态和物质生产的关系？观念论的社会根据是什么？德国观念论的落后性？新哲学是什么？"这一连四个问题由分到总，追问之下，读者能对新哲学有更多的体会。再比如全书的最后一个问题是"新哲学的任务和它在中国的意义"，这个问题能够启发读者联系实际学习新哲学，启发读者在斗争实践中运用新哲学。这样的问题避免了新哲学的书斋化，促进了新哲学的大众化、战斗化。

第四，《哲学与生活》。

这是艾思奇的一部论文集，1937年4月结集出版后，在上海就已经连出两版，读书生活出版社西迁重庆后，又多次再版。这部文集受到了毛泽东的再次青睐，不仅再三细读，还亲笔做了数千字的笔记①。读完后，毛泽东给艾思奇写了如下的信件：

"思奇同志：

你的《哲学与生活》是你的著作中更深刻的书，我读了得益很多，抄录了一些送请一看是否有挑错的。其中有一个问题略有疑点（不是基本的不同）请你再考虑一下，详情当面告诉。今日何时有暇我来看你。

毛泽东"

这部书奠定了艾思奇和毛泽东的哲学情谊，足见其价值。

全书分三个部分："哲学问题"收录了9篇论文，其中7篇是反驳叶青的文章，特别有一长篇针对性的回应叶青对《哲学讲话》的批评；"民族问题"收录了3篇论文；生活问题收录了5篇论文。

这部书中哲学论文部分，很明显本质上是属于学术论文，一般意义上来讲，不属于新哲学大众化的范畴，不过谈"生活问题"的这几篇，倒是具有大

① 毛泽东：《毛泽东哲学批注集》，中央文献出版社1988年版，第204页。

众化的风格。比如《恋爱的本质是性行为吗?》这一篇,原本是艾思奇在《读书生活》半月刊上回答读者来信中提出的问题。因为是有问而答,所以针对性都非常强,但是艾思奇的回答又不流于生活琐事,而是在对生活的回答中,见微知著,从新哲学的高度,既解决读者的实际困难,又提高读者的思想认识,引导读者走上革命道路。艾思奇分析了一些进步的妇女团体因为没有新哲学的指导而受到观念论(唯心主义)的错误的毒害,接着运用新哲学的观点,特别是矛盾同一律,剖析了封建社会和资本主义社会中的恋爱的特点与本质,展望了未来社会中的男女关系。这样的一封回信,和特定的读者促膝长谈,正是新哲学大众化运动中所需要的更为深入直接的宣传和帮助。另外几篇,《非常时的观念形态——答夏世融君》、《非常时对宗教的态度——答熊实君》、《“到学校去”和“到民间去”——答杨超贞、顾世红、明若水诸君》和《再论“动进社会”和“回到家庭”——答张满生、赵一文君》也具有如此的特点。

艾思奇这么做是符合他的大众化通俗化的理想的。他曾经说过:

“通俗文作者只要能把理论应用到细微的生活的琐末事实中去,为理论开辟广大的天地,这也就是深化,具体化,也就是发展。在他们的手上虽然没有飞跃,然而他们的工作却是达到飞跃所必经的步骤。”①

笔者认为,作为新哲学的大众化成效的检验方式之一,就是新哲学是否真正成为大众生活中大小诸事的指导思想。这些文章真正把生活和哲学联系到了一起,无疑是新哲学大众化运动中最有直接影响力的几篇作品。

六、艾思奇如何做到“大众化”和“化大众”

关于“大众化”和“化大众”,在大众化运动的初期有相当的讨论。比如

---

① 艾思奇:《通俗文的真义》,《通俗文化》第 2 卷第 5 期,1935 年 9 月 12 日。

郭沫若就提出"你是先生,你是导师,这个责任你要认清"①;冯乃超也说过知识分子"是民众的导师,它不能不负起民众生活的任务……有提高民众意识的责任"。这些都是强调知识分子有为大众启蒙的责任。而在后来的讨论中,"化大众"则更多的变成了知识分子脱离大众、自以为是的错误倾向的代表言论。

实际上,从艾思奇的工作中可以发现,艾思奇并没有将二者视为一组矛盾,这两者在他的大众化工作中很好地融合在了一起,不过是一个事情的两个阶段,"大众化"的目的就是"化大众"。

先来看艾思奇是怎么说的:

> "文体上的表现方法尽可以浅,理论的内容仍可以深。'深入浅出',这句人人明白的老话,不正是很好的证明吗。"
>
> "'浅出'的标准,自然要依照客观需要的情形来决定。这和文体倒有点关系。同一内容,写成故事,写成流畅的论文,和写实际问题的论争体裁等,文体不同。'浅出'的情形自然就有点差异。以现在中国目前的经验来说,一般最多的需要是趣味化,日常生活化,总而言之,就是要把理论应用的太严肃的面貌抛弃。若在文化水准相异的别的国家,标准当然又是一样。近的不说,说19世纪后半叶的英国吧。在当时,赫胥黎就可以算了伟大的通俗文化家。他把进化论和当时传说思想普遍地对立起来,用来指示一条时代意识的前进道路。他写的是流畅明白的学术论文,然而得到了广大群众的拥护。"②

这段话用"深入浅出"来说明大众化通俗化的关键,本身就是"深入浅出"的。但是,他也提出,当时的中国大众文化水准比较低,可以多加趣味化和日常生活化,如果日后大众文化水准提高了,写明白晓畅的学术论文也可以达到同样的目的和效果。

---

① 郭沫若:《新兴大众文艺的认识》,《大众文艺》第2卷第3期,1930年3月1日。
② 艾思奇:《通俗文的真义》,《通俗文化》第2卷第5期,1935年9月12日。

　　再来看艾思奇是怎么做的。尽管艾思奇用大白话来宣传新哲学的道理，但是他并没有忘记教育引导读者提高自己的水平。艾思奇从来没有让自己的大众化宣传止步于通俗宣传，他放下了身段，但并没有忘记自己的身份，在适当的时候，也会使用一些关键的术语，比如下面这一段：

　　　　"我们的讲话①，不单只是关于生活的哲学，同时还是关于人类社会的科学理论。"

　　　　"生活虽然不是鞋子，但我们认识生活的情形，和认识坏鞋子的情形，有些地方是相同的。你不能单单听我空谈一趟就算，还有试、还有做，是必要的条件。用哲学上的话来说，就是你还要'实践'。"②

　　"实践"这个术语出现在这里，前文已经用靴匠修鞋子形象地对之比喻了，读者已经可以体会到这个术语的含义，所以，这个术语的使用不会增加读者的阅读难度，只会提高读者的哲学修养。再比如《除去着色眼镜》这一篇讲的是社会意识形态，但是"意识形态"这个术语也只是出现在文章的最后。先做解说，再拿出术语，这样的处理就是把"大众化"和"化大众"结合起来的好办法。

　　艾思奇的大众化的精髓，不在于大众化的言语，而在于大众生活的譬喻。换句话说，就是体现了新哲学的实践性和阶级性。而只有做到这一点，才能真正地做到"化大众"。

　　艾思奇能这么做，正因为他是作为党的理论家出现在大众化运动中的。整个大众化运动的理论根据，最初是源自列宁。一个是列宁的《党的组织和党的出版物》，一个是列宁与蔡特金的谈话（《列宁印象记·列宁论文化》）。

　　　　"这将是自由的写作，因为把一批又一批新生力量吸引到写作队

_____

①　这个"讲话"指的是所有的"哲学讲话"。
②　艾思奇：《吃了亏的人的哲学》，《读书生活》1935年第3卷第1期。

伍中来的，不是私利贪欲，也不是名誉地位，而是社会主义思想和对劳动人民的同情。这将是自由的写作，因为它不是为饱食终日的贵妇人服务，不是为百无聊赖、胖得发愁的'一万个上层分子'服务，而是为千千万万劳动人民，为这些国家的精华、国家的力量、国家的未来服务。这将是自由的写作，它要用社会主义无产阶级的经验和生气勃勃的工作去丰富人类革命思想的最新成就，它要使过去的经验（从原始空想的社会主义发展而成的科学社会主义）和现在的经验（工人同志们当前的斗争）之间经常发生相互作用。"①

"像我国这样多的人口，艺术对几百个人甚或几千个人的贡献也是不重要的。艺术属于人民。它必须在广大工人群众中间有其最深厚的基础。它必须为群众所了解和爱好。它必须深植在群众的感情、思想和愿望中，并与他们一同成长高。它必须鼓励和启发群众中的艺术家。难道当工农大众还缺少黑面包的时候，我们要把糖饼送给少数人吗？我这话的意思，正如你或许会想到的，不仅是字面上的，而且是打比喻的。我们必须经常把工农放在眼前。我们必须竭力为他们打算，为他们想办法。即使在艺术和文化的范围内也是如此。"②

从这两段话来看，列宁本来就没有把"大众化"和"化大众"分开。列宁既强调要为工农大众服务，也强调为他们打算，为他们想办法。这和列宁的建党思想也是一致的。

列宁在创建新型无产阶级政党的实践中，丰富和发展了马克思主义党的学说，提出了比较完备的关于新型无产阶级政党的学说。这个学说的基本点之一，就是他著名的"灌输理论"，即认为"工人本来也不可能有社会民主主义的意识。这种意识只能从外面灌输进去"③，要"把社会主义思想和

---

①　列宁：《党的组织和党的出版物》，载《列宁全集》第 12 卷，人民出版社 1987 年版，第 96—97 页。

②　[德]克·蔡特金：《列宁印象记·列宁论文化》，马清槐译，三联书店 1954 年版，第 13 页。

③　列宁：《怎么办？》，载《列宁选集》第 6 卷，人民出版社 1986 年版，第 29 页。

政治自觉性灌输到无产阶级群众中去,组织一个和自发工人运动有紧密联系的革命政党"①。也就是说,无产阶级政党是无产阶级的先进部队。党的阶级基础是最先进最革命的无产阶级。无产阶级内部存在着觉悟程度的差别,党只能包括无产阶级的少数优秀分子。因此既要坚持党的阶级性,又要强调党的先进性,不能混淆作为先进队伍的党和它所代表的阶级之间的区别。马克思主义理论指导是决定党的先进性的重要因素。因为马克思主义使党有了科学的世界观和明确的行动方向,有了教育群众的思想武器。社会主义的思想意识不能在工人群众中自发产生,只能从外面灌输进去。强调用马克思主义的先进理论武装无产阶级这一先进的队伍。

概而言之,新哲学的大众化工作者首先自己要具有大众意识,要具有理论水平,然后领导大众共同前进。文学界常常会染上小资产阶级意识,因为常常会站在小资产阶级的立场上给大众启蒙,这是文学界的"化大众"为人诟病的原因;而艾思奇作为一个马克思主义理论家,自然是具有坚定的无产阶级立场的,所以他的"化大众"就能够很好地站在无产阶级先锋队的位置上,引导劳苦大众前进,提高劳苦大众的思想水平和文化水平。

"化大众"就是"灌输"。而这种"灌输"不能不讲求技巧。否则只能适得其反。推进马克思主义大众化,想要做到通俗易懂、生动形象、深入浅出,必须研究受众心理。艾思奇曾说:

> "我常常把同一个例子,反复地用在几个问题里。对于初读者,每一个问题用一个新的例子,实在不如同一个例子用在几个问题里好;这样可以不分散他们的注意,给他们一个连贯的认识。"

胡绳也曾经说过:

---

① 列宁:《我们运动的迫切任务》,《列宁全集》第 4 卷,人民出版社 1987 年版,第 335 页。

"在应用例子的时候，我曾特别注意到一点，就是不使读者得到这样一个印象，例子（也就是事实）是用来凑理论的，因此我在许多地方宁可从事实的分析中说明理论。而我相信这是比较好的叙述方法。"①

在研究受众心理、注重传播技巧方面，艾思奇为我们作出了很好的榜样。这样才能把大众化和化大众融为一体，收到实效。

艾思奇进行新哲学大众化工作的思想和实践启示我们：推进马克思主义大众化，不仅要酿出"好酒"，而且要善于"吆喝"，即学会用通俗的文字、形象的事例、巧妙的比喻、明快的文笔表达马克思主义理论，在科学理论和人民群众之间搭建一座沟通便捷的桥梁。

第三节　陈唯实

一、生平

陈唯实（1913—1974），原名陈英光，又名陈励吾、陈悲吾。1913 年出生于广东省潮州市潮安县官塘乡。1927 年就读于省立第二师范学校，1931 年毕业后执教于澄海县永新乡小学。1934 年赴北平，进北平图书馆自修哲学，一年中读了许多中外哲学书籍，深深为马克思主义哲学吸引。1935 年赴上海，参加艾思奇等发起的新哲学大众化、通俗化运动，开始在艾思奇的《读书生活》半月刊上发表哲学文章，并出版了多部哲学论著，还参加了上海的中国社会科学家联盟和上海文化界的抗日救亡活动。1938 年 11 月到达延安，先后于陕北公学、抗日军政大学任教，并任中共中央研究院特别研究员等职。1941 年 2 月在"抗大"参加中国共产党。理论界提及 20 世纪 30 年代我国马克思主义哲学理论家的代表人物时，往往将他与著名马克思主义哲学家艾思奇并称为"南陈北艾"。

如果说艾思奇的大众化工作的特点是"大众"，那么陈唯实的大众化工

---

① 胡绳：《辩证法唯物论入门》，《胡绳全书》第 4 卷，第 162 页。

作的特点就是"战斗"。他的《新哲学世界观》就曾以《战斗唯物论讲话》的名称再版过。而这个"战斗",就是新哲学的实践性在那个战斗的年代的真实写照。他认为,玄学的哲学是抽象的、空洞的、神秘的,是少数人的哲学。新哲学恰恰相反,是具体的、科学的,是大众所需要的文化。一般人都能听懂、看懂、理解、接受,才是大众哲学的真正含义。在阐述各种哲学问题时,要和社会实际联系起来,尽可能实行"哲学到大众中去"的原则。要使新哲学容易为大众所理解、所接受、所应用,成为最有实际作用的文化生活、人民思想和实际行动的真正导师,就必须把新哲学的形式加以相当的通俗化,内容要尽量的具体化、战斗化、实践化。

本着这样的认识和要求,陈唯实在 1935 年至 1937 年初的两年多时间里,编写了 4 本通俗的哲学社会科学书籍,包括:《通俗辩证法讲话》、《通俗唯物论讲话》、《新哲学世界观》和《新哲学体系讲话》。

二、《通俗辩证法讲话》

《通俗辩证法讲话》于 1936 年 3 月出版。全书共 12 讲,约 10 万字。当时的出版发行"书讯"中介绍说,陈唯实的这部著作有几个突出的特征:一是理论通俗化,容易看懂;二是内容具体化,容易理解;三是注意应用法,使一般人晓得如何应用。这本书出版后,产生了很大的社会影响,在短短的四个多月内,就印行了 3 版,销售六千多册,并接着印行了第 4 版。对此印行盛况,国民党书报审查机关十分紧张,立即勒令禁止发行。不过,北平却又在地下继续翻印发行,销路也很好。

这部书作为将唯物辩证法大众化的作品,首要的一个特点就是有明确的"大众化"目标。在第一讲第二节"辩证法并不难懂"中,陈唯实指出当时关于辩证法的书太少,一些流行的书中却又有不少错误,比如布哈林、德波林、考茨基等人的作品。而正确的经典文献,比如《哲学的贫困》、《反杜林论》、《自然辩证法》等,不仅难得,而且难懂,因为"这些多是属于批判之书,有的偏于某部分的讨论,有的无现阶段的新发展",且"多从事批判即历史上的叙述,少有论及具体方面,实用方面",而"中国之一般讲唯物辩证法的学者,又多把它说的非常玄妙神秘",所以陈唯实提出"具体化、实用化"、

"中国化、通俗化"和"大众化"的"五化"为目标①。陈唯实提出了辩证法之实用化和中国化,确实是率理论界之先。他认为,对于唯物辩证法,"最要紧的,是熟能生巧,能把它具体化、实用化,多引例子或问题来证明它。同时语言要中国化,通俗化,使听者明白才有意义"。也就是说,在他看来,辩证法不仅应当是具体的、通俗的,而且应当是实用的、中国的。这既是从内容和形式的统一上对于唯物辩证法宣传的新要求,也是中国马克思主义哲学传播的必然趋势。陈唯实不仅提出了这个新的要求,而且为马克思主义哲学的实用化和中国化作出了初步的努力。他的4部新哲学大众化著作都是这种努力的具体表现。

从落实这"五化"的手法上来看,陈唯实并没有采取如同《大众哲学》那样的小品文的写法,而是采用了庄重和亲切并存的"讲话"体,既注重了学科体系上的严谨性,又注重表达方式上的通俗性。"讲话"这种形式,和讲课或者讲座有些类似,但是所面对的读者对象又不是专业的学生,而是没有太多专业基础的普通读者,所以起点定得比较低,但是目标却不算太低,是同时兼顾知识体系的完整性和基础性的。

从内容上来看,这是当时为数不多的一本比较系统的辩证法专著,不仅阐述了唯物辩证法的基本规律,还介绍了辩证法学说发展史。该书的前6讲通俗地阐述了唯物辩证法的应用,变化规律、矛盾定律、突变定律、联系定律,后6讲则从中国古代的辩证法、西洋的辩证法、黑格尔的辩证法,一直讲到马克思、恩格斯、列宁的辩证法思想。而且,作者的着力点不在于理论本身,而在于"功用及应用法",并"运用到实际的问题上去"。这和艾思奇是异曲同工的。

当然,作为初试啼声,这本书在通俗性上也有做得不够的地方,比如胡绳②指出的,陈唯实本人也承认的一个缺点,就是"征引太多了就欠通俗"③。

从对辩证法的阐述这方面来看,这部著作有如下几个特点:

---

① 陈唯实:《通俗辩证法讲话》,新东方出版社1936年版,第7、29页。
② 胡绳:《"通俗辩证法讲话"》书评,《读书生活》1936年第4卷第7期。
③ 陈唯实:《读了评通俗辩证法讲话》,《读书生活》1936年第4卷第8期。

第一，注重实际应用。他强调唯物辩证法这种世界观和方法论"非从实际出发不可"。也就是说，对于唯物辩证法，"一方固应从理论上研究，要紧还是从实际上观察。唯物辩证法是极实际和实用的学问"。在这部书中，他认为辩证法有五个"根本法则"，即运动变化法则，对立的统一法则，"反之反"法则，质量的突变法则，相互联系的法则。与此相应，也有5个方法论原则，即站在辩证法的观点观察和研究事物，应当坚持运动变化发展的观点，对立统一与斗争的观点，反之反的观点，质量突变的观点和互相联系的观点。

陈唯实十分强调唯物辩证法的功能及其应用法，注重实用方面。提出要把辩证法"运用到实际的问题上去"，要"从中国古代哲学上，探究辩证法的观念"，还要力求文字的"通俗化，大众化"，以"打破哲学的艰涩和神秘性气"，使大众"得到一个比较具体的认识，晓得人生观社会观宇宙观以及方法论"。这些明确的大众化观念，也是他撰述其他通俗读物的指导思想和所遵循的方法。

第二，应用范围广泛。陈唯实所理解的"唯物辩证法的应用"，包括科学的方法论，人生、社会的指针，思想行为的导师，革命武器，预言妙术和具体的应用法。在这其中，他特别注重的是说明辩证法的人生观。他认为，辩证法的人生，"就是发展的人生"，是"要继续力求进取"，是"做人应该理智化"，是既不迷恋过去，也不依恋现在，而是不断努力，寻求将来的新生活，是从客观的实际出发，是社会主义，是为社会尽义务，是充满牺牲精神，是注重实践的、革命和改造社会的。"简单说，辩证法的人生，并不是要为自己，而是要为社会世界。辩证法是要消灭颓废派、厌世派、享乐派、空想派、消极的、个人的、浪漫的、盲从的、神秘的、怯弱的人生观，而造成相反的社会主义的人生观，也即是科学的新的人生观"。他所概括的这种辩证法的人生观，在当时无疑是革命的和进步的，对广大进步知识青年是富有吸引力的。

他十分注意唯物辩证法的具体应用法。他认为，对于唯物辩证法的具体应用法，"最要紧就是能（做）到巧妙的运用它，真能把它作为法宝而使用"。所谓"法宝"，只是一个处于通俗化需要的比喻，当然不是什么具体应用的法门或公式，而只是强调"注重具体的应用"。他还认为，为此便要"有理论,有认识,有经验,有实践"。他进一步强调指出："须知辩证法并不是单纯的理论,而是实践上的方法"。换句话说,"唯物辩证法,是最科学的方法论,是世界上一切的根本真理。它不但要认识人生,而且要改造人生,它不但要认识社会,而且要改造社会,它不但要认识宇宙,而且要改造宇宙。所以称为科学的人生观社会观宇宙观"。①

第三,理论上的开拓。这是尤其值得注意的。陈唯实专门阐述了"中国古代哲学上的辩证法",并且驳斥了中国自古没有辩证法的偏见。他强调中国古代同样有辩证法的发现,指出："须知辩证法是客观的真理,是世界事物的根本法则,辩证法就是一切事物的灵魂,无论古今中外都不能离开这个法则。"作为论据,他概述了《周易》和老子、庄子的辩证法,并从中发掘出很多与革命的辩证法相契合的东西。

关于《易经》,他认为《周易》的辩证法思想有三个部分:变易说,矛盾说,质量突变说。而这其中,"易"是《易经》的"根本大法"。所谓"易",就是变易,宇宙一切东西,都是时时刻刻不绝的运动变化,没有一刹那停止的时候,也没有静止不变的东西。这种"万物流动不居"的观点,就是《易经》的根本原则。而《易经》所说上下无常,刚柔相易;刚柔相推,而生变化;易有太极,而生两仪,两仪生四象,四象生八卦等等,"都是说明矛盾变化发展的道理"。

关于《老子》,他认为《老子》研究的是宇宙的根本法则,其中的辩证观点比《易经》更为丰富。他先引用塔尔海玛在《现代世界观》中的观点,概述了老子哲学中的两个一般法则："第一是事物永远不断地变化或转变的观点,即万物流转的观点。第二是由种种感觉上的转换所表现的对立的融合。"进而,他运用辩证法的观点进一步论述了老子的一组辩证法范畴:"道"、"反"、"无"和"相对论",认为"道",是老子的根本思想,这个被人们说得非常玄奇神秘的"道","即是轨道过程法则的思想",也就是"变动发展的法则"。老子所谓道法自然,所谓道生一,一生二,二生三,三生万物,所谓道者万物之奥,都是说明了"道"这个宇宙万物的原理法则是"其本性系

---

① 陈唯实:《通俗辩证法讲话》,新东方出版社1936年版,第35、43、48、49页。

运动的自然法则,即是一切事物的根本大法"。老子的"反","即是变成反对物",所谓"反者道之动"便是"转变活动的原则"。老子的"无"是宇宙的推动力,一切事物都由"无"上产生、发展出来,即所谓天地万物生于有,有生于无。老子的"相对论",则是从根本上认定宇宙是相对的,"处处都从相对的道理立论"。例如所谓有无相生、难易相成、长短相较、高下相倾、音声相和、前后相随;再如强弱、得失、曲全、枉直、理盈、敝新、多少、轻重、静躁、废兴、舆夺、贵贱、损益、坚柔等等,都是相反相成的对立统一。

关于《庄子》,他提出庄子的根本思想也是"道",认定"道""是宇宙一切事物的自然法则",即所谓"道无始终,物有生死"①。他还从《庄子》中挖掘出"辩证的人生观",尤其是其中的生死论。既然认定生死是变化的过程,是自然的,生死不过存在形式上的变化而已,那么,人也不必贪生怕死,能为社会而牺牲是值得的。这样的阐述,尤其增强了他所中意的辩证法的"战斗性"。

总的看来,陈唯实对中国古代辩证法的概述和评价基本是正确的,他所引述的周易老庄的许多原话是他对这些古籍有意识的精选,剔除了消极的一面,弘扬了积极的一面,为日后中国哲学家发掘中国哲学的辩证法思想做了筚路蓝缕的工作。《通俗辩证法讲话》奠定了陈唯实在新哲学大众化运动,以及在中国新哲学界中的地位。

三、《通俗唯物论讲话》

在《通俗辩证法讲话》取得成功后,陈唯实随即于当年9月又推出与其"互相关联的'兄弟书'"②——《通俗唯物论讲话》。这本书是大众文化出版社"社会科学丛书之二(新哲学类)"中的一部。该书专论唯物论,指出"新唯物论原来是一种伟大的学说——大众哲学"。该书和《通俗辩证法讲话》同样坚持了"具体化、实用化"、"中国化、通俗化"和"大众化"这"五化"的写作指导方针,同样取得了轰动效果。

---

① 陈唯实:《通俗辩证法讲话》,新东方出版社1936年版,第161—174页。
② 陈唯实:《通俗唯物论讲话》,大众文化出版社1936年版,"几句话"(序言)第1页。

该书共分8讲,包括:唯物论与唯心论的起源,唯物论哲学的复兴,近代唯物论哲学,机械的唯物论批判,唯心辩证法与唯物辩证法,机械唯物论与辩证唯物论,科学的辩证唯物论,现阶段的战斗唯物论。

这样的安排,初看是按时间发展为序,但实际却是从一开始就具有辩证唯物论的批判眼光的。该书从唯物论与唯心论的起源开始讲起,不是为了讲哲学史而讲哲学的起源,其目的,该书的第一章第一节就交代,"研究现代的辩证法唯物论,就必先要明了它的开端的古代世界观",而讲哲学史是为了更好地理解新哲学,因为"马克思之伟大正是因为他能够综合过去人类思想的贡献,而就以科学的锻炼,而完成了新哲学体系。因此研究哲学史,在认识马克思主义哲学的根蒂上,实是非常重要"。

这本书作为一个体系完整的哲学史讲话,对西方哲学史上唯物论的发展分析得详细而深入。对每一个有代表性的哲学观点,都详加剖析、批判,以显示出新唯物论的正确性。比如古希腊的哲学家,涉及依奥尼学派、太理斯、安那雪孟特、安那雪孟尼斯、德谟克里特、厄比鸠、赫拉克利图斯、黑壁士、施来雪麦加斯、克利脱斯、柏拉图等。涉及面之广在初级入门读物中是罕见的。而且,作者有选择地侧重介绍古希腊学者中唯物论者的思想。对柏拉图唯心主义思想则花了大量的篇幅站在新唯物论的立场上批判。指明"当时的唯心论哲学就担任过一种麻醉群众欺骗群众统治群众的任务"。

"五化"之中,"大众化"依然是最为突出的特征。从一开始,他就坚定地站在大众的立场上看待哲学史的发展。该书第一章第一节明确指出:"新哲学是科学的革命的世界观,它是成为大众幸福的指导者,这是应该辩认清楚的。"在对每一种哲学观点的评论和批判中,也是从劳苦大众的立场出发。比如第三讲结尾对法国资产阶级唯物论的评价是这样的:"我们可以看出十八世纪法国唯物论有两重性,当宣布反对封建制度时,这时唯物论是坚决革命的;但当资产阶级得到目的时,而劳动群众晓得唯物论世界观时,法国唯物论就迟疑而有所顾忌了。终于反动起来了。"对其历史进步性和反动性的评价,都是以劳动群众的利益为准绳来确定的。再比如,以俄国革命的成功鼓励读者要把新哲学用于实践时,他说:"俄罗斯的劳苦大众,在共产党的领导之下,在马克思——伊里奇主义的领导之下,把社会主义的

著作,由理论而变为实践。"这也是从"劳苦大众"的立场着眼。全书的结尾,从大众的视角总结道:

> "总上所说,因此大众必要把握了辩证法唯物论的客观真理,依照这种科学的真理所指示的路线加紧实践,切切实实的抓住了'战斗唯物论'的精神,跑上战斗的战线而达光明正大的领域。这就是实践的,战斗的人生观社会观世界观。这就是成为战斗的辩证法唯物论。"①

这个结尾体现出这部著作的另一个特性——"战斗性"。这是陈唯实的作品区别于其他新哲学大众化作品的标志性特征。陈唯实特别推崇列宁的"战斗唯物论"。他把第八讲专门辟出来,讲述"现阶段的战斗唯物论"。他说:"在帝国主义时代的伊里奇已将辩证唯物论造成战斗化,革命化,实践化,把辩证唯物论的真理实现起来。"在他的心目中,新哲学在当代最大的最有代表性的特征,就是战斗性,也就是"绝不把哲学看做纯粹抽象的东西,而把它当作行动的指导,社会革命的斗争武器"。在这一讲的第二节,陈唯实详尽地分析了列宁的名作《战斗唯物论的意义》。陈唯实的作品对列宁主义的推崇由此可见一斑。这可能是陈唯实的作品在《大众哲学》已经风靡全国的情况下,依然能够畅销一时的原因之一。

四、《新哲学世界观》

《新哲学世界观》于1937年3月由上海作家书店作为社会科学丛书之一刊行,该书的销路也很好,初版在十几天后就全部销售一空,半月后随即再版,并附有《再版赘言》。到5月底已经出了3版。1938年6月的第4版则更名为《战斗唯物论讲话——新哲学世界观》,在纲目和内容上都有调整,并增加了一个长序,可以视为《通俗唯物论讲话》和《新哲学世界观》共同的升级版。陈唯实的作品内容上出现重复,在当时的情况下,是可以理解的。在短期内创作出大量的作品,即使着眼角度和阐述重点不同,也难免不

---

① 陈唯实:《通俗唯物论讲话》,大众文化出版社1936年版,第256页。

出现内容的重复和观点的雷同。旧作不断被查封,就以新的面目出现,这也是为了革命斗争宣传的需要。下面的论述以第 2 版为准。

全书共 8 讲,约 10 万字,是"对于新哲学(辩证法唯物论)史的发展之研究"。目录和《通俗唯物论讲话》比较能够对应起来,包括:古代哲学世界观,哲学复兴的世界观,近代哲学世界观,机械论的世界观批判,现代哲学世界观(一),现代哲学世界观(二),新哲学的科学世界观,现阶段的战斗世界观。从这个安排来看,其写作意图在使一般读者对于新唯物论世界观有"相当的认识、理解",确信辩证法唯物论"是最科学的哲学,是最有价值的学说,是现代的世界观,是伟大的精神武器,是战斗的实践指导,是大家所必研究的一种真实学问的宝库"。① 单从这一点来看,好像这本书和此前的《通俗唯物论讲话》重复了,但是,这本书有其自身的侧重点,就是"世界观"。

从"世界观"着眼,陈唯实指出:"新哲学就是辩证法唯物论,它是科学的人生观、社会观、宇宙观,它是大众的哲学,它是非常重要的学问,它是大众所必需的知识,它是大众生活的指南针"。但是,这种新哲学世界观并不是现代突然创造的,实是经过二千余年文化生活史的发展,"才成为最具体最正确最科学的人生观社会观世界观"。另一方面,科学的辩证唯物论又是当时时代和科学发展的产物。他指出:"马克思恩格斯所处的时代,真是一个大变动的时代,给予辩证唯物论以最具体最丰富的材料。"首先是英国的阶级斗争,其次是法国革命,再有就是德国的阶级冲突。这些表明"在十九世纪初期几十年中,欧洲诸先进国家都发生敌对阶级的剧烈斗争"。大多数被压迫的无产阶级要在斗争中找到一条出路,就需要认识社会发展的规律和趋势以及实现理想社会的途径,马克思的辩证唯物论哲学便是"对大众生活有深刻影响"的"实际的世界观"。19 世纪自然科学的发达,"也给唯物论以实证的丰富材料"。因此,"辩证唯物论是最彻底的唯物论,最前进的革命理论,是最科学的,最客观的真理"。②

---

① 陈唯实:《新哲学世界观·再版赘言》,作家书店 1937 年版。
② 陈唯实:《新哲学世界观·再版赘言》,作家书店 1937 年版,第 2、3、185、186、216 页。

该书重点论述了新唯物论和新人生观的关系。他认为辩证唯物论既然是一种革命哲学，是马克思主义的基础理论，那么，它在无产阶级的社会革命上就有了"极大的意义"，就是无产阶级斗争的"精神武器，指南针"和"革命行动的指导"。同时，无产阶级又"把它渗入实践之中，从实践上去证明它，充实它，发扬它"。从而使辩证唯物论与实践成为具体的历史的统一。他指出，辩证唯物论的特点就是"变更世界，实践革命"。因此，凡是认识辩证唯物论的真理者，应当成为科学社会主义者，同时成为战斗的唯物论者，"跑上斗争的实践中去参加改变社会和世界的伟大工作，须知这就是最有意义和价值的人生"。

最后，作为全书"结论"，陈唯实把"科学的人生观社会观，也就是新哲学的科学世界观"归纳为 10 个要点：第一，知道了新哲学是对大众生活有密切关系的文化，认识了新哲学的重要性，就要"加紧的、热心的、深刻的研究它，运用它"。第二，"反对那只凭主观幻想的观念论"，"信仰新哲学，应用新哲学作为我们研究一切事物一切问题的基础——出发点"。第三，反对思想天赋说，思想主观产生且相信思想是后天的，思想由客观事实所决定，思想是客观环境的反映。第四，反对"静止不变的形式论理学"，庸俗进化论，宿命论和机械唯物论；确信辩证唯物论是客观世界的真实法则，高级的进化论，科学的方法论和认识论。第五，相信辩证的进化论，自然，社会历史，人生，思想都是辩证的进化。第六，反对"以观念论形式论理学为基础"的一切虚伪学说，拥护以新哲学世界观为基础的科学学说。第七，反对宗教、神鬼和迷信，做一个无神论者，崇拜科学，主张理性。第八，反对懦弱、消极、颓唐、妥协、投机和拍卖人格，采取积极的战斗的态度。第九，反对空谈、高调和行为与理论相违背，正确的统一理论与实践。第十，劳动大众根本上就是实践的生活，但也要给他们以教育，新哲学注重理论，但最重要的是注重实践。总而言之，以上所举，是全书"最重要的纲领"，当作为"我们共同把握和实践的原则"。

这 10 点大多是积极向上鼓舞人心的，其中第四点对形式论理学的过激观点来自苏联的哲学界，当时国内的新哲学者多数深受其影响。

五、《新哲学体系讲话》

《新哲学体系讲话》于 1937 年 4 月由上海作家书店作为"社会科学丛书"之一刊行。这一部集其大成,后出转精,体例更为完备,全书分 4 部:新哲学的实际应用,新哲学的宇宙观,新哲学的认识论,方法论和世界观。共 33 讲 21 万字。确定这样的体系,从新哲学"是最有实际作用的智识,最有意义价值的学说",是科学的本体论、认识论和方法论,"应用起来就是科学的宇宙观、社会观、人生观、思想论、实践论"这样的认识出发,因而书中阐述了人生哲学,社会哲学,宇宙哲学,思想哲学和实践哲学,建构了当时为作者所理解的新哲学体系。

这本书在形式与内容上的特点是:大众化,通俗化,实践化和战斗化。

第一,大众化。陈唯实在阐述新哲学的实际应用时突出地说明了新哲学的特征,强调了新哲学的具体化任务。他认为新哲学是大众哲学、大众的世界观,是无产劳动大众所必需的切实知识,本质上区别于旧哲学,又绝对不是神秘的东西。因此,新哲学运动"就要实行新哲学具体化","要把新哲学和实际问题与具体生活打成一片,从具体上发挥新哲学的真理"。另一方面,新哲学既是"现实的",它的本质就是"革命哲学",就是"战斗的",因而"最重要的是实践问题"。因此,新哲学工作者"就应抱着勇敢的态度,从人生和社会与世界的革命上去发扬新哲学的本质"。他强调指出:

> "新哲学绝对不是神秘的,它是宇宙哲学,社会哲学,人生哲学,思维哲学,它是现实主义的,革命主义的,战斗主义的,实践主义的,这就是新哲学的伟大内容。故无论从任何方面说,都非把它具体化不可,只有具体化才能发挥真实的作用。因此新哲学的具体化是哲学运动的最重要的任务。"①

第二,通俗化。陈唯实说明了哲学通俗化的真义,尤其表明了反对哲学庸俗化的态度。他认为,"新哲学形式的通俗化"是与新哲学内容的具体化

---

① 　陈唯实:《新哲学体系讲话》,作家书店 1937 年版,第 9 页。

相联系的，是与哲学庸俗化完全不同的。"所谓通俗化就是根据新哲学的严正内容，把文字形式写得浅白易懂"，"并不是要把它庸俗化"。也就是说，既然"新哲学是严肃的，伟大的，革命的"，那就不能把它"弄成不三不四的东西"，不能"把它当作开玩笑般地庸俗化"。总之，哲学通俗化是语言形式的浅显易懂，而不是哲学内容的简单附会；既要坚持哲学通俗化，大众化；又要反对哲学简单化，庸俗化。

第三，实践化。陈唯实从实践的角度概述了新哲学的研究对象和任务。他认为，新哲学辩证唯物论，"是以实在的事物为根据"，其"研究的对象就是客观物质世界"。具体说，可分为四大研究对象：（一）研究宇宙的客观真理，（二）研究社会的客观真理，（三）研究人生的真理，（四）研究思维的真理。而由于新哲学不仅在于解释世界，最要紧的在于变革世界，因此它"就要指导如何实践"。因而又相应地负有四大任务：（一）改造自然，（二）变革社会，（三）改造人生，（四）变革思想。显然，他是从哲学"探本求真"的本性说明新哲学的研究对象，又是从哲学的实践功能说明新哲学的任务。

陈唯实对新哲学人生观的阐述也是以实践为切入点。他认为，新哲学的文献虽然没有把人生观特别提出来，但"对于人生观的原理却是随在皆是"。这就是把它的本体论、认识论和方法论应用于实际生活的研究，就可以得到对于人生问题的具体回答，因而可以获得具体的人生观。在他看来，新哲学的人生观，是正确的、具体的、辩证的人生观，包括人生的各方面，即人生的本质，人生与自然和社会的关系，人生与两性生活，人生与道德和思想，人生的意义价值，人生之死的认识。他在展开人生上述各方面时，又批判了种种资产阶级人生的态度和观点，并着重强调"人生的本质是劳力"，"是劳动生产"，就是劳力与劳心的统一，人首先是社会的，而非个人的；人生是"男女自由恋爱的结合，享受合理化的两性生活"，人生是要求"为大众为社会为世界而奋斗"的道德，"享受合理化的精神生活"，人生的意义价值在于"其思想和行为之是否符合人生真理"；而人生之死则在于"要以他的一生做事之是否有意义价值以为断"。这就是说，"新哲学的人生，是现实的，战斗的，实践的，革命的"。这是站在辩证法唯物论立场所研究出来的新哲学人生观,而"最要紧的",又是实践这种人生观。①

陈唯实在阐述新哲学的宇宙论时说明了辩证唯物论本体论,认识论和方法论的关系,以及哲学和科学的关系,都是从实践的角度出发的。

第四,战斗化。这既是这本书的特点,也是陈唯实作为一个战士学者的特点。表明陈唯实的理论勇气的是,当时作为非党的哲学工作者,他不顾白色恐怖的威胁,旗帜鲜明地阐述了"唯物论与社会主义的关系",号召人们信仰马克思主义,投入革命斗争之路。他指出:"那般误认唯物论就是马克思所独创,唯物论就是共产主义,唯物论就是危险的学问,或者一看唯物论三字就骇怕起来,或者认为研究唯物论的书籍就是信仰共产党,或者认为一谈唯物论就是共产党徒,好像唯物论就是洪水猛兽,这也是极端错误的。"他认为,作为客观真理和科学世界观之唯物论并不是马克思和共产党的"专有品",他们"不过是应用这种真理来创造科学的革命学说"。这就是说,马克思并不是可怕的,共产主义也并不是可怕的,而是一种光明正大的哲学家和科学真理,是一种最有意义价值的伟大革命学说,所以共产主义并不是空想的,也不是思想过激,更不是反动的,而是最正确的社会观,是一种"救大众救社会救世界的唯一主义"。因此,决不能受骗于某些人对于唯物论的"一切误会,偏见,造谬,中伤等等",而是要"确定"信仰,跑上"所应跑的路上去"。这样,这部著作达到了激励读者参加革命的斗争、走革命的道路的目的。

陈唯实上述著作内容表明,他以某些独特的理论视角为中国马克思主义哲学作出了辛勤的耕耘和拓展。但是,这些著作在内容上主要依据当时苏联哲学的汉译本,特别是李达、雷仲坚所译西洛可夫等著《辩证法唯物论教程》。他的基本工作主要是大众化、通俗化的再创造。因此,苏联哲学界的影响,包括积极的和消极的,在他的著述中都明显可见。他的著述把注重应用性和实用性作为指导思想之一,固然旗帜鲜明地干预了当时的社会生活和人生,表明了马克思主义哲学的阶级性、革命性、实践性和战斗性,但也确有某种简单化、公式化和政治化倾向。然而尽管如此,在当时的社会历史

① 陈唯实:《新哲学体系讲话》,作家书店 1937 年版,第 60—63 页。

条件和思想背景下,他的上述著述总的说来都是极有特色的马克思主义哲学通俗读物。他的贡献既是重要的,又是难能可贵的。

第四节　沈志远

一、生平

沈志远(1902—1965),原名沈会春,曾用名沈观澜、沈任重、王剑秋,浙江萧山昭东长巷村人。"五四"时期曾就读于浙江省立一中,因参加爱国学生运动被校方"劝告退学"。后去上海读书,接受了中国共产党的教育,于1925年经侯绍裘介绍加入中国共产党。1926年12月,受中共上海组织派遣,赴苏联莫斯科中山劳动大学学习,毕业后被选送到莫斯科中国问题研究所攻读研究生。在苏联留学期间,在共产国际东方部参与编译《共产国际》杂志中文版,参加《列宁选集》(六卷本)的中文翻译和出版工作。1931年12月回国,曾担任社会科学家联盟常委,第二任党团书记。1933年到1938年间,先后在上海暨南大学、北平大学(今北京大学)法商学院、西北大学任教授,同时从事马克思主义政治经济学和哲学的著述和翻译。其成名之作《新经济学大纲》于1934年5月初版。抗战期间任生活书店总编辑,并主编季刊《理论与现实》。1955年当选为中国科学院哲学社会科学部委员。

沈志远在哲学领域也有很深的造诣,为新哲学大众化运动作出过重大贡献。1932年他的第一部哲学著作《黑格尔与辩证法》,由上海笔耕堂书店出版。这本学术性著作论述了从黑格尔经马克思到列宁的三个发展阶段,以及新哲学辩证法的主要内容。1933年由北平笔耕堂出版了沈志远编的《新哲学词典》,收录了不少马克思主义哲学的概念和范畴。他翻译了苏联米丁等人主编的《辩证唯物论与历史唯物论》。该书由上册《辩证唯物论》与下册《历史唯物论》组成,分别于1936年12月和1938年7月由商务印书馆出版,到1950年为止,前书出了18版,后书出了13版。因为艾思奇等翻译的《新哲学大纲》是大百科全书的条目,比较简短,而李达等翻译的《辩证法唯物论教程》缺少历史唯物论部分,所以这部著作是当时所能看到的最完整、最系统的介绍新哲学的教科书，得到罗瑞卿的专文推荐①。此外，他还有《近代哲学批判》论文集和《近代辩证法》等著作。

这些学术性的研究为他参与新哲学大众化工作打下了坚实的学术基础。在这一时期的代表作有《现代哲学的基本问题》和《妇女社会科学常识读本》。在新中国成立前不久还有《新人生观讲话》和《社会科学底哲学基础》。他在主持生活书店期间编辑的"新中国大学丛书"是一批内容丰富极深的理论书籍。

由于沈志远在马克思主义哲学宣传方面所作的贡献，新中国成立初期毛泽东在中南海怀仁堂接见他的时候，亲切地称他为"人民的哲学家"。②

二、《现代哲学基本问题》

1936 年 2 月出版的沈志远的《现代哲学基本问题》是新哲学大众化运动中的一个成功之作。这是一部重要的马克思主义哲学普及读物，主要介绍新唯物论的宇宙观和认识论方面的内容，由生活书店作为"青年自学丛书"出版。该书很受欢迎，该书从初版到 1951 年，16 年间陆续出了 15 版之多。

他在这本书的绪言中指出：哲学在今日，已经不是少数大学教授、学术家和特殊知识分子的"专利品"了。一切靠做活吃饭的大众，也有自己的新哲学，也有跟自己日常生活息息相关的哲学理论。这种哲学理论不是死的、神秘奥妙的教条，它是活的大众生活的精确真实的指导，这里所谈的哲学，也就是所谓新唯物论的哲学。作者写这本小册子的目的，就在于把这种"指导大众生活和社会实践的哲学理论，作一番简略而扼要的介绍，以便提供给终日埋头苦干，时间经济两穷的大众朋友们"。

这本书共 4 万余字，分 4 章：一般的问题，唯物论和唯心论，新宇宙观的基本问题，新唯物论的认识论。

这本书的通俗化特色非常明显。作者有明确的通俗化目标，他在自序

---

① 罗瑞卿：《关于军队中在职干部的教育问题》，《八路军军政杂志》1939 年 2 月第 2 期。

② 沈骥如：《沈志远：马克思主义理论体系引入者》，《社会科学报》2008 年 7 月 10 日。

中特别指出这本书"是用极通俗的文字"写成的,但"极通俗"也是相对的,"是就哲学文字的范围而言的"。"一般地说,哲学的理论是最难通俗的,因为通俗得不小心,就会犯庸俗的毛病"。这些关于哲学通俗化的见地是正确而颇有意义的。哲学作为系统化和理论化的世界观,具有极大的抽象性和思辨性,其通俗化确实是艰难的,稍有不慎,就难免庸俗化和简单化。因为确定了通俗化的目标,这本书的每一章后面都附有习题,帮助读者理解掌握书中的原理。

这本书对新哲学内容的把握和写作的切入点还具有以下几个方面的特点:

第一,该书在理论上最大的特色,就是把哲学理论与大众生活和社会实践密切联系起来,使读者亲切地感觉到哲学并不是虚浮缥缈的东西,而是生活过程中必须懂得的知识。这就真正改变了一般人对于哲学敬而远之的态度。在这本书的最后,沈志远曲终奏雅,着重阐述了"认识和实践"的关系,说明了实践的重要性。他指出:"在人类认识底历史过程中,主体底积极作用不只限于所谓'理性的制作',表现人类自觉性的最根本的积极作用,却是人底实践,尤其是人群集体的实践。亦即社会的实践。"而理论作为实践的指导,"理论本身也是实践的",即"理论本身就成为实践底工具之一"。现代唯物论,即新唯物论本身"就是劳动的被压迫者群底社会实践底工具"。这就是"知识和行动底一致,理论和实践底一致"。沈志远在实践论上水平很高,以致其中某些思想和观点也为毛泽东《实践论》一书所吸收。

第二,沈志远在阐述哲学的一般问题时,和艾思奇的《大众哲学》一样,首先要破除哲学的神秘感,说明什么是新哲学。他很形象地指出,一般人一听到哲学二字,不是眉头一皱,便是眼睛一斜,表示了相当的冷淡。这样的态度当然是要不得的。他指出:"要知道哲学固然有玄奥的,神秘的,跟我们普通人没有关系的,但同时也有真实的,科学的,跟大众现实生活息息相关的哲学。这就是现代最进步的新哲学,它可以被称为'科学的哲学'或称为'哲理的科学',它是一切人所备要的知识部门。""实际上,不论我们怎样讨厌哲学,漠视哲学,可是我们每个人都不自觉地受着某种哲学观念的支配。在社会上所流行的许多观念中,都可以扰出哲学底形迹来。同时在现实生活、现实世界和一切知识部门中,都无不有哲学存在着。"①沈志远对哲学的定位是这样的,哲学是我们认识现实生活、现实世界所得的一个"总结论",也是我们认识或观察现实世界的一种"根本的态度或方法",并同时又是行动、实践的指导。进一步说,"哲学是领导一切知识部门的总方法论,它是宇宙间一切现象领域底研究中所抽出来的最普遍员一级的总结论和总法则。因而也可以说哲学是研究自然、社会和人类思维(这是宇宙间的三大现象领域)底发展法则的科学"。

第三,对于哲学的基本问题,该书没有平铺直叙,而是站在读者的角度来设问:人们对于哲学基本问题为什么有不同的见解? 在历史上为什么某一时期唯心论思潮占优势,而另一时期又为唯物论思潮所统治? 接着,他一针见血地指出,这是由人类社会"对立的社会群或社会集团"亦即阶级性决定的。从而引出新哲学的阶级观点:在人类社会划分为对立的社会群或社会集团以来,"一切意识形态都带着这个或那个社会群底色彩……各派哲学家,都自觉或不自觉地在代表某一社会群底利益说话,他们适应着一定的社会群底利益来解答世界底本质是精神还是物质的问题"。唯其如此,不仅哲学有唯心论与唯物论两大阵营的对立,而且"哲学思潮为社会斗争之武器"。这样,就点明了学哲学的斗争价值和实践意义。

第四,在阐述新宇宙观的基本问题时,该书说明了辩证唯物论的物质、运动、时间和空间范畴,强调了唯物论最基本的原则。他指出:"承认世界是物质构成的;承认物质底基源性;承认物质在我人意识之外,不受意识支配而独立存在——这些都是新唯物论(及一切唯物论)哲学之最基本的首要原则。"关于物质,他认为哲学的物质定义与物理学的物质定义不是对立的,而是"同一物质定义底两方面"。前者是根据"客体与主体底关系来确定的";后者注意的则是"物质底结构或组织"。也就是说,"哲学的物质观和自然科学的物质观有不可分离的联系,它们是一致的,并不矛盾的。它们是从两种不同的关系上所给的两个定义,从两种不同的观点上所得到的两个物质底概念"。他以"人"为例,根据自然科学(生物学),人是高等哺乳动

① 沈志远:《现代哲学的基本问题》,生活出版社1936年版,第2—3页。

物;根据社会学,人是一定历史的生产关系中的一员;而如果根据哲学,则又可说人是主体和客体的统一。①

第五,在阐述新唯物论的认识论时,沈志远十分强调反映论。他认为唯物的反映论,也就是认识的可能问题。他指出:"要做一个彻底的唯物论者,只承认物质为世界之本体,物质为自然之基源,还是不够的,同时必须承认物质世界之可认识性。新唯物论明确地肯定客观世界是可以认识的。"而这正是根据"彻底唯物的反映论"。"反映论便是新唯物论的认识论底核心、精灵"。但是,"认识是一个复杂的过程",是一个由"自在之物"向"为我之物"不断转变的过程,因此,反映又不同于照相。照相只能反映客观外表的形象,不能及于内部之本质,而"反映客观世界的人类认识则不仅反映现象,并且反映本质,不仅反映世界之外表,并且反映其内容"。另一方面,照相之反映外界客体是被动的,"而认识却不只是被动的接受外界底刺激,不只是消极的接受外界对吾人感官的作用,而且本其重要的还是吾人理性底积极作用底结果"。

也许,这本书体例上唯一的缺陷在于,对于新哲学的方法论问题完全没有涉及,不过作者说明,这是留待另外一本书去完成这个工作。即使如此,沈志远的《现代哲学的基本问题》依然是一本具有理论特色的通俗读物,艾寒松在上海《读书生活》半月刊撰写书评指出,这本书"是给青年自修新哲学用的一本好书","它把现代哲学的骨干完全清晰地浮雕出来了"。萧钧也专文推荐这部书,说"这本书确是一本良好的哲学入门书,很适合于初学哲学者'自学'之用"②。因此它对一般青年的影响是不言而喻的。

三、《妇女社会科学常识读本》

作为生活书店的"妇女生活丛书之一"的《妇女社会科学常识读本》是一本极有特色的,面向妇女的大众化、通俗化的哲学社会科学读物。

大众化宣传要面向妇女,这是在大众化运动中特别强调的。因为在

---

① 参见沈志远:《现代哲学的基本问题》,生活出版社1936年版,第88—90页。

② 萧钧:《现代哲学基本问题》,《社会生活》1936年第1卷第2期。

那个时代,妇女大多是没有什么文化的,尤其是女工、女仆、家庭妇女之类。所以,有很多有针对性的女工补习学校、夜校等等。那么,在新哲学的大众化运动中,也需要针对妇女的普及读本,这个工作落在了沈志远的身上。

该书也是采用"讲话体",共有4讲,其第一讲就是"社会科学之哲学的基础",占了全文的1/3章的篇幅,可见沈志远对哲学在社会科学中的重要性非常重视。其余3讲则主要讲述马克思主义的政治经济学和社会发展史,当然这些都是以新哲学为基础的。

在第一讲中,又分为13个小节,分别是:哲学是什么,哲学的基本问题,哲学的两大阵营,主观唯心论、二元论和客观唯心论,从机械唯物论到现代的新唯物论,所谓"哲理的科学",世界是物质构成的:物质和运动,谈谈"反映论",真理问题,实践是认识的标度,矛盾——事物运动之内部的源泉,量和质的相互转变、渐变及突变,所谓否定之否定律。

从篇章的安排来看,该书包含了辩证唯物论和唯物辩证法的主要问题,给社会科学的深入研究提供了一个宽厚的哲学基础。而且,暂且把体系性放一放,强调问题性,这对于这样的一个较短的篇幅内为一般社会科学常识打基础的新哲学介绍读本来说是适当的。

这本书既是专门为妇女而写,行文中,当然必须突出这一写作目的。书中所举事例都是妇女生活中的例子,比如"火有煮饭的功用,水有洗垢的功用"这样的话,比如以十月怀胎一朝分娩阐述否定之否定规律,这些在妇女看起来就会比较亲切。再比如,拿妇女津津乐道的《白蛇传》来打比方:

> "不错,新哲学是黑氏底方法论和费氏底唯物论相结合的产物,但是所谓'产物'是否就是某物加某物之和呢?要回答这个问题实在并不难的。譬如说,白蛇娘娘和许仙交媾底结果生了一位白状元,白状元便是白蛇和许仙底产物。可是白状元既不是白蛇,又不是许仙,也不是白蛇加许仙——这是在明显没有的。固然他某些品质尽管跟他底父亲或母亲相似,可是他绝不等同于他底父母之和。我们可以说,白状元是接受(遗传)了白蛇和许仙底品质,同时又改造了他俩底品质而获得

'更高的一致'。现代的新哲学也正是这么一回事。"①

总而言之,该书是当时最有特色的一本专门针对妇女读者的新哲学大众化作品。

沈志远对妇女工作一直非常关心,20 世纪 40 年代,他还在《妇女生活》上继续连载"社会科学讲座",向妇女大众宣传新哲学和新兴社会科学的原理。

第五节　李平心

一、生平

李平心(1907—1966),原名循铖,又名圣悦,1907 年 3 月 4 日生于江西南昌。曾用笔名赵一萍、李鼎声、邵翰齐、倩之、李悦、邵翰齐、万流等,后接受邹韬奋的建议改为李平心,并沿用一生。

李平心于 1925 年 8 月就读于上海大学社会学系,受老一辈无产阶级革命家瞿秋白、恽代英等影响,接受马克思主义,并开始以马克思主义立场、观点、方法观察和分析社会问题,从事社会科学研究。1927 年 1 月,受中共党组织的安排,肄业离校,赴浙江第六师范学校任教,并与曹亮一起编辑出版《世界月刊》,宣传马克思主义,讨论中国政治、经济和社会等问题。1927 年 2 月,在当地加入中国共产党。"四一二"反革命政变后,李平心于 6 月潜归上海,继续从事中共的地下活动。1928 年 4 月,因叛徒出卖,被国民党当局逮捕入狱。半年后,经保释才得以返回南昌乡下。

1930 年 5 月,李平心重回上海,先后在中共地下党上海市法兰区区委和全国苏维埃代表大会准备委员会任职。1930 年翻译了纳颇波尔脱的著作《社会主义辞典》,由启智书局出版。1931 年 1 月,"苏准会"遭到国民党

---

① 沈志远:《妇女社会科学常识读本》,生活书店 1936 年版,第 27—29 页。着重号为原文所加。

当局严重破坏。此后,李平心虽失去了与中共的组织联系,但仍凭着对国家和民族的一片挚情与坚强毅力,刻苦自励,长期坚持在马克思主义理论指导下从事学术研究和各项社会进步事业。1934年,李平心主要致力于传播和推广无产阶级大众文化,编辑出版了《现代语辞典》。1935年5月,负责编辑《读书与出版》刊物,编成了1912年至1935年《(生活)全国总书目》,收书2万种。对读者和图书馆工作提供极大帮助。1935年出版《社会科学研究法》一书,介绍和指导读者应将理论和实际结合起来学习社会科学,被国民党当局列为重点查禁之书。他撰写的《青年的修养与训练》一书,用大量事例鼓励青年努力学习马克思主义,百折不挠,积极向上,在当时颇有影响。1936年,李平心创办并主编《自修大学》,积极宣传马克思主义和爱国民主思想,向读者传授科学基础知识。1939年出版《社会哲学研究》。抗战时期,他积极投身上海"孤岛"的抗日救亡宣传。1952年8月应聘任华东师范大学历史系教授,从此专事大学教学和科研工作。

二、《社会哲学概论》

这是作者早期以赵一萍为笔名发表的一部大众化作品,因为这个笔名后来没有继续使用,这本著作没有受到学界应有的重视,甚至有人误以为赵一萍另有其人。据20世纪30年代生活书店的编辑艾寒松后来回忆,"平心"二字是邹韬奋的主意。大约是1931年底到1932年初,李平心用"赵一萍"的笔名为邹韬奋办的《生活周刊》写了篇文章,经过数次修改才发表,邹韬奋见他耐心、不怕修改、平心静气,因此给他起了"平心"这个笔名。

这本书出版于1933年8月,比艾思奇的《哲学讲话》在《读书生活》上连载的时间还要早。所以,以艾思奇的《大众哲学》为新哲学大众化开始的观点,笔者是不赞同的。笔者所取的说法是,《大众哲学》掀起了新哲学大众化运动的第一个高潮。

该书的特点,笔者以为有二:其一在于社会视角;其二在于大众通俗。下面试分而论之。

第一,关于这本书突出的社会性视角。这本书命名为《社会哲学概论》而不是《辩证唯物主义哲学概论》之类,自然是要突出新哲学的社会价值和实践意义。李平心用社会哲学和自然哲学相对,把社会哲学定义为"社会发展学说","是阶级意识的最高表现"。从这个意义上来看,这本书就是以社会问题为切入口谈马克思主义哲学的观点。这一特点从本书的目次安排中就可以看出来。全书共分 8 章,依次是:哲学的性质及任务,辩证法的唯物论,社会哲学上的唯物论与唯心论,因果律与目的论,历史的决定论与意志自由问题,历史唯物论的社会观,社会的发展,社会的变革——社会革命论。8 章中有 4 章着眼于"社会",第五章谈的其实也是社会历史。只有第一、二、四这三章更为理论化一些。然而,细读此书,倒也并没有只谈社会哲学,有一些部分涉及了自然哲学,比如第二章中就有谈"自然现象中的辩证法"的小节,使得这本书结构既有侧重,又很全面。

这本书突出的社会哲学特点,下面略举几例以说明。一般的书籍讲到唯物辩证法时,喜欢用自然哲学的例子来说明,而这本书除了有自然辩证法的例子外,还专门有一个小节是"社会现象中的辩证法"。

从社会着眼谈新哲学,在当时以及随后的整个新哲学大众化运动中,这一本书都是极其富有特色的。李达出版于 1937 年的《社会学大纲》是立足社会研究马克思主义哲学的学术性的杰作,李平心的《社会哲学概论》是马克思主义哲学大众化的杰作。二李双星齐辉,堪称新哲学界双绝。一般的新哲学著作中,为了体系的完整,会把唯物论与唯心论的斗争发展史讲述得比较全面。而这本书中出于突出"社会"这一中心的目的,专论"社会哲学中的唯物论和唯心论",绝不枝蔓。这一章在交代了心物问题是哲学的基本问题之后,立即笔锋一转,直接论述"唯物论与唯心论的斗争,在历史上往往反映各阶级的最激烈的战斗"。整章的论述都是围绕着阶级的对立来立论,对于一般的哲学发展史的知识性条目,比如古代唯物论的一些哲人及其观点,只是点到为止。也就是说,整章,乃至全书,都是以论证为主线,而不是简单地以时间为线索。

第二,关于这本书突出的大众性和通俗性。这本书有明确的通俗化目标:

"我们这本小书就是要想国内青年们介绍一新的世界观与社会

观,它并没有包含高深的理论,而只是要将基本的关于社会发展与社会构成的理论用通俗的解说陈述出来,使哲学与社会科学取得密切的联系。在全书的理论上,是极力要避免旧的机械论的观点,而符合唯物辩证法的理论。"①

出于这样的目的,这本书文字通俗,解说详尽,甚至在页面编排上采用了和《大众哲学》同样的每隔几个小节,就使用一个花边小方框中间以一句话概述内容的方式。这个方式曾有外国学者认为是艾思奇的独创,现在看来,这是大众化运动中常用的一个手法。

李平心对通俗化有自己的一套见解,远远超出当时一般流俗的看法。他所谓的通俗化,既有文字上的通俗,也有立场上的大众化。他曾专论过"今日大众在文化生活方面所迫切需要的是""应该有权利浴着科学的合时的文化之阳光,他们更应该有权利否决那毒害他们的奴隶文化与顺民文化"②。并且,不能因为大众的文化层次低,就放弃对大众的教育。所以,他的通俗化是建立在大众化立场上的通俗化。用他自己的话来说,这就是"反对卖弄博雅,夸炫高深的掉文袋,走向平易朴实,文理清新的通俗化";"真正的通俗化,可是万万不好卑俗化";"所谓真正的通俗化决不是单指易懂易解而言——虽然这是通俗化的紧要条件——因为鸳蝴派的小说,马路上《火烧红莲寺》之类的连环图画并不会怎样难懂的,在形式上通俗化,在内容上要严正化——即使是幽默讽刺的作品也应该如此——这两者必须是天然地统一起来的。其次真正的通俗化不是对于半文盲或文盲和所谓智识分子分成截然不同的待遇的,在开初对于前者自然要供给一些另外的浅近易懂的读物和教育,然而最高形态的通俗文化还是大家共通享受的,一篇作品在初学的人不会看不懂,在程度高深的人也不会觉得肤浅可厌,那才是彻底的通俗化"。③

---

① 李平心:《社会哲学概论》,生活书店 1933 年版,自序第 3 页。

② 李平心:《"等不得"——一个迫切的大众文化问题》,《大众生活》第 1 卷第 3 期,1935 年 11 月 30 日。

③ 李平心:《通俗化与卑俗化》,《读书与出版》第 4 号,1935 年 8 月 16 日。

李平心的大众化通俗化理想，在这部《社会哲学概论》中，得到相当圆满的实现。这本书极少直接引用前人著作中的话，也就是说，基本上不掉书袋，个别引用也都比较简短。这本书中对实例的分析比较详尽，这就帮助读者培养了真正地把自己身边的事情、国家的大事和新哲学原理结合起来的能力。比如在"历史的决定论与意志自由问题"这一章中"历史的宿命论与历史的决定论"这一小节里，该书花了大量的篇幅深入分析工厂关闭、工人失业，乃至广西的饥馑、顾正红的被杀、奥太子的被刺等等能够让读者产生直接感受的真实事例，达到了让读者真正掌握新哲学原理的目的。

三、《社会科学研究法》

《社会科学研究法》①一书，是上海生活出版社的"青年自学丛书"第一辑中的一册，指导读者将理论和实际结合起来学习社会科学。该书深受读者欢迎，1936年当年即出3版，其后又多次再版。在1946年，大连的大众书店、莱阳的胶东新华书店都曾还翻印出版此书。

这本书共分为7章，包括：如何鉴别社会科学的学说，学习社会科学的基本方法，社会科学上应用的具体范畴，社会科学的范围与研究步骤，研究社会科学的计划和读书方法，社会科学上的根本问题。

该书的主要内容是向广大青年简要通俗地介绍研究新兴社会科学理论的方法。这本书的特点有3条：第一是运用最新的社会科学理论阐述研究社会科学的基本方法和要求，并对各种陈旧的理论和方法进行严正的批判；第二是将社会科学的基本理论和基本方法密切联系起来；第三是特别注重实践，理论和实践在这本书中融为一体。

书中阐述了理论联系实际的科学思想。李平心指出："学习和实用，理论与实践，不是机械的可以隔开截断的，它们必须要统一起来，唯一面努力学习理论，一面随时参加实践，才能够使社会科学成为有用的知识。"其用意是反对那种夸夸其谈、脱离实际的"理论家"和否定理论的所谓"实干家"，从而启发读者"对社会和历史的认识"，"以便能够适应时代的需要而

---

① 李平心：《社会科学研究法》，生活书店1936年版。

生存,不致背反或乖离现实";培养和锻炼读者"变革现实的能力,以便为争取民族解放和创造新生活而努力"。

该书因其深刻的革命性被国民党当局列为重点查禁之书。

四、《青年的修养与训练》

李平心一直非常注重青年的智能训练和意志培养,发表了许多关于青年修养的论著和文章。他还创办了《自修大学》杂志。《青年的修养与训练》①一书是面向青年的代表作。该书用大量事例鼓励青年努力学习马克思主义,百折不挠,积极向上,在当时颇有影响。

全书四百多页,分为 10 章,内容包括:个人与社会、人生的实质与意义、生活的原则与方式、思想的训练、求知与为学、读书的计划与方针、学问的工具、健康的修养与锻炼、智慧的修养与训练、青年的几个切身问题。这样宏大的体例,堪称青年学习与生活的百科全书。

它以青年的自我教育与自我训练为目的,力图避免"说教布道"式的写法,全文采用启发、商榷的方式,以提高青年理解和分析问题的能力;同时,这本书中还选引了很多古今中外著名文学家、思想家、科学家、革命家的奋斗事迹,作为青年自我修养与生活言行的范例,以鼓励他们百折不挠、积极向上的精神。可以说,这是一部向青年宣传马克思主义世界观,系统地讨论青年自我教育和自我训练的大书。20 世纪 30 年代,很多彷徨迷路的青年都曾在这部书里得到过教益和启发,继而走上革命道路。

除了上述书籍,李平心还发表过很多新哲学大众化的文章,比如《漫谈哲学和科学》②、《关于社会科学的根本认识》③等,利用一切可能的窗口宣传新哲学和新哲学指导下的新社会科学,这些文章文字通俗,笔调轻松,但理论性、鼓动性很强,是对新哲学大众化运动不可忽视的贡献。

---

①　李平心:《青年的修养与训练》,生活书店 1935 年版。

②　李平心:《漫谈哲学和科学》,署名倩之,《新生周刊》第 2 卷第 1 期,1935 年 1 月 26 日。

③　李平心:《关于社会科学的根本认识》,署名平心,《自修大学》1937 年第 1 卷第 1 辑第 2 号。

综上所述,李平心的新哲学大众化工作是极有特色的。他并不像陈唯实那样引经据典追求体系性,也不像艾思奇那样采用文学色彩强的小品文写法追求亲和性,他的特点是把新哲学的道理融化在生活和学习中,润物细无声地完成对青年大众的新哲学熏陶。

五、《自修大学》上的"哲学知识座谈"专栏

李平心不仅自己做新哲学大众化的工作,还约请其他学者一起撰写《自修大学》上的"哲学知识座谈"专栏。《自修大学》主要面向失学的青年,因而其上的文章也都通俗易懂。这个专栏中的文章有:童振华的《哲学与生活》①,贝叶(即冯定)的《哲学的应用》②,陈伯达的《哲学上的两条路向及其历史的演变——哲学知识谈座》③,还有何封的《哲学和科学》④。另外,还有一些文章,虽然没有编在这个栏目中,但是具有相同的形式和相近的内容,可以视为同一类文章。这些文章有:胡绳的《科学的物质观与哲学的物质观》⑤和以沈于田为笔名发表的《哲学的派别》⑥,林默涵的《自然的合法则性与社会的合法则性》⑦和《论认识》⑧,冯定(贝叶)的《谈新人生观》⑨、《论自然哲学和历史哲学》⑩和《形式逻辑的扬弃》⑪。这一组文章虽然由不同的作者写成,很难做到高度的系统性和一致性,但也都是面向一个问题所作的专论,十几篇文章连续读下来,内容是非常丰富的。

胡绳和冯定的文章笔者在其专论中述评,这里谈一谈其他几位作者。

---

① 童振华:《哲学与生活》,《自修大学》1937 年第 1 卷第 1 辑第 6 号。

② 贝叶:《哲学的应用》,《自修大学》1937 年第 1 卷第 1 辑第 7 号。

③ 陈伯达:《哲学上的两条路向及其历史的演变——哲学知识谈座》,《自修大学》1937 年第 1 卷第 8 期。原副标题作"谈座",当为"座谈"之倒文。

④ 何封:《哲学和科学》,《自修大学》1937 年第 1 卷第 1 辑第 11 号。

⑤ 胡绳:《科学的物质观与哲学的物质观》,《自修大学》1937 年第 1 卷第 1 辑第 1 号。

⑥ 沈于田(胡绳):《哲学的派别》,《自修大学》1937 年第 1 卷第 1 辑第 12 号。

⑦ 林默涵:《论认识》,署名默涵,《自修大学》1937 年第 1 卷第 1 辑第 3 号。

⑧ 林默涵:《自然的合法则性与社会的合法则性》,署名默涵,《自修大学》1937 年第 1 卷第 1 辑第 14 号。

⑨ 贝叶:《谈新人生观》,《自修大学》1937 年第 1 卷第 1 辑第 5 号。

⑩ 贝叶:《论自然哲学和历史哲学》,《自修大学》1937 年第 1 卷第 1 辑第 10 号。

⑪ 贝叶:《形式逻辑的扬弃》,《自修大学》1937 年第 1 卷第 1 辑第 13 号。

童振华是积极投身革命运动的一位大众化活动家。1937 年著有《中国文字的演变》①,作为"青年自学丛书"的一种,在生活书店发行。他立场进步、爱国,还自费刊印了《国难记》②,著有《怎样清除汉奸》③这样的小册子。童振华在《自修大学》上发表过很多大众化的文章,涵盖了语言文字、国际时评、新哲学等多个方面。他的《哲学与生活》阐述了新哲学和生活的密切联系,后又被收入李平心编辑的自修大学丛刊之一——《各科基本知识讲话》④。该文从实际出发,深入浅出地讲解了马克思主义新哲学的原理,其最大的特点是基本不使用高深的术语,却能使人明了新哲学的原理及作用。第一部分讲哲学从生活中产生,"生活产生哲学,哲学指导生活"。指出"所谓'哲学',不过是把对于宇宙、人生的根本认识,说得有系统一点"。"哲学是由生活中产生出来的,因为人们的生活不同,所以产生各不相同的哲学",解说了神秘主义、直觉主义和新唯心论等哲学观点在资本主义没落期就流行起来。而"社会上进步的大众,亲身参与改革社会的工作,他们了解社会变革的原因,决不做'神秘的'解释,他们又认识自身力量的伟大,不向神明请求保佑,所以他们的哲学是反神秘主义的,反唯心论的"。第二部分讲哲学怎样指导生活,说明"同样一个问题,在世界观不相同的人,就有不相同的处理法"。以关乎很多读者的妇女婚姻问题为例,启发人们"努力奋斗,去解除自身所受的束缚,并且改造社会的环境"。进而指出"一个人需要有正确的哲学思想,才能够应付千变万化的环境,而常常保持行动的正确性"。第三部分谈"生活中的哲学问题",主要讲个人的生活问题。从"'生活难'的呼声在目前是很普遍的"说起,这是大家都很有亲身感受的。有的人"忍受",有的人"自杀",文章分析了其中的观念论错误。而有的人"奋斗",这是因为"新哲学是肯定外界事物的对立存在,又认定是动的,可以变化的,同时又知道需要人力才能变得更合乎于人的需要"。鼓励读者"时时刻刻看明白外界事物变化的情势,采取适当的步骤去改革外界的事物,因此

① 童振华:《中国文字的演变》,生活书店 1937 年版。
② 童振华:《国难记》,出版地不详,1936 年版。
③ 童振华:《怎样清除汉奸》,黑白丛书社 1937 年版。
④ 李平心编:《各科基本知识讲话》,上海杂志公司 1945 年复兴 1 版,《序》第 1 页。

他们就不断地做出生存上的奋斗"。第四部分谈社会生活,批判"孔教不亡,精神胜利"的唯心论观点,指出"在正确的哲学思想指导之下,民族的斗士们就知道困难是独立于我们意识之外的事物,只有明白客观的情势,才能够解除困难,但决不依赖任何幻想;同时认定这种客观存在的事物,是有着内部矛盾的,是变化的,决不应当因为眼前的困难就灰心短气,只有敏锐地利用事物本身的矛盾而推动他向好的方面发展,稳踏着脚步,勇敢的前进"。第五部分谈"正确的哲学也是随时变化的",指出哲学也需要发展、变化,需要争鸣,并批评了中国哲学中陆王心学的"知行合一"说。这是有针对性的,因为当时"力行哲学"作为国民党的中心哲学,正在着力宣传,产生了很恶劣的影响,有必要使用新哲学观点揭破其画皮。首先从生活难、自杀等现象谈到生活中的哲学问题,鼓励运用新哲学作生活上的奋斗,继而引向社会生活中的事件,特别是民族解放战争时期,应该如何运用新哲学的观点打破谬论,赢得胜利。

陈伯达(1904—1989),原名陈建相,字仲顺,福建泉州惠安人。1927年加入中国共产党。同年去莫斯科中山大学学习。1930年回国后从事革命工作,1936年和艾思奇等掀起新启蒙运动。后长期担任毛泽东的首席秘书,后因文革中的极"左"罪行入狱。20世纪30年代,陈伯达做过一些有益于人民的学术工作,比如当时写过一篇长文《腐败哲学的没落》[①],是为批判张东荪所编的《唯物辩证法论战》一书而作的理论文章,展示出相当的哲学修养。他为马克思主义哲学大众化所做的工作,在《自修大学》杂志上发表《哲学上的两条路向及其历史的演变——哲学知识座谈》一文可为代表。该文论述了唯物论和唯心论几千年的斗争史。一开头便引用恩格斯的原话,指出哲学的基本问题是精神和物质之关系的问题。这篇文章和当时其他同题材的文章相比,有两个突出特点:一个是重在说明随着社会的变动发展,唯心论和唯物论的各种哲学流派也在变动发展,以历史的发展证明"正如一切事物都在发展一样,辩证唯物论也正在随着历史的发展而发展,由一个阶段进到另一个阶段。有卡、恩时代以至李、约时代,这新哲学是更充实

---

① 陈伯达:《腐败哲学的没落》,《读书月刊》1936年第4卷第1期。

而丰富了"；另一个特点是，由于陈伯达本人当时对中国古代哲学的独特兴趣，这篇文章中对中国古代哲学中的唯物论和唯心论观点做了比较通俗的辨析。比如文中指出："春秋战国时代的中国古代哲学，其中主要的论争，便是关于名实之关系的问题的论争。所谓'名'与'实'，便是思维与存在。"在20世纪40年代，陈伯达还写过通俗哲学宣传的《新人生观的创造》。

何封，马克思主义理论翻译家，曾经翻译过《社会主义底理论和实践》①和《卡尔·马克思：人·思想家·革命者》②等书。《哲学和科学》一文着眼于宏观，从哲学史和科学史的角度阐述了哲学和科学的相互关系和作用，特别指出："（科学对于哲学的）实证作用不惟更稳固了辩证唯物论底基础，而且还把后者推进到一个更高大的形式。'伴着自然科学领域内和每一划时代的发现，它（唯物论）必然变更它底形式；而在历史也受制于唯物论的处理之后，这里也开辟了一条新的发展道路。"

林默涵（1913—2008），福建省武平县人，原名林烈。1928年入福州高中师范专科，受进步思想影响，开始走上革命道路。1929年，加入共产主义青年团，因发表白话诗痛斥土豪劣绅而被校方开除。不久，到上海从事地下工作，积极参加罢课、游行、讲演等革命活动。1934年起向《读书生活》等报刊投稿，发表文章。1935年东渡日本，入东京新闻学院学习，与进步朋友成立"哲学读书会"，潜心攻读马克思主义哲学书籍。一二·九运动爆发后回国，开始用"默涵"的笔名发表文章。先后在进步报刊《生活日报》、《读书与出版》、《世界知识》和《国民周刊》任编辑，并在《自修大学》上发表学习哲学的文章。1938年8月到延安入马列学院学习。新中国成立后历任中共中央宣传部副部长、文化部副部长、中国文学艺术界联合会副主席等职。

林默涵在《自修大学》上发表了《自然的合法则性与社会的合法则性》和《论认识》。这两篇文章也是新哲学大众化的优秀作品。前一篇论述了辩证唯物主义对于社会发展规律的认识，目的是指出"我们在社会实践的过程中，认识社会发展和自然现象的合法则性，于是我们就可依循这些法则

---

① ［英］J.斯脱拉奇：《社会主义底理论和实践》，何封译，新知出版社1940年版。
② ［德］恩格斯等：《卡尔·马克思：人·思想家·革命者》，何封等译，读书出版社1947年版。

来支配自然和变革世界"。当然,作者的重点在社会革命。《论认识》阐述了辩证唯物主义的认识论观点,批判了观念论和机械唯物主义的错误,指出"实践是认识的基础,也是真理的尺度,我们对于客观事物的认识,是否正确,只有用实践来验证",并以日本人所谓三天灭亡中国的谬论为实践所破灭的事例,鼓励人们积极抗战的勇气和信心。

第六节 胡绳

一、生平

胡绳(1918—2000),原名项之迪(一说项志逖),生于江苏苏州。第一次使用胡绳这个笔名,是在苏州中学读书期间。1934 年,胡绳考上北京大学哲学系,此后他发表作品开始经常用"胡绳"为笔名。"胡绳"其实是指一种香草,出自屈原的《离骚》:"矫菌桂以缝纫兮,索胡绳之纚纚。"

1935 年 9 月至 1937 年在上海从事共产党领导的文化活动和抗日救亡运动。他为《读书生活》、《生活知识》、《自修大学》、《新知识》等刊物撰稿,并参加《新知识》的编辑工作。1938 年 1 月加入中国共产党。1940 年夏,胡绳接替沈志远任书店图书编审工作,加强了共产党对生活书店的领导,对领导新哲学大众化工作作出了更多的直接贡献。其后历任中共中央南方局文委委员,中共上海市工委文委委员,香港生活书店总编辑,中共中央宣传部教材编写组组长,中共中央宣传部秘书长,《红旗》杂志社副总编辑,中共中央文献研究室副主任,中共中央党史研究室主任,中国社会科学院院长等职务。胡绳是久经考验的忠诚的共产主义战士,无产阶级革命家,著名的马克思主义理论家,哲学家,近代史和中共党史专家。

在他走上辉煌的学术道路的开始阶段,胡绳把很大的一部分精力放在新哲学大众化工作上。他是继艾思奇之后中国马克思主义哲学大众化的又一代表性人物。他的著作影响广泛,许多青年就是通过阅读他的文章和一些小册子而接受马克思主义并走上革命道路的。比他晚一辈或者更年轻一些的理论工作者,几乎都受到了他的影响和熏陶。

二、《新哲学的人生观》

1937 年 2 月生活书店出版了胡绳《新哲学的人生观》,是编入作为马列主义启蒙读物的"青年自学丛书"中的一本,也是应丛书编者张仲实之约的一篇命题作文。胡绳用了 3 个月的时间,于 1936 年 1 月,他 19 岁生日时,写出了这部用马克思主义新哲学观点为指导的《新哲学的人生观》。该书深受大众欢迎,同年 4 月再版,1940 年 3 版。国民党当局曾查禁此书,理由是:"该书内容确系理论偏激,不满现实","以通俗笔调鼓吹偏激思想,全书主旨在阐述确立人生观须以唯物论作根据,以唯物论辩证法做准则"。[①]

这本书是胡绳对马克思主义哲学大众化运动的第一份贡献。该书站在马克思主义新哲学的立场上,以当时青年的生活实践为中心,探讨人生问题。作者把马克思主义新哲学的世界观、方法论、认识论运用到生活中去,提出了一种现实主义的人生观,从实践的、积极的意义上说明人生的价值、人生中的客观标准,并且对在当时青年生活中很有影响的各种错误的、有害的人生观,进行了分析批评,明确指出:"正确的人生观的理论基础必须建立在马克思主义新哲学上面。"

关于这本书的写作动机,胡绳自己说是直接针对 20 世纪 20 年代中国思想界"科学人生观"与"玄学人生观"之论战的。"科玄论战"是东西方文化论战的继续;以张君劢、梁启超为代表的"玄学派"是东方文化派;以丁文江、胡适、吴稚晖等人为代表的"科学派"是西方文化派。随着科学与玄学论战的深入展开,马克思主义者陈独秀、瞿秋白等相继参加论争,他们运用马克思主义唯物史观对玄学派与科学派的观点进行批评,从而形成了论战的第三方——唯物史观派。不过,陈独秀、瞿秋白等人在论战中对科学与玄学关系问题的解答,也明显地表现出科学主义倾向。

尽管马列主义者加入了这场争论,唯物史观派批判了形形色色的唯心论、二元论和不可知论,宣传了唯物史观,扩大了马克思主义的影响,为科学地解决人生问题提供了正确的思想武器;但是,由于受到机械唯物论自然观的影响,"科学的人生观"并没能彻底战胜"玄学的人生观"。胡绳指出:"科

---

① 胡绳:《引言》,《胡绳全书》第 4 卷,人民出版社 1998 年版。

学的人生观对于近十年来的青年的生活实践何尝有几分帮助,而主张科学的人生观的先生们自己有时还不自觉地跌到了玄学的泥沼里去。"写这部著作,目的在于"批判地接受'科学的人生观'中的积极成分,并克服它的错误的成分,这种人生观显然要把它的理论的基础建筑在新哲学上面——我们就在这样的意义上,提出我们的人生观。"①可见,胡绳就是要指出机械的科学人生观并不能战胜玄学人生观,对"科学的人生观"作出扬弃,讲述了辩证唯物论人生观的意义、价值提出新的人生观。这个立场是超越了陈独秀、瞿秋白等人当初的认识的。最可贵的是,这部著作的用意不在于"破",而在于"立"——"最希望的是,这本书能够对于青年读者们的生活实践有相当的作用,帮助他们更结实地、更合理地处理身边的一切事情,渡过这个艰难的年头"。从这个意义上讲,这部作品超越了对新哲学的通俗化解释,不仅是一个新哲学的大众化宣传著作,也是一个思想上开拓进取,具有创新性的学术性研究著作。

该书共分6章,分别是:人·人生·人生观,哲学和人生观,观念论和机械论的人生观,人生的意义和价值,人生中的客观标准。这样结构安排,使得这部新哲学大众化著作具有贴近时代的内容特色。

这本书"拿新哲学做根据,拿生活实践做中心",紧紧扣住那个时代中"人"来写,是该书在内容组织上的成功之处。开篇第一句话,就提出一个简单而又深刻的哲学问题:"人是什么?"作者区分了"自然的人"和"社会的人",强调了人的社会性,由此,再引入人生和人生观的问题。作者提倡的人生观是"一个坚定的战士"的"坚定的、正确的"人生观,是"可以帮助我们来理解生活中的一切和指导我们的生活实践"的人生观。怎样才能拥有这样的人生观呢?作者从哲学和生活的关系讲起,继而引入新哲学。说明了新哲学不是"观念的游戏"之后,作者耐心地分析了旧哲学怎样处理人生观问题,指出其种种荒唐、病态、可笑之处;继而讨论新哲学怎样处理人生观问题,指出人生观必须拿唯物论和唯物辩证法做根据。为了更进一步形象说明形形色色的各种错误人生观的危害,胡绳专门辟出一章的篇幅,用于剖析

---

① 胡绳:《新哲学的人生观》,生活书店1937年版,《自序》第1页。

现代社会中观念论和机械论的人生观,其中包括虚无主义的人生观、享乐主义的人生观、定命论的人生观和厌世主义的人生观等等。先破后立,再用新哲学的观点来指明人生的意义和价值就显得非常有说服力。书中分门别类讨论了如下的人生观范畴的问题:偶然性和必然性、可能性和现实性、人类的自由、自我和不朽、悲观和乐观。作为总结,这本小书的最后部分探讨了人生中的客观标准,即什么是人生中的"好",人要怎样生活,人生行为有没有客观的标准这些问题。关于真理的认识,作者提出了一个日后方见辉煌的命题:"实践是真理的试金石,而反过来,真理也正是我们的人生中的最高的客观标准。"全书的内容积极向上,鼓励千千万万在自学中刻苦奋斗的青年更加积极、勇敢地生活。

胡绳写这本书的时候还不到 20 岁,但却表现出非凡的学术勇气。对当时已经成名的中国学者,他也能有理有据地指出其错误之处。在第三章第一节,他批判了大名鼎鼎的冯友兰教授的《天人损益之比较研究》中所确定的人生观分类标准,并进而提出正确的方法是应该抓住怎样处理主观与客观的问题来划分人生观。

伴随着他深刻思想的,是年轻飞扬的笔触。这一哲学著作是由若干浅显易懂的短章组合而成的,其独特的语言风格,别出心裁的文章写作形式,使它具有和艾思奇的《大众哲学》一样的小品文趣味。

胡绳善于从一件件现实生活中常遇到的事情和一句句日常用语中引申出高深的哲学知识。例如,人生观问题本来是哲学中一个十分深刻复杂的问题,无论是道家的"无为",佛教的禁欲,这些唯心论的人生观尽管是错误的,但是它们的形成都有其深刻的理论渊源和历史背景。然而,胡绳却写得轻松自如,举重若轻,"人生观并不是什么玄妙的东西",他从隔壁的张公馆说起,通过对张家大少爷、二小姐、看门老头等人的三两笔的素描,刻画了人生观问题上的不同思想,形象化为一副副不同的面孔,娓娓道来,引人入胜。这个张家少爷,在后文还有多次出现。在"偶然性和必然性"这一节,又拿来作为一个例子,以他的炒股发财和破产作为听任偶然性的人的代表。高度的可读性为这本书赢得了众多读者。

胡绳还非常善于讲故事来说理。还是在"偶然性和必然性"这一节,他讲了一段电影中的情节,说一个富翁收养了一个穷孩子供他读书的故事。然后分析这种偶然性。作者一针见血地指出:"倘若人生真是完全受偶然性所支配,那么一个穷孩子要想受教育,除了等待有抚慰肯发慈悲心给他求学机会以外,是一点办法也没有了。"这就一下子破除了巴望偶然性的人生观。后来的分析,也就水到渠成了。作者接着又用鲁迅先生一生的奋斗作为例子,讲他一生中遇到的许多偶然事件,这才说明了这个道理:"偶然性并不是脱离必然性的,这两个返程也不是绝对地对立的;恰恰相反,它们是一个贯串着一个的。"

胡绳还善于拿读者的实际生活来举例子。比如举北平读书的学生为例,举现代工厂中的工人为例,这都很有现实感,从而具有直接的教育意义。

三、《哲学漫谈》

胡绳在《新知识》和《新学识》杂志上连续发表了 13 篇书信体裁的"哲学漫谈",其后并没有结集为单行本。现在人们所以为据的主要是后来《胡绳全书》中重新整理出来的本子。①

说到《哲学漫谈》,不得不提到为新哲学大众化运动奔走的一位老革命工作者——徐步。20 世纪 30 年代,徐步先是和后来所谓"七君子"之一的沙千里合作主办小开本的《生活知识》杂志。沙千里主要是一个律师。全力从事《生活知识》的编辑出版工作的只是徐步一人。徐步一无办公室,二无任何助手,他夹着一个大皮包整天奔走,找人写稿、编辑、解决纸张印刷发行等问题。可是,《生活知识》在 1936 年 10 月被国民党当局查禁,11 月即改名为《新知识》,使用大开本继续出版。出了两期后又遭查禁,再次改名为《新学识》。为了避免不必要的麻烦,在这两种刊物上都不再有编者的署名,实际上仍由徐步一人主持。抗日战争全面爆发后,《新学识》在武汉还继续出版过几期。胡绳在这个系列刊物上发表过很多文章。《哲学漫谈》就是其中的一个系列。

书信体是胡绳在马克思主义哲学大众化运动中采用的一种新形式。

---

① 参见胡绳:《哲学漫谈》,《胡绳全书》第 4 卷,人民出版社 1998 年版。

《哲学漫谈》是作者应妹妹的要求，写信讲的一些通俗的哲学道理。对于这种体裁的好处，胡绳在前言中作了说明，就是既能"写得通俗明快"，还"可以不必受教科书式的限制"，但毕竟"也多少有个系统"。比如前三封信的安排。第一封信先说明哲学要研究最一般的概念和法则，但这些概念和法则并不是空洞的，而是有着实在的内容。紧接着第二封信和第三封信就扣住这个"内容"，一方面是客观的自然现象和社会现象，一方面是主观的思维现象。要说明哲学是什么，就得从它的研究对象上说明，即自然、社会、思维这三大现象领域。这就是其后 10 封信的顺序安排。再比如谈运动，一封信先讲物质为什么运动，再一封讲物质怎么运动，最后一封信讲到知识也在运动发展。这种安排符合学理发展，可见胡绳对这十几封信的顺序和内容是有自己的总体构思的。但这构思，又不影响书信体的亲切随和。所以，总的来说，这是一组真正的哲理散文。在读者看来，这一组文章笔调轻盈，却能于细微处见大道理。

书信体的另外一个好处，就是可以采用第二人称"你"，直接和读者对话，启发读者思考，教导读者一步步走进新哲学。比如第 10 封信，开头就先指出"我的心里面再三指出了物质的运动发展，你不要以为这只是很平凡的道理。你知道有些人根本不承认变动的事实，还有些人却因为事物的变动而非常的恐惧"。解释了运动的法则之后，又说道："而且从上面所述，你还可以看到另外一点很重要的地方，就是量和质是统一的。"接着又说："你看过《三国演义》么？那部书的一开头就说：'或说天下分久必合，合久必分……'这句话岂不是也可以当做一个发展的法则看么？"解说了否定之否定律之后，又说："但是，你要注意，不要太被'肯定——否定——否定的否定'这个公式迷惑了。"这才又引入社会发展形态的论述。可以说，这个"你"在文中不仅是一个读者对象，还引导了思维发展的线索。读者跟着线索，自然能够深入文章的思想中去。

书信体的第三个好处，便是行笔到处，一任自由。比如第 9 封信的结尾说道："写到这里，已经是深夜的两点钟了，疲劳使得我不能不搁下笔，睡觉去了。但是我忽然想起了二千多年前一个希腊哲学家（叫做赫拉克拉特士的），说过的大意是这样的话：'生和死，醒觉和睡眠，少壮和衰老都是统一在我们的身上的东西；他们在发展中间，前者变为后者，后者变为前者。'这的确是'对立的统一'的思想的素朴的表达，让我借用这句话结束我的这封信吧。"作为信件，这样行文是非常自然的；可是如果是一般的概论，这样写就很不合适了。

从内容上看，这些书信形式的文章，通俗而清晰地阐述了马克思主义新哲学的基本内容和特点，驳斥了当时流行的反对马克思主义哲学的种种歪曲和误解。《哲学漫谈》的内容有：哲学的对象是什么、哲学和日常生活的关系、哲学和科学的关系、改造世界是哲学的最大责任、哲学内容的轮廓画、死的逻辑和动的逻辑、宇宙和社会本体、真理的诸问题、物质的运动、思想方法和行动方法等。他的这些通信，不仅内容比较广泛，而且把深奥的哲学问题变化成了亲切的家常，这对于马克思主义新哲学的通俗宣传，很有意义。

几乎所有新哲学大众化的作品都要在开头先破除所谓哲学的神秘性，这是旧哲学的贻害。不过，很少有作品跳出艾思奇《大众哲学》的思路。而胡绳的《哲学漫谈》却是另辟蹊径，先是举出他在大学学习哲学时的课堂经历，生动形象地描绘了代表旧哲学的老教授是怎么样糊弄学生的，这就在笑声中无形中消解了哲学的神秘性。这一笔法，堪称绝妙。

四、其他文章

除了这两部成系统的著作，胡绳还发表过《"是则是非则非"的态度通得过吗》①、《关于真理的诸问题（知识往来）》②、《科学的物质观与哲学的物质观》③、连载的《（百科全书散编）哲学组（两篇）》④等推动新哲学大众化的文章。这些文章不仅通俗地阐述了马克思主义哲学的一些基本观点，而且从理论上解答了在当时青年中较为普遍的一些思想问题，具有鲜明而强烈的求实精神。

---

① 胡绳：《"是则是非则非"的态度通得过吗》，《新学识》1937年第1卷第8期。

② 胡绳：《关于真理的诸问题（知识往来）》，《自修大学》1937年第1卷第1辑第9号。

③ 胡绳：《科学的物质观与哲学的物质观》，《自修大学》1937年第1卷第1辑第1号。

④ 胡绳：《（百科全书散编）哲学组（两篇）》，《自修大学》1937年第1卷第1辑第11号、第13号。

他在《关于真理的诸问题》一文中就开宗明义地提出，真理问题之所以"值得讨论"，是"因为这决不只是一个理论的，哲学的问题。许多人为了追求真理而牺牲自己的生活，许多人为了不知道真理在那里而彷徨苦闷，更有许多人虽然自以为拿到了真理，却终于把这真理和现实的情势配合起来而感到绝望的苦痛，因此真理的问题的提出，的确是很有意义的"。把这样具有现实意义思想问题放在前面，其后的内容才能打动人心。

以沈于田为笔名发表的《哲学的派别》①论述的是哲学的党派性问题。不过这篇文章非常通俗易懂，深入浅出。该文是从替一个哲学的初学者考虑的角度来写作的。替他想到了哲学上"主义"之多，分类之难，设身处地去解决初学者的困难。然后先批判性分析了观念论的种种形态，再对唯物论的发展作出概括，从历史的视角层层推进，直到新哲学的诞生。条理非常清晰，发表在《自修大学》这样的刊物上，确实名副其实。

胡绳还发表过一篇提倡大众化语言的专论《文学创作上的用语——大众语、方言、拉丁化》②。文中发出号召，希望"作家'到民间去'，用耳朵虚心地，诚恳地向民间去学习他们的说话"；"从民间扶植起新的少壮的作家来，他们将无困难地，自然地写出他们自己的说话"。这其中表现出来的胡绳的大众立场是非常鲜明的。

第七节　冯定

一、生平

冯定（1902—1983），原名冯昌世，笔名贝叶，宁波慈城镇人。冯定出生于手工业工人家庭，靠族叔资助毕业于宁波省立第四师范学校。1925年考入上海商务印书馆编译所任文学编辑。在此期间，他为寻求解释社会不合理现象的道理，开始阅读进步书籍，参加革命活动，1926年加入中国共产党。1927年被中共

---

① 沈于田（胡绳）：《哲学的派别》，《自修大学》1937年第1卷第1辑第12号。

② 胡绳：《文学创作上的用语——大众语、方言、拉丁化》，《清华周刊》1934年第42卷第9—10期。

派往莫斯科中山大学学习,3 年后回国从事中国共产党的地下工作。1930 年秋冬之际,冯定回到上海,先后任赤色铁路工会秘书,中共江苏省委宣传部干事兼党刊《真理》主编。这时他开始以贝叶为笔名发表作品,备受广大青年的喜爱和钦佩。贝叶,取自"贝叶传经"这一古语,意即用自己的文章来传播马克思主义的经典。1938 年在皖南任新四军政治部宣传科长,1940 年任抗日军政大学第五分校副校长,1947 年调任中共中央华东局宣传部副部长,1957 年由毛泽东提名调到北京大学任哲学系教授,从事哲学教学和培养青年教师及研究生的工作,担任过哲学系主任,学校党委副书记、副校长、顾问等职。冯定毕生从事理论研究和教育工作,是著名的马克思主义哲学家、教育家。

二、初露锋芒

冯定在上海《自修大学》、《读书生活》、《国民周刊》、《文化食粮》、《译报周刊》等刊物上以贝叶为笔名发表了大量有关青年思想修养的文章。仅收录在《冯定文集》中的就有 11 篇文章,其中理论意义和影响比较大的有:《新哲学是科学的哲学》、《论自然哲学和历史哲学》、《哲学的应用》、《谈新人生观》、《现阶段的青年问题》、《新人群的道德观》等。

从内容上看,冯定的这些论文最大的特点,可以用他自己的一个名篇的题目来概括,即"哲学的应用"。他的主要目的不是把新哲学的原理本身大众化,而是应用新哲学的原理,来讲明白生活的道理。在冯定这里,新哲学的实践性得到了充分的体现。这一特点也奠定了日后冯定的学术发展方向,其研究侧重在伦理学这一哲学的应用性分支学科上。

冯定的这一批文章还有一个共同的特点,就是不管哪个题材,不管从哪个角度来立意,都能在新哲学和旧哲学的对比中突显新哲学之新,从而激励读者投身新生活的热情和愿望。

《哲学的应用》就很鲜明地表现出这两个特点。这篇文章开头一句就是"现代的新哲学,同从前的旧哲学显然有很大的不同"①。然后在比较中指出,新哲学不仅可以应用,而且应用的范围很广泛;不仅要认识宇宙和社

---

① 贝叶:《哲学的应用》,《自修大学》1937 年第 1 卷第 1 辑第 7 号。

会,还要改造宇宙和社会。"新哲学的精髓,便在理论脱不了实践,实践离不了理论;方法不是死的,而且应该应用的;宇宙和社会的认识,也只在实践、在改造宇宙和社会的过程中才表现出来。"接着,该文从物理学、化学、生物学、社会学、哲学等等多个学科例说了"对立物的统一","否定的否定","量变和质变"这唯物辩证法的三大原理的实际应用。这篇文章之所以成为脍炙人口的名篇,还在于文中的言语的大众生活化,给人很多联想。比如讲新哲学的应用拿珠宝和法币的应用来对比;讲对立统一规律就写道"大亨和小瘪三的对立";讲量变到质变则联系到当时"一天一天扩大和深入"的"抗敌御侮的情绪",讲区分主要矛盾和次要矛盾则提到当时中国的主要矛盾是"'友邦'和我们关系"。这些信手拈来的材料,到了冯定的文中都成了启发读者思考的神来之笔。

《谈新人生观》①也是具有同样特点的另外一个名篇。放在文章开头的,是这样一句话:"新是旧的对称,所以要说新的,就不能不先说一说旧的。"而这些旧的人生观,却正是人们耳熟能详的"人上人"与"人下人"的阶级剥削和压迫。"人上人"的人生观不过是"几句骗骗'人下人'的话,决不会替'人下人'开人生的真正'诀窍'"。这就把旧人生观的欺骗性一举戳破。接着更进一步,把资产阶级"出风头的时代和倒霉的时代"的两种看似对立的"自由论"和"不自由论"批驳得体无完肤,指出"宿命论是'人上人'箍住'人下人'脑袋的最巧妙办法"。破除了旧人生观,该文对新人生观的树立也是一语中的:"新的人生观对人的力量一层看得特别重……新的人生观认为人的思想和活动,也是物的一种本性,不过人类这样的物的本性,是后出的,是比植物和动物等等的本性还要进步的,人有了思想和活动的本性,于是便产生了人类的历史。"这段话的用意很明显,就是要启发大众去参加革命活动,推动社会发展。

三、《青年应当怎样修养》

1937 年冯定以贝叶的笔名发表的《青年应当怎样修养》作为上海生活

---

① 贝叶:《谈新人生观》,《自修大学》1937 年第 1 卷第 1 辑第 5 号。

书店"青年自学丛书"的一种为冯定迎来了更广泛的声誉。该书不长,仅仅五万余字,但是一月初版,三月再版,此后又多次再版,成为最畅销的新哲学大众化读物的名作之一。

该书是一组哲理小品文,一共 14 章,从人在宇宙中的地位,人的思想和知识的修养,从人的意志、技能、生计、恋爱、家庭,一直谈到政治。针对当时青年的思想实际,用谈心的方式和生动的语言介绍马克思主义的新世界观和新人生观。具体地说,各章的安排如下:

第一章取名为"流线型的时代和万花筒的世界——谈社会的矛盾",抓住"流线型"这一特征,把新科学技术带给人类的种种变化作了形象生动的描述,站在"大多数的人民"的立场上说话,揭露了种种欺骗青年毒害青年的方法。第二章取名为"自然摇篮里的人类——谈宇宙和人类在宇宙中的地位",从宇宙的形成,到地球的诞生,讲到人类的发展,帮助读者树立唯物的自然观。第三章取名为"社会大海里的个人——谈社会和个人在社会中的地位",着眼于人的社会性,立足经济关系的重要性,讲述了社会形态的发展史,帮助读者确立唯物的社会观。第四章取名为"知识好像一座宝塔——谈知识和知识的修养",承接上文,既然宇宙和社会的现象千变万化,人类对宇宙和社会的认识也愈加丰富,重点探讨了新哲学的认识论和真理观,还谈到了求知的方法。第五章取名为"思想是解剖刀——谈思想和思想的修养",从知识和思想的区别谈起,重点论述了人的思想来源于外部物质世界,是社会的反映的唯物主义的观点,以及思想方法发展的辩证观。第六章取名为"意志是发动机——谈意志和意志的修养",从思想和实践的关系谈起,谈到坚决意志的养成,意志对于实践的作用,以及意志与情感的关系等等。第七章取名为"技能是享受物质的梯子——谈技能和技能的修养",倒不是只谈技术,而是着眼于资本主义社会和共产主义社会中技术的不同地位,以及技术对于社会的进化的意义和技术的学习等问题。第八章取名为"健康真的是'青鸟'么——谈健康和健康的修养",这一章并非讲养生之道,而是谈劳动对于健康的价值,体力劳动和脑力劳动的协调,劳动和运动的协调等等。第九章取名为"生活的花花絮絮——谈生活和生活的修养",从私生活谈到社会生活,而私生活不过是社会生活的一个方面,立意其实在团体生活和社会进步,而这其中最重要的是革命的政治活动。第十章取名为"街头巷尾的学业——谈学业和学业问题的解决",是谈教育和学习问题,既主张入校学习,也批评当时的教育弊端,同时还针对失学青年的实际情况,作出分析,提出办法,鼓励他们继续利用一切可能继续自学。第十一章取名为"山穷水尽的生计——谈生计和生计问题的解决",分别谈了各行各业的困境,甚至包括在外资的逼迫下民族资本家的生计也并不好,发出革命的号召:"在反动势力的治下,人民之中,只有兵和警察,能够公开拿着武器,而过着团体的生活,所以在革命紧要的关头,每个兵士和警士,要是能够明白的瞄准方向,那么不但不会对不起社会,并且还能替社会建立奇功异绩哩!"第十二章取名为"恋爱的真谛——谈恋爱和恋爱问题的解决",第十三章取名为"家庭的怪相——谈家庭和家庭问题的解决",这两章也都是从社会人的角度谈爱情婚姻问题。第十四章取名为"缠磨人的政治先生——谈政治问题",站在工农大众的立场上,宣传马克思主义的阶级、国家和战争的理论。

冯定这部用马克思主义观点解释人的道德情操修养的书,分析翔实,说理透彻,所有这些章节,在写法上最大的特点,就是选取的角度非常独特。题目都很能吸引读者的注意力,切入主题之后又能深刻地阐述新哲学的人生观。这使得全书特别有一种平易近人的风格。该书的平易,还有一点突出表现,就是这本书可能是新哲学大众化运动中的所有书籍中使用术语最少的,然而,表达的思想却又是相当深刻的。该书抓住了青年的实际需要,对促进青年学生投身革命,产生了很好的影响。

第八节　其他

一、《哲学座谈》(《通俗哲学讲话》)

《哲学座谈》①,1937 年 1 月发行面世,2 月易名为《通俗哲学讲话》②再

---

① 曹达编:《哲学座谈》,青年书店 1936 年 12 月初版。
② 曹达编:《通俗哲学讲话》,一心书店 1937 年初版。

版,并在 4 月份发行第 3 版。短短 4 个月就发行了 3 版,足以见得此书有多受欢迎。

该书由曹达①编辑,汇集了十几位作者的文章,包括:沈志远、平心、艾思奇、祝伯英、亦英、杨成柏、郑冰寒、乐炳、贻非、杨伯恺、静寅、叶青、谭吉华。但这本书又不只是一个论文集,而是有一个完整的章节体系,这其中编者的贡献是非凡的。

关于本书的编辑原则,曹达在《编后》中写道:"对于本书所搜集的哲学论文,是多取于一班较前进的哲学工作者著作的,内容的阐扬是全以唯物史观作基础;纵然本书中有几个工作者已经倒戈地远离了唯物论的立场,但那决不会影响这些作品独立的价值的。"该书的通俗化目标也是非常明确的,《编后》中还写道:"显而易见的,作为精神粮食的杂志、书册,尽管在市场上演变了几个倾向,事实上较有'门径式'有系统的原是绝少;尽管作为理论的探讨的最高阶段的哲学书集由'玄之又玄'而渐变为通俗化,但这项工作未见有人更明快的续持下去(指哲学通俗化的工作者太少而言)。"所以,曹达决心编辑这一本《哲学座谈》,哪怕有人说这是"空虚的事"。曹达希望此书的编辑,能够在"学以致用的原则"下,帮助青年排解"精神粮食的缺乏"带来的苦恼。

这些文章共计 26 篇,大多不长,四五页而已,也都是通俗文字。编者根据专题把它们编为 5 讲。

第一讲为"研究哲学之先决问题",有 6 篇:首先从哲学对人生的意义解说了为什么要研究哲学,并且破除了哲学是空虚的这种误解,进而从学理上而不是语源上阐明了哲学的意义及其 4 个特征,又从 3 个方面谈了唯物论和唯心论的斗争,一是从哲学的本源谈哲学流派的分化,二是介绍了哲学的发展小史,表现了新唯物论是"现代哲学的主潮",二是论述了哲学上的两大畛域——物质和精神——之间的关系,弘扬新唯物论的世界观。

---

① 曹达,生年不详,1937 年离开上海奔赴延安,曾入鲁迅艺术学院学习,1940 年受党中央派遣随乐天宇考察陕甘宁边区森林状况,为开垦南泥湾做准备工作。解放初任西北农学院党总支组织委员,行政上任高职校长。后任陕西省科协副主席和党组书记。1981 年 1 月病故。

第二讲为"构成哲学之四大体系"，有 4 篇：认识论，本体论，宇宙论，人生论。因为认识论是"生产本体论、宇宙论和人生论的工具"，所以先谈认识论，论证了可知论，认识的起源、方法、界限和标准等问题。在本体论这一章中，站在辩证唯物主义的立场上，驳斥了其他各种奇谈怪论。宇宙论这一章站在新唯物论的立场上诠释了进化论。人生论这一章从唯物论和唯心论的二分谈人生观，更结合社会形态的发展谈应提倡怎样的人生观。

第三讲为"辩证唯物论的论调"，有 2 篇：首先，概述了辩证唯物主义的发展史。然后在此基础上，重点阐述了新唯物论的认识论问题。这一章和前一讲的"认识论"一章都是贻非所作，内容上比较相近，不过这一章比较简略，没有安排出不同的侧重点，这也许是该书的一个小小遗憾。

第四讲为"唯物辩证法诸法则及其他"，有 9 篇，从数量上看，是本书的重头戏。第一个出场的便是艾思奇谈新唯物论的人生观，尤其侧重于认识的主观性方面。这是该书中最长的一章，首先评论了 10 年前的科玄论战，再提出新哲学的观点，其侧重点在对主观能动性的把握上。平心写了辩证法这一章。先是概括讲述了辩证法的发展小史，然后重点阐述了马克思对黑格尔辩证法的扬弃，最后在弘扬唯物辩证法的同时，批判了均衡论的观点。其后的几章则成对地阐述了唯物辩证法的一些重要范畴，包括：均衡率·矛盾律，质·量，主观律·客观律，时间性·空间性，内因·外因，本质·现象，以及偶然·必然·自由。这些介绍大多言简意赅，生动活泼。

第五讲为"以唯物辩证法观点出发的五则批判"，有 5 篇。叶青从认识论、本体论、宇宙论和人生论 4 个方面，全面地批驳了唯心论的哲学体系。尽管叶青后来成为叛徒，但是这篇文章本身，倒是符合新唯物论的准则的，而且，可以看出叶青的理论水平并不低。关键是看把这水平用在维护新哲学上，还是用在反对新哲学上。其后一章批判了康德的二元论和不可知论。可能由于康德哲学本身的特点，这一章的通俗性显得略有不足。艾思奇的"客观主义批判"着眼于区分唯物论和所谓客观主义，在对客观主义的批判中树立真正的唯物主义的观点，同时也强调了新唯物论并非主观主义。"形式逻辑批判"这一章的作者是平心。该文认为："形式逻辑是狭隘而又缺陷的，只有辩证法才能打破此种狭隘，填补此种缺陷。然形式逻辑并非绝对要不得的,不过它的绝对作用要加以限制罢了。"这基本上是新哲学阵营内部在此问题上的共识。现在看来,否定形式逻辑是错误的,不过该文已经比全盘否定形式逻辑的某些文章稍显公允和宽容了。最后一章批判的对象是目的论和机械论,而不只是停留在哲学观点的探讨上,其目的却是在于批判"劳动者硬是为了给资本家剥削才生的"。

纵观全书,尽管是书成众手的论文集,但却具有比较集中的共同特点。其一,便是立场上的大众化,许多文章站在劳苦大众的切身利益的基础之上去分析哲学观点,指明新哲学是劳苦大众的哲学。其二,便是形式上的通俗化,文章短小精悍,语言通俗易懂,实例来自生活。这样的书籍,足以成为新哲学大众化运动的典型代表。

二、温健公《现代哲学概论》

温健公(1908 — 1938),原名文淦,广东梅县人。1922年入广州南武中学,后入中山大学读书。1928年夏,在上海加入中国共产主义青年团,后转入中国共产党。1930年初赴日本留学。到日本后,温健公考入秋田矿山专科学校,并获得官费。但他却用最多的时间去学习马列主义哲学、政治经济学,并经常把名著译成中文,以"天行"、"湘萍"等笔名投寄国内各报刊发。1931年"九一八"事变发生后,逃离日本回国,在上海成立留日学生救亡会。1931年11月7日,参加救亡会举行纪念十月革命的活动中被捕。在国民党的法庭上,他理直气壮地宣传中共抗日救国主张,揭露国民党的卖国行径。后经党组织营救,于1933年提前释放。在狱中,将日文版《资本论》译成中文,后化名出版。

1933年,温健公在上海加入"社联",并担任了一定的领导工作。据"社联"盟员邓洁的回忆①,温健公是"社联"的常委之一,是她本人及其他很多成员加入"社联"的介绍人,同时也是开展日常工作的联系人和指导者。1934年初,因环境恶劣,组织上调遣温健公到北平继续从事左翼文化运动。

---

① 邓洁:《怀念梁宝钿》,载《中国社会科学家联盟成立55周年纪念专辑》,上海社会科学院出版社1986年版,第143页。

在北平,他以合法的教授身份作掩护,积极开展工作,显示了他的博学多才。
1934年5月至8月,温健公在北平世界史学会编辑的《世界日报》副刊"社
会科学"上发表了多篇文章,分析国际国内形势,介绍苏联新兴社会科学。
特别是借评介《中国的经济和社会》一书,提出要把正在经历着伟大变革的
中国放到社会科学的解剖台上,从精神生活现象和经济生活现象入手,进行
解剖,用历史唯物论方法,通过精心研究,从而得出有价值的结论。他当时
公开从事的新哲学大众化的活动,主要是在讲台上传授马克思主义哲学,他
曾应北平大学法学院、中国大学、朝阳大学、民国学院等高等院校的邀请,讲
授现代哲学、经济学等课程,还在一些进步青年组织的日语版教授世界史等
学科。在大学的讲坛上,他力图把马克思主义新哲学的理论用通俗易懂的
方式传授,敢于联系当时中国社会的各种实际问题和具体现象,因而他讲的
课总是那样实际、尖锐,深受进步师生的欢迎,连外校的学生也常常赶去听
他的课。

1934年,他在北平和其他几位教授、进步青年学生组织了骆驼丛书社。
起这个名字,意思是要在沙漠似的中国学术界进行长途跋涉,通过自己的努
力,把沙漠变成绿洲。这个丛书社虽然是一个没有固定体制的综合性丛刊
编辑部,却是北平左翼文化书籍出版的一个重要阵地,以"骆驼丛书"的名
义出版了不少好书。其中比较有影响的是温健公、黄松岭、李正文三人合作
翻译的苏联拉比杜斯等人所著的《经济学教程》①。该书广受欢迎,至少连
续印刷了7版。

1934年8月,温健公编著的《现代哲学概论》一书,作为"骆驼丛书"的
第1册公开出版,对马列主义哲学基本原理作了通俗的解释。该书原本是
温健公在北平民国学院新闻系所开设的"现代思潮"课程的讲义,其主要材
料改编自日本白杨社1934年2月出版的永田广志所著的《唯物辩证法讲
话》。温健公原打算全部译述此书,后来发现有许多需要删减和增补的地
方,所以改为编述。温健公在这本书的"序"中说明道:"本书的内容,除了

---

① [苏]拉比托斯、奥斯托洛维查诺夫等:《经济学教程》第1—2分册,温健公、黄松岭、
李正文合译,骆驼丛书出版部1934年版。

叙述现代哲学(即马克思主义哲学)在两条战线斗争中的建立过程,阐明'现代哲学'的根本问题外,特别着重现阶段哲学的发展。因此,在分析批判十八世纪法国唯物论哲学、康德哲学、黑格尔哲学、费尔巴哈哲学的同时,还同样地注意批判了布哈林哲学、德波林哲学、普列汉诺夫哲学、新康德主义、新黑格尔主义及其他一切哲学的错误。对于形式逻辑和'现代哲学'问题。哲学上的伊里奇阶段问题等,他均作了新的评论。"

该书实际是在永田广志原作基础上的再创作而不是翻版。从这一点上说,该书和艾思奇的《现代哲学读本》堪称双璧。

《现代哲学概论》全书分10章,前两章讲述基本要领及哲学史,后8章讲解辩证唯物主义的渊源、特征和内容。该书的主要写作目的不在于批驳而在于立论。所以,书中的章节安排有意识地突出辩证唯物主义本身的理论体系及其发展。比如,在"形而上学的唯物论和主观观念论"这一章中,6个小节中有4个落实在法国唯物论、现代机械唯物论等唯物论本身的各种早期形态上。而本书1/3的篇幅放在"辩证法唯物论的根本法则"这一章,其所讲述的范围比较全面,包括:对立物的交互渗透,从量到质和从质到量的转变,否定之否定,现象和本质,偶然性和现实性,因果性和交互作用等方面。

由于永田广志的原作即为大众化的作品,改编后的《现代哲学概论》也保留这一特色。该书唯一的缺憾在于受限于编译这一形式,书中缺少对中国哲学界的述评以及和中国劳苦大众生活直接相关的例子。不过,这并没有影响到大众对此书的欢迎。由于温健公在哲学上的成绩和造诣,他获得了"青年哲学家"的美誉。

由于他积极宣传马列主义,引起了国民党的敌视,1934年底被迫离开北平。受阎锡山邀请和侯外庐、张友渔等一起到山西讲马克思主义哲学。期间,温健公承担的中共特殊任务是做阎锡山的统一战线工作,争取他参加反蒋抗日。1938年12月26日,日寇空袭吉县城,温健公在驻地不顾个人安危,组织群众疏散防空,自己却牺牲在敌机炸弹下,鲜血洒在中华大地上,年仅30岁。

三、李正文《唯物辩证法讲座》

李正文（1908—2002），山东潍县人。东北大学和清华大学肄业。1933年8月加入中国共产党。由于目睹日本侵略者发动"九一八"事变，毅然投身革命，参加了中国左翼作家联盟，担任北平左联执委会理论部部长、北平社会科学家联盟研究部部长。先后翻译了苏联学者拉比杜斯的《经济学教程》和罗森塔尔的《唯物辩证法》等著作。1934年受中共委派去苏联学习，回国后一直在上海从事中国共产党的地下工作，并以教授身份先后在震旦女子文理学院、大夏大学等学校任教。新中国成立后任复旦大学党委书记、副校长。1954年奉调北京，历任高教部政治教育司司长、北京教授讲学团主任、中国老教授协会名誉会长等职。长期从事高等学校马克思主义理论教育工作。

李正文在任中国社会科学家联盟北平分盟研究部部长时，以里正、岳光、李何明、李筠友等为笔名进行马克思主义哲学大众化的工作。这一时期的代表作是1933年在张语还编辑的《世界文化讲座》创刊号中发表《唯物辩证法讲座》。

《世界文化讲座》创刊于1933年下半年。刊物上署名的主编是张语还，原名张若谷、张金铎。刊物的公开发行人是当时北平师范大学的教授初大吉，发行书店是王府井大街路东的立达书店。尽管主编张语还和发行人初大吉都不是"社联"盟员，但是这个刊物上的文章都是"社联"盟员翻译和撰写的，因此，这个刊物实际是北平"社联"的刊物。李正文为《唯物辩证法讲座》写了3期稿，由于该刊物出版后大受欢迎，1000册3天就告售罄，引起了国民党的注意，没几天就被查禁，所以，现在只能看到第一期。

李正文在《唯物辩证法讲座》的"自序"中谈到该文的创作动机，是因为虽然唯物辩证法对于各科的学习和研究均有指导意义，但是在一般的书市上却很难买到比较正确而全面的唯物辩证法书籍，因而他"感到了研究唯物辩证法是目前青年大众最迫切的课题，同时编一本能适合于青年目前大众文化水平的书也是极迫切的工作"。由此可见，他这个"讲座"是有明确的大众化目标的。

从他开列的参考书目来看，他不仅直接从马克思主义经典作家的原著中汲取养分,比如恩格斯的《自然辩证法》,列宁的《哲学笔记》等;而且很重视苏联哲学界自20世纪20年代以来的新进展,比如西洛可夫的《唯物辩证法教程》,米丁的《辩证法——史的唯物论》等等;同时也参考了几位日本的新哲学大众化书籍,比如永田广志的《唯物辩证法讲话》和蒲洛①科学编译的《黑格尔辩证法》。这样丰富而广泛的来源,既能保证该"讲座"的科学性、时代性,也能保证其大众性、通俗性。

李正文在这个讲座中表现出非凡的学术眼光和勇气。比如,他一开篇就指出普列汉诺夫的错误。普列汉诺夫认为"辩证法只能统治社会科学的国土",而李正文举出数学公式的例子,证明辩证法的适用范围是无所不包的。再比如,在第一章中,他指出把"流动不居"、"矛盾生成"、"质变量变质"这三个辩证法的原则看成是三个并列的法则是错误的②,应该以辩证法的观点来看待辩证法本身。这种不做传声筒而能提出自己独立的看法的大众化作品,在当时确实是不多见的。

第一讲包括两章,一是"物体与过程",二是"对立的统一"。第一章讲的是物体的运动和发展的规律,从自然讲到社会,批判了一些错误的运动发展观。第二章的篇幅要大得多,阐述的内容也比较全面,涉及力学、物理、化学、生物学、社会和思维各个层面,重点落实在社会层面上。这一章特别弘

---

① 蒲洛,即普罗,普罗列塔尼亚的省称,意即无产阶级人民大众。

② 毛泽东也反对把三大规律说成是并列的观点。毛泽东1965年读李达主编《马克思主义哲学大纲》上册(唯物辩证法)(内部讨论稿)第一篇第三章第一节的批语如下:"辩证法的核心是对立统一规律,其他范畴如质量互变、否定之否定,联系、发展等等,都可以在核心规律中予以说明。盖所谓联系就是诸对立物间在时间和空间中互相联系,所谓发展就是诸对立物斗争的结果。至于质量互变、否定之否定,应与现象本质、形式内容等等,在核心规[律]的指导下予以说明。旧哲学传下来的几个规律并列的方法不妥,这在列宁已基[本]上解决了,我们的任务是加解释和发挥。至于各种范畴(可以有十几种),都要以事物的矛盾对立统一去说明。例如什么叫本质,只能说本质是事物的主要矛盾和主要矛盾方面。如等[此]类推。"(见《毛泽东哲学批注集》,第505—507页)1965年12月21日在杭州的谈话中,他说:马列主义经典著作,不但要写绪言,还要作注释。注释不要搞得烦琐。写绪言,政治的比较好办,哲学的麻烦,不大好搞。比如辩证法的规律,过去说三大规律,斯大林说四个规律。三大规律,一直讲到现在。我的意见是,辩证法只有一个根本规律,就是矛盾的规律。质和量、肯定和否定、现象和本质、内容和形式、偶然和必然、必然和自由、可能和现实,等等,都是对立的统一。哪里有平列的三个基本规律?

扬列宁的哲学观点，比如"颉抗(antagonism)和矛盾是截然不同的。社会主义下的颉抗是消灭了，后者仍然残存着"等。而且，这一章还用一定的篇幅批判了托洛茨基的错误观点。这在当时的中国具有一定的现实意义。其时正值陈独秀等脱离中共中央的领导，另立门户，造成一定社会影响之时。在新哲学的大众宣传中涉及对托陈取消派的批判是有积极意义的。

这一讲座和其他大多数大众化作品一样，具有事理浅显明白、语言通俗易懂的特点。不过，在形式上，这个讲座也有接近学术论著的严谨性的一面，即每章后面都有详细的注释。有的交代引证来源，有的作出进一步的阐述。这对于提高大众的知识水平是有帮助的。

四、王健"通俗社会科学讲话"

王健，生平无考，也许是笔名。1935 年他在《第一线》这个刊物上连载 4 期共五讲"通俗社会科学讲话"，而其主要内容，则在新哲学。《第一线》月刊由上海枫社出版部出版，代表人汪涟。其栏目有散文、诗歌、翻译，文艺论著，论著，文艺杂感，信箱(职业问题)，创作，短论，专论，动的世界，救亡运动特辑，书报简评与介绍等栏目。从内容来看，也属于面向大众的进步刊物。汪涟，即汪孝善，抗日战争时期在中共江苏省委工作。

"通俗社会科学讲话"包括以下五讲："科学底本质及其体系"[①]，"自然现象与社会现象"[②]，"存在与思维——哲学上底两个基本倾向"[③]，"辩证法"[④]和"唯物史观"[⑤]。全文约两万字。《第一线》的第 1 卷第 5 号上面没有再出现"通俗社会科学讲话"。这个系列"讲话"可能就此结束了。

第一讲从唯物辩证法的角度为"前进的大众"谈"科学底本质及其体系"，指出"在这人类历史的前期随着资本主义经济组织日趋瓦解于崩溃行将告终的今日，社会科学已为前进的大众确认为他们的思想与行动底南

① 王健：《科学底本质及其体系》，《第一线》，枫社出版部 1935 年第 1 卷第 1 号。

② 王健：《自然现象与社会现象》，《第一线》，枫社出版部 1935 年第 1 卷第 2 号。

③ 王健：《存在与思维——哲学上底两个基本倾向》，《第一线》，枫社出版部 1935 年第 1 卷第 3 号。

④ 王健：《辩证法》，《第一线》，枫社出版部 1935 年第 1 卷第 4 号。

⑤ 王健：《唯物史观》，《第一线》，枫社出版部 1935 年第 1 卷第 4 号。

针"。而社会科学在斗争中的发展过程,"正表示从矛盾到统一的辩证法的全部过程"。文章还突出了大众和社会科学的关系:"社会科学的介绍与接受是一件事情底两面,前者需要观点的正确,文字的通俗,和实践的必要;后者则为一般大众文化水准的提高。否则,理论与实践不能作有机的联系与运用。"特别从唯物论的角度提出了科学的三个特点,即:客观存在的事物,因果关系及其法则,科学底实践性。这样的一讲着眼于整个科学体系,在新哲学大众化运动中还是很有特色的。

第二讲谈自然现象与社会现象。在自然现象中,重点放在"土地"的性质上,引用了马克思的《资本论》中的一部分论述。然后比较自然现象和社会现象,得出社会现象的几个特点是:具体、有意识、有目的。这一讲还重点论证了"客观的规律性(是)超于人类意识界而独立存在的"这一条新哲学的真理。

第三讲谈存在与思维。开篇就指出"社会科学的哲学基础就是社会科学底研究方法论,这是一个先决问题"。这一章的重点在于宣传列宁对哲学的党派性的论述:"唯物论是认定客观自身或在精神外部的客体的观念及感觉,这是客体底复写或肖像。反对的学说(观念论)却主张客观不存在于精神底外部它是感觉的结合。"这一讲最后指出实践的巨大意义:"正因为阶级社会的存在,尽管统治者怎样猖狂,威陷,站在被统治者的大众底利益的立场上的唯物论者,还在做不断英勇的抗争,实践他们底任务的。"

第四讲谈辩证法。首先引证了列宁的论述,谈辩证法的重要性。接着概述了塔尔海玛在其所著《现代世界观》一书中所说辩证法的 3 个主要命题:对立融合的法则,否定之否定,由量到质的转化。最后指出:"在认清了辩证法的诸法则以后,还要去把握事物底发生的根由和结果,要全面的观察,在发展过程上观察。那是从理论到实践底必然。"

第五讲谈唯物史观。这一讲显示出了作者一定的理论水平,他首先批评了日本马克思主义学者河上肇的《马克思主义经济学基础理论》①中对唯物史观的定义不确,然后提出自己的看法,还不如"把马克思在'政治经济学批判'中所列举的唯物史观公式则要地加以说明,有了这一个基础知识

_____

① [日]河上肇:《马克思主义经济学基础理论》,李达译,昆仑书店 1930 年版。

和南针"。然后他把马克思的观点归纳出一个包含七条原则的"唯物史观公式"。每一条的后面又加上自己的几句言简意赅而又深入浅出的"说明"。最后号召读者"'唯物史观'启示我们对未来的社会的变革不仅抱乐观,并且增强信心,努力实行,那才是理论与实践的统一"。

这个讲话内容上的特点是,非常重视列宁对马克思主义哲学的贡献,很多地方不是引用马克思或者恩格斯的论述,而是列宁的论述。另外,该讲话受日本马克思主义通俗化名家山川均的影响比较大,多次引证《社会主义讲话》①等作品。

五、温锐"少年知识读本·哲学知识"

温锐,生平无考,也许是笔名。1936 年在《少年知识》上连载"少年知识读本·哲学知识"。极有可能是先连载后出单行本,这是当时众多期刊的常用手法。《少年知识》由少年知识出版社出版,社址上海青岛路七十七号。社长是薛威霆,而温锐是三位编辑之一。温锐后来在全民出版社出版过《日本泥菩萨》这一本抗战宣传小册子。另外两位编辑是杭苇和陆洛。杭苇(1908—?)在读书生活出版社出版过《抗战小学教育》,和唐文粹合著。陆洛于 1938 年在全民出版社出版过《另外一种世界(苏联常识)》。《少年知识》是一本面向少年的进步刊物,其特约撰稿人多为大众化运动中的干将,有:千家驹,艾思奇,李公朴,范义中,陶行知,章乃器,张天翼,张劲大,高士其,杨东蓴,刘群,骆耕漠等。"哲学知识"属于"少年知识读本"系列中的一个,其他还有"经济知识"、"历史知识"。因为其对象读者是少年学生,所以其文笔非常浅显,内容也多有选择,以适合少年的知识基础与理解水平。

我们现在所能看到的温锐所作的"少年知识读本·哲学知识"共有四期,分别是:"哲学是什么东西"②,"两种说法"③,"矛盾"④,"变"⑤。受困

---

① [日]山川均:《社会主义讲话》,徐懋庸译,生活书店 1933 年版。

② 温锐:《哲学是什么东西》,《少年知识》1936 年第 1 卷第 1 期。

③ 温锐:《两种说法》,《少年知识》1936 年第 1 卷第 2 期。

④ 温锐:《矛盾》,《少年知识》1936 年第 1 卷第 3 期。

⑤ 温锐:《变》,《少年知识》1936 年第 1 卷第 5 期。

于资料,我们无从知道这个刊物后来有没有办下去,也不知道温锐有没有把这个连载写完。从内容上看,应该还有很多内容没有写。就已有的内容来看,这个"少年知识读本·哲学知识"有以下几个特点:

第一,对话体。这是"哲学知识"系列在形式上最大的特点。作者虚设了两个人,对哲学知识颇有造诣的"阿李"和虚心好学的少年"小王"。小王总是不断地提问,并对阿李的讲述作出自己的理解,进一步阐述。阿李则循循善诱,把新哲学的道理娓娓道来。这种题材很适合少年阅读。对话中的论述不太长,避免了枯燥乏味。而且小王的问题也正是读者心目中的问题,便于引导读者思考。

第二,口语体。这是由对话体衍生而来的一个必然特性。常常使用短句子,时刻注意前后照应,免得听了后面忘了前面,这都适合少年学生的智力水平,有助于他们的理解。比如开首第一句话是小王所问:"阿李,你总讲一个人一定要有正确的哲学,但是我不懂,哲学是什么东西?"如果是在一般的通俗读物中,再通俗的说法也极有可能是"哲学是什么"而不会出现"东西"二字。不过,这里加上"东西"二字反映了少年学生的真实口吻,读来当然有亲切感。

第三,精心筛选内容。面对少年学生讲述新哲学知识,这可能比面对一般失学青年还要困难,不仅要注重通俗化,还要注意知识体系本身既要浅显,又不失系统性。不然很容易要么不能使学生学有所得,要么变成鸡零狗碎的一盘散沙。温锐在这方面做得很好。比如,讲"矛盾"这一节,就重点讲矛盾的统一及其与循环论的区别;讲"变"这一节,就只讲什么是量变,什么是质变,这两者怎么互变。

精心筛选内容的另一个方面,就是特别注重选择生活中的例子。比如在讲哲学和生活的关系时,直接分析国难当头时人们的不同想法,说明新哲学的积极意义。再比如"矛盾"这一节的开头便是从时事说起:

"世界上的事真是完全矛盾的,循环的。你看,这两天绥远不是打起来了吗?各地方无论哪一等人都捐款援绥。中央政府似乎也认为这个时候是抵抗的关头了,但是为什么不全国动员出兵呢?

为什么不喊抗敌而喊剿匪呢？为什么还要同人家开谈判呢？甚至连街头募捐也不许，这不是很矛盾的吗？恐怕又要踏过去的覆辙，又要变成地方事件，地方抗战而失败的，这不是过去一套事实的循环吗？"

这样的问题，有发现，也有错误，正适合这个年龄段的少年。而此后阿李的解说，就是有的放矢了。

第四，在每一期的开头，都要复习上一期的要点，提出 4 个问题。这有助于学生温故知新，也使得每一期连载前后联络，不至于成为散珠碎玉。

温锐的面向少年的对话体"哲学知识"可能最终并没有完成，更没有结集成册，这是新哲学大众化运动中的一大遗憾。

六、《青年文化》的"哲学讲话"

1935 年至 1936 年，济南的《青年文化》月刊上连载有"哲学讲话"。《青年文化》由青年文化月刊社主办，北洋书社发行，有明显的进步倾向。该刊物虽然是以济南为根据地，但其发行面广涉济南，青岛，上海，天津，北平，绥远等地，甚至包括山东的潍县，临清，肥城，聊城等一些小城市。这是新哲学大众化运动不仅仅局限于上海、北平等大城市，而是一个影响广泛的运动的重要证据之一。《青年文化》特设有"通俗讲座"专栏，不仅讲哲学，还有时事解说、经济讲话、小说讲话、作文讲话、历史故事、文艺夜话等栏目。这个刊物是大众化运动中一个有声有色的舞台。

限于资料，现在所能看到的"哲学讲话"共有 5 篇，其中有 4 篇署名秋平，1 篇署名谷鹤。此二人均生平无考，当为笔名，甚至可能就是同一位作者。变换不同的笔名是当时革命所需。这 5 篇文章是：《唯物论和观念论——哲学界的两大分野》[1]，《哲学的阶级性和党派性》[2]，《什么是唯物辩证法》[3]，《什

---

① 秋平：《唯物论和观念论——哲学界的两大分野》，《青年文化》1935 年第 2 卷第 4 期。

② 谷鹤：《哲学的阶级性和党派性》，《青年文化》1935 年第 2 卷第 4 期。

③ 秋平：《什么是唯物辩证法》，《青年文化》1935 年第 2 卷第 4 期。

么是唯物辩证法(续):二、唯物辩证法与其他哲学的斗争》①,《什么是唯物辩证法(续):三、什么是唯物辩证法》②。从选题上来看,这5讲选择的都是新哲学中的关键问题。

从对内容的处理上来看,它们对新哲学原理的解说都很浅显,重在联系实例。比如秋平讲唯物论和观念论的分野,首先是引用的恩格斯在《费尔巴哈论》中的经典阐释,然后就举洛口黄河铁桥的建造为例,又以不同的人对辛亥革命的观点为例进行分析。再如谷鹤的那一篇,开篇就举了3个例子:一个是不同的人对"三一八惨案"的不同看法,一个是德国工人抵制国社党(纳粹)的商店,另一个是大众和某些特殊阶级对大众语运动的不同看法。这些都充分表明哲学的阶级性和党派性问题的现实性。然后,才引用了马克思的经典论述。

从写法上来看,这几篇文章都是叙述和说明多于议论。这能充分保证文章的形象性、通俗性和易懂性。比如秋平的三篇《什么是唯物辩证法》开头是这样表达唯物辩证法的"权威"的:

> "唯物辩证法,现已成为很通俗很时髦的名词了,在一般人的谈话中,我们时常听到这一类的说法:'唯物辩证法才是最正确的一把治学治事的钥匙,譬如你要正确的把握资本主义的本质罢,那就非运用唯物辩证法的思考,就其发生,发展,以致死灭的运动法则上去理解不可。'又有的人们喜欢这样的批评别人攻击别人:'你的见解完全不对,你半点也不懂辩证法',或者说'你这不是唯物辩证法的了解'。这样一来,被批评被攻击的对方,好像一切都不对都没有价值了。到他最后没有办法的时候,他也只好回骂一句:'你才真正不懂辩证法呢!'"

这种叙事的手法,轻松活泼的文风,典型地概括了生活中的争论,使读者很

---

① 秋平:《什么是唯物辩证法(续):二、唯物辩证法与其他哲学的斗争》,《青年文化》1935年第2卷第4期。

② 秋平:《什么是唯物辩证法(续):三、什么是唯物辩证法》,《青年文化》1935年第2卷第4期。

容易参与其中，引起读者的阅读兴趣。接下来讲对立统一的规律，也是不多解释，直接举了3个例子：博物学家李纳的研究，观察心脏的组织，苏联的五年计划的成功实施。一边举例子，一边分析，摆事实和讲道理很协调地结合在一起。

正如艾思奇的《大众哲学》中以上海的黄包车夫所说的地道上海话"规规矩矩"为例，在济南出版的大众化刊物就以济南人熟悉的洛口黄河铁桥为例：

> "现在举个实例来说明吧，离济南城不远的洛口黄河铁桥，是人所共知的一个大建筑，唯物论者相信黄河铁桥的铁架，钢筋，石椿等等，都当作物体存在，在那铁桥设计者还未出生时已经存在，那是许多人的集团劳动的物质过程的结果。但是观念论却不承认这种主张，他们常常说，我虽不否定黄河铁桥的存在，但是铁桥是人类头脑所发生的思考的结果，它只存在于意识中。观念论者忽①视人类所做的工作，忽视人类与自然的斗争。但是，谁都知道，造出黄河铁桥，不是头脑的思考，而正是那些工作。"

如此鲜明的地域特色，正是鲜明的大众化特色的表现。这一段话，无疑会引起那些看着洛口黄河铁桥建起来，甚至参与这座大桥建设的工人的深刻感受。

这一组文章就说理的通俗性而言，当属新哲学大众化运动中的典范之作。

七、李石岑

李石岑（1892—1934），原名李邦藩，湖南醴陵枧头洲人。李石岑曾留学日本东京高等学校。1919年回国后，任商务印书馆编辑，主办《民铎》杂志，任上海多所大学哲学、心理学教授。当时他推崇实用主义和生命哲学，

---

① 这个"忽"和下一个"忽"在原文中都误作"勿"。

认为这两种哲学可以振奋国民的进取精神,激发群众改造社会的热情。李石岑肯定"五四"新文化运动"打倒孔家店",认为这"可以推倒军阀的靠山,拔掉老百姓的迷根"。其时,他因倡言"人生哲学"而声名卓著。1927年,李石岑赴法、英、德等国考察西方哲学。在欧洲,系统研读了从赫拉克里特到费尔巴哈的西方哲学家的主要著作,也认真研读了马克思、恩格斯和列宁的著作,思想发生了很大变化,逐渐转向马克思主义的辩证唯物论。

1930年,李石岑回国后,先后在上海的中国公学、大夏大学、复旦大学、暨南大学和广州中山大学哲学系任教,阐发、推崇辩证唯物论,认为辩证唯物论"在现在和最近的将来,将有一个光华灿烂的发展","未来的哲学必然以新唯物论为主管"。当时正赶上国内哲学思想界围绕本体论与认识论和唯物辩证法的实质问题展开一场大论战。处在思想大转变中的李石岑,抱病参加论战。在哲学的基本问题上,李石岑举起的是唯物主义旗帜。李石岑对新哲学大众化运动的贡献有二:一是《哲学概论》①,二是《科学的社会主义哲学》。

《哲学概论》的副标题"新唯物论",作者据在暨南大学讲授哲学概论的讲义整理而成,语言通俗易懂。全书共分为4编,包括绪论,形上学,认识论,新唯物论;概述了哲学涉及的概念、范畴、分类、研究方法,以及哲学所研究的主要问题。此时的李石岑已经完成了思想的转变和升华,转到了辩证唯物主义的阵营。他认为"未来的哲学必然的以新唯物论为主营",新唯物论的哲学作为方法论的科学,"在现在和未来,将有一个光华灿烂的发展"。所以,这本书作为新哲学的基本读物,受到艾思奇在《怎样研究哲学》中的推荐。

因为李石岑的学术渊源并非来自苏俄,所以这本书对新哲学的理解有其独到之处。关于唯物论,李石岑在书中指出,"自然的整一性就是它的物质性",物质"离开我们的主观、意识、精神而存在","感觉世界从客观世界而来"。对于唯物辩证法矛盾统一律、量变质变律、否定之否定律三大法则,他说:"辩证法的对象是过程,过程是永久的运动、永久的变化,存在转

---

① 李石岑:《哲学概论》,世界书局1933年版。

变为不存在。""有矛盾之处必形成一种对立,有对立必有统一。但对立的统一是相对的,而对立的斗争乃是绝对的。整个的自然界只是统一和斗争的过程。"在认识论上,他提出认识的发展与自然的发展一样,由低级阶段的感性认识上升到高级阶段的思维,前者认识的是事物是"各个现象",后者认识的是事物的"内在联系","二者交互发展其内容"。他说:"认识随实践而发展而扩大,但实践也随认识而发展而扩大,这是互为因果的。"进而指出,社会实践是理解并把握整个现实发展过程的基础。李石岑确实是以一个哲学家而不只是一个哲学宣传家的身份出现的。

1933 年 3 月,为纪念马克思逝世 50 周年,上海青年会邀请著名进步学者举办学术讲座,李石岑不顾白色恐怖的威胁,作了题为《科学的社会主义哲学》的演讲,公开宣传马克思主义哲学思想,并预言"经过若干年军阀混战之后,又经过几次暴动之后,中国必然地走上科学的社会主义之路"。

李石岑虽然是以独立学者的面目出现在新哲学大众化的运动中,却是在不断地趋近于革命,只是天不假时,他于 1934 年英年早逝。

八、其他

新哲学大众化运动中还有很多书籍和文章,笔者不胜枚举,下面只能略举一些有特色的作品。

1.《社会科学论文选集》

《社会科学论文选集》①是在《生活》周刊第七、第八两卷上,李平心、艾寒松、胡愈之(伏生)、景观、克士等人写的短论的合辑。

1926 年 10 月,《生活周刊》改由邹韬奋负责编辑。邹韬奋根据社会和读者需要,从内容到形式,对《生活周刊》进行一次大幅度的革新,确定该刊的宗旨为"暗示人生修养,唤起服务精神,力谋社会改造",从单纯讨论"职业教育"和"青年修养"转而讨论社会问题。邹韬奋十分注重联系群众,总是抽出时间,仔细阅读、答复读者的每一封来信,认真倾听读者呼声,反馈读者信息。由于《生活周刊》文字朴实、亲切自然、贴近生活,又敢于面对现

---

① 平心等:《社会科学论文选集》,生活书店 1936 年版。

实、伸张正义,很快就赢得了广大读者的信任和热爱,成为大众的喉舌。这一组《社会科学论文选集》就是这一时期的《生活周刊》的标志性论文。

其中李平心的《怎样研究社会科学》、《论形式逻辑》、《什么是辩证法》这三篇是宣传新哲学的。而其他的作品都是运用新哲学以及新兴社会科学的常识分析社会生活和时事动态的,同样有助于新哲学的普及。由于《生活周刊》的读者对象是普通市民,所以所用的笔法也都是比较通俗易懂的。《怎样研究社会科学》提倡理论联系实际,《论形式逻辑》批判了形式逻辑弘扬了辩证法,《什么是辩证法》概述了辩证法的发展简史及唯物辩证法的三条主要原理。

2.《清华周刊》

《清华周刊》是清华学生利用课余时间自办的一份刊物,存在时间之长、影响之大,在学生刊物中是不多见的。该刊 1914 年 3 月创刊,原由清华学校编印,自 1928 年 30 卷起改由清华大学编印。清华学校是中国政府利用庚子赔款办起的一个留美预备学校,学校相对民主,学生有结社和出版的自由。而《清华周刊》的编辑思想学校也是无法干预的。1935 年初,进步学生掌握了这一校内重要的宣传工具,地下党员蒋南翔当选为《清华周刊》总编辑,在这上面刊出了一些具有新哲学大众化特色的文章。

庄实的《哲学的斗争》①概述了"统治阶级的哲学与被压迫阶级的哲学是不同的,政治斗争之外加以理论的斗争也就是哲学的斗争:唯物论打倒唯心论,新唯物论打倒机械唯物论"。这篇文章的文字是相当生动活泼的,富有清华青年学子的朝气。摘录一段,以飨读者:

"从生活的需要上说来,有闲阶级要维持他们统治的地位,也必然地拿出唯心派的哲学来做工具,来麻醉被统治的人们。谁中了唯心派哲学的麻醉,他必定以为:宇宙是上帝一手造出来,不能变动,生成这样就好坏也得将就,有钱的人是生来有钱,穷苦的人是命该穷苦,你往上抓失败了那是你本来命运如此,你又太愚笨了,其实你这种不安分的行

---

① 庄实:《哲学的斗争》,《清华周刊》1936 年第 44 卷第 10 期。

动已经有违反天意的罪过了。赶快拜神去祈祷上帝去！人家做皇帝那是因为他是'上天之子'的缘故，大事业是英雄才能干的，而英雄却又是天生的，没有这天赐的福气就别多想吧！外界的东西都是假的，穿好的住好的吃好的算什么，给人打给人欺负给人杀戮算什么，精神上的快乐才是真正的幸福，你别眼热人家的富贵，本来'富贵如浮云'，你心里头想着快活就快活了，你不要抢不要偷，好好地守了本分，死了天堂有你份儿，这才是长久的幸福。如果你现在实在受不了了痛苦，你去求求祖宗上帝保佑吧，也许好一点，但总言之，这世界是上帝造成的，不能变的，你心里头有快乐可求，安静吧。"

实敏的《唯物论辩证法的基本法则》①概述了唯物辩证法的 3 个基本法则，结尾特别指出"必须由外在的事物本身，和人类社会实践生活的历史上来考察，方能得出正确的方法论"。

晓波的《辩证唯物论的认识论》②是一篇长文，阐述了"新哲学范围内的'认识论'"。此文理论性比较强，语言上却也是通俗的。

百森的《世界观·社会观·人生观》③，从人生观到社会观讲到世界观，论述了新哲学在这 3 个方面的观点。最后一个部分又反过来说明了世界观对社会观、人生观的决定作用。

丘西在"书报评介"专栏发表的《读"哲学讲话"》④就是艾思奇在《大众哲学》第 4 版序言中反驳的那一篇。这篇文章虽然批评《大众哲学》但却站在新哲学立场来批评，这一点艾思奇是承认的。尽管有批评，依然是有"评"有"介"，提倡的是新哲学。

3.《女声》

《女声》月刊，由上海女声社发行，属于综合性妇女刊物。"以发表妇女主张，供献妇女文艺、鼓励妇女工作，公开讨论妇女问题为宗旨"。刊登家

---

① 实敏：《唯物论辩证法的基本法则》，《清华周刊》1936 年第 44 卷第 2 期。
② 晓波：《辩证唯物论的认识论》，《清华周刊》1936 年第 44 卷第 3 期。
③ 百森：《世界观·社会观·人生观》，《清华周刊》1936 年第 44 卷第 10 期。
④ 丘西：《读"哲学讲话"》，《清华周刊》1936 年第 44 卷第 1 期。

庭生活、妇女状况、职业妇女和女学生调查等有关论著,同时介绍国内外著名女性的生活与事业、妇女书报等,还有部分诗歌、小说等文学作品。从内容来看,其立场比较进步。发表过一些新哲学大众化的文章。

邱丘在"大众知识"栏目中发表的《哲学是什么东西》①"为着使大众对哲学有点基本的知识",站在新哲学的立场上,讲述了"哲学对我们的需要,哲学研究的对象和它的任务",并愿意回答"由大众的读者提出一些问题"。随后的《物质与精神》②,批判了唯心论和二元论的错误,并以孙中山的革命为例,说明社会斗争的背后也是由物质力量推动的。袖群在"哲学讲话"专栏中发表的《认识与行动》③,解说了人能够认识客观世界,并谈论了认识客观世界的方法问题,提出"行动是认识的基础",提倡用实践认识世界、改造世界。

4.尹景湖

"社联"北平分盟盟员尹景湖在《世界日报》上发表《英雄造时势呢? 还是时势造英雄? ——唯物辩证法应用之一》。该文从唯物辩证法入手,阐述了唯物史观的原理,是把唯物辩证法和唯物史观结合起来的大众化佳作。

5.刘鸿钧

《现代》是一个以文学为特色的知名杂志,而刘鸿钧在《现代》的"通俗学术讲座"栏目中发表《我们为什么有学哲学的必要?》④,这足以说明新哲学大众化运动的影响力之大了。

该文阐述了哲学的"本质、对象和作用",总结了学哲学的必要性:"哲学是以论究一般的运动法则为本质,因此他论究着自然、社会、人生、思维、思维与存在的关系,思维的方法等等一般运动的法则。……指导我们的实践活动,更有懂得哲学的必要。"

6.《起头杀尾的哲学》

其他,再如《社会评论》上笔名为"玩世"的一位作者在"哲学讲话"栏

---

① 邱丘:《哲学是什么东西》,《女声》1934 年第 3 卷第 5 期。
② 邱丘:《物质与精神》,《女声》1934 年第 3 卷第 6—7 期。
③ 袖群:《认识与行动》,《女声》1934 年第 3 卷第 13 期。
④ 刘鸿钧:《我们为什么有学哲学的必要?》,《现代》1935 年第 6 卷第 3 期。

目发表《起头杀尾的哲学》①，从万事万物都是运动发展的观点出发，批判维护旧社会的统治秩序的旧哲学是只有起头没有杀尾的哲学，也具有新哲学大众化的特点。这一篇文字是新哲学大众化运动中独具小品文风格的短章。

7.陈瑞志的《现代社会科学讲话》②

陈瑞志，进步学者，撰写过《五四运动之史的评价》、《抗战与民众训练》、《抗战与社会问题》、《教育建设》等著作。1934 年出版《现代社会科学讲话》，该书很受欢迎，1935 年已出至第 3 版。这本书阐述社会科学的基础知识。包括社会科学是什么，社会科学研究法，社会基础和社会建筑，社会问题，社会思想 5 章。卷末附社会科学自学书目，并带有提要。其中第二章"社会科学研究法"分 4 节阐述了唯物辩证法，包括：怎样去理解社会科学，从唯心论到唯物论，辩证法，唯物史观。他把辩证唯物主义的方法作为社会科学的研究法，这说明他是非常重视马克思主义的辩证法的。

该书写作目的有明确的通俗化大众化倾向。作者在"卷头语"开头以富于文采的笔法写道："社会科学思潮澎湃的今日，那些闪烁的浪花，已飞溅在大众的面前了。"而本书的写作就是为了给大众提供基础的知识。下面这段话更能体现这一点：

> "本书的编辑，就是要想是那沉浸在帝国主义时代的中国群众和中国青年，给与正确的新兴社会科学的一个指标。所以全书取材，重在基础智识的灌输，并无高深理论的探讨；凡是基础智识上尤其重要的地方，往往不避重复，反复说明，所以全书体系，和普通社会科学书籍有些异样，因为本书是充饥的'黑面包'，不是调味的'白奶油'。"

"黑面包"和"白奶油"的比喻来自《列宁印象记》中列宁对大众文化的描述，也和艾思奇对《大众哲学》写作的解说有异曲同工之妙。艾思奇曾经把

---

① 玩世：《起头杀尾的哲学》，《社会评论》1935 年第 5 期。

② 陈瑞志：《现代社会科学讲话》，生活书店 1934 年版。

《大众哲学》比作"大饼",而饱受卖"西点"的学院派的攻击。艾思奇也曾解说《大众哲学》中的重复和不加剪裁,是顾虑到读者的接受力,而故意这样做的①。

然而,陈瑞志却不是一个彻底的革命者。他对各种思想的解说并没有彻底地站在马克思主义的立场上。他自己在"卷头语"中也说,他"有时把研究某种学说的代表作,整段引用过来,虽与本书其他部分,发生矛盾,亦所不避"。这说明他的写作的初衷就是述而不作,没有自己的立场和观点。尽管他认识到了马克思主义新哲学的重要性,但是并没有真正懂得马克思主义。这使得他对新哲学的介绍有的地方就有失偏颇,不加选择。其第五章第七节写的是"马克思主义的分化",其中以社会民主主义为正统派社会主义,另外并列介绍了工团主义、修正主义、基尔特社会主义等派别,却丝毫没有涉及马克思主义,特别是马克思主义哲学在苏联的新发展。而且,全书的结尾为国民党的三民主义大加渲染美化,其中全是人云亦云之说,成了整本书中的"最后一颗烂花生"。

马克思主义哲学大众化运动在"社联"时期发生、发展,由艾思奇推向高潮。正在高歌猛进的时刻,日寇开始了对中国的全面侵略。形势的变化迫使大众新哲们离开上海这个马克思主义哲学大众化运动的中心。不过,离开不是结束,而是迎来了把这个运动推向新的高潮的契机。

---

① 艾思奇:《关于〈哲学讲话〉(四版代序)》,载《大众哲学》,读书生活出版社 1936 年第 4 版。

第五章　第二个高潮:抗战中

　　抗日战争是中华民族历史上的大事变,这一事变使中国人普遍觉醒,起来为中华民族的生存而斗争。为了取得斗争胜利,中国大众迫切需要理论指导和精神武器。因此,作为认识问题和解决问题的指南和方法的哲学成了中国大众所需要的知识。马克思主义哲学大众化运动正因为这种客观需要而日益兴旺。

　　抗日战争爆发前,马克思主义哲学在中国的传播一直以上海、北平等中心城市为主要基地,以文章书籍、理论论战为主要形式。抗战全面爆发后,改变的不仅是中国革命的性质和任务,中国马克思主义哲学运动的发展方向和传播方式也随之改变。马克思主义哲学的大众化依然在进行,而马克思主义中国化逐渐成为一个新的主题。本章只谈马克思主义哲学大众化运动在抗战中的深入发展,而大众化和中国化的关系问题,留待后文。

第一节　时代背景

一、"孤岛"上海

　　孤岛,指的是 1937 年 11 月 12 日上海沦陷后到 1941 年 12 月 8 日日军发动太平洋战争之前的上海租界区。

　　1937 年 7 月 7 日,抗日战争全面爆发,战火很快燃烧到上海。"八一三"淞沪抗战开始,3 个月后上海陷落。由于英、美、法等国家实行中立政策,入侵的日军不能合法进入这几个国家在上海的租界,所以大批难民涌入租界。黄浦江沿岸的租界区地处上海市中心,在广大的沦陷区中如同汪洋中的孤岛。直至4年之后,日军侵占租界区,上海的孤岛时期结束。

"孤岛"时期的上海,租界人口剧增,房价猛涨,经济畸形繁荣。到1938年底,租界内恢复生产和新建的工厂总数达4700多家,超过战前两倍以上,在1939年,又新设工厂1705家,而工厂的利润是战前的两到三倍。然而,此时的大众却备受多重剥削,物价长期上涨,投机活动猖獗。1939年前后,尽管生产迅速恢复,效益好于战前,但是很多工厂还是借种种理由克扣工人工资,劳工阶层的境况实际上趋于恶化。据日本学者岩间一弘在《1940年前后上海职员阶层的生活情况》一书中披露,战前上海工人生活费支出中食物和房租分别占53.2%和8.3%,而到1940年,食住开支占到了总支出的82%以上。生活所迫,小小的租界中竟然一再发生工人罢工事件。

在"孤岛"时期,日本侵略者一面挥舞军刀,扶植汉奸特务势力,施行赤裸裸的高压政策,对抗日志士施展绑架、暗杀等恐怖手段;一面在思想文化领域推行奴化政策,大搞"精神侵略"。他们竭力推行奴化教育,强化反动宣传,鼓吹腐朽思想和封建迷信,甚至开放烟、赌、娼等毒窟,残害平民的身心。他们通过《新申报》、《中华日报》等汉奸报纸,连篇累牍地鼓吹"中日同文同种"、"中日共存共荣"、"和平反共建国"、"建立东亚新秩序"等反动谬论,并在工人中直接散发这类报刊渲染"中日亲善"。他们大造"苏俄赤化中国"的舆论,故意颠倒黑白,蛊惑人心,以此将自己装扮成中国人民的"友好使者",硬把对华的侵略说成是"对华的援助"①。他们设立汉奸训练班和日语学校,培植亲信,并"由汉奸办一些女工学校"、职工学校,把文化侵略的魔爪伸向各个阶层,企图以此摧毁上海人民的抗日意志,将其驯服为甘受奴役驱使的工具。②

面对更加严峻的形势,中共地下党组织积极行动起来,抗日救亡,宣传

---

① 白桃:《抗战三年来的中国教育》,《中苏文化》抗战三周年纪念特刊,1940年7月7日出版。

② 马纯古:《上海工运的现况报告》,中华全国总工会资料室1954年翻印本,第5—6页。

革命思想。当时,大批滞留上海的进步文化人士相继进入租界,在中共地下文委的组织领导下,利用英、美、法等国家和日本之间的利益冲突和租界的中立地位,发挥上海大都市的优势,与全国各地相配合,坚持抗日爱国文化活动,取得很大成绩。胡愈之等创立复社,翻译出版了斯诺的《西行漫记》,整理出版了《鲁迅全集》;读书生活社首次出版马克思《资本论》的全译本。这些都极大地推动了革命文化事业的发展。

虽然艾思奇、陈唯实等领袖人物离开了上海,但是李平心等人却留下来继续战斗,还涌现出了黄特、平生、公直、巴克等一批新锐战士。马克思主义哲学大众化运动在书籍出版和课程讲授这两条战线上都蓬勃开展,取得了新的成绩。

在公共授课宣讲方面,上海地下党组织根据中共中央关于就地组办"抗大"培训干部的指示,对外以职业界救亡协会的名号,使用中华职业补习学校(简称"四补校")的名义和校舍,举办《现代知识讲座》,内容包括哲学、政治经济学、时事政治等,这实际上就是共产党办的干部培训班,当时有"上海抗大"之称。四补校的《现代知识讲座》聘请新哲学大众化的干将李平心,最早翻译并出版《共产党宣言》的陈望道,还有周谷城、孙冶方、王任叔等进步教授、学者担任教师。李平心主要负责哲学部分。他的哲学讲座深入浅出,长于说理,深受广大青年欢迎。使得许多青年学得了一些马克思主义哲学的基本原理和抗日救亡的道理,提高了政治觉悟,为轰轰烈烈的抗日民族运动培养和输送了大批优秀干部。讲座共举办了3期,学员共800余人。

在期刊出版方面,《哲学》月刊1940年11月在上海创刊,由读书生活出版社的驻上海的新人出版社出版发行,被当时人称之为"新哲学体系的百科全书"。该刊创刊号指出:"作为意识形态综合表现的哲学的研究、学习和运用,在民族斗争、反封建的社会斗争激烈的今天有特别重大意义。该刊要在意识形态的部门担负起服役于历史必然的神圣任务。要牢记一个伟人的话:思想一旦深入群众而抓住了他们的头脑,它便成为一股巨大的物质力量。"该刊的主要撰稿人有刘涟、黄特、哲夫、吴弘远等。该刊以面向大众为主,遵循理论联系实际的原则,结合新民主主义革命斗争实践阐发马克思主义哲学,同时也发表一些专门性的学术论文。该刊1941年7月被国民党当局查封,共出版两卷计九期。

由胡家桢担任发行人的《新知》,初为十日刊后改为半月刊,也是新哲学大众化运动的一个主要阵地。其中有研究性论文,如张如心的《抗战期中的哲学研究》①,更多的是大众化文章,比如黄特的《与平生君论真理》②,薇漪的《自然科学研究的基本对象——物质的运动》③,君禾的《评介几本译作的哲学小册子》④,史非的《什么是物质——为香气及光热等是否为物质之争论而作》⑤等。其"新知现代语汇"栏目,面向大众介绍了很多新哲学的名词。黄特的《新哲学谈话》就是首先在上面连载,再出单行本的。

在书籍出版方面,代表作有黄特的《新哲学谈话》,平生的《新哲学读本》等等。

由于抗战的紧迫形势,这时新哲学大众化书籍的内容显示出和前一时期不同的特点,即重视对侵略行为的剖析。这一点将在后面结合具体作品深入分析。

二、延安

在以延安为中心的抗日根据地,马克思主义哲学传播活动以学习、教育和研究的形式而更加公开化、多样化,内容也更加具体化、方法化,从而推动中国的马克思主义哲学运动进入一个新的发展阶段。

抗日战争爆发后,中国革命面临的新形势和新任务,在客观上要求中国共产党人加强马克思主义哲学理论著作的学习和研究。为此,中共中央在1938年5月成立了专门的翻译机构——延安马列学院编译部,专门负责马列主义著作的翻译和编辑。此后,编译部一直保留并扩大。延安出版的马列主义哲学著作大部分出自这个编译部的成员之手。

---

① 如心:《抗战期中的哲学研究》,《新知》1939年创刊号。

② 黄特:《与平生君论真理》,《新知》1939年创刊号。

③ 薇漪:《自然科学研究的基本对象——物质的运动》,《新知》1939年第1卷第2期。

④ 君禾:《评介几本译作的哲学小册子》,《新知》1939年第1卷第5期。

⑤ 史非:《什么是物质——为香气及光热等是否为物质之争论而作》,《新知》1940年第4卷第6期。

1938 年下半年，在毛泽东的领导下，延安掀起了新哲学运动的新高潮。其标志事件有二：一个是延安新哲学会的成立，一个是干部学哲学运动。

在毛泽东的倡导下，由艾思奇、何思敬、高士其、周扬、任白戈、张庆孚、张如心等 18 人发起，延安新哲学会于 1938 年 9 月成立。这是中国抗日战争时期在延安建立的研究和普及马克思主义哲学的学术团体。《新哲学会缘起》这一纲领提出"为着要使理论更有实际的指导力量，在研究上不但仅仅要综合眼前抗战的实际经验和教训，而且要接受一切中外最好的理论成果，要发扬中国民族传统中最优秀的东西"。① 新哲学会号召全国理论研究者们团结起来，为抗战建国的任务，为着理论在中国的发展，用集体的力量来尽自己的责任。它的主要任务是组织研究、翻译和学习马克思主义哲学，推动马克思列宁主义在中国的传播和发展。参加活动的有高级干部、理论文化教育工作者和一般干部。在延安的许多党政军机关、学校，都成立了哲学研究会、研究组。毛泽东、朱德等许多中国共产党中央领导人亲自参加并指导新哲学会的活动。学会成立后，翻译了许多马克思主义哲学著作，编辑了一些哲学教材，并经常举行哲学报告会、座谈会、讨论会。延安新哲学会活动的一个显著特点是理论联系实际，强调要用马克思主义哲学研究和指导中国革命的实践，同各种错误思想作斗争，对动员和组织广大干部学习和应用马克思主义哲学、培养理论研究和宣传干部，起了很大的作用。1940年 6 月，在延安举行第一届年会。毛泽东、洛甫、朱德、茅盾、艾思奇等 50 余人出席会议。毛泽东在会上讲话。他充分肯定了学会的方向和取得的成绩，指出理论的重要性，提出搞革命如不提高革命理论，革命胜利是不可能的。艾思奇、陈唯实、周扬、范文澜、何思敬、和培元等在会上宣读论文。该会对于动员和组织广大干部学习马克思主义哲学，提高全党的马克思主义理论水平，培养理论研究和宣传干部起了很大的作用。在其带动下，延安以外的解放区和国民党统治区许多干部和进步知识分子也掀起了学习马克思主义哲学的热潮。延安新哲学会还和不少地方的学术团体建立了联系，互

---

① 《新哲学会缘起》，《解放》周刊 1938 年第 53 期。

相交换学习资料和研究成果,推动马克思主义哲学在中国进一步广泛深入的传播。

为提高全党干部的马列主义理论水平,适应抗日战争新形势新任务的需要,毛泽东和中共中央在广大干部中号召普遍开展马克思主义哲学理论学习和教育活动。1938 年 10 月 14 日,毛泽东在中共六届六中全会上提出:"一切有相当研究能力的共产党员,都要研究马克思、恩格斯、列宁、斯大林的理论。……干部应当着重地研究这些,中央委员和高级干部尤其应当加紧研究。……在担负主要领导责任的观点上说,如果我们党有一百个至二百个系统地而不是零碎地、实际地而不是空洞地学会了马克思列宁主义的同志,就会大大地提高我们党的战斗力量,并加速我们战胜日本帝国主义的工作。"①根据中共六届六中全会决议精神,延安及附近地区的机关、部队、学校、群众团体中的在职干部,相继开展以学习马列主义理论为主要内容的在职干部教育活动。广大干部,按不同文化程度,分别编班参加学习。在中、高级干部学习班的学习计划中,辩证唯物论和历史唯物论是主要内容。规定的学习材料中除必读的马克思主义哲学经典著作外,还有艾思奇主编的《哲学选辑》和《哲学讲座》。1941 年 9 月,中共中央书记处作出建立高级学习组的决定。这个理论学习活动,实际上是延安整风运动的前奏。1942 年 2 月,毛泽东在中共中央党校开学典礼上作《关于整顿党的作风》的报告。随后,整风运动全面展开,其具体内容主要有反对主观主义以整顿学风,反对宗派主义以整顿党风,反对党八股以整顿文风。从哲学史的视角来看,延安整风运动的实质是延安时期马克思主义哲学学习、普及活动的高潮和新的形式。正如 1942 年 6 月 10 日延安《解放日报》发表的题为《宣传唯物论》的社论所指出的:中国共产党整顿"三风"的精神实质,就是宣传唯物论。延安整风运动中的唯物论宣传,以反对主观主义为突破口。反对主观主义、宣传唯物论是延安整风运动的实质内容,也是新形势下创立的马克思主义哲学大众化宣传的一种新形式。这虽然首先是对共产党党内而发,但对于全民族也一样有重大的意义。

---

① 《毛泽东选集》第 2 卷,人民出版社 1991 年版,第 532—533 页。

　　这一时期的马克思主义哲学大众化的工作，在出版通俗哲学读物这方面继续保持原来的良好势头。其中影响较大、流传较广的有艾思奇著的《实践与理论》、艾思奇编辑的《哲学选辑》、艾思奇和吴黎平合著的《唯物史观》(又名《科学历史观教程》)。博古编译的《辩证唯物论与历史唯物论基本问题》影响也很大，一套共4册，大部分译自20世纪30年代和40年代苏联哲学家米丁、罗森塔尔、康士坦丁洛夫、亚历山大洛夫等人在《马克思主义旗帜下》、《布尔什维克》等杂志上发表的哲学文章。书后还有两个附录，一篇是辩证唯物论与历史唯物论研究提纲，另一篇是论机械论和孟什维克化的唯心论的反马克思主义的实质。这是一本内容丰富、很受欢迎的学习研究马克思主义哲学的参考读物。

　　这一时期的马克思主义哲学大众化运动的任务，不仅是把外来的经典马克思主义哲学以通俗的形式向大众宣传，更把马克思主义中国化的新成果作大众化宣传。抗日战争的残酷现实和复杂矛盾，在客观上要求马克思主义哲学传播和研究，不能仅仅是纯学术原理和概念的介绍解释，而是必须和这个阶段中国社会发展的特定历史任务、具体的斗争实践紧密联系，以指导和帮助中华民族取得斗争的胜利。于是就有了"马克思主义中国化"、"理论现实化"、"学术中国化"、"建立新民主主义的新哲学"等一系列口号和任务的提出和探讨。通过广泛讨论，形成了初步共识，推动了中国马克思主义哲学传播运动的深入。在推动马克思主义中国化新成果走向大众这方面，李达作出了巨大的贡献。为了帮助广大干部群众学习《实践论》和《矛盾论》，哲学社会科学工作者撰写出版了一批学习辅导教材，其中李达撰写的《〈实践论〉解说》和《〈矛盾论〉解说》影响最大。这两本解说有两个特点：一是准确、通俗。作者采用了逐段解说的方式，在既不重复原著，又不偏离原著的前提下，用通俗易懂的语言准确阐明原著的本意；二是全面、详细。作者运用社会科学、自然科学、中国革命实践等方面的事例，从不同侧面对原著的每个重要观点进行详尽的解释，并作适当发挥。

　　这一时期的马克思主义哲学大众化运动有了隶属于中共中央的出版机构——延安解放社。该社成立于1937年4月，是马克思主义哲学传播的重要基地。延安解放社出版的通俗哲学读物除了上面已经介绍的以外，还收录了马克思、恩格斯有关社会主义基础知识的文章《社会主义入门》①,介绍列宁主义的基本读物《列宁主义初步》②和《什么是列宁主义》③等。此外,还出版大型理论刊物《解放》周刊,以及《解放日报》、《新中华报》等多种报刊,它们同样是面向大众传播马克思主义哲学的重要阵地。

三、重庆

抗日战争爆发后,在以重庆为中心的国民党统治区,马克思主义哲学的传播和研究虽然不可能像在延安那样公开而大张旗鼓,但仍然以特殊的方式,顽强坚守自己的阵地,继续扩大其传播范围为中国革命提供有力的哲学支持,从而成为中国马克思主义哲学运动发展的一个不可忽视的力量。

国统区的马克思主义哲学传播和研究,主要依托一批进步学术团体、进步刊物和进步出版机构,以文章、翻译介绍和理论著述为主要传播形式。创办刊物,以刊物为传播阵地,是在国统区传播、研究马克思主义哲学,并与各种反马克思主义哲学思潮作斗争的坚强战斗堡垒。其传播内容,是在介绍发挥马克思主义哲学基本理论的同时,强调它的"中国化",即强调马克思主义哲学与现实社会实践活动的结合,强调用民族形式来表现它。

在重庆,被称之为"延安新哲学会分会"的中国学术研究会,是一个由进步学者、教授、文化人士组成的学术研究团体,潘梓年、胡绳、沈志远等一批中国共产党的理论精英是这个学术研究团体的核心和灵魂。其机关刊物是《理论与现实》杂志,在国统区的马克思主义哲学传播和研究中起到领头羊的作用。潘梓年主编的《群众》周刊经常发表各种理论批判文章,集中反映了马克思主义哲学与各种反马克思主义哲学思潮之间的冲突和斗争;胡绳主编的《读书月报》也刊登过多篇好的哲学文章,并常常以集体讨论的方式,对马克思主义哲学的中国化、新民主主义的哲学,以及其他文化和现实问题作专门的深入探讨。

地区间的合作与交流,扩大了马克思主义哲学理论著作的传播范围。

---

① [德]马克思、恩格斯:《社会主义入门》,民族解放社青年社 1938 年版。

② [苏]雅洛曼绥夫:《列宁主义初步》,解放社 1938 年版。

③ 文维城辑译:《什么是列宁主义》,解放社 1938 年版。

在中共中央出版发行部的统一协调领导下,延安解放社出版的各类读物,通过各种渠道,送到敌后抗日根据地和国统区翻印发行,国统区和敌占区出版的进步书籍也常被延安解放社翻印,在抗日根据地发行。从 1939 年起,中共长江局在武汉就利用新知书店的资金和人员,以中国出版社的名义专门翻印延安解放社出版的马列主义著作,在国统区发行,其中有《马克思恩格斯论中国》、《法兰西内战》、《共产党宣言及党章》、《社会主义从空想到科学的发展》,及列宁和斯大林的著作。中国出版社出版的书,如博古翻译斯大林著的《辩证唯物主义与历史唯物主义》,就曾由延安解放社翻印在抗日根据地发行。除此之外,延安解放社还与坚持战斗在沦陷区和国统区的几家著名进步书店——生活书店、新知书店、读书生活出版社合作,相互支持,充分利用这些书店的分支机构和发行网,把马列主义著作和进步书刊源源不断地送到人民大众手中。

第二节　胡绳

在这一时期,为新哲学大众化运动贡献最多的大众哲学家当属胡绳,其代表作有《辩证法唯物论入门》、《思想方法》、新"哲学漫谈"。尤其新"哲学漫谈"开辟了哲学大众化的独特形式,形成了胡绳特有的"漫谈"风格。

一、《辩证法唯物论入门》

1938 年 5 月到 7 月间胡绳在汉口创作完成《辩证法唯物论入门》,由新知书店出版。这本书深受大众欢迎,在抗日战争期间及抗日战争后曾多次由新知书店、三联书店、辽东建国书社等机构再版。直到新中国成立后,还由各地新华书店、群众服务社等翻版印刷。

该书不到五万字,在最简短的篇幅里,包罗尽辩证法唯物论的全部的、丰富的内容。此书既题名为"入门",就表明有明确的大众化、通俗化目标,以文化程度不高的工人农民为读者对象。胡绳在这本书的"前记"中写道:

"这本书的名字既然是叫做'入门'，自然是比较通俗的，是为了对于哲学还缺少基本的完整的认识的人而写的。我说它是'比较'通俗的，就是说它在通俗的一点上并没有能做到最大的可能。虽然我尽量求理论叙述的清楚易解，但我在写到中途时发觉：一本真正通俗的，能够给工人、农人阅读的辩证唯物论的读本，必须根本改变一般的叙述的系统，要从现实的具体生活的描写出发，加以分析，逐步达到客观现实的法则性的揭发，最后达到哲学上的最高理论的阐明。"①

为了达到这样的大众化与通俗化的目标，胡绳在写法上做了精心的安排，他说："因为要使这本书做到简明易读，我竭力避免牵涉到欧洲哲学发展史上的问题。"这样，全书的结构安排了5章，分为：辩证法唯物论的战斗性，辩证法的唯物论，唯物论的辩证法，以及辩证唯物论的认识原理。其中唯物论的辩证法分为上、下两章，前一章讲唯物辩证法的三条原理，后一章讲唯物辩证法的几组范畴。这样的结构安排完全是从新哲学的理论体系本身入手，而放弃对哲学史的介绍。笔者认为，这么做，出于大众化的需要。大众实际需要的是掌握新哲学的原理，即使讲哲学史，也是为了帮助理解哲学原理，如果不讲哲学史也能达到这个目的，那么就可以不讲。胡绳做到了这一点。反之，如果是学术性的研究，没有历史发展的观点，哲学原理是讲不透彻的。

在这样薄薄的小册子中对新哲学作全面而通俗的介绍，是难能可贵的。这本书在内容上的别致之处，在于对新哲学的认识论做了更进于前人的系统性介绍。此前的新哲学大众化作品，对认识论做阐述的主要有以下三家：艾思奇《思想方法论》的第三章"认识论和思想方法"，冯定《青年应当怎样修养》中的第四章重点探讨新哲学的认识论和真理观，沈志远《现代哲学基本问题》中的第四章"新唯物论的认识论"。这三个章节由于作者对全书的通盘考虑，都不适合全面地介绍认识论。胡绳的这本书弥补了以上缺陷。书中的这部分首先阐述了认识论的几个问题，包括认识与物质、方法，认识

① 胡绳：《辩证法唯物论入门》，《胡绳全书》第4卷，人民出版社1998年版，第161页。

与反映的关系,认识论研究认识的发展法则等。然后,重点论述了感觉这一认识的基础,说明了感觉直接反映客观事物,感觉的社会性等内容。接着,胡绳的论述从感觉进入思想,讲述了思维的物质基础问题,感觉表象与概念的关系,说明了思维是更深刻地反映现实,而感觉与思维是矛盾的统一的关系。最后,这一章论述了真理与实践的关系,解说了真理的客观性、发展性、绝对性与相对性问题,强调应在实践的行动中追求真理。重视认识论,善于讲解认识论,这是胡绳的特点,这也为他后来写《思想方法》和《怎样搞通思想方法》打下了基础。

马克思主义在中国的传播开始走向"中国化"的那个时代,学术眼光敏锐的胡绳的这本书和此前同类书籍的鲜明不同点在于:在"大众化"的同时,有了明确的"中国化"目标。他在"前记"中说道:

> "用现实的中国的具体事实来阐明理论,这应该是所谓'中国化'的意义的另一面。但我却不必夸耀在这书里是用了许多现实的例子,因为假如离开了目前在每个中国人面前的无限丰富的急激变动的现实,我将从什么地方去找求'例子'呢?而且我应该承认在这书里举的例子实在还是不够多方面、不够丰富。"

尽管胡绳非常谦虚,但实际上他不仅做到了,而且做得很好。该书写于抗战时期,紧密联系抗战现实的例子随处可见。比如在讲物质论的时候,提醒读者抗战的口号"精神战败物质"并不能直接拿到哲学上来看,更不能用于否定唯物论。再如,引用恩格斯的名言"军国主义就在自身辩证法的发展的影响下破灭下来"说明日本帝国主义必然灭亡。比如在第三章第一节中论述到帝国主义和殖民地的矛盾,指出中国在殖民化的过程中必然会资本主义化,中国的民族意识也同时得到了发展。"帝国主义一方面创造了供剥削的殖民地,同时也创造了反对自己的殖民地,这是帝国主义世界无法解脱的矛盾,这种矛盾造成帝国主义世界中的一切动乱,也将造成帝国主义最后的崩溃。"

二、《思想方法》

《思想方法》是一本篇幅短小的册子,最初发表在 1940 年重庆生活书店出版的《读书月报》上。胡绳从武汉转移到重庆后,接替了艾寒松和史枚编辑《读书月报》的工作。他在这个杂志上设立一个专栏,用简短的篇幅介绍各科的基本知识,每三五期连续刊载一种学科。胡绳除了约请别人写,自己还写了思想方法。1941 年 1 月发生"皖南事变",国内政治形势恶化,生活书店在重庆很难存在,《读书月报》和别的在重庆的进步刊物一样只能停刊,胡绳也远走香港。《思想方法》后来由生活书店出版单行本,叫做《思想方法论初步》①。新中国成立后这个小册子还曾多次重印,总量约达十万册之巨。

全书除了绪言和结论外,正文有 5 节。该书并没有对唯物辩证法的思想方法作完整的叙述,而是使用抗日战争时的材料,"把斯大林所提出的辩证法的四个要点作为思想方法来做一点通俗的初步的说明"②。

1938 年,斯大林在《联党(布)党史简明教程》的第四章第二节"辩证唯物主义和历史唯物主义"中把辩证法规定为四个特征:一、万事万物是普遍联系的观点;二、变化、运动和发展的观点;三、飞跃、质变或渐进过程中断(量变导致质变)的观点;四、以及矛盾、对立和斗争必不可免的观点。③ 这在当时,是苏联哲学届对唯物辩证法问题的最新概括。胡绳在 1940 年就对此作了通俗化的解说,并且糅合在更具有实践价值的思想方法论中。

这本小册子的第一节是一个总论性质的概述,简要解说了"思想是什么"和"我们怎样思想"这两个方面的问题。其总观点是新哲学的实践观:"我们的思想方法,观察事物的方法,不是消极的、被动的、静止的,不是和实际的行动——实践——脱离的。我们在实践中丰富我们的思想,又反过来,以思想来指导实践。"其后的四个小节,就按照斯大林的概括,分别解说了四个要点。第一是从联系的观点观察事物,即一切事物都是互相密切地

---

① 胡绳:《思想方法论初步》,生活书店 1941 年版。
② 胡绳:《思想方法》,《胡绳全书》第 4 卷,人民出版社 1998 年版,第 247 页。
③ 斯大林:《辩证唯物主义和历史唯物主义》,《斯大林选集》第 2 卷,人民出版社 1979 年版,第 424—454 页。

联系着的,因此在观察一件事物的时候,必须观察它和周围的其他许多事物的联系。第二,阐述了一切事物不但互相联系,而且它们自身还在不断的变动发展中,因此我们还要从运动与变化、新生与死亡中去观察每一样事物,即从运动、变化与发展中观察事物。第三,发展的过程,即发展的规律是从逐渐的缓慢的变化,而转变成突发的根本的变化。第四,发展过程的根本内容,即揭发与暴露在事物内部所包含着的矛盾,这正是发展过程,质量推移的根本的内容。

此书最大的亮点是在结论中正确地指出:“这种方法最根本的一点是要我们不把事物看成静止的、不动的,而是要从矛盾对立的发展过程中来观察事物,所以这种方法是辩证法的方法。”毛泽东曾经批评李达因袭斯大林的看法,把辩证法的几个要点并列起来,说“不必抄斯大林”[1]。胡绳这一句画龙点睛之笔,确实很有理论见地。

这本书的通俗性非常鲜明。除去行文上的通俗易懂、形象生动、联系实际、不避重复外,最值得一提的是在每一章的最后,都用简要的几句话概括整章大意,便于初学者学习,容易把握辩证法的要点。

三、新“哲学漫谈”

抗战前,胡绳在上海,曾在《新知识》和《新学识》杂志上连续发表过13篇书信体裁的“哲学漫谈”,是写给他妹妹的信,在《胡绳全书》第4卷中整理出来。上一章中对其已有述评。笔者这里要谈的是胡绳仍以“哲学漫谈”的名义在重庆学习生活社[2]出版的期刊《学习生活》上连载的两篇文章:《说矛与盾》[3]和《为跌下而进的塔》[4]。虽然不再是书信体,但依然保持了漫谈的亲切风格,属于哲理小品文。

《说矛与盾》先讲述了《韩非子》中“自相矛盾”这个成语故事,解说了

---

[1]　毛泽东1965年读李达主编《马克思主义哲学大纲》上册《唯物辩证法》(内部讨论稿)第一篇第三章第一节的批语,见《毛泽东哲学批注集》,中共中央文献研究室编辑,中央文献出版社1988年版,第507页。

[2]　可能就是读书生活出版社的化名。

[3]　胡绳:《说矛与盾》,《学习生活》1940年第1卷第5期。

[4]　胡绳:《为跌下而进的塔》,《学习生活》1941年第2卷第3—4期。

词汇的语义,顺带讽刺了一下汪精卫的投降。这篇文章的神来之笔是紧接着编写了一个武士和儒士的故事,阐述了光用矛或者光用盾都是不能上战场的道理。然后引出其中的哲学道理:矛和盾其实是一体的,哲学中的矛盾是合理的。所以前面"自相矛盾"的真正错误在于排斥了对立物的存在。回过头来,再一次用矛盾法则揭露了汪精卫的投降嘴脸。文章最后提出"既站在对立物的这一方面的立场绝对抹杀了对立物的那一方面,又站在对立物的那一方面绝对抹杀了这一方面。这是不合理的"。对"自相矛盾"的正确理解应该是"同时把握对立物的两方面,指出这两方面的互相斗争,不断发展"。这篇文章无论从哲理性、文学性还是现实性方面来衡量,都是一篇杰作。

《为跌下而进的塔》同样也是从一个寓言故事开始。建造一座塔,终究要倒塌。建还是不建?不同的人有不同的看法。又转述了鲁迅曾经讲过的故事,一户人家生了孩子,孩子升官长命未可知,最终会死却是一定的。然后,作者批判地分析了其中悲观主义和随遇而安的看法都是错误的。接着,作者又把笔锋引到对社会制度的态度上来,告诉读者社会制度在发展,资本主义制度终究会消灭,要用发展的眼光看待一切运动发展中的事物,号召人们在一座塔倒下去的时候,在它身上要建立起更新的塔来。

这两篇文章都以寓言为主线贯穿全文,边讲讲故事,边说说道理,把故事和新哲学的道理结合得非常紧密,在故事中让读者自然而然地体会到新哲学的原理,以"哲学漫谈"为名,确实是非常贴切的。

这几篇文章当属胡绳新哲学大众化的杰作,然而,《胡绳全书》中却没有收录,很是遗憾。

《学习生活》杂志上还有子斋的《唯物辩证法的几个问题(学习问答)》①,艾思奇的系列《哲学讲座》等新哲学大众化的作品,为新哲学大众化运动作出了相当的贡献。

---

① 子斋:《唯物辩证法的几个问题(学习问答)》,1940年第1卷第6期。

第三节 艾思奇等

除胡绳外，这一时期，艾思奇、陈伯达、陈维实等均创作出了富有鲜明时代特色的哲学大众化作品，为马克思主义哲学大众化作出了重要贡献。

一、艾思奇《哲学讲座》

《哲学讲座》是艾思奇以延安新哲学会名义，为延安广大干部学习马克思主义哲学而编写的，1940 年 6 月开始在《中国文化》第 1 卷第 4 期到第 2 卷第 6 期上连载，随后又在《学生生活》等期刊上转载。由于这是中共中央指定的干部学哲学教材，所以影响很大。

这个系列的《哲学讲座》虽然是教材，但是却没有采用比较学术性的写法，而是考虑到当时的干部大多文化水平并不高，知识储备也并不充分这一现实，写作风格和《大众哲学》相似，内容通俗、生动、具体，受到延安广大干部的欢迎。

不过，同样也由于是教材，所以在内容的全面性和系统性方面比《大众哲学》考虑得要更加周全。这部《哲学讲座》的写就，要追溯到 1939 年。当时，在新哲学会指导下，中宣部成立了一个哲学学习小组，艾思奇任学习指导员，并写了一个哲学《研究提纲》。其中有纲有目，有学习要点，对于指导当时的哲学学习起到了很好的作用，后来收录在《哲学选辑》中，并出过单行本①。1940 年，艾思奇在此基础上，写成《哲学讲座》。由于体系上有了相当的积累，这个系列讲座结构完整，重点突出。讲座分为两大部分，第一讲的标题是"哲学是什么"②，第二讲的标题是"什么是辩证法"③。第一讲又分三章：第一章"哲学是研究事物的最一般的规律的科学"，第二章"哲学是党性的科学"，第三章"辩证法唯物论是马克思主义政党的世界观"。第

---

① 艾思奇编：《哲学研究提纲》，华北书店 1943 年版。
② 艾思奇：《哲学是什么》，《中国文化》1940 年第 1 卷第 4—6 期。
③ 艾思奇：《什么是辩证法》，《中国文化》1941 年第 2 卷第 1—6 期。

二讲又分四章:第一章"论事物的普遍联系",第二章"论事物的运动变化",第三章"论质量的相互转变",第四章"论对立的统一"。这样的结构简洁明了,新哲学的主干部分都容纳在内了。另外,为了增加教材性,文中多处引用马克思主义经典作家的原文。而《大众哲学》中是没有这样直接引用的原文的。

从内容的系统性和写法的通俗性这两点来看,这一讲座应该视为大众化的通俗教材,既不同于专业教材,也不同于通俗读物。

《论质量的互相转变》的第二节"什么是量"可作为以上所述特征的一个代表。这一节以马克思在《资本论》中的论述"每一种有用物,如铁、纸等,都是从二重见地去观察,即质的方面和量的方面"开头,然后从商品推广到一般事物。其后的解说非常通俗,所举例子是"一个敌人是敌人,一千个敌人也是敌人。一千元资本开工厂是资本家的工厂,一万元资本开的工厂仍是资本家的工厂",能够为大众所理解。再后,联系抗战的实际,批判了"唯武器论"这样的谬论。最后,摘引了列宁曾经引述过的黑格尔的论述,并稍加解释作结。

二、艾思奇《哲学选辑》等

《哲学选辑》1939 年 5 月由延安解放社出版,一年内再版两次。其后新华日报华北分馆、上海读书出版社、三联书店等一再翻版印刷,一直到解放后都有印行。

这本书是一本中外马克思主义哲学教科书汇编,辑录了当时几个比较系统的新哲学资料。艾思奇自己在"编前"中写道:"目前研究哲学的空气很浓厚,但在抗战期间,书籍困难,不易找到参考资料,故编者把现在所有的各种教本抽出其中较为专长的部分,集成这一本选辑,以供研究者的应用。"①可见,这是为了配合当时延安广大干部的哲学学习,解决当时最缺乏的学习参考资料问题,使读者能够方便地学习马克思主义哲学而编辑的。

《哲学选辑》全书共 28 万字,分为绪论加四章,另有两个附录。绪论

---

① 艾思奇编:《哲学选辑》,解放社 1939 年 5 月,"编前"第 1 页。

"哲学的党性"选自苏联编写的《辩证法唯物论教程》中译本;第一章"唯物论和唯心论"和第二章"唯物辩证法的诸法则"选自李达写的《社会学大纲》;第四章"认识的过程"选自苏联米丁主编由艾思奇和郑易里合译的《新哲学大纲》。附录一,是博古翻译的斯大林所著的《辩证唯物论和历史唯物论》(即《联共(布)党史》第四章第二节)。附录二,就是艾思奇为中宣部哲学学习小组所写的《研究提纲》。该书出版后,成为"整风运动"中马克思主义哲学学习的主要材料之一。

艾思奇和吴黎平合著的《唯物史观:科学的历史观》[①]1939 年出版。当年,即由解放区各地的报馆、印刷社等多次翻印出版。在国统区则由辰光书店和读书出版社发行,更名为《科学历史观教程》。后来还有增订本印行。

1938 年中共中央宣传部为了向延安和解放区的干部以及全国广大青年进行世界观和人生观的教育,决定编写一本系统阐述马克思主义哲学历史唯物主义原理的教材,因此有了这本书。该书是在 20 世纪 30 年代初上海出版过的吴黎平编译的《辩证唯物论和历史唯物论》一书基础上,改写而成,书中《民族与民族斗争》和《家族》两章由艾思奇所写。其他部分的改写工作艾思奇也参与其中。全书分 8 章,具体论述了过去思想家们历史观中的唯物主义成分,马克思主义历史观的形成与发展,历史唯物主义的基本观点,5 种社会形态及其生产方式,生产力与生产关系,阶级,国家政权,民族与民族斗争,家族,意识形态和历史唯物主义的最新发展等方面。

三、陈伯达和陈唯实

这一时期,由于国内形势的变化,原来在上海从事马克思主义哲学大众化的主将们多数有了新的工作。作出新的贡献,除了胡绳和艾思奇外,值得一提的还有陈伯达和陈唯实。

---

① 吴黎平、艾思奇编著:《唯物史观:科学的历史观》,新华日报华北分馆 1939 年 7 月版。

陈伯达著有《新人生观的创造:国民精神总动员应有的认识》,该书重点谈新哲学的人生观问题,论述在抗日战争中,中国人民要求"坚定正确的政治方向"和"艰苦奋斗的工作作风",才能使中国民族觉醒,推动历史前进。全书分5章,包括:绪论,中国民族的本质,中国民族的历史运动,近代中国人应有的哲学观念与道德观念,还有结论。其中第四章第一节重点论述了抗战时应有的哲学态度,是应该用"为公的哲学"代替"为私的哲学"。所谓"为公的哲学",陈伯达论述道:"为公的新哲学是以中国人民为本体,尤其是以中国劳动人民为本体,是把人民利益和民族利益相一致,是以人民的利益来决定个人的利益,是以公的利益来决定私的利益,是以多数人来决定少数人,所以这哲学是现实的哲学,是唯物论的哲学。"①所以,抗战中应该用唯物论和辩证法代替传统的儒家哲学,因为"我们这为公的哲学,是救国、救世、救民的哲学,这哲学应成为中国人救国、救世、救自己的思想武器"。纵观全书,贯穿了唯物史观、群众史观的思想。

陈唯实的《民族革命哲学》②有着鲜明的时代性。该书本是口述,由他人笔录整理而成,语言风格口语化明显。从辩证唯物主义和历史唯物主义观点出发,有针对性地分析当时中国抗日民族解放战争的历史任务与现状。全书分为7章,内容论及了辩证唯物论的中国化的民族革命哲学,辩证唯物论的民族革命思想与实践,机械右倾机会主义的亡国哲学,唯心论"左"倾幼稚病的亡国哲学,辩证唯物论的革命救国哲学等方面。

第四节　新锐作者

所谓"长江后浪推前浪","江山代有才人出",社联时期新哲学大众化运动的老将们在新的战线上开展工作的同时,新哲学大众化运动又涌现出了一批新人,作出了新的贡献。

①　陈伯达:《新人生观的创造:国民精神总动员应有的认识》,辰光书店1939年版,第54页。
②　陈唯实:《民族革命哲学》,葛冬辰笔记,辰光书店1940年版。

一、黄特

《新哲学谈话》是黄特①的新哲学大众化代表作，堪称"孤岛"时期新哲学大众化的代表作。这本书对当时青年的影响堪比艾思奇《大众哲学》。曾有青年看了这两本书而千里投奔共产党②。

黄特首先是从《新知》1939 年第 1 卷第 2 期开始，到 1940 年第 4 卷第 6 期结束，连载了"哲学谈话"专栏。然后修订成书，作为"新人丛书之一"于 1940 年出版。该书大受欢迎，一年之内连出 3 版。

该书前冠有李平心写的"平心序"，还有"自序"。平心推荐此书的理由是："这是一本写法很别致的哲学中级读物，它用轻松活泼的问答题解说哲学上的许多问题，对于学习一些初级哲学读物或没有学过哲学的读者，这书可以给予许多帮助。"这确实是抓住了这本书的特色。

对于"新哲学中级读物"，作者自己的解释是这样的："它便是介于最通俗的新哲学的入门读物以及比较深化的新哲学读物之间的一种读物。"③黄特把这本书的难度定位于此，是因为有人跟他说，在读了《大众哲学》以后，读《新哲学大纲》或者《辩证法唯物论教程》、《辩证唯物论与历史唯物论》的时候还是读不懂，还会遇到很多困难。显然，后面这三者都不属于新哲学大众化的读物，而是学术化的教材和参考资料。因入门读物和学术研究之间的断层，黄特的这本书具有其独特的价值。这也是这本书大受欢迎的原因之一。难能可贵的是，黄特在提高书籍内容的难度以及保证其系统化的同时，重视通俗化，"尽可能地通俗"。

---

① 黄特，生平无考。据台湾诗人纪弦在《纪弦回忆录》（台北出版社、联合文学出版社，2001 年版）的第十四章"重返沦陷区的上海"中的记录，写过《复圣颜子思想研究》的台湾学者黄绍祖 1940 年前后在上海以黄特为名活动过，说他曾经相信共产党而后又脱离。不知道这两个黄特是否为一人。

② 据历史记忆网站记录的老革命离休干部刘百恒口述："我最感兴趣的是历史、哲学、社会科学方面的书籍，包括艾思奇的《大众哲学》，黄特的《新哲学谈话》，周谷城的《中国通史》，李鼎声的《中国近代史》，孙中山先生的《三民主义》，日本左派经济学者山川均、河上肇等人著的《什么是社会主义？》《马克思经济学》等。还有日文的《东亚》杂志刊载的红军的大迁移（即两万五千里长征），陕北延安的抗日军政大学及陕北公学等信息。"来源：http://www.oldurchin.com/laigao.asp? cnt_id＝1087，2011 年 3 月 7 日。

③ 黄特：《新哲学谈话》，新人出版社 1940 年版，《自序》第 1 页。

　　这本书最大的特色是使用了对话体。设置了一个刚开始学习新哲学的
"甲"和另一个对新哲学已有修养的"乙"。这样的好处不仅在于看起来比
较自由活泼,有利于通俗化,更重要的在于这样写能够在讨论中逐渐深化对
新哲学的理解而不显得突兀。由浅入深的思路在对话中很容易表达出来,
便于读者接受。和一般对话体不一样的是,这本书有一个高高宽宽的页眉,
像传统的线装书那样。作者在中心统一的一组对话开始时,页眉处加上了
几句画龙点睛的句子,类似艾思奇在《大众哲学》中所做的那样。

　　该书作为中级读物,内容的重点安排在讲述辩证唯物主义的物质观、实
践观和辩证观。尽管是对话,却也依据所涉及的内容,安排了体系完整的章
节。共分7章。第一章回顾了"对于新哲学的基本认识",包括学习的必要
性和方法,新哲学的意义、任务、体系和构成,并特别阐述了哲学的党派性。
第二章则是从哲学史的角度叙述"唯物论和观念论的斗争",从希腊一直讲
到19世纪。值得一提的是,在讲述哲学史之前,特地安排了3个小节从理
论上阐述这个斗争的本质和根源等等,非常适合中级读者的需要。第三章
"辩证法的唯物论"讲述新哲学的本体论,区分了机械唯物论和辩证唯物
论,概述了辩证唯物论的基本内容,并且特别为中级读者阐述了四个新哲学
名词——物质、运动、时间和空间。第四章"实践的反映论"谈的是新哲学
的认识论。首先批判了旧哲学的认识论观点,阐述了认识的可能性问题。
然后分别谈了认识的本质、起源、发展、界限和标准诸问题。第五章"唯物
论的辩证法"谈的是新哲学的方法论。这一章的写法是先破后立。批判了
形式逻辑后,先概述了辩证法的发展和形式的历史,而后重点论述了辩证法
的三大定律"对立物的统一"、"质量的互变"和"否定的否定",最后对扬弃
观念论的辩证法和形式逻辑提出一些看法。第六章解说了"新哲学的诸范
畴",包括"必然和偶然","必然和自由","相对和绝对","一般和特殊",
"本质和现象","内容和形式","根据和条件","原因和结果","机械和目
的","可能性和现实性"等等。在这个方面,《新哲学谈话》是远远超过《大
众哲学》的,确实能给读过《大众哲学》的读者以提高。第七章"两条战线上
的斗争"谈的是新哲学的发展,包括对两条战线上的斗争的把握,新哲学在
斗争中的成长,概括了列宁和斯大林对新哲学的贡献,最后还特别谈到两条

战线上的斗争在中国的情况。

黄特还著有论文集《批判的武器》①。此书收集了"孤岛"以来的哲学文章。作者在"前记"中自称"哲学文章"而非"论文"，是因为这些文章大多曾刊载于当时已经停刊的《新知》半月刊，《四十年代》月刊和当时正在发行的《哲学》月刊上的。这些刊物的读者对象都是普通大众，而非知识界。一共包括14篇：《革命运动与文化运动》，《纪念五四——发扬新民主主义的新文化》，《论新民主主义的哲学》，《论哲学的党派性》，《认识与实践》，《论主观能动性》，《论哲学史》，《论自然、社会、动物与人类》，《发展中的思想》，《论少年马克思》，《叶青反辩证唯物论的三部曲》，《驳叶青的鬼话》，《自然辩证法序》。书前冠"前记"，书末有附录《论学术中国化》。

黄特还和刘涟合作编译了《辩证唯物论体系》②一书，汇集了新哲学经典名著的精髓，节选马克思、恩格斯、狄慈根、拉法格、普列汉诺夫、列宁、德波林、斯大林、米丁等人哲学著作中的部分内容，全书共包括15个部分。这本书和艾思奇的《哲学选辑》一样，为初学者提供了方便而可靠的资料。

二、巴克

巴克，即戴介民（1902—1973），原名戴邦定，又名戴家伦，笔名巴克，浙江黄岩人。1924年就读于上海大学，次年参加中国共产党。1916年底，被派往杭州、台州、黄岩等地从事革命工作。1928年秋到上海，开办明日书店。1930年，因上海中共组织遭破坏而失去中共的组织关系，后长期从事教育事业。1939年，他得到上海社联和上海大学同学会的支持，典卖妻子的首饰，筹款创办建承中学并担任校长，其办学宗旨是："培植革命青年，探讨改造旧教育之途径。"他亲自教哲学和社会发展史等课程，使学生认识社会、知道怎样做人和求进步。建校不久，中共地下组织在校内建立支部，并设中国共产党的交通联络点。其后，他获得批准重新入党。上海解放后，任华东师范大学历史系教材教法教研室主任。

① 黄特：《批判的武器》，新人出版社1941年版。
② 黄特、刘涟编译：《辩证唯物论体系》，新人出版社1940年版。

巴克很早就从事马克思主义大众化的工作。1930 年,巴克从日本著名马克思主义学者河上肇的《经济学研究》中摘译出第 13—14 章,重新命名为《唯物史观的基础》①,作为社会科学丛书之一出版。同在这一丛书中的,还有屈章(瞿秋白)翻译的郭列夫的《唯物史观的哲学》(即《新哲学——唯物论》)。同年,他还翻译了日本学者佐野学的著作《唯物论的哲学》②。1931 年,巴克翻译了德特里希编撰的马克思的言论集《社会主义的基础》。该书旨在帮助"参加于实际运动的过程上的人们""涉猎""马克思主义的著作"③。巴克为这几本译作都写了"译者序",从绪言中的内容来看,巴克不只是一个翻译者,更是一个创造者,往往能提出自己的见解。

1939 年,在李平心的鼓励下,巴克自著《新哲学基础读本》一书,作为"时代青年丛书"之一出版。巴克自述道,这本书是因为看到现在青年的求知欲随着抗战的发展而发展,却很难得到适合他们的社会科学书籍的现实,所以才写了这本通俗的新哲学读本。这本书的通俗化目标是非常明确的,而对通俗化的困难,他也认识得很清楚。在"序"中,巴克写道:

> "首先,我力求文字的通俗,避免读者为了文字的难解而减少了兴趣。但是,写哲学书籍,要通俗化不是件容易的事情。因而,难免有好多地方为了通俗弄得不能把整个意思完全表达出来。加以我的叙述,并不是从现实的具体生活描写出发,而仍旧完全是理论的说明,所以要达到真正通俗的目的,也是不可能的事情。"④

为此,巴克对其写作内容做了有目的的删削,他重点谈的是新哲学的产生、发展以及内容等等,目的为了"使读者把握了这精神的武器以后,能去分析其他一切种种欺骗的,虚伪的学说,尤其是在资本主义社会下,人类的

---

① [日]河上肇:《唯物史观的基础》,巴克译,明日书店 1930 年版。
② [日]佐野学:《唯物论的哲学》,巴克译,乐华图书公司 1930 年版。
③ [德]马克思著,德特里希编:《社会主义的基础》,巴克译,山城书店 1931 年版,《译者序》第 1 页。
④ 巴克:《新哲学基础读本》,万叶书店 1939 年版。

意识,几乎全被这种种欺骗的虚伪的学说所统治";而关于新哲学的流派,他则避而不谈,不去加重读者的负担。

该书一共4章。第一章绪论概述了新哲学与其他学科、与生活、与抗战的关系和意义。第二章名为"辩证法唯物论之史的发展",即谈新哲学的发展史。在概述了古代社会的唯物论以后,批判了中世纪的实在论和唯名论,在对16至18世纪哲学中的唯物论和辩证法以及德国古典观念论哲学中的辩证法的剖析中,提炼出辩证法唯物论的诸个前提条件及其发生和发展。第三章名为"辩证法唯物论",分为6节。分别论述了辩证法唯物论的对象,世界的物质性和物质存在的形式,意识的生成和辩证唯物观的反映论,认识的过程及其与实践的关系和客观的绝对的和相对的真理等问题。第四章名为"唯物辩证法的诸法则",一共9节。前3节谈了对立统一、质量互变和否定之否定这三大法则,后6个小节谈了六对辩证法的范畴,包括:本质和现象,根据和条件,形式和内容,必然性和偶然性,法则因果和目的,可能性和现实性这几个方面。

这个结构非常适合对初学的青年学生介绍新哲学的体系。作为一个"读本"很是适合。能够帮助学生尽快入门,尽快掌握这个精神的武器,运用到抗日战争的斗争实践中去。

巴克力图在不损失通俗性的前提下,提高这本不足两百页的小册子的系统性和知识性。书中常常有直接引用马克思主义经典作家的言论。比如在"辩证法唯物论的发生及发展"这一节中,就引用了马克思的《黑格尔法哲学批判》、《神圣家族》、《德意志意识形态》,列宁的《哲学笔记》、《社会主义的党和非党派的革命》,斯大林的《列宁主义问题》、《论列宁》、《论反对派》等文献。从论述中可以发现,这是经过作者精心选择的,既没有太多的增加读者的理解难度,也没有增加这本小书的篇幅,反而能够提高这本书对革命青年的吸引力,有助于读者进一步阅读经典文献。

《新哲学基础读本》在新中国成立后经过修订,改名为《新哲学教程》①再版。

---

① 巴克:《新哲学教程》,万叶书店1949年版。

三、平生

平生,生平不详。从已有的资料看,他最早走入新哲学界的时间是1938年。此后一直从事新哲学大众化工作。《大众应有自己的哲学》①一文发表在《译报周刊》的"知识讲座"专栏上,该文后来收录为《新哲学读本》的第一篇。"知识讲座"的连载还未结束,《译报周刊》即遭查禁。1939年,《新哲学读本》由珠林书店推出单行本,是"青年自学读本"丛书之一。

论笔法与构思,《新哲学读本》是《大众哲学》绝佳的仿作,继承了艾思奇的诸多优点。然而,《新哲学读本》也是一本内容极具个性的新哲学大众化读物。

该书共有4章22节,篇幅和艾思奇的《大众哲学》差不多。不过,这本书并不是单单以新哲学本身的结构体系来编排书的结构,而是紧紧扣住新哲学和大众的关系来布局谋篇。4章分别是:大众与哲学、辩证唯物论、大众与真理、唯物论辩证法。这个结构在新哲学大众化的书籍中独一无二。第一章和第三章看似游离于新哲学体系之外,实则把新哲学融化在大众之中,没有大众的需要,新哲学就没有实际存在的价值。所以,他先谈哲学与大众的密切联系,再深入讲解新哲学的原理。这一点,是平生这本书对新哲学大众化运动独到的贡献,即使是拿《新哲学读本》和其他新哲学大众化的书籍相比较,这本书的大众性也是极为突出的。

"大众与哲学"这一章包含两个小节:大众应有自己的哲学,大众哲学的特点。开头先提出一个口号:"现在是大众的时代,大众应有自己的哲学。"接着说明人人都有自己的哲学,大众怎样才能得到真正的自己的哲学。然后批判了"混进"大众脑子里的宿命论、唯心论等错误思想,指出大众的哲学是唯物论哲学。平心把大众哲学的特点概括为:大众的、革命的辩证法唯物论。在解决了大众与哲学的关系问题之后,第二章详述唯物论就很有目的性了。

"大众与真理"这一章包含六个小节:"真理与胃口",是从上海人常说的"对胃口"谈到真理的阶级性问题;"真理之路上的难关",指的是要认识

① 平生:《大众应有自己的哲学》,《译报周刊》1938年第1期。

真理需要越过习惯、常识和主观这三道需要克服的障碍；他把"认识真理的标准"概括为三条：客观的、实践的、大众的；接着，再把"认识真理的步骤"概括为感性和理性两步；最后谈"大众的自信力"。经过这几个小节的论述，大众不仅能意识到自己能够认识到真理，还会很迫切地期待如何掌握认识真理的唯物辩证法。总体来看是谈认识论问题，却又紧紧扣住"大众"来谈，这一章是这本书"大众性"的集中体现。

从写法上来看，这本书最大的特点是叙述多于议论。一般哲学书议论多于叙述，叙述不过是议论的例子，是论据。然而这本书却是独树一帜地把叙述和议论很好地结合在一起的作品。甚至书中有一些章节，几乎是以叙述为主线来完成议论的。比如第一节"大众应有自己的哲学"，初一看，好像是在不停地讲故事。讲邻人抢劫被打的事情，讲一户绍兴人家被佣人盗窃的事情，设身处地讲大机关里小职员的处境，讲店员和"阿大"（经理）的对比，讲一户工人一家四口饥饿成盗的故事，又悬设哲学家与大众的对话，除了有情节的叙述，还有一些情节不强的比喻也是叙述。总之，通篇读下来，似乎没有在议论什么，但是确确实实又让人懂得了些什么。对文化层次不高的普通大众，甚至对青年学生，这个方法都是一个很好的说理方式。在叙述中说理，不论而论，这是符合现代叙述学原则的。在新哲学大众化运动中，能达到这个高度的，似乎只有艾思奇、胡绳和平生三人而已。

他还陆陆续续翻译苏联米丁等人合著的《辩证法唯物论辞典》中的词条，其中有一些翻译出来就发表在《自学旬刊》的"哲学译载"栏目上。这本书后来由他和执之、乃刚、麦园等合译出来，1939年读书生活出版社出版①。其后多次由读书出版社、新中国书局等再版。

平生热衷于大众文化事业，并不限于哲学。他还写过一本介绍一种初学读和写的学习法的《写话》②，是"给工农大众文化工作者或工农大众以及小学教师或学生们看的"。

---

① ［苏］米丁、易希金柯等：《辩证法唯物论辞典》，平生、执之、乃刚、麦园等合译，读书生活出版社1939年版。

② 平生：《写话》，光华书店1947年版。

四、麦园

和平生合译《辩证法唯物论辞典》的麦园,也有一本新哲学大众化的作品,同样富有个性特色。这就是 1941 年由读书出版社推出的《哲学门外谈》①。1946 年再版。

其中的文章都是麦园在《学习》半月刊上发表过的。当初《学习》杂志即将出版之际,没有来得及找到通俗哲学一栏的作者,于是麦园临危受命,一连发表了十几篇哲学随笔。受平生之敦促,麦园精选了 6 篇,有些又作了很大的修订,几乎重写,才最终定稿。

这 6 篇哲学随笔并没有什么特别的结构,作者也不打算对新哲学做体系性的讲解。如果说平生的《新哲学读本》是一套组合拳,那么麦园的《哲学门外谈》则是一路太极拳。形影飘忽,却更能强身健体。6 篇文章题目看似天马行空,和哲学没什么关系,其实内容都是丝丝入扣地谈新哲学:《哲学门外》,谈的是大众也能学哲学用哲学;《大千世界》,谈的是世界的物质性和物质的运动性;《人间天上》,谈的是唯物史观和社会形态的发展;《精神文明》,谈的是人的肉体与精神,主观与客观的关系问题;《天理良心》,谈的是唯心论和唯物论的对立;《学而时习》,谈的是新哲学的实践论,哲学不仅要认识世界,还要改造世界。

这几篇文章是新哲学大众化运动所有作品中真正的“散文”,做到了“形散神不散”,因而,算得上是新哲学大众化运动中文学性和可读性最强的一本书了。以这样的文体来宣传马克思主义新哲学,大众很难不被吸引。

限于篇幅,这里只能选择一个例子——《大千世界》。一开头就讲了后羿射日的故事,引出古代神话的由来原来也是人话。然后笔锋一转,说到西方从地心说到日心说再到现代宇宙观的发展。接着,又从天上回到地上,讲起地上的各种自然现象和人类的发明。写到这里,文中说到作者本人很疲惫,不得不小睡一会儿,迷迷糊糊中看到他在上海曾经的亭子间由方的变成了圆的,于是猛然惊醒,发现这一切还是依然。于是回头接着这个亭子间的梦继续写他的哲学上最难解决的时间和空间的问题。写到普通人对时间和

---

① 麦园:《哲学门外谈》,读书出版社 1941 年版。

空间的看法,写到有的哲学家不承认时间和空间的客观存在,写到当时代表科学热潮的相对论的时空观,以及物质的原子观等。甚至,还写到了佛教的一切皆是空的玄论。最终,落实到他想说的辩证唯物论上,提出"所谓大千世界就是运动的物质,或者说物质的运动也是一样"。而且"人类一切活动,从最具体的衣食问题到最抽象的哲学问题,都是从人间出发,结果还必须回到人间"。由此告诉读者看待人类社会以及人类社会的发展,也应该坚持唯物论,从而引出下一篇讲唯物史观的《人间天上》。

这样的文字,纵横捭阖,挥洒千里,既有知识的趣味性,也有哲学的深邃性,还有游戏笔墨的消遣性。此等哲理散文,实在是新哲学大众化运动中不可多得的一绝!

五、葛春霖

葛春霖(1907—1994),江苏溧阳人。1929 年毕业于清华大学化学系。葛春霖于 1930 年革命低潮时加入中国共产党。1932 年到 1933 年间,参加组建中共南京和溧阳特别支部、河南商丘农林学校党支部。1939 年作《科学的哲学》。1940 年开始在西北工学院当副教授、教授。抗战胜利后,1946 年任南京国立药专教授。1948 年赴美留学。1949 年获美国明尼苏达大学理论化学系硕士学位。在美留学的一年期间,参加了共产党留美支部的活动。在明尼苏达大学建立了进步团体"明社";任留美科协的领导人之一。他经常为青年学生组织时事报告,宣传自然辩证法和国内革命形势,先后动员组织了 100 多名旅美学者回国,为新中国输送了大批科技人才。回国后,他先后领导,参与组建了 20 多个科研院所。1951 年起,历任轻工业部技术室主任和生产技术司、科研司副司长,轻工业部科学研究院副院长,中国轻工协会、中国化工学会第三十一届副理事长等职务。

他以葛名中为笔名的著作《科学的哲学》①深得好评。葛名中,谐音就是"革命中"。1938 年底经由潘梓年、邹韬奋、胡绳三人定稿后,1939 年 3 月在生活书店出版。其后多次由三联书店和新中国书局再版,有很高的社

---

① 　葛名中:《科学的哲学》,生活书店 1939 年版。

会影响,被誉为"把马列主义的哲学思想与中国科学技术结合"的第一本很优秀的哲学著作。作家舒芜在回忆他当时迷恋此书的情况时写道:"有些太大部头的书,现在记得的例如葛名中的《科学的哲学》,老站在一家书店看,自己似乎也不大好意思;看到一个段落,便记住页码,换一家接着看,好在几家进步书店卖的书都是大同小异的。"①老报人杨奇也回忆道:"那时候,我拼命读书,先是阅读艾思奇的《大众哲学》、葛名中的《科学的哲学》,思想大为开窍。"②据《张我军评传》③的24章"谋生之路"记载,他的儿子,后来成为考古学家的张光直在青年时代也深受葛名中的这本书和艾思奇的《大众哲学》的影响。

该书把辩证唯物主义称作"科学的哲学",联系中国的社会实际,引用自然科学的最新成果,介绍了作为马克思主义的方法论的辩证唯物主义的基本原理。该书共有6章:

第一章"绪论"阐述唯物辩证法形成的历史及其与自然科学、社会科学的关系;第二章"辩证唯物论的基本观点"论述物质独立于意识、存在决定意识的原则以及认识与实践的辩证关系,批判不可知论和目的论,并且阐述了物质与运动的关系,剖析了哲学的党派性和意识形态的阶级性的关系;第三章"唯物辩证法的基本法则"介绍对立统一律、质量互变律和否定之否定规律这唯物辩证法的三大法则;第四章"唯物辩证法与哲学思维诸重要范畴"论述本质与现象、形式与内容、根据与条件、可能性与现实性、法则与因果、必然性与偶然性这几组哲学范畴之间的辩证关系;第五章"唯物辩证法与形式逻辑"介绍了形式逻辑的基本观点与法则,探讨了辩证思维的一般规律及其与形式逻辑的关系;第六章"唯物辩证法与中华民族全民抗战"试图运用辩证唯物主义观点分析抗日战争的革命本质,包括抗战的革命性、全民性和国际意义等,讨论了抗战建国的根据与主要条件、抗战的持久性等问题,批判在抗战问题上的形而上学观点。

该书准确通俗地阐述了辩证唯物主义的基本原理。语言通俗易懂,例

---

① 舒芜:《忆武库街》,《读书》1979年3期。
② 杨奇:《三联书店与我》,《大公报》(香港)2008年10月26日。
③ 田建民:《张我军评传》,作家出版社2006年版。

证丰富。在作者看来，通俗化是唯物辩证法的本性。他在"再版绪言"中说道："唯物辩证法是浅显易解，每个革命斗士都可以把它运用的思维方法。"为了达到这个效果，该书采用了如同艾思奇在《大众哲学》中所做的那种隔几个小节就用一个方框用一个短句子概括所述内容的办法。

由于作者是学习理工科出身，所以这本书最大的特色在于，运用自然科学，特别是物理化学的材料说明辩证唯物主义原理。

当然，本书并非没有错误。在辩证法与形式逻辑一章中，他提出形式逻辑是形而上学思维方式在逻辑学上的理论表现，是与辩证法根本对立的思维方式。这样对形式逻辑过多否定是不恰当的。另外，本书最后一章，在运用辩证唯物主义观点解释抗日战争的实践性方面也比较薄弱。但是，白璧微瑕，这些由时代因素导致的缺点不应掩盖该书对新哲学大众化运动所作的贡献。

六、公直

公直，生平不详。1940 年，他连续出版了 3 本宣传革命思想的大众化作品。《大众社会科学讲话》、《大众哲学讲话》①和《苏联建国史》。

《大众哲学讲话》这一题名就显示出极大的大众化特色，在"引言"中，作者申明该书"属入门之书，用以作为指导"而非研究。该书的主要材料来自英国学者、工人领袖和社会主义思想家约翰·斯特雷奇的②《社会主义的理论与实际》(*The Theory and Practice of Socialism*)一书。这是一本西方世界中传播马克思主义基础理论的经典通俗读物，1936 年出版以来一直没有被人们淡忘，甚至在 2008 年，还由金苹果出版公司再版印刷，而此书的写作目的就是"要把马克思主义写成一般人都能懂得的读物"。此书原是一本近 500 页的皇皇巨著，涉及马克思主义的经济学、政治学和哲学等多个方面。而公直只是摘取了其中有关哲学的这一小部分，加上自己的诠释，编译成仅百页的《大众哲学讲话》。

---

① 公直：《大众哲学讲话》，世界书局 1940 年版。

② John Strachey. *The Theory and Practice of Socialism*, New York：Random House, 1936.

《大众哲学讲话》的第一章是公直自己编写的一个概述,介绍了马克思主义的三个组成部分。而后的 5 章,则主要来自于编译,包括唯物史观,资本主义的运行法则,辩证唯物论,辩证法和马克思主义的发展,这一部分尤其突出了列宁和斯大林对马克思主义哲学的贡献。这本书在结构上的一大特点是,在最后特别辟出一章来介绍马克思主义文献,以利于初学者继续深入地学习。不过,这本书的第三章专讲资本主义的经济,似乎与全书格格不入。

原作者约翰·斯特雷奇是一位工人活动家、政治家,所以他在这本书中显示出很鲜明的立足于工人阶级的大众化思路,使用了很多联系到工人阶级的生产方式、生活境遇等方面的实际事例。文中还多次歌颂了苏联把"五百年来的技术全部继承,而五百年来的剥削全部推倒"。这些事例,对中国的工人阶级而言,是感同身受和热切向往的。这方面的大众性,公直很好地继承了下来。

《社会主义的理论与实际》原本是英国作者写给英国人看的书籍,所以其中用到了很多英国历史上的事件,比如圈地运动等;也提及大卫·李嘉图和亚当·斯密等英国学者的观点;甚至英国古典诗人乔叟的诗句。这对英国读者而言,是一种联系实际,是一种大众化,但是对于中国读者,一般而言,非但不通俗,甚至显得遥远了。这些材料,公直不可能全部删除,在编译中保留一些,是很正常的。但是遗憾的是,公直此书是在抗战全面爆发之后的"孤岛"上海推出,竟然几乎没有联系当时中国抗战的轰轰烈烈的实际斗争。这本书 1940 年出版后,到 1949 年 6 月上海已经解放后才再版。

该书还有一本姊妹篇——《大众社会科学讲话》①。书中运用马克思主义的方法,分析当时的经济制度,计划经济,资本主义的分配法,社会主义的分配法,新民治制度,国家的起源与前途,无产阶级独裁,社会主义和自由、宗教、和平等问题,没有涉及哲学。

---

① 公直:《大众社会科学讲话》,世界书局 1940 年版。

七、朱波

朱波,生平不详。现在能看到的他对新哲学大众化运动唯一的作品,是作为新知书店"初学社会科学丛书"之一的《自修新哲学初步》①这本书。尽管如此,这本书为新哲学大众化作出的贡献和价值却不容忽视。

在"编者的话"中,编者明确表达出这套丛书的写作目的,是针对在全面抗战的热情碰壁的苦闷青年。只有提高社会科学基本的认识,才能更好地投身抗战这一伟大的时代之中。他说道:"在社会科学大众化,通俗化这一重大的任务上,我们也想自己来劳力一下,尤其对这些可爱的青年,有接触的机会,给他们多少一点帮助。"

朱波在"后记"中也说道:"本书的任务,从哲学体系中撮取比较重要几点,几个基本法则,简略地叙述一下,给希望打开眼睛,认识世界,改革世界,在伟大时代里勇敢地要负起历史神圣的担子战斗的青年们,少年们,尽一个对陌生②的哲学引导的推动力。站在这一立场上,因此,本书在文字方面,力求通俗化,使文化水准较低的朋友,看了都能明了,而不致发生艰涩和难懂;在写的程序方面,力求系统化,使书中有一贯的叙述,不致令人发生断续之苦;在举例方面,力求普遍化,使举出来的例子大家都能熟悉,不致有模糊不清之感。"

这本书还有一个很大的特点,就是举例和抗战的结合非常紧密。朱波自己说道:"为了要想和目前这一壮烈的民族解放革命战争,阐明它和新哲学的联系性,举例对这方面特别多,也特别侧重。"比如第二章讲哲学的研究对象,就是先从民众中对于抗战的四种看法说起;第七章讲"新哲学的认识论",也是从分析一个人去做救亡工作该怎么做开始。不但如此,本书还专门辟出一章来讲"新哲学在抗战现阶段的任务"。

从形式上看,这本书可能是最"亲民"的新哲学大众化书籍。这本书很薄,除去前言后记,正文只有 84 页。书的开本也很小,类似现在所说的"口袋书"。竖排,每页只有 11 排,每排只有二十几个字。而且,这本薄薄的小

---

① 朱波:《自修新哲学初步》,新知书店 1938 年版。
② 原文如此。

册子共分 12 章,每章又分为好几个小节,每隔几个自然段就像《大众哲学》那样有一个小方框内的一句话加以概括。这样处理,从阅读心理的角度来讲,好处是很明显的:读者每次的阅读量很小,不会感到疲乏。对于文化程度不高的读者而言,这就减轻了他的阅读负担,也就相对地提高读者的理解程度。这些都是一般的哲学通俗入门书籍值得借鉴的手段。

这本书的主要内容大致如下:

第一章分析了过去的哲学之所以难懂的两个原因,区分了新哲学和旧哲学的本质不同。第二章讲哲学的研究对象,先从民众对于抗战的四种看法说起,然后分析其中的四种哲学根底,继而说明了哲学研究的就是所有人都具备的"思想",而这个思想又是由生活所决定的,最后说明哲学研究的是世界的一般发展的规律。第三章说明研究哲学的目的,从个人自然发生哲学的思想的危险中提出问题,告诉读者,世界观是我们对生活的根本见解,而新哲学才能指示出我们人生应走的大道。第四章切入哲学本体,谈哲学上的根本命题和唯物论与观念论这两大阵线。第五章谈哲学在历史上发展的路线,从唯心论说到唯物论,直到新的唯物论的诞生。第六章的名字就叫"新哲学",全面地介绍了新哲学的几个基本特点,包括哲学的阶级性,社会的发展史与哲学的发展史,理论和实践应该取得一致以及新哲学的任务等等。第七章谈新哲学的认识论,首先说明认识论就是研究思想的法则,然后区别了认识和反映,说明实践是认识的尺度,而认识是发展而来的。第八章谈新哲学的方法论问题,包括要把握事物的特性、思想方法与实践、客观事物与主观力量的关系,以及本体论、认识论、方法论的关系。第九章、第十章、第十一章这三章分别介绍唯物辩证法的三大法则。最后一章谈到新哲学在抗战现阶段的任务,先从哲学在抗战中存在于人们对实际问题的见解说起,然后提出哲学在现阶段的重要任务,最后强调理论斗争必须要根据事实,鼓励青年参加实际斗争,赢得抗战的胜利。

八、李仲融

李仲融(1890—1980),长沙人,著名哲学家、历史学家、宗教学家、马克思主义理论家、话剧活动家、文物收藏与鉴赏家。1925 年,由恽代英介绍加入中国共产党。大革命时期,任广州、湖南农民运动讲习所政治教员,武汉工人纠察总队的政治总教官。1927 年汪精卫在武汉发动"七一五"政变后,他回到长沙,与杨开慧在同一党支部,继续开展革命工作。20 世纪 30 年代在上海参加左联。1936 年夏,李仲融从上海转战到长沙,发起成立湖南中华民族解放先锋队。1937 年任湖南省文化界抗敌后援会宣传部部长,和田汉、翦伯赞、吕振羽等一起开展抗日救亡工作,出版刊物,举办业余学校,组织读书会、歌咏队,建立演剧团体,并输送一些进步青年去延安。1938 年,他协助吕振羽创办了被誉为"南方的抗大"的湖南塘田战时讲学院。1941 年,他奉命从敌后抵达新四军军部,担任新四军江淮大学和"高级干部班"的教授,陈毅、谭震林、罗炳辉、彭雪枫等一大批华东地区和新四军的高级干部、高级将领都曾是他的学生。解放战争期间,他又曾任山东大学教授。全国解放后,他历任南京图书馆馆长、南京大学哲学系主任、南京大学党委委员等。

　　抗战时期,李仲融进行新哲学大众化工作的代表作是《辩证法唯物论》。根据该书的"前记",此书是由他在国民党和共产党合作创办的邵阳塘田战时讲学院为学员授课的讲义改编而成。塘田战时讲学院的学生基本是从附近农村招来,考虑到学生的知识水平,这门课主要讲授辩证唯物论的基本内容。写作的笔调也保持课堂教学的讲话体的风格,通俗流畅。比如下面这一段:

　　　　"那么,现在要问,'物质是什么?'

　　　　"在这个问题的解答上横陈这两种不相矛盾,不相抵触的见解:一是哲学的物质观,一是自然科学的物质观——这是两种不同的关系上所下的两个物质定义。

　　　　"哲学的物质观的意思是说:'物质是在吾人意识以外,离意识而独立存在,引起吾人之感觉并在感觉中得到反映的东西。'(自米定等著:辩证唯物论与历史唯物论,并见伊里奇著:唯物论与经验批判论)哲学的物质观是依据物质与思维,客体与主体的关系来确定的。"①

---

① 李仲融:《辩证法唯物论》,石火出版社 1939 年版,第 7 页。

这种设问而回答的方式，显然就是课堂教学语言的实录。教材中是不会出现这样的用语的。然而，引用的书本上的语句，又是书面语式的。因为，这毕竟是一本用于教学的教材，所以，行文中引用马克思主义经典作家的语录比较多。作为教材，这本书在每一章后面都附有参考书目。因此，这本书可以看作入门的通俗读物到正式的学校教材之间的作品。

此书除了绪论外，分为本体论、认识论、方法论3章。从篇幅来看，有2/3放在方法论这一章，这样的安排在一般的概论性书籍中比较少见。这可能是因为抗日斗争更需要的是掌握实际的思想方法，而不是滔滔不绝的纯理论。

总之，这是一本富有课堂教学特色的马克思主义大众化书籍。

新中国成立初期，他编写的哲学教材有《新哲学简明教程》①和《哲学概论》②，研究著作有《哲学思潮》③。虽属学术性作品，但也保持了通俗的笔调和简明的文风。

抗战时期的马克思主义哲学大众化运动，沿着"社联"时期的道路继续前进，涌现了一批充满活力和创造力的新人，也涌现了一批反映这个时代背景的新作。这说明，尽管倡导新哲学大众化运动的组织已经不复存在，但是这个口号却愈发深入人心。一个思想文化运动不依托于其核心组织而能继续前进，说明它的生命力非但没有凋零，反而更加旺盛；这个运动没有夭折，而是蓬勃壮大了。

---

① 李仲融：《新哲学简明教程》，开明书店1949年版。
② 李仲融：《哲学概论》，文光书店1950年版。
③ 李仲融：《哲学思潮》，文光书店1950年版。

第六章 第三个高潮:中华人民共和国成立前后

抗战结束后,中国主要矛盾从中外民族矛盾回复到阶级矛盾。马克思主义哲学作为工农大众革命斗争的精神武器,需要发挥重大作用。在这个新的历史时期,大众新哲们依然自觉地推进马克思主义哲学大众化运动,原有的大众化哲学著作仍然在翻印重版,同时新的作品层出不穷。这一时期,大众哲学书籍在内容上出现的一个重要变化,就是相对于此前重在马克思主义哲学体系的完整梳理,发展到更注重马克思主义哲学的实际应用。到了1958年,全国上下掀起了工农兵学哲学的新高潮。

第一节 解放战争时期

这一时期,哲学大众化作品成果丰富的当推沈志远、胡绳、冯定,尤为难能可贵的是,他们能从人生观和认识论的角度切入,重点突出马克思主义哲学的实际应用,充分体现了马克思主义哲学大众化运动的人文关怀与人本意蕴。

一、沈志远

沈志远在这个时期推出了两部大众化的哲学新作,1946年的《新人生观讲话》[1]和1949年的《社会科学底哲学基础》[2]。

---

① 沈志远:《新人生观讲话》,生活书店1946年版。
② 沈志远:《社会科学底哲学基础》,生活·读书·新知联合发行所1949年版。

《新人生观讲话》是一本以辩证唯物论与历史唯物论观点讲述人生观的通俗读物。全书共分 12 章,内容包括人生观的两大特性、评"唯生"的人生观和复古的人生观、评奴才主义与个人主义、论人生的方向和目的、如何处理人生的各种具体问题等。

在前两个新哲学大众化运动的高潮中,关于人生观的通俗哲学类书籍,最值得称道的是胡绳的成名作《新哲学的人生观》。之后数年,关于人生观话题几乎没有什么可与之比拟的作品。而沈志远的新作《新人生观讲话》出来之后,则可谓是双峰并峙。胡绳的《新哲学的人生观》贵在真挚,以一个同龄人的口吻畅谈人生。沈志远的《新人生观讲话》则贵在亲切,以一个老大哥的口吻谆谆教导。

也许是因为带着抗战刚刚取得胜利的喜悦,沈志远在这本书里,语言风格轻松、亲切、谦和、幽默,不端架子,不板面孔,这是这部作品在大众化、通俗化方面的最大特色。这部书是这样开头的:

> "列位青年朋友,请了请了!
>
> "今天能有机会来跟大家谈谈人生观的问题,在下感觉非常荣幸。不过在下学识浅陋,见闻狭窄,胡说八道之处,在所难免,这是要请诸位随时指正的。"

而这一章的结尾是这样的:

> "现在要问:人生观既是人人其有的,那末,我们为什么还要郑重其事地把它当做一种学问来研究呢?欲知其中缘故,且听下回分解!"

其余各章的笔调,也大多如此。作者自称"在下",称读者为"青年朋友们"。这种既不是讲课,也不是讲座,更不是讲演,而是类似于说书式的讲话风格,在此前的大众化新哲学作品中是不曾有过的。

写人记叙,讲讲故事,是这本书说理的好办法。第一章先描画了一个"银钱缝里翻筋斗的市侩"的嘴脸,然后再讲道理。第二章模拟希特勒的口吻反讽了法西斯的"兽生观"。第三章开头就是一个他自己亲身经历的往事，讲了一个老塾师的故事。第四章悬设了持有唯生论人生观的"生物人生观"者和"我"的对话。第五章先是把开场白的老塾师的例子再利用一番，又讲了一个宿命论的老婆婆的故事。第六章以汪精卫的个人史来揭露"狗生观"的下场。像这样的故事说理，俯拾皆是。以这样的方法讲人生观，确实能够收到实效，使读者在轻松之中得到教益。

以上谈的是这本书在大众化的通俗性方面作出的努力。该书的价值，更重要的是在大众化的阶级性方面做出的功绩。这本书提出一个新名词：大众主义。所谓"大众主义"，书中解释道：

> "历史上真正的伟大英雄，决不抱英雄主义的人生观的；他们所主张所实行的，常常是大众主义的人生观，而与英雄主义完全对抗的。"
>
> "'大众主义'这名词是在下自己杜撰的，意思就是以大众利益为根据，一切为了大众利益，一切服从大众利益的那种人生观。"
>
> "'大众主义'，就是要跟大众在一起，从大众中学习，和大众共同奋斗，一切为了大众利益的意思。也就是要营集体化的生活，而不是'洁身自好'的鼓励生活。"

沈志远对人生观的概括，把马克思主义哲学提倡的新人生观凝聚在"大众"一词上，抓住了问题的关键。这本书把人生的意义和价值概括为"征服自然、改进自然、走向自由"，把人生的态度概括为"前进的人生、实践的人生"和"战斗的大众的科学人生"，正是对"大众主义"的精练诠释。

《社会科学底哲学基础》是"社会科学基础读本"之一。该书的写作目的很明确，作者开宗明义道："社会科学同一切科学知识一样，是有一定的哲学基础的。'社会科学底哲学基础'这句话的意思，简单明白地说，就是我们认识社会现象（社会生活，社会运动，社会发展史）所必需的基本锁钥。缺少了这个锁钥，我们就无法打开社会历史发展法则的大门。"既然是为了更好地学习甚至研究其他社会科学而学习哲学，该书就具有了一定意义上的研究性，但是，这本书毕竟首先是一个"基础读本"，所以，其大众性、通俗性较明显。比如,篇幅不长,内容结构简明清晰,语言通俗易懂,采用隔几个小节使用一个方框中的短句进行概括等等。可以说,这本书是为进一步研究性学习而进行新哲学大众化普及工作的书籍,在整个新哲学大众化运动中,显得比较独特。

全面概述了新哲学的两大部分——辩证唯物论与唯物辩证法的基础内容。该书结构清晰,共分4章。第一章简述哲学作为一切科学的理论基础的意义和价值。第二章谈唯物辩证法,其切入的角度是"法则加方法的统一"。这部分没有采用传统的三条辩证法规律的结构,而是采用斯大林提倡的"四个特征"说。这一章有4个小节,分别是:现象互相联系的法则;动和变的法则;量和质的互变;最后一小节谈矛盾。第三章讨论辩证唯物论哲学的基本原则,谈了两个问题,一个是思维和存在的关系,另一个是认识世界的可能性。第四章作为结语,阐述了辩证唯物论哲学与社会研究的关系问题。

从大的章节顺序来看,作者把辩证法放到唯物论的前面,这个顺序不同于其他大众化哲学作品。这样做的好处,是以方法论引路,有利于读者培养理性的思维能力。这也是符合本书的写作目的,即为了学习和理解其他社会科学而介绍新哲学。

为了达到这一目的,作者采取的策略是采用其他社会科学中的例子来说明新哲学的原理。这个策略如果使用不当会有害于该书的通俗性,别的大众化作品都是尽量使用生活中的例子。沈志远当然明白这一点。他很聪明地使用普通人能够理解的经济学、政治学的例子。比如,在"动和变的法则"这一节,书中专门辟出一部分用以提出多种社会、经济、政治现象来证明该法则。社会学的例子用的是晚清以来中国的社会变迁。经济学的例子举的是抗战时期的三种国民经济状态。广大解放区脱离了帝国主义的束缚和支配,广大工农大众的生活生机勃勃;沦为殖民地的沦陷区,受尽压榨;仍处于半殖民地半封建社会的国统区,则官僚资本控制一切,民营资本举步维艰。这些都是大家有目共睹的事实。所以,尽管他所举的例子不是生活琐事,却也并非脱离生活,都是广大读者能睁眼看到的事实。这么做,并没有影响本书的大众化和通俗化。

总而言之,沈志远的这两本书都是极有特色的大众化哲学读物。

二、胡绳

在新的时期,胡绳保持了旺盛的创作势头和鲜明的个人特色,继续进行着马克思主义哲学大众化的工作。这一时期他为马克思主义哲学大众化运动创作了三部作品:《怎样搞通思想方法》、《思想方法和读书方法》和《中国问题讲话》。

《怎样搞通思想方法》是胡绳1947年到1948年在香港为上海开明书店出版的《中学生》杂志写的,署名"蒲韧"。后修改和补充了一些在上海发表的时候受制于国民党的书报检查制度而不宜使用的材料,于1948年在香港出版。一年后,上海解放,新成立的生活·读书·新知三联书店立刻重新出版了这本书,很受欢迎,上海三联共印十几万册,北京的中国青年出版社到1955年印刷了近五十次。在短短的五六年里这本书至少已经印了约60万册。

胡绳因为此前有过写《思想方法》(《思想方法论初步》)的经验,所以这本书更为出色。该书是胡绳在深入理解唯物辩证法的思想方法之后,联系实际有感而发的杰作,深入浅出是其最大特色。该书的设定读书对象是中学生,通俗自然是其首当其冲的要求。这本书虽然讲的是新哲学的思想方法,但几乎不用新哲学的术语,而采用汉语思维中特有的一些成语俗语来表达新哲学的认识,这也是胡绳在新哲学的大众化和中国化相结合的道路上取得的一项巨大的成功。

此书共分8章。第一章号召读者不做思想上的懒汉,分析了懒惰病的成因,激发读者创造性的思想能力。第二章叫做"'是什么'和'为什么'",提倡养成提问题的习惯,批评了"自以为是"和"当然如此"两种错误的态度,启发读者不仅要知其"然"更要知其"所以然"。第三章推崇实事求是的精神,告诫读者不能从"应该怎样"想起,而应该是谨慎、认真、周密的态度。第四章分析了从经验到理论的思想发展,首先区分了想和做的不同,告诉读者怎样分析和研究经验,并从经验中找出规律。第五章分析了书本知识和实际经验的关系,提倡学与思并用,提倡理论和实际相结合,反对教条主义。

第六章谈全面和局部的关系,阐述了什么叫做全面的认识和怎样把握全局性的东西,用链与环、衣与领的关系比喻整体与各局部间的联系和区分。第七章题为"这一面和那一面",以成语"相反相成"来概括新哲学的矛盾关系,说明要抓住相互斗争中的主导方面,才能得到科学的预见。最后一章是从方法与立场的角度得出结论。

这本书有日文译本,译者是神户大学教授山口一郎先生,由东京的三一书房出版。为了便于日本读者的理解,书名改为《对事物的认识方法和思考方法》,还增加了一个副标题——"通俗易懂的哲学入门"。译本 1955 年出版,1974 年又出了"改订本",日译本至少出版近 20 万册,直到 20 世纪 80 年代还在印刷发行。新加坡的高虹出版社在 1978 年也翻印了这本书。一个中国人写的马克思主义哲学书籍,能够在资本主义的日本和新加坡畅销不衰,充分说明了这本书的价值,更充分说明了马克思主义哲学的价值。

《思想方法和读书方法》①,内分上、下两辑,上辑集中讲述了新哲学的思想方法,包括:辩证法的法则和方法、资本论中的辩证法、列宁怎样反对主观主义等方面;下辑为读书方法,有怎样结合书本知识和实际经验,实践的态度——为人民服务,改造我们的学习,怎样做读书笔记等。

《中国问题讲话》②是在抗日战争刚结束尚未发动解放战争的形势下创作的。共 36 段,每段只有 800 字左右,从 1945 年 10 月 16 日到 1946 年 4 月30 日在《新华日报》上连载,署名"友谷"。这个中国问题的通俗讲话很受欢迎。当时即由好几个解放区的出版社汇集为小册子,现在所能看到的有冀中新华书店、大连大众书店和大众文化社出的本子。这本书没有直接宣传讲解马克思主义新哲学,而是把新哲学的原理用于分析当时的中国问题,即"从基本理论上来说明中国问题"。其内容包括:中国社会的经济性质及政治制度,中国革命的性质及其特点,中国革命的动力、领导、政权及其前途,三民主义与共产主义这几个部分。

---

① 胡绳:《思想方法和读书方法》,耕耘出版社 1947 年版。
② 胡绳:《中国问题讲话》,《胡绳全书》第 4 卷,人民出版社 1998 年版。

三、冯定

冯定,作为一名马克思主义哲学大众化运动中的骁将,其特长在于人生观。这一时期他的大众哲学代表作是《平凡的真理》,1948年光华书店结集出版,一出版就不胫而走,很快从大连传到刚刚解放的京、津、沪、汉等大城市以至全国,受到追求光明与进步的青年的欢迎,成为青年们最喜爱的理论读物之一。1950年6月由三联书店再次出版,在上海印行一万册。此书后经作者完全重写,于1955年10月由中国青年出版社出版。这个修改本在"文革"前共再版11次,销量50万册。1980年2月,中国青年出版社又发行了该书第3版。这本书在我国知识界和理论界产生过广泛而良好的影响,是一本宣传马克思主义哲学的成功之作。

《平凡的真理》打破了以往哲学教科书的格式,表达了冯定自己对哲学的理解,颇具创见。在此书中,他积极提倡哲学的应用,以马克思主义世界观指导人生观的研究,以唯物辩证法指导社会矛盾的分析。更有价值的是,他在精通哲学基本原理的基础上,敢于突破陈规,立一家之言,突破了当时苏联哲学教科书框框的束缚。全书27万余字,全部用自己的语言来讲,没有一处是引证别人的话。他认为哲学是一种真理,是"离不开平凡的事物和平凡的群众"的"平凡的真理",是人们认识世界、改造世界的一种工具。这样一种对哲学的界定,一下子拉近了哲学和人民群众的距离。使广大读者特别是青年读者,对哲学的神祕感、疏离感顿时消失,不知不觉被引进了哲学智慧的天地。在阐述哲学理论时广泛地结合了生理学、心理学、教育学、社会学、政治学、语言学、宗教学等科学研究的最新成果,结合学习、工作、社会斗争、领导方法和人生修养的实际讲解如何获得真理,对马克思主义哲学的主要内容,作循序渐进的连贯的阐述。

书中依据列宁辩证法、认识论、逻辑三者统一的思想,将哲学理论分作四大部分:人的认识发生的生理基础和社会基础;两种对立的认识论;唯物辩证法的基本规律和范畴;马克思主义哲学原理在其他领域的展开和应用。在理论和实践之间的融会贯通,科学地说明矛盾的同一性与斗争性的辩证关系,把辩证法贯彻到唯物论中,从而在形成唯物辩证的世界观等方面作了独到的有益的探索。该书堪称哲学专著通俗化和通俗哲学专著化的典范。

这部哲学著作的突出特点是贴近实际、贴近生活，没有丝毫学究气。内容有的放矢、不讲空话，文字生动活泼、通俗易懂。全书层次分明，步步深入，使读者爱不释手。冯定教授在这本书中所体现出的对马克思主义哲学的独特理解，对马克思主义哲学体系的创造性探索，至今仍有重要的启发和借鉴意义；为马克思主义新哲学在中国的传播普及和大众化，作出了杰出贡献。

以上分析了这个时期的几部代表作，可以发现，它们不是原地踏步，不是重复宣传辩证唯物论和唯物辩证法，而是更进一步，从人生观和认识论的角度切入，谈新哲学的实际应用。从历史发展阶段来看，这是全国人民迎接解放、迎接新制度、迎接社会主义新中国的必然要求。同时，从学理的内在逻辑来看，这也是新哲学大众化运动本身，甚至是新哲学本身的必然要求。因为马克思主义哲学贵在实践，只有与人生和生活结合在一起，才能实现马克思主义自身的价值。

当然，这个时期也有很多普及新哲学的大众化作品秉承了此前的写作内容和风格，虽然特点不是很明显，创新的程度不是很高，影响也不及上述作品那么大，但是，它们同样为新哲学大众化运动作出了应有的贡献，比如：李衡之的《唯物辩证法的基本知识》①，莫乃群的《历史唯物论浅说》②，宋振庭的《新哲学讲话》③等。

第二节　中华人民共和国成立初期

新中国成立初期，学习马克思主义哲学常识不用像解放前那样遮遮掩掩，躲躲藏藏，而是光明正大，轰轰烈烈。这时，一批学习辅导用书应运而生。其中代表作是《哲学初级研习提纲》和《新哲学通俗题解》。

---

① 李衡之:《唯物辩证法的基本知识》，社会科学研究社 1949 年版。
② 莫乃群:《历史唯物论浅说》，三联书店 1949 年版。
③ 宋振庭:《新哲学讲话》，知识书店 1950 年版。

一、马特

1949 年 5 月 27 日上海解放。6 月，马特就在上海的三联书店同时推出两本大众化的新哲学书籍。一本是《哲学初级研习提纲》，另一本是《哲学的学习与运用》。

《哲学初级研习提纲》，根据该书"写在前面的几句话"，原本是作者和胡绳一起在持恒函授学院指导学员学习哲学的提纲。在胡绳的鼓励和协助之下，经过必要的补充之后，马特将这本书完稿出版。面世后大受欢迎，当年就得以再版，并且改名为《哲学研习提纲》。

这个提纲主体分为两部分，共 12 讲。第一部分为思想方法论，以胡绳所著的《思想方法论初步》为课本，以罗森塔尔著、岳光译的《唯物辩证法》为参考，介绍辩证法的法则和形而上学的方法论；第二部分为世界观与认识论，以沈志远著的《现代哲学的基本问题》一书的第 3 章"新宇宙观（新世界观）的基本问题"为课本，介绍唯物辩证法的世界观与认识论。因这本书是作为辅导用书使用，作者就有必要说一说如何使用，所以还附有一个《怎样读"学习指导"》。

《哲学的学习与运用》不是学习辅导书，而是马特以新哲学通俗化为目标的另一本小册子。马特不仅把新哲学大众化作为一个实际工作，而且有他自己的理论思考。该书就附有一个附录，题为《通俗化·庸俗化·举例子》。这篇文章中提出的通俗化思想很有价值。

该文认为，通俗化是必然的，但是要避免庸俗化。那么，首先就要区别"对象"和"说明"。"为了达成通俗化的目的，作为说明的对象来说，并不一定要以'小事件'作为说明的对象才能通俗化，或是只有这样才是通俗化；只要我们能够应用老百姓喜闻乐见的形式，只要我们能够不离开科学的研究和根据，那么，任何'大事件'都可以通俗化，而且都能通俗化。"作为通俗化的手段，作者对举例子提出的要求是"把事实和理论，特殊和普通，具体和一般很好地甚至是天衣无缝地配合起来"。然后又对如何举例子提出三点具体的要求：根据科学的分析，例子之间有机联系，例子和理论系统有机联系。然后，他指出现有的通俗化哲学著作普遍存在的两个缺点：一个是够有趣却无系统，一个是不够分量。据此，作者提出要写好"通俗化的哲学读本"需要做到四点：一、把理论的典型融化在系统中；二、把自然史和社会史中的真实故事融化到理论系统中；三、分析现实的政治、经济、社会和日常生活问题；四、要有文学趣味。

现在看来，这篇文章的观点确实抓住了当时大众化哲学读物的问题，提出了良好的改进方法。《哲学的学习与运用》一书，就是在这样的通俗化哲学读物编写原则指导下的一个成功作品。

从体系上看，这本书确实做到了"融化"。这本书的题目就表明，该书的目的不只在"学习"，还在"运用"。所以，全书共有 7 章，前 3 章谈"学习"，涵盖了一般的大众化哲学书籍中新哲学的系统。回答了哲学是什么，它与社会科学有何关联和区别，哲学是怎样发生和发展的，马克思主义哲学是怎样出现的等问题。第四章谈学习方法，其后 3 章扣住"运用"，谈纠正具体运用上的几个错误倾向，以及怎样把马克思主义的普遍真理与中国革命的具体实践相结合，最后还回答了几个哲学问题。

从写法上看，作者确实试图努力按他自己的设想处理好"举例子"的问题。比如第一章开头，就从抗战说起，引用白居易的诗句，引用西哲名言，引用鲁迅小说中的名篇。这些手段确实能收到相当的效果。

二、新哲学通俗题解

《新哲学通俗题解》[①]是春明书店组织的政治常识编委会编撰的"政常学习小丛书"之三。

中共中央为了推动马克思主义基础理论的普及，指定《社会发展史》等12 种书籍为干部必读书。因为这些书籍的理论比较深奥，且又大都是译文，当时的干部群众普遍文化水平不高，很多人在阅读理解这批书籍时遇到困难。春明书店有鉴及此，专门组织了编委会，把上述书籍综合改编重写，同时还旁征博引有关资料，以说理透辟、文字通俗、容易为大众所接受为标准，使用问答的方式，编写了这套"政常学习小丛书"。之所以采用问答式，这本书开头的"我们的话"中有所解释："其所以要采用问答的形式，一方面

---

① 政治常识编委会编：《新哲学通俗题解》，春明书店 1951 年版。

是为了适合许多学习者的习惯；另一方面，对于初学政治，思想组织能力不强的，或没有条件广泛研习的广大读者，用问答的形式来说明一些概念，给他们做学习和参考之用，自有很多便利。"该书采用小开本小字号，方便读者携带，也是为了普及的需要。这是当时学习马克思主义基本理论很好的参考用书。

该书作为学习辅导书，突出了唯物辩证法本身的知识点，这从章节的安排上可以看出来。该书共分8章，依次是：第一章，辩证唯物论的定义、对象和基本精神；第二章，世界是什么东西构成的；第三章，辩证唯物论的诸法则；第四章，辩证唯物论的诸范畴；第五章，认识的过程；第六章，唯物辩证法的历史发展；第七章，唯物辩证法和形式逻辑；第八章，关于观念论。前5章是新哲学理论和方法，所以放在前面，是重点。而新哲学的发展史，主要为了帮助理解前面的内容而设置的，因此放在后面。最后面的两章，涉及有必要扬弃的形式逻辑和观念论，特别是形式逻辑部分又比较困难，这些都不是新哲学体系内部的东西，因此放在后面。这样的章节安排，体现了辅导书以实用为主的编写策略。

这本书在内容上的一大进步，是纠正了以前对形式逻辑的错误认识。书中这样写道：

"问：辩证逻辑是否排斥形式逻辑呢？

"答：关于这问题，过去曾引起很多错误的见解，认为形式逻辑与唯物辩证法是不相容的；甚至否定形式逻辑的科学意义。其实，形式逻辑并不被唯物辩证法所排斥，形式逻辑应放在其应有的地位而作为认识或思维的必要条件。必须了解，否定形而上学并不等于否定形式逻辑。当然，把它扩大了、绝对化了，当作思维上唯一的规律是不对的。"

能够这样比较客观公允地解说，是时代的进步，也反映了编者开明的思想和灵活的编写意图。这一点同样也反映在对唯心论的认识上：

"问：是否一切观念论都毫无价值，而不必加以重视呢？

"答：对历史上的观念论哲学和那些哲学家，也不能一概抹杀。观念论的哲学体系，也和一切理论见解一样，要按照具体的历史情势，以及当时和它有关系的科学知识的状况去考察才行。例如，资本主义垂死期的各种花样百出的观念论哲学，固然是反动的；但古典的资产阶级观念论体系就有些不同了，那种观念论体系，在当时代表的还是上升的革命的资产阶级的利害，所以在它神秘化的形式中，多少还有一点积极的意义。举例说，黑格尔是一个代表性的、绝对的观念论者，但他站在观念论的见地上，把那时代的知识总体加以普遍化，用观念论做根据创立了发展上的辩证法的理论。所以历史上的观念论哲学中，也有他可取之处，应予以清理和吸收，不能一笔抹杀。"

这样的态度，才是真正的唯物辩证法的态度，对这些人类的知识遗产视而不见，甚至一味抹杀其价值，才是唯心的。

第三节　工农兵学哲学

经过几年的酝酿，马克思主义哲学大众化运动迎来了最后的高潮——工农兵学哲学运动。如何看待这场规模空前的全民学哲学运动？本着辩证唯物主义实事求是的态度审视，这场运动确有其可吸取的经验，但留给后人更多的是教训与不足，只有从教训中吸取经验，才能更好地促进当代马克思主义哲学大众化的稳步前进。

一、概述

这个运动是随着"大跃进"运动而发动起来的，其理论背景，则是毛泽东晚年的哲学思想。

20世纪五六十年代，毛泽东根据马克思主义哲学的基本属性，从中国社会主义建设的实际需要出发，多次讲到哲学解放、哲学普及问题。毛泽东的哲学解放论大体有这样两层深刻的含义：

第一，哲学要从书斋里走出来，到广大干部、群众中去，成为他们认识世界、改造世界的思想武器。早在 20 世纪 50 年代初，毛泽东在写给哲学家李达的信中就谈到"用通俗的言语宣传唯物论"的问题，信中说："关于辩证唯物论的通俗宣传，过去做得太少，而这是广大工人干部和青年学生的迫切需要"，要利用各种机会，"使成百万的不懂哲学的党内外干部懂得一点马克思主义的哲学"①。1955 年 3 月，毛泽东在中国共产党全国代表会议上的讲话中说："我们要作出计划，组成这么一支强大的理论队伍，有几百万人读马克思主义的理论基础，即辩证唯物论和历史唯物论……没有这支队伍，对我们全党的事业，对我国的社会主义工业化、社会主义改造、现代化国防、原子能的研究，是不行的，是不能解决问题的。因此，我劝同志们要学哲学。……马克思主义有几门学问……但基础的东西是马克思主义哲学。这个东西没有学通，我们就没有共同的语言，没有共同的方法，扯了许多皮，还扯不清楚。有了辩证唯物论的思想，就省得许多事，也少犯许多错误。"②
1957 年 1 月，毛泽东在省市自治区党委书记会议上的讲话中，多处谈到"全党都要学习辩证法，提倡照辩证法办事"③。同年 11 月，毛泽东在莫斯科共产党和工人党代表会议上发言时再次讲道："辩证法应该从哲学家的圈子走到广大人民群众中间去。我建议，要在各国党的政治局会议和中央全会上谈这个问题，要在党的各级地方委员会上谈这个问题。"④1963 年 5 月，在《中共中央关于目前农村工作中若干问题的决定》（草案）中，毛泽东明确提出哲学要走出书斋，"让哲学从哲学家的课堂上和书本里解放出来，变为群众手里的尖锐武器"。这一段当时人们非常熟悉的话，于 1966 年 9 月 11 日在《人民日报》公开发表。把当时已经轰轰烈烈的工农兵学哲学运动再一次推向高潮。

---

①　毛泽东：《毛泽东书信选集》，人民出版社 1983 年版，第 407、487 页。
②　毛泽东：《在中国共产党全国代表会议上的讲话》，《毛泽东文集》第 6 卷，人民出版社 1999 年版，第 395—396 页。
③　毛泽东：《在省市自治区党委书记会议上的讲话》，《毛泽东文集》第 7 卷，人民出版社 1999 年版，第 200 页。
④　毛泽东：《在莫斯科共产党和工人党代表会议上的讲话》，《毛泽东文集》第 7 卷，人民出版社 1999 年版，第 332—333 页。

第二,要结合实际搞哲学,搞实际的哲学。1963年5月11日,毛泽东在杭州会议上说过,哲学要在实际工作中讲,要在开会中讲,要告诉身边的同志,哲学并不难。不要把马克思主义看得那么神秘,不要把哲学看得那么神秘。许多哲学家没有进过大学,中国的哲学家中,王充、范缜、柳宗元、王船山、李贽、戴东原、魏源,都不是专门搞哲学的。黑格尔是搞哲学的,但他的学问宽。康德是个天文学家,他的天体论至今仍有价值。山沟里出哲学,在困难中,在斗争中才能够出哲学,逆境出哲学。在1964年8月和1965年12月关于哲学问题的谈话中,毛泽东批评哲学界没有搞实际的哲学,而是搞书本的哲学。他说,学哲学、讲哲学,从书本到书本,从概念到概念,不行。书本里怎么能出哲学? 马克思主义三个组成部分,科学社会主义、哲学、政治经济学,基础是阶级斗争,然后才能研究哲学,不搞阶级斗争,搞什么哲学? 哲学家们应当下乡去,去参加阶级斗争。搞哲学的,要研究实际,写实际的哲学,才有人看。书本式的哲学难懂,要用哲学研究工作,要研究中国历史和中国哲学史的历史过程。群众青年人中有许多研究实际问题的文章和讲话,里面有丰富的哲学思想,充满了辩证唯物论,这是群众、青年在向我们挑战,如果我们不向他们学习,我们就要完蛋了。

当然,如果学哲学用哲学只是领导人的想法,将永远不可能成为一个世纪的运动。事实是,群众由于多年来新哲学大众化运动的熏陶,已经具有学哲学用哲学的深厚基础。很多地方,出现自发学哲学用哲学的小组。1958年3月,上海求新造船厂修造车间党支部书记马仕亭,宣传委员陆顺昌和钳工周室林三人组成了"业余哲学小组",利用晚上时间互教互学《实践论》、《矛盾论》、《关于正确处理人民内部的矛盾》等毛泽东哲学著作及其他哲学著作。他们的做法很快吸引了全厂的干部职工,纷纷效仿。到1958年6月5日《人民日报》发表《上海工人学哲学用哲学》的报道时,全厂已成立了11个哲学小组。由于《人民日报》的引导,这种群众学哲学运动不仅影响到整个上海,而且开始遍及全国。全国各地纷纷成立"哲学学习班"、"工人业余哲学班"等各种学哲学组织。不仅工人,农民中也有这样的自发行动。1958年3月,河南登封县三官庙的农民办起了农民红专学校上哲学课,湖南湘阴汩罗乡、天津静海县等地农民也接连成立"农民学哲学夜校"、"田头哲学小组"等组织,掀起了农民学哲学高潮。接着,解放军中也有组织地发起了学哲学运动。就这样,这场自发的群众性学习运动遍布全国。

即使在几十年后的今天看来,毛泽东关于哲学解放、要结合实际搞哲学、搞实际的哲学的基本思路还是应该值得肯定的。这既是马克思主义哲学本身特质的要求和反映,也是中国社会主义建设实践的客观需要。正是在毛泽东关于哲学解放、结合实际搞哲学、搞实际的哲学的一系列讲话和指示的鼓舞和推动下,一个广泛而持久的工农兵学哲学、用哲学运动在新中国全面展开,成为新哲学大众化运动的最后回响。

二、哲学家的工作

1.艾思奇

新中国成立后,艾思奇讲历史唯物论、社会发展史,为青年和广大干部作报告、写文章,都注意贯彻通俗生动和大众化。艾思奇在国务院科学规划委员会召开的哲学座谈会上发言,指出要使哲学研究工作跃进,不但要有干劲,而且要有明确的研究方向——就是莫斯科宣言中指出的在实际工作中运用辩证唯物主义;我国进行"三大改造"以后,理论上有许多新的发展,这是值得我们很好地研究的。他谈到"厚今薄古"时说,我们研究哲学史,也要注意在实际工作中运用辩证唯物主义问题,这样对唯物主义和唯心主义的斗争就会有正确的看法,哲学史中的许多问题就容易解决;研究哲学史的目的,就是为了了解历史上唯物主义与唯心主义的斗争,从中汲取经验教训。艾思奇很重视哲学在提高的同时进行普及工作,他引用马克思的话说,哲学要大众化才能彻底。① 这一时期,艾思奇既反对忽视马克思主义哲学的倾向,又反对无限夸大哲学的作用,反对把哲学庸俗化和简单化处理,反对以哲学代替自然科学的做法。在他的主持下,中共中央党校开设了自然辩证法班、逻辑班等,并在他的指导下编写了比较系统的自然辩证法等教材。为了贯彻理论联系实际的方法论原则,艾思奇还多次深入农村,参加实

① 参见《哲学研究工作的方向:在实际工作中运用辩证唯物主义》,《人民日报》1958 年 3 月 30 日。

际的工作,在实际工作中发现问题,并将之提高到辩证唯物论的理论高度加以分析。

他在《人民日报》发表《哲学要为实际工作服务》①一文,强调要在实际工作中运用辩证唯物论。他十分关心和支持工人和农民学哲学。据《人民日报》②报道,在 1958 年,他曾给天津市一百多个工厂的工人讲"怎样学习哲学"。《工人和哲学》一文和《破除迷信大家学哲学》③一书,就是根据那几次讲课记录稿整理而成的。1958 年 9 月到 1959 年 7 月,艾思奇在河南调研了 9 个月时间,期间他还担任了中共开封地委副书记兼郑州市委第二书记、登封县委第二书记。他除了与农民"三同"(同吃、同住、同劳动),还辅导农民学习哲学,并为"红专大学"的哲学教师讲解有关哲学的知识。艾思奇也深入田间地头,为农村教师和农民讲授哲学课。并先后派同事韩树英等同志到三官庙乡蹲点,帮助基层干部抓农民学哲学的工作。他也多次到三官庙乡,听取汇报,看农民学哲学的辅导讲稿和写的学习体会等材料,给以热情而亲切的指导。他总结了当时工农学哲学的经验,写了《学习哲学的群众运动》一文,1959 年在河南的报刊上发表。为了帮助干部纠正和克服在大跃进工作中的主观主义,他曾到河南禹县等地给干部作了关于思想方法和工作方法的报告。

时值"大跃进"年代,艾思奇作为一个下放干部,刚开始也深为广大人民群众的热情所鼓舞,写文章赞扬,后来他逐渐摸清了实际情况,发现"大跃进"中的"高指标"、"瞎指挥"、"浮夸风"、"共产风"等主观主义问题相当严重,这些问题又不是单纯能从基层解决的,因此他写信给中共河南省委第一书记吴芝圃,信中直言:"根据实际情况看,过高的生产指标并不能真正调动群众的积极性。"1959 年 4 月,艾思奇又把"大跃进"中的主观主义和形而上学片面性的问题提到哲学的高度,写了《有限和无限的辩证法》④。文

---

① 艾思奇:《哲学要为实际工作服务》,《人民日报》1958 年 4 月 11 日。
② 《全国理论工作空前活跃——各地干部、工人、知识分子掀起学习毛主席著作热潮》,《人民日报》1958 年 7 月 28 日。
③ 艾思奇:《破除迷信大家学哲学》,中国青年出版社 1958 年版。
④ 艾思奇:《有限和无限的辩证法》,《红旗》1959 年 2 月第 4 期。

章说："宇宙中的每一件事物都是有限的。无限的宇宙,是一件件有限的事物所构成。无限和有限的相互联系,两者之间对立统一,这是辩证法的普遍规律之一。"他一方面肯定"人民群众的力量是无穷无尽的,是无限的",一方面指出："在一定时间、一定地点、一定条件下群众力量的发挥,总有其一定的最大限度,而不是无穷无尽的。""仅仅一般地相信人民力量的无穷无尽,而看不见在一定具体工作中人民力量的有穷有尽方面,或者把这些有穷有尽的力量误认为无穷无尽,这种片面观点也会造成工作中的错误和缺点。在规定任务时主观地提出超过现实可能性的过高的指标,在使用人民力量的时候不注意精打细算,合理分配,适当安排改进技术,改善操作,一句话,不会节约劳力,不会使有限的劳动发挥它可能发挥的最大潜力。"这些具有辩证思想的观念虽然在当时并没有引起人们多大的关注,但联系到后来的中国社会主义道路的探索实践,其意义则是深远的。

《破除迷信大家学哲学》①由艾思奇等人合著,定位于"工农学哲学和毛泽东著作辅助读物"。这本书是在这个时期通俗化大众哲学作品的代表作。

2.葛春霖

葛春霖,即写作《科学的哲学》的葛名中。1957 年,他以本名出版了新作《唯物辩证法》②。这是他在高级党校学习期间,在完成学业的同时,加班加点写出的新作。该书初版的发行量即达到了 15 万册,大受欢迎,供不应求,1959 年又再版发行。

该书出版时,工农兵学哲学运动还未开展。但是,长期从事工业事业的葛春霖敏锐地发现在工人中推行哲学大众化的意义。这本书的开篇第一句就是"工人要做好工作,首先要把工具搞好",然后接下去谈怎样运用唯物辩证法的问题。这倒不是因为葛春霖的政治嗅觉多么灵敏,而是因为他坚持站在"工农大众"的立场上推广唯物辩证法。"工农大众"、"工农劳动者"、"无产阶级"、"人民群众"等词语在他的书中不断出现就是证明。书中

---

① 艾思奇等:《破除迷信大家学哲学》,中国青年出版社 1958 年版。
② 葛春霖:《唯物辩证法》,山东人民出版社 1957 年版。

所举事例,大多来自普通工人农民熟悉的生产和生活实践。大众化和通俗化是他从《科学的哲学》到《唯物辩证法》都一直坚持的理论诉求。除了举例大众化外,这本书的语言通俗易懂,采用每隔几个小节就将其中内容大意概括在一个方框中的短句上的大众化传统手法。

这本书题为《唯物辩证法》,其内容侧重于辩证法而非唯物论。这本书的结构也表明了这一点。第一章说明学习辩证法的方法和意义。第二章谈唯物主义和唯心主义的区别。第三章到第七章分别谈了普遍联系、运动发展、质量互变、对立统一和矛盾解决这几个辩证法原理。最后一章,则是从唯物辩证法出发,谈认识与实践。

该书在内容上的最大特征就是深受毛泽东《矛盾论》的影响,在第六、第七两章从不同的方面阐述矛盾论。这就不仅突破了苏联教科书的框框,也突破了斯大林所提出的四个特征的教条,把大众化和中国化较好地结合起来了。

3.潘梓年

潘梓年(1893—1972),哲学家,逻辑学家,江苏宜兴归径乡人,又名宰木、定思、弱水、任庵,是潘汉年的哥哥。他自幼刻苦读书,1920 年赴北大哲学系攻读哲学、逻辑学和新文学。1927 年加入中国共产党,9 月赴上海,在北新书局主编《北新》、《洪流》等进步刊物和中共江苏省委主办的《真话报》。1930 年任社会科学家联盟的负责人,后调任左翼文化总同盟书记兼文化工作委员会的领导人。此期间,他开始有机会阅读到《共产党宣言》等一些马克思主义经典著作,他尤其酷爱学习与马克思主义的哲学有关的书籍,而且开始学习用马克思主义哲学观点分析当时的国际、国内形势。后创办《新华日报》,被誉为中共第一报人。1954 年调中国科学院筹建社会科学部和哲学研究所,任中国科学院哲学社会科学部副主任,兼哲学研究所所长,学部委员,推动了全国的哲学研究和群众的哲学学习。

1958 年,在群众中出现的学哲学、用哲学的热潮中,他主持了国务院科学规划委员会召开的哲学座谈会,组织哲学专家们投身这场运动。为了及时了解群众学哲学、用哲学的经验,他不顾自己已经 65 岁的高龄,亲自带着自己的研究生和助手到河南的郑州、开封、洛阳、许昌、登封等六七个市、县的郊区农村作调查，每天晚上亲自听取当地干部、群众的介绍，参加群众的各种会议，历时达两个月之久。1958 年，他写了《从马克思主义国家学说方面对毛主席两类矛盾学说的一点体会》①，文章特别联系我国革命的实际，强调国家消亡的必然性及其条件，并从哲学的角度具体分析了在我国条件下正确处理人民内部矛盾、民主与专政、民主与集中等关系。1959 年，他又在《宏伟的远景规划，卓越的科学理论》②一文中，从哲学的角度论述了我党的群众路线和实事求是的优良学风。他根据当时"大跃进"的现实，颇有针对性地指出："力戒浮夸就是革命的热情和科学分析相结合。这些都是实际工作中能否贯彻辩证唯物主义的问题。"1964 年和 1965 年，七十多岁的他又两次去农村作调查研究，每次一去就是几个月。为了推动与发展马克思主义的哲学研究，他不断努力用马克思主义的哲学观点具体分析、论述我国革命和建设中的实践经验。

《大家来学点儿哲学》是潘梓年在工农兵学哲学运动中的一部杰作。这本小册子中的"大家来学点儿哲学"一节，最初以短文的形式发表在《人民日报》上，后来有好几种报纸杂志作了转载，有的书刊还以此代作了"前言"。后来，作者在此基础上，增补写成了同名的小册子。小册子和开初的短文一样，同样受到了普遍的欢迎，特别是受到了广大工人、农民的欢迎。这本书以通俗易懂、深入浅出地阐明哲学道理为最大的特征。他从工人、农民在生产中和在思想上的实际问题出发，浅显明白地说明了许多很深刻的马克思主义的哲学思想和哲学道理。这本书处处以马克思主义哲学的阶级性、科学性、革命性相统一的观点来讲解哲学问题；反过来，他又通过具体哲学问题的讲解，来论证三者的统一性。作者以"一要唯物、二要辩证"的方式提出了哲学的根本问题，首先讲解了主观与客观的关系问题，继而以"辩证法是马克思主义哲学的核心"为题，着重讲解了对立统一规律以及人们如何在实践中自觉地掌握和运用这一规律。这里，作者阐明了只有站在工人阶级的立场上才能学好唯物辩证法的道理。同时，作者以鲜明的工人阶

---

① 潘梓年：《从马克思主义国家学说方面对毛主席两类矛盾学说的一点体会》，《哲学研究》1958 年第 3 期。

② 潘梓年：《宏伟的远景规划，卓越的科学理论》，《哲学研究》1959 年第 1 期。

级的立场,从工人的思想实际出发,以提出问题和讲解问题的方式,通过具体哲学问题的讲解来帮助工农群众破除迷信,解放思想,并在学习方法上作了一些交代。因此,这就很自然地使工农劳动者读起这本小册子的时候,从内容到口吻,都感到十分亲切。这是这本小书受到工农群众欢迎的一个重要原因。书中写道:"我国广大劳动人民,在党的领导之下,用自己应用的战斗,创造性的劳动,已在九百多万平方公里的大地上写出了一部马克思主义哲学大百科全书初稿。这一部百科全书倒是我们的必读之物。"①这里,作者不仅向读者指出了学习哲学的方向,而且也为自己和所有哲学工作者提出了尚待完成的任务。也就是在人民群众的伟大实践的基础上,把群众用自己的行动所写成的"哲学大百科全书的初稿",加以研究和"完成",以便反过来再为群众服务,为社会主义建设这一伟大的实践服务。既有工人农民的阶级立场,又有哲学家的眼光和高度,这就是作为人民哲学家的潘梓年和普通工人阶级群众学哲学用哲学研究哲学的同与不同。

4.冯定

冯定继《平凡的真理》后,又为广大干部群众奉献了《共产主义人生观》②和《人生漫谈》③,成为传播广泛的通俗理论读物。

冯定谈人生观,有一个重大的特点,即不是为谈人生而谈人生,他是在马克思主义哲学的大背景中谈人生。在《人生漫谈》的小序中,他写道:"我在写《共产主义人生观》的时候,是注意了不要落入个人主义的罗网或圈套。所以,当时我就不从人生而谈人生,而是在讲了资产阶级人生观和无产阶级人生观完全对立以后,就讲辩证唯物的世界观和辩证唯物的历史观,最后才将有关人生的几个具体问题讲了一讲。"人生观的前提是世界观和历史观。他说:"有了正确而明确的世界观和历史观,许许多多抽象的或者具体的有关人生的问题,也就容易解决了,离开世界观和历史观来谈人生问题,怎么也是谈不清楚的。"④这样,冯定谈人生,才能谈出高度,谈出深度。

① 潘梓年:《大家来学点儿哲学》,上海人民出版社1958年版。
② 冯定:《共产主义人生观》,中国青年出版社1956年版。
③ 冯定:《人生漫谈》,中国青年出版社1964年版。
④ 冯定:《冯定文集》下册,人民出版社1987年版,第394页。

然而,他同时也谈得通俗,谈得亲切。冯定的这几部著作都是以谈心的方式写作的,他从不以导师自居,总是把自己当作一个经历苦难的过来人而置身于普通青年之中。他说:"我不过是一个比较老的青年,受过比较长远和深刻的生活教育,根据我的苦经验,作为青年修养上的一种'借镜',总该是有益无害的吧。"①"我的一生也是探索的一生,我的这本小册子(指《人生漫谈》)也只能作为探索的尝试,和青年朋友们共同来探索人生与真理的道路吧。"②用这种方式谈哲学,谈人生观,易于被广大人民群众,特别是青年认可和接受。

冯定这两部作品不仅是通俗哲学著作,同时具有理论开拓的意义。其中最值得重视的,是他对毛泽东关于自觉能动性思想的进一步发挥。他指出:"这种自觉能动性,不论从其广度来说,还是从其深度来说,古往今来,并非是始终如一的,也是在变化和发展的。"这就是以辩证法的观点看人生。他强调"人,既然是在改造客观世界的过程中来改造自己的,那么客观世界越被改造,主观世界也越被改造"。他还区分了无产阶级的自觉能动性和资产阶级的自觉能动性,指出两者的本质不同在于是顺应社会发展规律还是违背社会发展规律。冯定的这些理论新观点,把树立共产主义人生观和发挥无产阶级的自觉能动性联系起来,强调在改造客观世界的同时改造自己的主观世界,强调在社会主义条件下人民群众更需要自觉地改造自己,是在遵循马克思主义经典作家的思想实质,贯彻辩证唯物主义的认识论和社会历史观的必然思想结晶,是宝贵的理论成果,是把大众化和理论性相结合的典范。

5.冯契

冯契(1915—1995),原名冯宝麟,生于浙江诸暨。著名哲学史家、哲学家、美学家、教育家、教授。1935 年,冯契考入清华大学哲学系,抗战爆发后,曾赴延安,并辗转山西、河北等地,参加抗日工作。1939 年前往西南联大复学,1941 年毕业。1941 年至 1944 年,在清华研究院读研究生期间,曾

---

① 冯定:《冯定文集》上册,人民出版社 1987 年版,第 6 页。

② 冯定:《冯定文集》下册,人民出版社 1987 年版,第 397 页。

从学于金岳霖、汤用彤、冯友兰等。新中国成立后,历任华东师范大学教授、华东师范大学哲学系名誉主任,上海社会科学院副院长,中国哲学史学会副会长,中国辩证逻辑学会会长等职。

1957年3月,中国青年出版社出版了冯契的《怎样认识世界》,这本小册子介绍了马克思主义认识论的基本内容,受到毛泽东的重视。毛泽东曾向人推荐过这本书,并说:"冯契写的这本书,我看不错,值得一看,比较通俗易懂,是适合你们青年人读的,个别处有错误也无妨。"①

这本书的体例值得称道,在一定程度上克服了当时大多数宣传辩证唯物主义的通俗书籍所普遍存在的缺点。当时不少大众化哲学著作内容和结构几乎和大学教科书一样,讲述一般原理比较多却缺乏丰富的科学、哲学史和现实生活的材料,而且文字和体裁不够灵活生动,能够对此有所突破的不多。不过,现在看来,能够对苏联教科书体例有所突破,还就是从这一时期的大众哲学作品开始的。比如冯契,再比如冯定。这说明大众化工作者如果不满足于做一个教材的搬运工,是可以对哲学本身有创造性贡献的。这本书对于某些问题的讲述,例如对实践及其在认识中的地位和作用,逻辑及其在认识和检验真理中的作用等,相对于一般的论著,还做了不少有益的发挥。

冯契设定的读者对象是青年大众,因此他深入浅出、通俗易懂地讲述了辩证唯物主义认识论的基本原理。文字生动流畅,引用的许多例子既形象、有趣,也包含有深刻的思想,富有说服力。全书所采取的结构比较合理,而且在内容上增加了若干对读者学习认识论有益的说明和材料。在"思维的矛盾运动"部分,作者就较多地发挥了认识是知和不知及其矛盾的斗争过程,解释了为什么人们对同一事物的认识会有某些区别与争论, 般错误与唯心主义的区别等等。当然,这本书也有一些缺点,例如书上对理性认识的过程及其规律讲得还不够清楚等。

毛泽东对冯契此书在总体肯定的基础上也有所批评,主要集中于冯契在论述中对阶级意识重视不够,因而导致对历史方面的有些评论不够深刻,

---

① 谢静宜:《毛泽东谈冯契的〈怎样认识世界〉》,《人物》1998年第9期。

会误导青年。

三、工农兵的代表作品

《工人哲学讲话》[①]是哲学工作者和工人同志合作完成的。这是中国人民大学哲学系的几位哲学教师，为了贯彻"教育为无产阶级服务、教育与劳动生产相结合"的方针，为了向工人同志学习，于1958年去北京第一机床厂，一面参加劳动锻炼，一面和工人同志共同学习马克思主义哲学，联系当时的国内外形式、生产实际和工人的一般思想状况，集体编写而成。

该书一共17讲。第一讲就是"工人和哲学"，论述了工人为什么要学哲学。第二讲是"哲学中的两军对战"，谈唯物论和唯心论的区别。第三讲、第四讲的中心是实践论，第五到八讲中心是矛盾论，第九到十一讲的中心是唯物辩证法，第十二到十七讲是结合国内国际形势，特别是结合工业生产谈历史唯物论问题。这样的安排，和新哲学大众化运动的第一个高潮期间涌现的那些代表作品很不一样。一是突出了毛泽东在哲学上的创新，二是突出了读者对象。这样的作品一定是受工人欢迎的。

这本书最大的特点就是和当时工人工作生活实际的结合。除了开篇第一讲就从工人和哲学的关系出发外，在讲述哲学原理时，也都是举工人阶级熟悉的例子来说明。比如第十一讲"肯定否定的辩证法——波浪式前进"中，讲述什么是肯定，什么是否定，在简短的定义之后，列举工厂中的规章制度为例来说明。原有的利于生产的规章制度要肯定，旧有的代表资本家剥削的制度，就要否定。最后讲到"事物发展过程都是曲折前进的"，也是举技术革命为例，没有"一次试验就能成功"的好事，"任何发明创造，任何一件技术改革，都不是简单的，其中必有许多困难和挫折"。书中所举人物的例子，也都是工人。比如在讲"主观能动性和客观规律性的对立统一"的时候，举了1957年7月30日《人民日报》报道双鸭山岭西煤矿六井和岭东煤矿六井的新闻为例。在讲正确处理人民内部矛盾的时候，就举了天津仁立

---

① 伍人：《工人哲学讲话》，河北人民出版社1960年版。

毛呢厂的老工人李长茂的个人体会。[①] 这些活生生的事例,对工人当然有说服力,有教育性。

这本书还有一个突出的特点,就是反映当时马克思主义中国化的成果——毛泽东思想。也就是说,这本书把中国化的马克思主义哲学大众化了。这从结构上凸显毛泽东的实践论和矛盾论就可以鲜明地看出来。比如讲述矛盾论这几讲中,讲了矛盾的普遍性、特殊性、统一性、斗争性和抓主要矛盾等内容。这些都是毛泽东《矛盾论》中深入论述过的方面。在其他部分也是如此。比如第十二讲"新生力量是不可战胜的——从美帝是纸老虎说起",这一讲的缘起,就是工人学习了毛泽东的论著《帝国主义和一切反动派都是纸老虎》后引发的热烈讨论。这一讲就是针对工人的讨论中提出的几个问题的深入解说。书中引用的文献不多,绝大部分都是毛泽东著作。

这本书在形式上,还有一个突出的特点,就是在每一讲的开头,都有几句顺口溜,这样的写法倒也是一种首创。有的作用就是一个引子,比如第一讲开卷诗是这样的:"工人生产劲头高,学习哲学起高潮;刻苦钻研努力学,能文能武多自豪。学好哲学有了宝,马列主义作指导;遇事便能作分析,思想生产两提高。"有的提纲挈领概括大意,比如第十四讲"正确处理人民内部矛盾"的开卷诗是:"矛盾性质两种,解决方法不同;人民内部矛盾,怎样处理才好? 团结——批评——团结,一定认真做到。"

这本书最为难能可贵的是,在"大跃进"的背景下,能够保持清醒的头脑,实事求是地完成理论和实践的结合。比如指出技术革新不能一蹴而就,要面对困难曲折。

艾思奇的《破除迷信大家学哲学》,葛春霖的《唯物辩证法》,潘梓年的《大家来学点儿哲学》等都是哲学家的创作,伍人的《工人哲学讲话》也主要是专业工作者的贡献。毛主席在 1957 年号召,要培养大批的工人阶级自己的理论队伍。[②] 广大的工农兵群众学哲学、用哲学、写文章,是 1958 年"大跃进"后出现的新现象。所以实际上,当时还涌现了很多工人农民自己写

---

① 伍人:《工人哲学讲话》,河北人民出版社 1960 年版,第 104、38、128 页。
② 参见叶方:《序》,载《工农兵哲学论文选》,辽宁人民出版社 1961 年版,序第 2 页。

的作品。

《工农兵哲学论文选》①汇集了20多篇辽宁省广大工农兵群众写的哲学论文。所收集的，都是中共辽宁省委宣传部组织工农巡回讲师团到各地作巡回讲演后，各地群众的作品。这些文章的作者都是来自最基层的工农兵群众。有普通工厂工人，车间计划员，车间团支书，养路工人，大队里的记录员、支书、团支书，部队里的普通士兵（军衔最高的是上士班长）。总的来说，文化水平都不高，学习马列主义、毛泽东思想著作的时间也不长，一般还没有来得及系统全面地学习过哲学理论。但是，这组文章却具备一个特点，那就是内容丰富，观点鲜明，观点和材料相统一，用简练的笔墨和丰富的实践经验，把哲学上的道理，解说得生动形象，通俗易懂，深入浅出。特别值得注意的是，这些作者在文中流露出来的对工作、对祖国的责任感，是非常感人的。只要工农兵群众有实践的经验，有革命的热情，掌握马克思主义哲学这个无产阶级认识世界和改造世界的武器，不是不可能的。

从题材上看，这些论文覆盖了辩证唯物主义和历史唯物主义两大方面。谈唯物史观的，比如《学会运用阶级分析方法》一文，通过自己解放前后生活经验的对比，和对贫农、下中农、富农的不同的处理方法，讲述了阶级分析方法的实际运用。不过，谈唯物辩证法的更多，比如《实践出理论》一文用车间不断开展技术革新的事例，说明了"矛盾不断出现，解决了旧的矛盾，新的矛盾又产生了。只有不断解决矛盾，事物才能不断向前发展"②的辩证唯物主义原理。再如，《射击里面也有哲学的道理》一文，通过自己几次实弹射击成绩变化的经验教训，总结出外因通过内因起作用的辩证唯物主义原理。最值得回味，引发当代思考的一篇是沈阳第三机床厂工人陈文亮写的《生产和生活的辩证关系》。文中写道："生产和生活的关系，是对立统一的关系。抓生产是为了提高生活，抓生活又是为了提高生产。虽然生产是主导的方面，是起决定性作用的方面，离开了生产，什么也谈不到；可是我们也不能就只抓生产，不抓生活，如果那样，也会妨碍提高生产。这就是生产

---

① 《工农兵哲学论文选》，辽宁人民出版社1961年版。

② 李长海：《实践出理论》，辽宁人民出版社1961年版，第36页。

和生活的辩证关系。"然后,文章通过本厂的事例,说明厂里把食堂、幼儿园、宿舍、图书馆等搞好了,工人们没有后顾之忧,干劲就大了,生产也就上去了。

但是,这些论文在说明学了哲学以后,大家激发工作热情,提高工作效率方面,比较明显地带有浮夸的倾向。比如,某技术革新"大大提高了工作效率,由过去的一次干一个活,提高到二十个"①;"每个人(一天)坚决完成六百五十个工时的任务"②,等等。这些浮夸到不可能完成的任务,毫无疑问把哲学庸俗化了。

还有一些指导工农兵学哲学的小册子。比如《工人农民怎样学哲学》③,汇集了从《人民日报》社论,到曾经的中国社会科学家联盟的负责人潘梓年的专论《大家来学点儿哲学》,到全国各地工农学哲学积极分子的文章,很有代表意义。

再比如中共天津市委宣传部编辑了"工人理论学习小丛书",其中有一本《怎样组织工人学哲学》④。几十页的小册子,总结了天津市组织工人学哲学用哲学运动中的经验,包括:在组织工人学习哲学时如何破除迷信、解放思想;在领导工人学哲学的过程中如何贯彻理论联系实际的方针;如何讲课和进行辅导以及其他一些具体问题等。还有把工作做得更加精细的,比如《怎样组织财贸职工学习理论》⑤等。这是天津市委宣传部在组织了一千三百多人的工农学习理论积极分子大会的发言稿的基础之上,分门别类,编辑了一套"天津市工农学习马克思列宁主义毛泽东著作经验汇集",包括组织领导、培养骨干、学习心得和论文等论述工人学理论的三册,农民、财贸职工和城市居民各编一册。这本"财贸职工学理论"的作者来自现在所认为

① 李忠保:《一马当先,万马奔腾》,载《工农兵哲学论文选》,辽宁人民出版社1961年版,第15页。

② 孙廷凯:《谁说矛盾不能转化》,载《工农兵哲学论文选》,辽宁人民出版社1961年版,第5页。

③ 《工人农民怎样学哲学》,云南人民出版社1959年版。

④ 中共天津市委宣传部:《怎样组织工人学哲学》,天津人民出版社1958年版。

⑤ 中共天津市委宣传部编:《怎样组织财贸职工学习理论》,天津人民出版社1960年版。

的第三产业,有售货员、理发员等等。都是讲述了联系工作实践学哲学用哲学的经历。第三产业不是从事直接物品生产,尤其独特的生产经验,因此编为独立的一集,可见当时这个运动确实非常深入。

中共金县县委党校编辑的《农民讲哲学》有一个特色:整本书都标上了拼音。这就有助于不识字的农民学习,也是大众化的一个有效手段。

四、历史的教训和意义

工农兵学哲学、用哲学活动是中国社会主义建设时期哲学领域的一件大事。从积极的意义上看,这一活动打破了哲学的神秘感,缩短了哲学与普通群众的距离,普及了马克思主义哲学,促进了哲学与现实生产、生活的结合,有助于人们思想方法和工作方法的科学化。在肯定成绩的同时也要看到,这个活动给马克思主义哲学带来的危害也是致命的。

工人和农民都来学哲学不是坏事,哲学可以指导人们解决问题的思维方式,但哲学不能代替人们解决问题的具体方法。特别是生产技术上出了问题,还得找工程师、技术人员,光靠哲学是解决不了任何问题的。客观地说,在那个年代,哲学最终被庸俗化了。比如有的书上讲,工人学了哲学,就会"猛干、苦干、巧干,从而使原来机车(对水的)消耗量由每小时一千多公斤降低到每小时四十公斤"[①]。哲学的作用被无限夸大,而哲学本身又是一个抽象程度很高的学问,这种差距的客观存在,以及"以阶级斗争为纲"的"左"倾指导思想的干扰,使得工农兵学哲学、用哲学活动产生了急功近利的实用主义、形式主义及简单化、庸俗化的做法。

今天,人们再回过头来看这段历史,最直接明显的一个事实是,这场运动本意是希望马克思主义哲学大众化,但结果却是马克思主义的精髓离群众却越来越远。这其中,有两个教训是令人心痛的:

第一,简单划一,没有处理好哲学与政治的关系。马克思主义哲学的阶级性决定了它不可能是脱离无产阶级的政治斗争的纯学术、纯理论的思想

---

① 乐光明:《一堂不平常的哲学课》,载中共唐山市委宣传部编《唐山工人哲学讲坛》,河北人民出版社 1959 年版。

学说，为无产阶级政治斗争服务是它的历史使命。但哲学为无产阶级政治斗争服务，绝不仅仅是为无产阶级进行现实政治斗争的具体路线、方针、政策作哲学论证、哲学辩护，使它们获得所谓的哲学根据。哲学为无产阶级政治服务、为阶级斗争服务的确切含义，应该是为无产阶级领导的政治斗争提供世界观和方法论的指导，而服务的形式和渠道也应该是多种多样的。工农兵学哲学用哲学运动在处理哲学与现实政治斗争关系问题上的最大失误，就是忽略了哲学社会功能的多样性和哲学为现实政治斗争服务形式的多样化，把哲学为无产阶级政治斗争服务的渠道和方式简单化、唯一化，不管主观上是否愿意，最终后果只能是使哲学完全沦为政治的附庸。而现实政治和政策的多变性更使得哲学成为怎么说都有道理的诡辩，败坏了马克思主义哲学的声誉。

当然，追根寻源，哲学与现实政治斗争关系上的这种错误做法，并不自中国共产党始，早在20世纪30年代苏联马克思主义哲学家那里和斯大林的哲学著作中，哲学与现实政治斗争的关系就被曲解了，被简单化、唯一化、最终庸俗化了。这种做法的危害已经为历史所证实。

第二，拔苗助长，没有处理好哲学普及与提高的关系。哲学的普及与提高本是马克思主义哲学传播活动中两个必不可少的主要方式，它们的关系本是相互联系、相互促进、缺一不可的。但在学哲学、用哲学的实际活动中，领导者和组织者却总是犯形而上学的错误，常常将两者对立起来、割裂开来，在高度评价和肯定群众性哲学普及活动的价值和意义时，忽视甚至贬低哲学的专门学习和研究，否认哲学提高的必要性，结果造成哲学研究队伍的涣散，削弱了哲学基础理论的专门研究，使哲学的普及失去了根基。

成也萧何，败也萧何。当工农兵学哲学成为一个轰轰烈烈的运动的时候，它把此前几十年的新哲学大众化运动推向了一个极度的高潮。然而，当"新哲学"取得了正统的地位，"新哲学"这个名词结束了它的历史使命的时候，新哲学大众化运动竟然也就随之走向了结束。

当然，我们不能只看到这个运动中的缺陷，无论如何，工农兵学哲学运动的积极意义将随着时间的流逝而愈发显出其光芒。

毛泽东的《论十大关系》是中国开始"走自己路"的思想依据与理论指

南，但如何把这重大的战略转变从理论变为广大人民群众的思想观念，进而成为他们自觉的实践呢？"工农兵学哲学"运动正好承担了这个使命。所以，"工农兵学哲学"运动事实上开启了中国广大群众从思想观念上打破苏联模式，走自己的路的序幕。在这场学习运动中，广大工农群众建设社会主义的热情被极大地激发出来，思想得到了极大的解放。

在马克思主义哲学传播发展史上，马克思主义哲学的创始人和继承者对哲学解放、用哲学武装广大人民群众都有过论述，但中国共产党的领袖毛泽东对这个问题讲得最多，由他的讲话引发和推动的这方面的社会实践活动也最多。尽管在工农兵学哲学、用哲学活动的发展过程中出现过简单化、庸俗化倾向，受到"以阶级斗争为纲"的"左"倾错误路线的干扰，但仍不失为哲学解放的一次大胆尝试。这次尝试的规模和社会影响，在整个马克思主义哲学传播发展史上是罕见的。这次尝试的正面经验和反面教训，都是马克思主义哲学传播发展史上的宝贵财富。

第七章　马克思主义哲学大众化的经验启示

中国的马克思主义哲学大众化运动，作为一个完整的历史事件，从 20 世纪 30 年代的上海发端、发展，经历了抗日战争和解放战争的洗礼，直到新中国成立后的工农兵学哲学运动，可谓高潮迭起，其间虽然有短暂的平淡期，却从来没有出现过低潮，更没有中断过。笔者说没有中断，是从两个方面来说：其一，人员没有中断，老将们比如艾思奇、冯定、葛春霖、胡绳等人，从头至尾都参与其中，新手们则更是层出不穷；其二，精神没有中断，从艾思奇最早在理论上认识到新哲学大众化的意义起，到延安新哲学会提倡干部学哲学（干部也属于大众），直到毛泽东提倡工农兵学哲学，把马克思主义新哲学普及到大众中去，让大众掌握新哲学这个思想武器的奋斗目标一直没有中断，相反，还一直在发展。另外，"新哲学"这个名词从 20 世纪 30 年代一直运用到 50 年代，贯穿了这个运动的主体。出于这三点原因，可以断定马克思主义哲学大众化运动没有随艾思奇们离开上海而离开大众，相反，马克思主义哲学大众化运动的生机越来越蓬勃，规模越来越宏大。它有力地促进了马克思主义哲学中国化的进程，在马克思主义哲学发展史上留下了举足轻重的地位。

第一节　马克思主义哲学大众化的历史意义

作为马克思主义大众化事业发展过程中的重要历史阶段，起源于 20 世纪 30 年代的马克思主义哲学大众化运动无疑具有重要的历史贡献，但受社会历史条件的制约,确实也存在明显的缺陷与不足。无论辉煌成就的经验,还是略显不足的局限,都是我们宝贵的精神财富,都具有强烈的当代价值意蕴,都为当代中国马克思主义哲学大众化事业提供了借鉴。

一、历史贡献

"风起于青苹之末"。任何一场革命,都是开始于思想的革命。马克思主义哲学大众化运动使马克思主义哲学从学界、政坛走进普通大众的生活。它改造了几代人的思想意识形态,为社会主义革命和建设事业打下了坚实的基础。

(一)马克思主义哲学大众化运动使马克思主义哲学在中国民众中得到广泛的认同和信仰,为中国革命事业的发展壮大,为社会主义建设事业的成长奠定了干部和群众基础。

自19世纪末马克思主义传入中国以来,在较长一段时间内,马克思主义的介绍与宣传多局限于思想理论界,在普通民众中的影响很小,而且也谈不上以马克思主义来解决中国问题。第一次世界大战和十月革命的爆发,使一部分先进的中国人开始以俄为师,学习和宣传马克思主义,并为中国共产党的建立创造了思想文化基础。中共成立后,由于对马克思主义理论认识还很有限,对中国实际问题还缺乏统一完整的深刻了解,加之革命斗争的现实需要,因而马克思主义学习和研究停留在党的少数高级干部和知识分子范围之内,马克思主义大众化事业发展极为有限。

普通大众是自救、救国的主体力量,在20世纪初积贫积弱的旧中国,他们大都生活在社会的底层,处于走投无路的盲目状态。如何以行之有效的方式动员群众、武装群众,使群众掌握改造社会、改造自身的科学的世界观和方法论。如何研究、宣传马克思主义哲学使抽象的哲学原理通俗化、大众化,能够真正为广大群众所掌握,有效发挥其指导实践的作用,成为中国共产党人的当务之急。20世纪30年代中国共产党倡导和推进马克思主义哲学大众化,艾思奇、沈致远、胡绳等大众哲人响应党的号召,放下专门性的学术研究,开创这种"还没有人屑于尝试"的哲学通俗化、大众化工作,他们将一般的哲学原理通过人们的日常生活阐释出来,通俗、明白、具体地告诉人们唯物辩证的认识论和方法论,使广大群众认识到哲学就在自己身边,使哲学变成广大群众的生活指南。比如:《大众哲学》自 1936 年 1 月到 1938 年 2 月就印行了 10 版,到 1949 年解放前共印行了 32 版,总共发行上百万册之多,形成马克思主义哲学传播史上罕见的红色浪潮。著名诗人贺敬之将《大众哲学》称为思想界的"火炬",尤其是在进步青年中产生了巨大的影响,它引导大批国民党统治区的知识青年奔向延安,走上了革命的道路。它更是延安及其他根据地和解放区的学校、部队广大青年学生、干部、战士学习哲学的入门书,使马克思主义哲学的传播超越时空,深入人心。

马克思主义哲学大众化运动使马克思主义哲学"从哲学家的课堂上和书本里解放出来,变为群众手里的尖锐武器"。① 马克思主义哲学在广大党员干部、农民、知识分子群体中间得到广泛的认同和信仰,成为他们的坚定信仰和行动指南,标志着中国共产党在推进马克思主义大众化事业中,由以前的不够自觉走向自觉,从少数个体探索发展到共同追求,由不成熟走向成熟,达到马克思主义大众化历程中的第一个高潮。

革命事业发展离不开科学理论作指导。科学理论一旦被人民群众认同和信仰,就会极大推动革命事业的发展壮大。马克思主义哲学大众化运动使广大群众对中国共产党及其政策由认知到认同再到自觉实践,这就为党的政策的实现,为中国革命事业的发展壮大,为加速中国革命胜利提供了最广阔的群众基础。从 1938 年春到 1940 年底,党领导的抗日武装和根据地得到了较大发展。我党拥有军队近 50 万,抗日根据地和游击区人口达到 1 亿,党员有 80 万。党领导的八路军、新四军,抵抗和牵制了日军的 45%,伪军的 90% 以上,抗日战场从抗战初期由国民党抗击为主变为由我党抗击为主。② 以后,中共在经历了最困难的考验后又进一步发展了自己的力量及其领导的事业。抗战胜利时,我党已成为有 120 多万党员的大党,抗日根据地面积达到 100 万平方公里,人口达到 1 亿人,人民军队发展到 120 余万人,民兵发展到 220 万人。此外,中国共产党在全民族抗战中,起到了政治

① 《毛泽东文集》第 8 卷,人民出版社 1999 年版,第 323 页。
② 参见吴介民主编:《延安马列学院回忆录》,中国社会科学出版社 1991 年版,第 10 页。

领导的作用。抗战结束时,在全国人民中,谁都承认共产党和国民党是国内的两大政治力量了。"中国共产党在全国社会政治生活中所占的比重,和抗日战争前相比已经大大增加了"。① 中国共产党以自己在民族抗战中的实际行动,提高了自己在全国人民中的影响力,也为中国革命胜利奠定了群众基础。马克思主义哲学大众化的过程伴随着中国共产党队伍不断壮大,正验证了党的六届七中全会所预言的,马克思主义思想"更普遍地更深入地掌握干部、党员和人民群众的结果,必将给党和中国革命带来伟大的进步和不可战胜的力量"。②

新中国成立后,为了推动社会主义建设事业的顺利开展,大众哲学家们在哲学理论工作中始终坚持使马克思主义哲学大众化,使哲学成为群众手里的尖锐武器。他们讲历史唯物论、社会发展史,为青年和广大干部作报告、写文章,都注意贯彻通俗生动和大众化。以艾思奇为例,1958 年艾思奇在《人民日报》发表了《哲学要为实际工作服务》的文章,强调要在实际工作中运用辩证唯物论。1958 年 7 月,到天津参观工厂时亲自给基层的干部学习班讲哲学课,《工人和哲学》一文和《破除迷信大家学哲学》一书,就是根据那几次讲课记录整理而成。1958 年到 1959 年下放河南登封县工作时,艾思奇多次给基层干部学习班讲哲学,帮助基层干部抓农民学哲学的工作,他总结了当时工农学哲学的经验,写了《学习哲学的群众运动》一文。为了帮助干部纠正和克服在"大跃进"中的主观主义,他曾到河南禹县等地给干部作了关于思想方法和工作方法的报告。艾思奇等大众哲人们在多年的哲学理论工作中,始终都在为马克思主义哲学在中国的普及和发展而努力奋斗,为社会主义建设事业作出了重要的贡献。

(二)马克思主义哲学大众化运动不仅开辟了哲学通俗化、大众化的道路,还对哲学中国化、现实化进行了有益的探索,对推动马克思主义哲学的进一步丰富和发展作出了积极的贡献。

马克思主义哲学大众化运动对马克思主义哲学中国化的独特贡献主要

---

① 胡绳:《中国共产党的七十年》,中共党史出版社 1991 年版,第 226 页。
② 《毛泽东选集》第 3 卷,人民出版社 1991 年版,第 999 页。

体现在两个方面:一是通过马克思主义哲学大众化、通俗化的成功实践,初步实现了马克思主义哲学中国化。运动中诞生的一大批大众哲学读物是把马克思主义哲学大众化、通俗化的典范。大众哲人们运用人民大众熟悉、易懂的语言文字来宣讲马克思主义哲学,紧密联系人民大众的思想实际和所面临的各种现实的社会问题,深入浅出地阐述辩证唯物论的基本原理,从而成功地实现了马克思主义哲学的大众化、通俗化,创造出了一种独具特色的大众化形态的马克思主义哲学,空前扩大了马克思主义哲学在中国的传播领域和影响范围。艾思奇曾把自己所做的马克思主义哲学大众化、通俗化工作称之为马克思主义哲学中国化、现实化的“初步”。这不仅是“初步”,同时也是马克思主义哲学中国化、现实化应有之义。因为任何一种外来哲学文化,要想让本土的广大民众接受,就首先要在内容和形式上做大众化、通俗化的工作,否则很难达到目的。大众化、通俗化是一切外来哲学文化本土化的必要前提和基础。二是在大众化、通俗化基础上,明确提出要来一个马克思主义哲学的“中国化、现实化”运动,并进一步扩大范围对整个马克思主义中国化、现实化的方法和原则,马克思主义中国化、现实化的历史必然性和现实必然性,马克思主义中国化、现实化的深刻内涵、表现形式和理论成果做了系统阐述,丰富和发展了毛泽东关于“马克思主义中国化”的重要思想。

马克思主义哲学大众化运动中的大众哲人们不仅初步探索了哲学中国化、现实化,他们还对马克思主义哲学理论潜心研究,勇于探索,在诸多方面提出了新见解,作出了新阐发,对丰富和发展马克思主义理论作出了杰出的贡献。例如:李公朴先生曾明确指出,《大众哲学》的作者对于新哲学的许多问题,有时解释得比其他著作更明确。虽然是通俗化的著作,但也有许多深化了的地方。尤其是在认识论方面的解释。他还指出,作者对于新哲学的理论系统,也不是完全照抄外国著作的。《大众哲学》的理论贡献是多方面的,它对马克思主义哲学的唯物论、辩证法和认识论思想都有一些丰富发展,但主要在认识论方面特别突出。毛泽东在写作《实践论》、《矛盾论》之前,就已经认真研读过《大众哲学》。无论是《大众哲学》建立的富于创新性的认识论的结构体系,还是《大众哲学》强调实践在认识过程中的重要意义,初步概括了人类认识的总规律等内容都对《实践论》、《矛盾论》产生了重要影响。由此可见:不仅高深的哲学巨著能够发展马克思主义哲学,而且通俗化、大众化的哲学读物也能够深化、发展马克思主义哲学;不只是马克思主义经典作家和革命领袖能够发展马克思主义哲学,一般的理论工作者,乃至初出茅庐的青年人也能够发展马克思主义哲学。我们只有在实践中不断地坚持和发展马克思主义哲学,才能使之成为时代精神的精华,永葆蓬勃生机。

(三)马克思主义哲学大众化运动对于传播和推广马克思主义哲学作出了杰出贡献,给当代中国马克思主义哲学大众化留下了宝贵的经验遗产。

马克思主义哲学大众化运动中推进哲学大众化的形式,无非两种——说和写。艾思奇、李平心等人都曾深入学校、补习班等,以讲课或讲座的方式面向大众宣传新哲学。艾思奇甚至还在电台上做过系列广播讲座,听众就更多了。这种讲课的性质不是专业性的学科教育或专业学术演讲,不以培养哲学专业人才为目的,因此不属于学校教育或专业培训。

更多的是写,即报刊发表、著书立说。这就涉及作者使用的多种体裁,下面分别简要说明:

报章专栏。由于报刊的时效性,开辟专栏可以让作品更快地跟读者大众见面。有很多大众化的新哲学著作就是先在报刊上连载,再结集出版的。比如艾思奇的《哲学讲话》就是在《读书生活》半月刊上连载结束后出版的。而黄特的《新哲学谈话》在《新生》上连载尚未结束就已经正式出版。也有几十年后才有机会整理出版的,比如胡绳的《哲学漫谈》。

讲话体(含讲座)。有的就以“讲话”为名,如艾思奇的《哲学讲话》、沈志远的《新人生观讲话》等;有的题名中不出现“讲话”,如胡绳的《怎样搞通思想方法》,从行文看,也属于讲话体。这是使用最多的体裁。讲话体的特点是在写作时就有明确的读者对象,即学习者。而且,预设读者的专业和一般文化程度并不高。讲话体出于模拟课堂教学语言的需要,多用设问,自问自答。学术性著作则不然,有些学术性著作甚至不预设读者,差不多等于作者的自说自话。这样的形式当然不能出现在新哲学大众化的行列中。

主客问答对话体,如黄特的《新哲学谈话》。书信体,如胡绳的《哲学漫谈》。这种体裁可以视为讲话体的特例。讲话体是针对很多人讲的,而主客问答体和书信体则是固定的一个受众。

宣传小册子,如陈唯实的《革命人生观》①,仅30页小开本。这种体裁的政治性更强,可以看作是厚一点的传单。从十几页,到几十页都有。

小品文、随笔,文学性比较强,比如麦园的《哲学门外谈》和胡绳的《说矛与盾》等新"哲学漫谈"。

传记体,也具有文学性。比如张仲实晚年抱病写成通俗简要的革命导师传记《马克思恩格斯传略》和《列宁传略》,弘扬革命领袖的榜样力量,同样也具有推进马克思主义哲学大众化的功效。

读本,比如平生《新哲学读本》和巴克的《新哲学基础读本》。读本这种体裁,本是作为正常教学的辅助读物而使用的,自然适合用于新哲学的大众化。读本常常能起到辅助入门、促进提高的阶梯作用。

概论,介于知识普及和专业研究之间。有些概论的普及性较强,不能算入专业著作,只能算做哲学中级读物,比如温健公的《现代哲学概论》;但也有些概论的专业性比较强,不能算入大众化作品,比如李仲融的《哲学概论》。当然也有很多概论性书籍并未以"概论"为名。

原著选译简编,比如艾思奇《哲学选辑》,黄特和刘涟的《辩证唯物论体系》,周建人翻译的《新哲学手册》②等。这些资料选编有助于刚入门的读者进一步的学习。

这些丰富多样、内容新颖的大众化形式和作品不仅对当时的年轻人起到巨大的启蒙作用,而且作为经验遗产启迪着当前中国共产党主流意识形态大众化工作者们。

二、马克思主义哲学大众化的历史局限

由于受社会历史条件的限制,马克思主义哲学大众化运动存在一定的缺陷与不足。虽然,相对于以后马克思主义哲学大众化事业中出现的严重的失误而言,这些缺陷与不足还处于初始和萌芽状态。然而,正是由于这些

---

① 陈唯实:《革命人生观》,南方大学出版,年代不详。
② [英]朋司辑:《新哲学手册》,周建人译,大用图书公司1949年版。

缺陷和不足没有引起人们足够的重视,新中国成立后继续蔓延和发展,才使得后来的马克思主义中国化和大众化事业遭受重创,留下沉痛教训。时至今日,其遗毒也还没有彻底根除。因此,对待这些缺陷和不足,不应该讳疾忌医,而应该抱着实事求是的态度予以总结,以资借鉴。

首先,就马克思主义哲学大众化的内容而言,纵观这绵延几十年的马克思主义哲学大众化运动,其内容涵盖了马克思主义哲学的所有方面。社联时期,大众化的主要内容是唯物论和辩证法,以辩证法为重。从抗战开始,大众化的内容不仅包含唯物辩证法,辩证唯物主义和历史唯物主义也得到了同样的重视,这时的大众化作品呈现出体系完整的倾向。此时,更为侧重实践的思想方法论,世界观和人生观问题开始崭露头角。从新中国成立前后起,革命斗争实践的需要决定影响了马克思主义哲学大众化运动的中心内容,思想方法和人生观成了大众化的热点。而到了工农兵学哲学运动时,毛泽东论著成了几乎是唯一的内容。任何事物如果失去多样化,就会走向死亡,马克思主义哲学大众化运动也是一样。在工农兵学哲学运动兴起之前,几乎所有作品都有一个共同缺憾,即对苏联哲学的亦步亦趋。表现有二:一是没有抓住唯物辩证法的核心是矛盾,二是因循守旧地说传统的三点或者斯大林的四点。能够真正理解列宁所说的辩证法的核心是对立统一并取得突破的大约只有李正文、巴克和胡绳等寥寥几人。能够在理论体系上联系中国的实际而有所创新的,恐怕只有冯定一人。另一个缺憾是对形式逻辑的错误批判。几乎所有新哲学者都对形式逻辑持否定态度,差异只在于否定多少的问题上。好像不否定形式逻辑就不够辩证法似的。在新哲学阵营中能够不唯苏联是从而客观地承认形式逻辑学作用的恐怕只有卢心远一人。他批评艾思奇的《大众哲学》中对形式逻辑否定太过了[①]。这一点最终为艾思奇接纳,在《大众哲学》后来版本中删除了相关的小节。然而可惜的是,卢心远本人并没有写出新哲学大众化的系统作品。在工农兵学哲学运动兴起之后,内容上的唯苏至上变成了唯毛至上。学哲学的本意是让思想活起来,但最终结果却误入了死胡同,这不能不说是一种遗憾。

----

① 卢心远:《艾思奇如何处理形式逻辑》,《思想月刊》1937年第1卷第2期。

其次，就马克思主义哲学大众化的作品而言，由于历史条件的局限，类似《大众哲学》这样的通俗化作品难免带有幼稚的痕迹，存在自身的弱点，比如：对某些哲学原理的阐述不够准确、严谨和深刻，对某些观点的论述不够充分或不太简洁；层次不够高、理论范围还不够宽，有一些重要的原理没有谈到，理论上也有失之于片面和差错的地方。特别是最初的版本上对绝对真理与相对真理的关系、形式逻辑与辩证法的关系的阐述，存在一些不准确之处，他认为马克思主义认识论不是实践论，这些都是明显错误的。但总体看来，上述弱点和错误与其成绩和正确相比，是白璧微瑕，瑕不掩瑜。

最后，就马克思主义哲学大众化的运作形式而言，存在由常态化向运动式畸变的萌芽。马克思主义哲学大众化是一个长期的持续的永无止境的过程。推进马克思主义哲学大众化是一项常态性工作。诚如1942年4月3日中宣部所指出的，"必须认识这是一个长时期的思想上教育与行动上实践的问题，如果以为讨论一次就解决了问题，是没有那样容易的事情的"。①毛泽东在《关于整顿三风》中也曾批评说："一个文件研究两天就过去了，这是走马看花。"他强调，"许多文件须要一条一条加以分析研究"。"要一条一条地搞，要用分析的方法，搞了一条，再搞第二条，这样搞下去，先剩下十条，再剩下八条，最后全部'消灭'。先逐条加以分析，然后综合起来，全部才能明白。这次我们要搞出些名堂，使全党面目为之一新。"②

从党的领导者自身部署安排上看，思想运动最好一两年就结束。1943年1月25日毛泽东致电彭德怀："如果能在今明两年（抗战胜利前）经过整风与审查，将多数高级及中级干部的思想打通，又能保存党与军的骨干，那我们就算是胜利了。"③这一安排很快就体现在4月3日的《中共中央关于继续开展整风运动的决定》中："各地在一九四三年冬季以前，必须着重与深入整风，决不可放过整风的伟大思想斗争。""如果各地能于今明两年对

---

① 中央档案馆编：《中共中央文件选集》第13册，中共中央党校出版社1991年版，第363页。

② 《毛泽东文集》第2卷，人民出版社1993年版，第421—422页。

③ 中央档案馆编：《中共中央文件选集》第14册，中共中央党校出版社1992年版，第16页。

敌斗争的严重环境中"，做好整风学习等重大工作，"就是我党的极大胜利"。① 出现这样的部署安排，与战争环境不无关系，因为党只能利用抗战相持阶段的稳定环境，来统一全党思想，克服非无产阶级思想。一旦抗战结束后，阶级矛盾将代替民族矛盾成为社会主要矛盾，稳定的环境就将不复存在，系统全面地推进马克思主义大众化就会受到很大影响。

如此，我们不难看到这样的困境：一方面，党已经认识到马克思主义大众化的长期性，认识到它是一项常态性的工作。另一方面，战争环境又使得只能采取运动方式来解决。尽管这是特殊历史环境使然，是可以理解的，但却由此隐含了运动式解决思想认识的苗头，新中国成立后被沿袭下来，就更成为历史的遗憾了。

综上，尽管马克思主义哲学大众化运动存在一定的缺陷与不足，但这些缺陷与不足与其成就相比是微不足道的，可谓瑕不掩瑜。对马克思主义哲学大众化运动的成与败的评价，必须采用辩证的方法。马克思主义哲学大众化运动如果只是促使马克思主义新哲学走进中国人民大众的生活，那么，它无疑是成功了。但是，如果马克思主义哲学大众化运动是让中国人民掌握马克思主义哲学，那么，这场运动就必须是一场千秋万代永不停歇的运动，否则，就是失败。因为人是生生不息的，马克思主义哲学是实践的哲学，必须伴随每一代新人的成长，才能真正成为大众的哲学，发挥其价值。新哲学大众化运动是马克思主义哲学大众化运动在那个特定历史时期中的称谓，马克思主义哲学大众化运动随着工农兵学哲学用哲学运动的偃旗息鼓而结束，但是马克思主义哲学大众化还应该迎来新的历史阶段。只有发展的马克思主义大众化，才是成功的。

改革开放以后，通俗的哲学作品虽然还是有一些新作②，《大众哲学》等

---

① 中央档案馆编：《中共中央文件选集》第14册，中共中央党校出版社1992年版，第33页。

② 值得一提的有如下作品：韩树英编：《通俗哲学》，中国青年出版社1982年版；雷英魁、陈扬炯编：《当代大众哲学》，辽宁人民出版社1988年版；周鼎安、陈光科编：《大众哲学新编》，广西师范大学出版社1990年版；林青山：《新大众哲学》，华龄出版社1990年版；肖前、杨彦钧编：《新大众哲学》，辽宁大学出版社1996年版。另外，农村读物出版社在1987年推出一套"通俗哲学丛书"，包含十数本通俗小册子，分专题介绍马克思主义哲学。

经典也曾重印过,但是已经没有了当年的轰动效应,已经不能影响社会的意识形态的发展方向。笔者只能遗憾地说,马克思主义哲学大众化作为一个社会运动,结束了。

第二节　马克思主义哲学大众化的历史经验

起始于 20 世纪 30 年代的马克思主义哲学大众化运动是在极其恶劣的外部环境下进行的。那一时期的社会民众大多目不识丁,对高深的哲学理论无法理解;哲学大众化工作者们大多数时候处于白色恐怖之中,深受战乱与饥寒的侵袭;那个年代各种理论鱼目混杂,互相交织,"新哲学"并未羽翼丰满,正是在这样的条件下,马克思主义哲学大众化运动取得了重大成功,其中的缘由值得我们去深思。那一时期的大众哲人们,结合当时的社会历史现实,较早对马克思主义哲学大众化的理论与实践进行了有益的探索,留下了极其宝贵的经验财富,值得我们去系统总结和借鉴。

一、坚持马克思主义哲学的群众路线

马克思主义哲学大众化运动缘起于中共六届二中全会制定的新的宣传纲领——向大众进行马克思主义的宣传。中共六大以前,革命屡遭挫折,尽管原因多种多样,但是根本的一条是共产党和人民大众的脱离,换句话说,就是没有走好群众路线。这一方面是由于中共的种种错误领导路线导致党脱离群众,另一方面也是由于群众缺少马克思主义意识形态的启蒙而脱离党。所以,六届二中全会确立的向大众进行马克思主义宣传的新纲领是一个转折性的纲领。在这一纲领指引下的马克思主义新哲学大众化运动通过"化大众"拉近了中共和大众的距离,获得了大众的真心支持。马克思主义哲学是大众的哲学,只有让马克思主义哲学与大众相结合,将马克思主义哲学转化为大众锐利的思想武器,中国共产党领导的革命与建设事业才能取得成功。

二、坚持传播队伍的专业化

马克思主义哲学大众化运动中,马克思主义哲学的传播主要是通过职业革命家和职业哲学家来实现的,以李达、艾思奇、陈唯实、沈志远、胡绳为代表的知识分子为主体的职业哲学家主要活动在以上海、北平为中心的国民党统治区域,利用文化大都市的有利条件翻译介绍,宣传马克思主义;以毛泽东为代表的职业革命家的传播活动主要是在地域广大的农村革命根据地。传播方式侧重于把马克思主义哲学具体化、方法化。早期的马克思主义哲学传播者,学术基础和理论素养卓然超群,在理论研究和宣传工作方面文思泉涌、得心应手,使马克思主义哲学在中国的传播能迅速突破学术理论的狭小范围,更广泛地渗透到社会革命和社会生活的各个方面,空前地扩大了马克思主义哲学的社会影响。可见,马克思主义哲学宣传队伍的整体素质,在相当大的程度上决定了马克思主义哲学在中国传播的形态、路径的选择及最终的效果。

三、坚持传播内容与时代发展需要相符合

理论在一个国家的实现程度,取决于理论满足这个国家的需要的程度。大众哲人们不同阶段有重点地选择传播内容,最大限度地满足了中国社会革命的理论需要。为解决"中国向何处去"这一最迫切的社会问题,唯物史观成为早期传播的重点。随着斗争实践的发展,一系列理论和现实问题的出现,早期共产党人进一步认识到:"唯物主义历史观及其在现代的无产阶级和资产阶级之间的阶级斗争上的特别应用,只有借助于辩证法才有可能。"①随后全国掀起唯物辩证法的传播热潮。马克思的剩余价值学说在五四时期开始传播,但是由于当时革命实践的需要,传播和应用的重点是唯物史观和科学社会主义。大革命失败后,关于中国社会性质和中国农村性质的论战展开,马克思主义政治经济学理论成为现实之需。可见,"马克思列宁主义来到中国之所以发生这样大的作用,是因为中国的社会条件有了这种需要,是因为同中国人民革命的实践发生了联系,是因为被

---

① 《马克思恩格斯选集》第3卷,人民出版社1995年版,第691—692页。

中国人民所掌握了。任何思想,如果不和客观的实际的事物相联系,如果没有客观存在的需要,如果不为人民群众所掌握,即使是最好的东西,即使是马克思列宁主义,也是不起作用的"①。当代中国马克思主义哲学要能够迅速传播开来,被广大人民群众所接受,也必须以满足时代发展的需要为切入点和推动力。

四、坚持传播语言与群众的文化水平相适合

马克思说过:"我们的叙述方法自然要取决于对象本身的性质。"②也就是要根据接受群体的情况来决定叙述方式。早期马克思主义者在推进马克思主义哲学大众化过程中,充分考虑到半封建半殖民地的中国社会,广大劳苦大众文化水平低下,加之中西文化差异的特点。在实现两个重要转换,即从外国语文本转换成中国语文本,从欧洲的思维习惯、表达方式转换成中国的思维习惯、表达方式的基础上伴以中国文化可以理喻、为民众"喜闻乐见"的传统形式广为宣传,从形式上把马克思主义通俗化、大众化。艾思奇的《大众哲学》用最通俗的笔法,日常谈话的体裁,融化专门的理论,使大众的读者不必费很大气力就能够接受。毛泽东擅长借用妇孺皆知的神话传说、寓言故事、历史掌故、成语俗语来解释马克思主义哲学概念,寓教于乐,消除了大众对理论的陌生感和敬畏感,促进了马克思主义哲学知识的普及。简明的理论形态、亲切的语言风格以及与本国传统文化的巧妙融合,是马克思主义理论迅速掌握群众的必要条件。

五、坚持传播方式与群众接受能力相适合

马克思主义哲学大众化运动有一个鲜明的特点,就是运用多种形式和不同途径进行马克思主义哲学的传播。创办一系列刊物宣传马克思主义哲学,将书刊和报纸作为传播马克思主义哲学的工具;创办学校、社团和工人夜校,作为传播马克思主义哲学的阵地;翻译马克思主义理论著作,让更多

---

① 《毛泽东选集》第4卷,人民出版社1991年版,第15页。
② 《马克思恩格斯全集》第2卷,人民出版社1957年版,第7页。

的人学习和了解马克思主义的基本原理。与此同时,大众哲人们主动走出书斋,到民众中宣传马克思主义哲学,积极参与、支持和领导革命实践活动,以马克思主义哲学来指导革命实践活动,扩大马克思主义的影响力。可见,一种思想和学说,必须通过形象化和通俗化的宣传手段才能取得较好的传播效果。同样,推动当代中国马克思主义哲学大众化,必须在传播马克思主义哲学的手段和途径上下功夫。

六、与一切反马克思主义理论作坚决斗争

马克思主义哲学大众化运动之所以取得成功,与大众哲人们自觉地与各种反马克思主义思潮论辩、较量直接相关。20世纪20年代末为了维护和巩固刚刚到手的一党专制局面,国民党随即开始了党治文化建设运动,并在全国上下推行国民党唯心哲学即戴季陶的"民生哲学",蒋介石的"力行哲学"和陈立夫的"唯生论"。其宣传的着力点同样放在普及性、通俗性上,国民党的御用文人们经常四处演说,散布他们的唯心哲学,同时借助书刊的力量为其造势宣传,攻击马克思主义新哲学。这种形势下,新哲学家们创办报刊、著书立说、发表大量的通俗哲学文章针锋相对地予以还击。通过与国民党唯心哲学的激烈交锋,论证了马克思主义哲学适合中国的需要,展示了马克思主义哲学的真理性,扩大了马克思主义哲学传播的范围,加深了中国人民对马克思主义哲学的理解,从而迈进了马克思主义哲学大众化的重要步伐。

此外,营造自由民主的学术探讨氛围,夯实马克思主义哲学大众化的群众基础等也是中国共产党积累的重要经验,这些成功经验是今天继续推进马克思主义大众化这项伟大事业的宝贵财富。

第三节　马克思主义哲学大众化的现实启示

本书回顾一个完整的马克思主义哲学大众化运动的历史,不是为了埋头故纸堆,而是出于强烈的现实危机感。以史鉴今,笔者深感绝对不能放弃

马克思主义哲学在意识形态上的领导地位,绝对不能放弃当代中国的马克思主义哲学大众化。

一、当代中国马克思主义哲学大众化的必要性

大众化是马克思主义理论本质的内在要求。只有明确当代中国马克思主义哲学大众化的客观必要性,才能在推动当代中国马克思主义哲学大众化中采取正确而积极的态度。推进当代中国马克思主义哲学大众化不仅是马克思主义哲学自身发展的内在要求,也是巩固马克思主义在意识形态领域的指导地位,坚持和发展中国特色社会主义事业的现实需要。

(一)马克思主义哲学发展的内在要求

与时俱进是马克思主义的理论品质。恩格斯曾说:"我们的理论是发展着的理论,而不是必须背得烂熟并机械地加以重复的教条。"[1]当代中国马克思主义哲学大众化是马克思主义哲学发展的内在要求,是马克思主义哲学理论与当代中国具体实践相结合的需要。

首先,当代中国马克思主义哲学大众化是马克思主义哲学与当代中国具体实践相结合的需要,是马克思主义哲学发展的重要路径之一。实践性是马克思主义哲学的根本特征,人民群众的社会实践既是马克思主义哲学的理论来源,又是推进马克思主义哲学发展的动力源泉。列宁曾经说过,"观念根本不能实现什么东西。为了观念的实现,就要有使用实践力量的人。"[2]"全部社会生活在本质上是实践的。凡是把理论引向神秘主义的神秘东西,都能在人的实践中以及对这个实践的理解中得到合理的解决。"[3]马克思主义哲学从诞生到不断发展,始终植根于实践之中,并在指导实践的过程中不断丰富发展。因此,马克思主义哲学"它不是在每个时代中寻找某种范畴,而是始终站在现实历史的基础上,不是从观念出发来解释实践,而是从物质实践出发来解释观念的形成"。[4] 它不是抽象的理论学说,不是

---

① 《马克思恩格斯选集》第 4 卷,人民出版社 1995 年版,第 681 页。
② 《列宁全集》第 55 卷,人民出版社 1990 年版,第 23 页。
③ 《马克思恩格斯选集》第 1 卷,人民出版社 1995 年版,第 56 页。
④ 《马克思恩格斯选集》第 1 卷,人民出版社 1995 年版,第 92 页。

经院哲学或教条体系,而是历史实践及其经验的科学总结,是指导人们认识世界和改造世界的强大思想武器,也必将在社会实践中实现自身、检验自身和发展自身。马克思主义哲学特有的实践性决定了马克思主义哲学在中国的传播发展必定要与中国的革命和建设实践相结合,毛泽东指出:"我们学马克思列宁主义不是为着好看,也不是因为它有什么神秘,只是因为它是领导无产阶级革命事业走向胜利的科学。"①"如果有了正确的理论,只是把它空谈一阵,束之高阁,并不实行,那末,这种理论再好也是没有意义的。"②推进当代中国马克思主义哲学大众化正是马克思主义哲学与中国具体实践相结合的一个逻辑"结点",其根本目的就是要用马克思主义哲学指导人们建设中国特色社会主义的实践活动,解决中国社会的重大现实问题,人民群众的实践活动同时也是马克思主义哲学发展的源泉,人民群众在推进当代中国马克思主义哲学大众化的过程中又会不断总结新的经验,不断丰富和发展马克思主义哲学。

其次,当代中国马克思主义哲学大众化实现了马克思主义哲学与人民大众相结合,促进了马克思主义哲学的创新与发展。马克思主义哲学的发展绝非仅靠少数精英的理论研究和实践活动就能实现。在马克思主义哲学发展过程中,政治领袖、专家学者等少数精英的作用举足轻重,但是这在本质上是人民群众伟大作用的集中体现。同时,他们要真正发挥重要作用仍不能脱离广大人民群众这一根基,不能脱离人民群众的实践活动。人民群众是历史的创造者和实践的主体,是物质财富和精神财富的创造者,是实现社会变革的决定力量。马克思、恩格斯在《神圣家族》中指出:"历史活动是群众的事业,随着历史活动的深入,必将是群众队伍的扩大。"③列宁指出:"具有优秀精神品质的是少数人,而决定历史结局的却是广大群众。"④毛泽东也曾说:"人民,只有人民,才是创造世界历史的动力。"⑤人民群众的地位

---

① 《毛泽东选集》第3卷,人民出版社1991年版,第820页。
② 《毛泽东选集》第1卷,人民出版社1991年版,第292页。
③ 《马克思恩格斯文集》第1卷,人民出版社2009年版,第287页。
④ 《列宁选集》第4卷,人民出版社1995年版,第679页。
⑤ 《毛泽东选集》第3卷,人民出版社1991年版,第1031页。

和作用决定了在当代中国,要使马克思主义哲学充满活力并不断发展,就要让其为尽可能多的人掌握并运用。马克思主义哲学如果只停留在理论界、宣传机关和领导干部等少数机构、群体的层面,它的生机与活力是有限的。反过来说,人民群众要发挥更大的历史作用,也必须掌握先进的理论。而科学的理论要转变为现实的指导,其前提就是必须要被广大人民群众接受和掌握,并变成他们的自觉行动,马克思主义哲学大众化也是理论掌握群众的现实需要。

再次,发展的马克思主义哲学必须具备鲜明的实践特色、民族特色和时代特色。在当代中国,要赋予马克思主义哲学实践特色就必须善于用理论指导人民群众新的实践,要赋予其民族特色就必须认真研究中国的人民大众,要赋予其时代特色就必须深入研究回答改革发展中的重大现实问题,尤其是干部群众关心的热点难点问题,这些都是当代中国马克思主义哲学大众化的重要任务和内容。推进当代中国马克思主义哲学大众化是马克思主义哲学与当代中国人民群众的实践相结合的过程,对于赋予当代中国马克思主义哲学实践特色、民族特色与时代特色,不断形成适应中国人民需要的马克思主义哲学具有重要作用。在这个过程中,马克思主义哲学将不断得以丰富和发展。

(二)巩固马克思主义在我国意识形态领域指导地位的需要

马克思主义是中国立党立国的根本指导思想,是社会主义意识形态的灵魂和旗帜。坚持和巩固马克思主义在中国意识形态领域的指导地位,是由马克思主义的科学性质决定的,也是中国历史的必然选择。在当代中国,人民群众对马克思主义的理解和接受程度影响着他们对马克思主义、社会主义制度、中国共产党执政的认同和支持。只有使广大人民群众理解掌握马克思主义,使马克思主义具有广泛的群众基础,才能巩固马克思主义在意识形态领域中的指导地位。由于当前思想文化多样性的特点凸显,再加上西方意识形态的渗透等因素的影响,特别自冷战结束后,两极格局解体,霸权主义、强权政治以军事实力、经济实力和科技实力为后盾,在全球范围内加紧推行意识形态战略。他们打着"自由、民主、人权"的幌子,在意识形态领域蚕食中国的马克思主义和爱国主义阵地,妄图从精神上毁我长城,进而在经济上、政治上把中国变成他们的附庸。面对经济全球化、传媒数字化的开放世界，国内意识形态领域总是不同程度地受到国际因素的影响，一些违背四项基本原则的噪音、杂音时有所见，在客观上难免以某种方式同西方"西化"、"分化"的战略相呼应。马克思主义意识形态的指导地位正面临着巨大的挑战。胡锦涛指出："意识形态领域历来是敌对势力同我们激烈争夺的重要阵地，如果这个阵地出了问题，就可能导致社会动乱甚至丧失政权。敌对势力要搞乱一个社会、颠覆一个政权，往往总是先从意识形态领域打开突破口，先从搞乱人们的思想下手。"①现实经验告诉我们，"意识形态领域，社会主义思想不去占领，资本主义思想就必然去占领"，②巩固马克思主义意识形态的指导地位已成为当务之急。如果仅仅停留在少数精英掌握的层面，马克思主义必将缺乏广泛深厚的群众基础，其指导地位也是不牢固的。要保持和巩固马克思主义在意识形态领域的指导地位，增强人民对马克思主义尤其是中国特色社会主义理论体系的认同感，就必须加强马克思主义的宣传和对人民群众的引导，使马克思主义同人民群众的生活和社会实践相结合，为大众所理解、接受和信仰，帮助人民大众树立正确的理想信念和科学的世界观、人生观、价值观，正确地规范和引导人们的思想和行为。因此，巩固马克思主义在我国意识形态领域的指导地位，不但要丰富发展马克思主义自身，还必须推进马克思主义大众化，将马克思主义有机融入大众的生产生活实践，使人民群众自觉接受和认同马克思主义，使马克思主义深入人心，由被少数人理解掌握到被广大群众理解掌握，在社会心理层面深入普及。

（三）避免中国特色社会主义道路曲折发展的需要

纵观社会主义发展史，由于不注重意识形态的大众化而走过弯路，甚至亡党亡国的国家不胜枚举。以国外为例，苏联解体的重要内部原因，就是没有重视和加强意识形态大众化建设。特别是在苏共二十大之后，其主流意

①　中共中央文献研究室编：《十六大以来重要文献选编》中，中央文献出版社 2006 年版，第 318 页。

②　中共中央文献研究室编：《江泽民论有中国特色社会主义（专题摘编）》，中央文献出版社 2002 年版，第 407 页。

识形态在反对斯大林独裁、专制的声浪中,鼓吹思想多元化,用民主社会主义思想取代马克思主义意识形态,逐渐背离马克思列宁主义,向西方文化价值观靠拢,导致苏联内部思潮急剧变化。一份社会调查显示:1990年已有94%的人主张俄罗斯走西方的道路(其中32%的人主张以美国为榜样,32%的人主张以日本为榜样,此外还有17%和11%的人认为苏联的榜样应该是德国和瑞典)①。尼克松曾声称:"尽管我们与苏联在军事、经济和政治上进行竞争,但意识形态是我们争夺的根源,如果我们在意识形态斗争中打了败仗,我们所有的武器、条约、贸易、外援和文化关系都将毫无意义。"②可见,意识形态的安危关系到国家政权的巩固,关系到人民的根本利益。苏东社会主义的倒退告诉我们:在国际竞争日趋激烈、改革发展稳定的任务日益艰巨的情况下,只有加强主流意识形态大众化宣传,增强意识形态的吸引力和凝聚力,才能避免走弯路,才能取得中国特色社会主义经济、政治、文化、社会建设的更大辉煌。

(四)不断推进中国特色社会主义伟大事业的现实需要

人民群众是历史活动的主体,是发展中国特色社会主义事业的实践力量。不断推进中国特色社会主义伟大事业,迫切要求大力推进当代中国马克思主义哲学大众化,用马克思主义尤其是中国特色社会主义理论体系武装广大人民群众。

1.这是统一思想认识、巩固全国人民团结奋斗的共同思想基础的客观要求。

对于一个国家和民族来说,共同的思想基础可以凝聚人心,产生巨大的精神动力和物质力量。中国特色社会主义建设是全国各族人民的共同事业,充分发挥人民的积极性和创造性,凝聚力量,需要共同的思想基础。马克思主义是我们立党立国的根本指导思想,是我国社会主义事业的指导思想,是全国各族人民团结奋斗的共同思想基础。中国特色社会主义理论体系是当代中国马克思主义,党的十七大明确指出:"中国特色社会主义理论

---

① 曹长盛等:《苏联演变进程中的意识形态研究》,人民出版社2004年版,第495页。
② 尼克松:《1999年:不战而胜》,世界知识出版社1989年版,第96页。

体系是马克思主义中国化最新成果,是党最宝贵的政治和精神财富,是全国各族人民团结奋斗的共同思想基础。"①

因此,坚持和发展中国特色社会主义,首要任务就是坚持不懈地用中国特色社会主义理论体系武装全党、教育人民,进一步巩固全党全国各族人民团结奋斗的共同思想基础,用中国特色社会主义共同理想凝聚力量。推进当代中国马克思主义哲学大众化,积极宣传普及以中国特色社会主义理论体系为主要内容的马克思主义,能够普遍树立和巩固人们对马克思主义的信仰,使广大人民群众普遍具有马克思主义的最基本的修养,具有中国特色社会主义的理想信念,统一思想认识,夯实中国特色社会主义事业的思想基础,使人民群众自觉投身于中国特色社会主义的伟大实践中去。

2.这是将马克思主义转化为发展中国特色社会主义现实力量的切实需要。

中国特色社会主义建设的伟大实践需要科学理论的指导。马克思主义的基本立场、观点和方法普遍适用于社会主义革命和建设,中国特色社会主义理论体系既坚持了科学社会主义的基本原则又具有鲜明的中国特色,是被改革开放实践证明了的科学理论,马克思主义基本原理及其中国化理论成果是发展中国特色社会主义的强大思想武器。但是这一思想武器要真正转化为发展中国特色社会主义的现实力量,推进当代中国马克思主义哲学人众化是其重要途径。

推进当代中国马克思主义哲学大众化,是以科学理论武装广大干部,凝聚党执政兴国的中坚力量的必然要求。干部队伍是促进经济社会各项事业顺利发展的中坚力量,也是贯彻落实党的路线、方针、政策的根本依靠力量,肩负着引领群众建设中国特色社会主义的使命。但干部的马克思主义理论素养并非自发形成和提高的,而是需要一个教育学习的过程。加之当前干部队伍素质参差不齐,部分干部缺乏对马克思主义的坚定信仰,就更加凸显了在干部中普及、深化马克思主义教育,以科学理论武装广大干部的必要

---

① 胡锦涛:《高举中国特色社会主义伟大旗帜　为夺取全面建设小康社会新胜利而奋斗——在中国共产党第十七次全国代表大会上的报告》,人民出版社 2007 年版,第 12 页。

性。因此，干部不但承担着理论普及宣传的重要任务，也是马克思主义哲学大众化的对象。通过推进当代中国马克思主义哲学大众化，首先使广大干部做到真学、真信、真懂、真用马克思主义，才能更好地在工作中运用马克思主义理论解决现实问题，将理论转化为现实力量。

推进当代中国马克思主义哲学大众化，能够充分发挥人民群众作为实践主体的作用，造就优秀的社会主义建设者。人民群众是社会实践的主体和历史的创造者，马克思主义只有被广大人民群众所掌握并用以指导实践，其根本指导作用才能得以充分发挥。在当代中国，广大人民群众是中国特色社会主义建设这一伟大实践的主体，是社会主义建设者。中国特色社会主义事业的基本纲领、路线、方针和政策最终都要通过人民群众的实践来贯彻落实，经济社会发展中的各项任务都要依靠人民群众的实践来完成，他们在工作实践中有没有科学的理论指导，影响到其工作成效。人民群众对马克思主义理论的理解和掌握程度，关系到当前经济社会发展各项目标的实现程度，关系到整个中国特色社会主义事业的建设进程。人民群众自觉认同、真正理解和掌握马克思主义，一方面能够将其转化为投身建设中国特色社会主义伟大实践的内在动力，另一方面能够不断提高自身的科学思维水平，以科学的理论指导自身实践，使自身的工作实践更加符合中国特色社会主义建设的要求。马克思主义只有为各级领导干部和广大人民群众所掌握，成为他们的思想武器和工作方法，才能真正起到作为世界观和方法论的作用，更好地指导中国特色社会主义的伟大实践，真正转化为人民群众改造世界的现实力量，推动中国特色社会主义的发展。

3.这是积极满足人民群众理论需求的迫切需要。

推进当代中国马克思主义哲学大众化能够满足人民群众不断增长的理论需求。一方面，改革开放以来，中国共产党在马克思主义的指导下，带领全国人民取得了举世瞩目的发展成就，马克思主义显示出了认识世界和改造世界的强大力量，激发了人们学习和实践马克思主义的积极性。尤其是自从党的十六大提出建设学习型社会后，人民群众的学习热情和需求不断提高。另一方面，随着改革进入攻坚阶段，在经济社会发展过程中一些深层次矛盾和问题日益凸显，引发了人们的思想困惑，迫切需要科学的理论来解疑释惑。这些都要求我们不断推进当代中国马克思主义哲学大众化,为人民群众提供更多学习马克思主义的机会,创造良好的条件,并引导人们运用马克思主义这一思想武器科学地分析改革发展中出现的新情况和新问题,不断开创中国特色社会主义伟大事业的新局面。

4.这是巩固中国共产党执政基础的必然要求。

中国共产党是中国特色社会主义事业的坚强领导核心,推进中国特色社会主义伟大事业,必须坚持党的领导,巩固党的执政基础。一方面,要用马克思主义理论武装全党,按照建设学习型政党的要求深入学习马克思列宁主义、毛泽东思想、中国特色社会主义理论体系,使党员、干部坚持用马克思主义指导客观世界和主观世界的改造,提高运用科学理论分析和解决实际问题的能力。另一方面,要巩固党的群众基础。中国共产党已经由过去中国工人阶级先锋队发展为"中国工人阶级的先锋队,同时是中国人民和中华民族的先锋队",①成为代表全社会各阶层来共同执政的政党,这体现在党的组织成员构成上就是不仅吸纳工农群众,而且吸纳了改革开放以来广大社会新生力量中的先进分子。这一新变化对巩固党的群众基础提出了新要求,体现在宣传工作上就是不仅要继续巩固马克思主义理论在工农群众中的影响,还要扩大和发展理论宣传的受众,要普及到社会各个阶层。与此同时,当前社会意识多样化趋势和改革发展过程中出现的各种问题在不同程度上影响着一些群众对共产党和马克思主义的信仰,如果不广泛、有力地用马克思主义引领和凝聚广大群众,马克思主义在意识形态领域的指导地位就会被动摇,而以马克思主义意识形态为支撑的共产党的执政地位也必定被动摇。只有推进当代中国马克思主义哲学大众化,使马克思主义深入人心,巩固理论在人民群众中的基础,才能使人民坚定政治立场,拥护共产党的领导,从而巩固、扩大党的群众基础,增强党的凝聚力、向心力和号召力。

二、当代中国马克思主义哲学大众化的可行性

当代中国马克思主义哲学大众化是否可行? 这直接关涉大众的信心和

---

① 《中国共产党章程》,人民出版社2007年版,第1页。

动力问题。笔者以为,当代中国马克思主义哲学即中国特色社会主义理论体系中包含的哲学思想具有大众化的理论特质,中国共产党具有推动马克思主义哲学大众化的优良传统和宝贵的历史经验,推进当代中国马克思主义哲学大众化在当前有着强大的现实基础,这些都为当代中国马克思主义哲学大众化提供了必要的保证和现实的可能。当前情况下推进当代中国马克思主义哲学大众化是切实可行的。

(一)当代中国马克思主义哲学具有大众化的理论特质

大众化是一种内外作用相统一的过程,其中理论本身的内在吸引力是根本。马克思曾在 1843 年《〈黑格尔法哲学批判〉导言》中论述:"理论只要说服人,就能掌握群众;而理论只要彻底,就能说服人。所谓彻底,就是抓住事物的根本。"① 当代中国马克思主义哲学的产生和发展,与中国国情相结合、与时代发展同进步、与人民群众共命运,是被实践证明了的科学彻底的理论体系,具备大众化的坚实基础。主要表现在:

1.实践性。马克思主义创始人明确把自己称为"实践的唯物主义者"②,强调指出,"这就是马克思主义者必须考虑生动的实际生活,必须考虑现实的确切事实,而不应当抱住昨天的理论不放"。③ 当代中国马克思主义哲学无论从思维方式、理论内容还是现实功能上都是以实践为出发点构建起来的实践理论体系,"凝结了几代中国共产党人带领人民不懈探索实践的智慧和心血"④。当代中国马克思主义哲学产生于中国特色社会主义实践的需要,形成于中国特色社会主义实践经验的总结,发展于中国特色社会主义实践的推动,其价值和魅力,只有通过中国特色社会主义伟大实践才能充分展示出来。大众化是人民群众在实践中认识、运用、发展、验证真理,从而感知真理魅力,被真理征服的双向辩证统一过程,其本质是一个实践范畴。当代中国马克思主义哲学的实践性理论品质是大众化的基础和保证。

---

① 《马克思恩格斯选集》第 1 卷,人民出版社 1995 年版,第 9 页。
② 《马克思恩格斯选集》第 1 卷,人民出版社 1995 年版,第 75 页。
③ 《列宁选集》第 3 卷,人民出版社 1995 年版,第 26 页。
④ 胡锦涛:《高举中国特色社会主义伟大旗帜 为夺取全面建设小康社会新胜利而奋斗》,《人民日报》2007 年 10 月 25 日。

2.民族性。当代中国马克思主义哲学是与中国文化传统和民族精神融会贯通的民族化理论形态。它植根于中国社会主义改革、建设和发展的实践之中，无论内容还是形式都具有浓郁的中华民族文化因子和老百姓喜闻乐见的中国风格和中国气派。从内容上说，它是立足于中国社会主义初级阶段的基本国情，基于中国改革开放和现代化建设的伟大实践而作出的理论创造。从形式上说，它言近旨远，通俗易懂，处处体现出中华民族的传统智慧和文化精神，具有鲜明的中国作风和中国气派。它采用中华民族语言文化阐述马克思主义的基本范畴和核心思想，借用几千年中国古代思想文化中的语言和概念，通俗地描述马克思主义理论。当代中国马克思主义鲜明的民族特色易于对民众产生极强的亲和力和感召力，有利于自身被大众所理解和接受。

3.时代性。"一切划时代的体系的真正内容都是由于产生这些体系的那个时期的需要而形成起来的。"①当代中国马克思主义哲学，是在和平与发展成为时代主题的历史条件下，在中国改革开放和社会主义现代化建设的伟大实践中，准确捕捉住建设和发展中国特色社会主义这一时代问题，从理论上科学地回答了什么是社会主义、怎样建设社会主义，建设什么样的党、怎样建设党，实现什么样的发展、怎样发展等三大基本问题。进而产生了解放思想、与时俱进、以人为本、科学发展、和谐社会等一系列新思想、新观点和新论断，都是对不同阶段老百姓关心的重大理论现实问题作出的及时有效的回答，准确把握了时代特征，深刻反映了时代的发展要求。从根本上说，推进马克思主义哲学大众化，就是要不断丰富马克思主义哲学的思想内容，增强其时代性，强化理论的吸引力、感召力和说服力，使之更加具备走近大众、贴近大众、掌握大众的智慧和力量。马克思主义理论的科学性和合理性，只有在新的时代高度和实践深度中才能有效增强。当代中国马克思主义哲学的时代性特征有助于这一理论体系被广大人民群众掌握并转化为人民大众的思想观念和价值观念。

4.开放性。当代中国马克思主义哲学是不断发展的开放的理论体系，

---

①　《马克思恩格斯全集》第3卷，人民出版社1960年版，第544页。

它面向实践,从建设中国特色社会主义经济、政治、文化的伟大实践中获得取之不尽、用之不竭的理论源泉和发展动力;它面向世界,借鉴其他国家社会主义兴衰成败的经验教训,又积极吸收资本主义的文明成果;它面向未来,求实创新,开拓进取,勇于开创社会主义现代化建设的新局面和马克思主义发展的新境界。当代中国马克思主义哲学的开放性作为在实践和理论发展上的一种未尽性和与时俱进、不断创新、永无止境的发展性,表征着自身随社会、历史、实践的发展不断进行自我修正、自我完善,同时也表明与其他理论和世界其他发展着的人类文明成果始终保持沟通、对话、交流、学习、借鉴的能力,这一能力为自身走出国门,走向世界获得大众化的成功提供了保证。

5.人本性。从理论的价值取向看,当代中国马克思主义哲学是以人为前提、以人为核心、以人为归宿的理论体系。人本性贯穿中国特色社会主义理论体系的各个发展形态,成为其最鲜明的特征。邓小平理论强调社会主义追求的重要价值目标是"最终达到共同富裕";"三个代表"重要思想的最基本的着眼点是"代表最广大人民群众的根本利益";科学发展观的核心是"以人为本",始终把实现好、维护好、发展好最广大人民群众的根本利益作为党和国家一切工作的出发点和落脚点,做到"发展为了人民、发展依靠人民、发展成果由人民共享"①。党的十七大报告,迈出了推动中国特色社会主义理论体系向具体政策转换的重要步伐,不仅全面提出改善民生的主要任务包括发展教育,扩大就业,改革分配制度,建立社会保障体系,建立基本医疗卫生制度,完善社会管理等具体内容。同时,明确提出"努力使全体人民学有所教、劳有所得、病有所医、老有所养、住有所居"②等各项改善民生的具体政策,从而使以人为本不再是一种理论原则,而是具有现实可操作性,使人民群众真切体会到当代中国马克思主义哲学的人本性,有助于推进中国特色社会主义理论体系大众化。

---

① 胡锦涛:《高举中国特色社会主义伟大旗帜　为夺取全面建设小康社会新胜利而奋斗》,《人民日报》2007年10月25日。

② 胡锦涛:《高举中国特色社会主义伟大旗帜　为夺取全面建设小康社会新胜利而奋斗》,《人民日报》2007年10月25日。

（二）中国共产党拥有坚持马克思主义哲学大众化的优良传统和宝贵的历史经验

1.始终坚持马克思主义哲学大众化是中国共产党的优良传统。

中国共产党自成立以来在把马克思主义基本原理同中国革命和社会主义建设实践相结合，实现马克思主义中国化的同时，坚持宣传和普及马克思主义及其中国化的成果，把马克思主义哲学大众化作为推动无产阶级革命和社会主义建设伟大事业第一位的政治工作。可以说，一部马克思主义中国化的历史，就是一部对人民群众不断进行马克思主义教育，以实现马克思主义哲学大众化的历史。建党初期，在革命斗争非常残酷、物质条件极度匮乏的情况下，中国共产党通过举办党校、各种训练班、刻印刊物、入党宣誓等形式，最大限度地宣传马克思主义及中国化的毛泽东思想。由于中国早期马克思主义者的辛勤努力，到党的二大时，"群众已经改变了他们的心理。对党发生很大兴趣，党的出版物都能很快地被群众全部买光，这一件事就是突出的证明"①。整个革命战争年代，中国共产党始终把马克思主义在中国的宣传普及作为推动中国革命事业的首要工作。例如：20世纪30年代中华民族面临日本侵略的民族危机，以艾思奇为代表的一批哲学工作者为了使中国大众更快地接受先进的世界观和方法论，掀起了一场轰轰烈烈的哲学通俗化和大众化运动，使广大民众获得一种能够解救自己和国家命运的新的思想武器。20世纪40年代的延安整风运动实际上是一场更为深刻的马克思主义理论的宣传普及活动。它用马克思主义中国化的最新成果——毛泽东思想，统一了全党思想，提高了全党的认识，实现了全党在思想政治和组织上的空前团结和统一。为抗日战争和解放战争的胜利提供了坚实的思想基础。

新中国成立初期，中国共产党"在全国范围内和全体规模上来宣传马列主义，用马列主义教育人民，提高全国人民的阶级觉悟和思想水平，为在我国建设社会主义和实现共产主义打下思想基础"②。通过一系列具体有

---

① 　林之达：《中国共产党宣传史》，四川人民出版社1990年版，第47页。
② 　《刘少奇选集》下卷，人民出版社1985年版，第91页。

效的政治传播措施,推动了马克思主义中国化理论的首次全面"大众化"实践。1978 年 12 月召开的十一届三中全会开辟了中国社会主义建设的新时期,邓小平同志发动了全党的马克思主义教育运动,开展了全国性的真理标准问题大讨论,特别是深入地学习马克思主义哲学认识论,使广大群众普遍懂得社会实践是检验真理的标准,为改革开放作了理论思想准备。在改革开放的新的历史时期,中国共产党更加重视用科学理论武装全党和教育人民,经常组织干部群众深入学习邓小平理论、"三个代表"重要思想以及科学发展观等重大战略思想,使理论学习经常化、普遍化、制度化,领导干部有中心组学习,一般干部有专家报告会学习,广大群众有专题讲座学习,大力推动科学理论的宣传普及。十六大以来,以胡锦涛为总书记的中央领导集体,身体力行,大力推进政治局自学与集体学习的制度化,把对广大党员和人民群众进行马克思主义教育的理论武装工作摆在了重要位置,党的十七大报告中明确提出"开展中国特色社会主义理论体系宣传普及活动,推动当代中国马克思主义大众化"①。事实证明,要顺利推进马克思主义中国化的事业,就必须不断地对人民群众进行系统的马克思主义教育,引导人民群众树立正确的世界观、人生观和价值观,帮助他们运用马克思主义的方法论去观察分析社会现象,抵制唯心主义和其他各种腐朽思想的影响和侵蚀。

2.中国共产党拥有宝贵的马克思主义哲学大众化的历史经验。

中国共产党在长期的革命和建设实践中坚持开展马克思主义大众化工作,使马克思主义的基本理论及其中国化的成果不断掌握群众,积累了一系列宝贵的历史经验。诸如:传播队伍的专业化、传播内容的通俗化、传播形式的多样化、传播路线的群众化等等。

(三)推进当代中国马克思主义哲学大众化有着强大的现实基础可以依托

1.当代中国马克思主义哲学大众化有着完备的法律政策基础。

中国宪法以根本大法的形式明确规定马克思列宁主义、毛泽东思想、邓

---

① 胡锦涛:《高举中国特色社会主义伟大旗帜 为夺取全面建设小康社会新胜利而奋斗》,《人民日报》2007 年 10 月 25 日。

小平理论和"三个代表"重要思想为中国各项事业的指导思想,为当代中国马克思主义哲学大众化提供了最根本的法律保障。中国共产党以马克思列宁主义、毛泽东思想、邓小平理论和"三个代表"重要思想作为自己的行动指南,并将其写进了党章。十七大用中国特色社会主义理论体系整合了中国化的马克思主义三大理论成果,首次提出"当代中国马克思主义大众化"问题,决定开展中国特色社会主义理论体系宣传普及活动,这些都为今天顺利开展当代中国马克思主义哲学大众化运动提供了方针政策依据。

2.当代中国马克思主义哲学大众化有着广泛的社会心理基础。

理论能不能被群众接受,取决于理论能不能解决群众关心的重大问题。当代中国马克思主义哲学立足于中国社会主义初级阶段的基本国情,关注国计民生的重大现实问题,谋取最广大人民群众的根本利益和福祉,因而受到人民群众的关心和瞩目。"科学发展"、"以人为本"、"社会和谐",这些具体、实在,与老百姓的实际生活、具体利益直接相关的理论道出了大家的心声,反映了群众的愿望,得到了大众的普遍拥护,在人民群众中引起极大反响。近年来,随着中国共产党在宣传和巩固马克思主义的指导地位、建设马克思主义理论伟大工程上作出的不懈努力,人们对马克思主义的认识比以往任何时候都要丰富。随着马克思主义中国化进程的不断加快,人们对马克思主义尤其是中国化马克思主义的了解程度是以往历史上从未有过的。当代中国马克思主义理论具有的十分广泛的社会心理基础,为其大众化提供了极为有利的社会条件。

3.当代中国马克思主义哲学大众化有着健全的教育体制基础。

中国共产党正逐步将推进马克思主义哲学大众化贯穿于国民教育的全过程,充分发挥学校在马克思主义哲学大众化中的作用。从师资队伍建设来看,长期以来中国共产党培养和造就了大批合格的马克思主义理论家,已经形成了一支从事马克思主义中国化研究和普及的专业队伍,他们有着丰富的理论经验和娴熟的工作方法,为开展马克思主义哲学大众化提供了理论源泉和人才支持。中共十七大报告提出要培养和造就一大批马克思主义理论家特别是中青年理论家,这为进一步建设理论人才队伍、切实推进马克思主义理论工程建设提供了政策指导。从教育重点来看,中国共产党正有条不紊地推动中国特色社会主义理论体系"三进"工作：建设充分反映马克思主义中国化最新成果的学科体系和教材体系；把当代中国马克思主义的最新成果渗透到大中小学生的思想政治理论课和思想品德课教学中；加强对学生马克思主义信念教育，引导学生用马克思主义立场观点和方法正确认识当前的重要理论和现实问题。真正做到马克思主义最新成果进教材、进课堂、进学生头脑。从教育方式上看，正努力突破显性教育的藩篱，积极发挥隐形教育在推进马克思主义哲学大众化中的重要作用。"隐形教育对人的影响本质上是一种价值性的影响，这一特征决定了隐形教育能成为实现马克思主义大众化的重要途径"。①

4.当代中国马克思主义哲学大众化有着较高的群众素质基础。

坚持并宣传当代中国马克思主义哲学不仅是专家、学者的事，从根本上说是人民群众的事。广大人民群众的基本素质决定了大众化能否取得成功。随着中国经济地位的不断提高，政府投入教育的经费日趋增长，广大人民群众整体文化素质普遍提高，在物质需求不断满足的同时，人们越来越重视在精神文化方面的发展。当代中国马克思主义哲学作为一种科学理论和学说内容博大精深、体系完整严密、表述言简意赅，其蕴含的丰富的科学性、哲理性随时间的推移更显其价值和魅力，真理的力量会驱使人们不断靠近。广大人民群众越来越高的文化素质、越来越强的求知欲为当代中国马克思主义哲学这一科学真理的大众化奠定了扎实基础。

5.当代中国马克思主义哲学大众化有着先进的科学技术基础。

现代信息社会，经济的快速发展和科技的飞跃进步无时不在改变着人们接触、感受外界或外界思想作用于人们头脑的媒介，使得社会意识的传播方式呈明显的多样化发展。电话电报的普及，广播电视的覆盖，以及电缆通信、波导通信、微波通信、卫星通信等的广泛使用，特别是国际互联网络的开通，大大超越了传统的文字传播体系。近十多年来，以互联网、手机短信为代表的网络多媒体开启了以双向互动、即时传播为特征的传播新纪元。多

---

① 熊申英等：《从隐形教育视角探索马克思主义大众化的途径》，《华东理工学院学报》2006年第4期。

元立体、方便快捷的传播手段把当代中国马克思主义的传播带入了信息时代,不仅极大地丰富了传播的信息量,而且从改变接受方式这一层面上拉近了当代中国马克思主义与广大受众的距离,提升了宣传思想的覆盖能力和显示度。大众传播媒介多样化的发展趋势日益为当代中国马克思主义大众化提供多种可以单独使用或组合使用的方法与手段,使得大众化的实施途径和方式更加现代化、效率化。

6.当代中国马克思主义哲学大众化有着卓有成效的社会实践基础。

十六大以来,以胡锦涛为总书记的党中央高度重视当代中国马克思主义的宣传普及工作,精心组织,周密部署了一系列推进马克思主义中国化最新成果大众化的活动:开展学习贯彻党的十六大精神和"三个代表"重要思想活动,推动兴起学习贯彻"三个代表"重要思想新高潮;开展保持共产党员先进性教育活动和深入学习实践科学发展观活动,广泛宣传科学发展观,推动兴起学习贯彻科学发展观的热潮;开展十七大精神宣讲活动,阐释和宣传党的十七大提出的重大理论观点、重大战略思想、重大工作部署,推动学习宣传贯彻党的十七大精神不断深入;组织编写出版《理论热点面对面》、《干部群众关心的 25 个理论问题》等一批通俗理论读物,制作播出《航标》、《复兴之路》等一批电视理论专题片,形象生动地阐释党的理论路线方针政策,深入回答干部群众关心的热点难点问题。此外,各地各部门通过举办各种学习培训班、讲坛、论坛、读书会、报告会、知识竞赛、主题教育活动等,运用群众喜闻乐见的形式,坚持不懈地进行理论宣传普及工作,产生了良好的宣传效果。

胡锦涛在中共十七届四中全会上将"坚持把思想理论建设放在首位,提高全党马克思主义水平"①总结为中国共产党作为马克思主义执政党加强自身建设的首要经验,在十八大报告上再次重申"推进马克思主义中国化时代化大众化,坚持不懈用中国特色社会主义理论体系武装全党、教育人民,深入实施马克思主义理论研究和建设工程,建设哲学社会科学创新体

---

① 胡锦涛:《中共中央关于加强和改进新形势下党的建设若干重大问题的决定》,《人民日报》2009 年 9 月 28 日。

系,推动中国特色社会主义理论体系教材进课堂进头脑",①表明中国共产党将推进当代中国马克思主义大众化作为党的自身建设的首要任务,决心用当代中国马克思主义武装全党的信心和勇气。我们有理由相信,当前情况下中国共产党有能力、有条件推进当代中国马克思主义哲学大众化,并且会比以往任何时期的普及更为成功。

三、当代中国马克思主义哲学大众化的路径

关于当代中国马克思主义哲学大众化的实现路径,众多学者从多个角度进行过探讨,笔者这里不想沿袭他言,只想谈两点:第一,当代中国马克思主义哲学是中国马克思主义意识形态的重要组成部分,具有高度的抽象性和概括性,推进当代中国马克思主义哲学大众化的根本目的在于推进中国马克思主义意识形态的大众化,因此,增强中国马克思主义意识形态的亲和力是推进当代中国马克思主义哲学大众化的重要路径之一。第二,必须加强当代中国马克思主义哲学的基础理论研究,夯实其学理根基,形成中国特色的并得到世界认可的话语体系,走出国门,走向世界,真正实现大众化。

(一)增强中国马克思主义意识形态的亲和力

1.加强执政党执政为民的亲和力。一是加快中国特色社会主义的经济、政治、文化、社会建设,加快和谐社会、小康社会建设,不断增进人民群众在经济、政治、文化、社会各方面的权益,改革开放和发展的成果要由全体人民共享,使人民群众实实在在感受到社会主义发展道路是与其日常生活密切相关的,使他们产生对社会主义的认同、依恋、支持,从而增强对马克思主义的认同、信仰。执政党有了执政为民的亲和力,社会主义就有了亲和力,马克思主义也就会有亲和力。二是人民群众不仅通过社会主义来了解马克思主义,更通过中国共产党来了解马克思主义。所以,中国共产党必须从严治党,始终发扬密切联系人民群众的优良作风,切实把群众高兴不高兴、满意不满意、赞成不赞成、答应不答应作为一切工作的出发点和落脚点,全心

---

① 胡锦涛:《坚定不移沿着中国特色社会主义道路前进 为全面建成小康社会而奋斗——在中国共产党第十八次代表大会上的讲话》,人民出版社2012年版。

全意为人民群众服务。只有人民群众把共产党的党员和干部当作自己的亲人，才会相信共产党宣传的马克思主义。邓小平说："群众从事实上感觉到党和社会主义好，这样，理想纪律教育、共产主义思想教育和爱国主义教育，才会有效。"①这是千真万确的硬道理。

2.增强马克思主义理论的亲和力。一是要全面准确地继承和坚持马克思主义。比如，邓小平把毛泽东思想与毛泽东个人的一些错误观点、论断分开，继承、坚持毛泽东思想科学体系，并在此基础上发展了马克思主义，创立了以改革开放、走中国特色社会主义道路为核心的邓小平理论。因此，马克思主义是发展的，这个发展是与时俱进，也是新陈代谢。只有与时俱进，才能增加新内容，才能新陈代谢，反过来再推动与时俱进。二是发展马克思主义是根据社会的发展，根据新形势、新情况、新问题，作出新的有效的、合理的解释，对社会发展趋势、发展规律作出新的说明，提出新的论断。在马克思主义及其传播遭遇严峻挑战的当今世界，怎么发展马克思主义，从哪些方面发展马克思主义，增强马克思主义的亲和力是一个极其重要、极为迫切的任务。

第一，贴近人民。理论要对人民群众有亲和力，就必须贴近人民，增强人民性。马克思主义的宗旨就是为无产阶级、为人民群众服务。马克思主义就是要在人民群众中吸取营养、吸取力量，就是要依靠和掌握人民群众去赢得理论的、主义的胜利。然而当今社会的人民群众已与一个多世纪前马克思主义产生之时有所不同，世界经济、政治、文化、社会生活以及利益、意志均发生了重大变化，马克思主义没有新的发展，就难以表达当今人民群众的利益、意志，难以贴近群众，难以依靠和掌握群众。所以，在当今世界发展马克思主义，仍有一个进一步增强人民性的问题，即必须表达当今人民群众的利益、意志，不仅要表达他们长远的、根本的利益和眼前的、具体的利益，也要表达他们的群体的和个体的利益。

第二，贴近现实。马克思主义是在现实实际斗争中产生的。然而当今世界的实际已与一个多世纪前的实际有了很大不同，现实迫切要求马克思

① 《邓小平文选》第3卷，人民出版社1993年版，第144—145页。

主义与当今的现实相结合，在现实中实现新的发展。如果马克思主义只关注、说明过去、将来，而与现实不搭界，不能引导现实，不能为现实服务，也就失去了在现实中存在的价值。对只具理想性没有现实性的理论，人民群众是没有兴趣的。增强马克思主义现实性，就是要更好地表达人民群众的利益、意志，更准确地反映、说明现实经济、政治、文化、社会发展的趋势、规律，就是要提炼新鲜经验和现实社会一切优秀文明成果相结合。只有这样才能使马克思主义有时代贴近感、亲近感，摆脱遥远感、隔代感。有了亲近感就会有亲和力，就容易使人民群众自觉认同、主动接受。

第三，贴近社会。马克思主义贴近过以往社会，马克思主义的社会发展、社会革命理论在以往社会中产生了巨大影响，得到广泛传播。然而当今社会是社会主义、资本主义及其他制度社会和平共处，不仅资本主义社会较一个多世纪前有了更大的发展，社会主义社会也在数十年中经历了大起大落和曲折发展。很多社会现象及状况是马克思、恩格斯没有经历过也无法预料到的。因而，当今社会迫切需要马克思主义对社会发展新的现实作出新的科学的说明，以便进一步说明未来社会走向。具体而言，马克思主义贴近社会，就是要反映、说明当代社会发展的新面貌、新形势，反映、说明当代社会各种利益、各种关系、各种矛盾的新变化，反映、说明社会发展的新趋势、新规律，为新的社会实践、社会建设服务。

第四，吸收不同思想理论的合理成分。增加马克思主义亲和力，可以使人们更愿意了解、认识马克思主义，从而认同、接受马克思主义。为此，一方面要用马克思主义的观点和方法更多地表达人民的共同利益及意志；另一方面注意对不同思想理论的意识形态中的合理成分的吸收和扬弃。同时还要注意对多种信仰合理成分的吸收和扬弃，尊重差异，包容多样。此外，当今世界，马克思主义要面对、解决的世界性问题日益增多，如国际恐怖活动、艾滋病蔓延、核武器扩散、环境恶化等。而这些问题是与人民利益密切相关的。合理地解答这些问题，就需要吸取当今世界新的科学经验和有益理论以及其他意识形态中合理的成分。注意把马克思主义从强调对立性转向强调包容性，从提升战斗力、批判力转向提升兼容力、整合力，这对于马克思主义扩展世界性，赢得世界性胜利，具有重大战略意义。

对其他意识形态积极扬弃，吸收其合理的成分，原本就是马克思主义的固有性质和传统。马克思主义对当今世界其他意识形态积极扬弃，一方面是要吸收当今世界各国共产党人对马克思主义的正确的新认识、新发展。另一方面也要吸收西方马克思主义、分析马克思主义、马克思主义批评学派、解释学的马克思主义、解构学的马克思主义、实践派的马克思主义及民主社会主义、福利社会主义、职能社会主义等中的合理成分[①]，吸收"第三条道路"理论、"人民资本主义"理论、绿党理论等的合理成分，吸收当今资产阶级经济学、哲学、政治学、法学、社会学、历史学等理论中的合理成分。使马克思主义在兼容并包中有所创新和发展，更具亲和力和吸引力，赢得更多人的认同和接受。

3.增强马克思主义表达方式和宣传方式的亲和力。理论创新，应是理论内涵创新、理论表达方式创新、理论宣传方式创新的有机结合。增强马克思主义表达方式和宣传方式的亲和力，就是在表达和宣传方式贴近人民、贴近现实、贴近社会。

贴近人民，一是要千方百计运用各种传媒手段使人人都能听到马克思主义的声音，看到马克思主义的读物，并感觉到马克思主义就在身边。二是表达、宣传要通俗化、简明化、大众化、亲情化。文字要口语化、浅显化，不要有怪名词、生名词，更不要用上对下的训话口吻。而且严禁假、大、空，任何强制性的语言、词句、方式方法都要禁止。多增加一些人道、人性、人情和生活色彩，多采用大众喜闻乐见的表达方式和宣传方式，兼顾不同群体。从而使更多的人对马克思主义产生肯定性的理念和情感认同。

贴近现实，一是要坚持从实际出发，而不是从本本、框框出发，绝不搞程式化、八股化、教条化甚至"左"倾化，要因地制宜，因时制宜，因事制宜，因人制宜，灵活多样，生动活泼。二是要讲求实效和长效，而不是满足于短效，要讲求针对性、目标性，反对形式主义、应付主义、自由主义。

贴近社会，一是要深入社会各个角落（包括网络的虚拟世界）。特别是

---

① 鲁克俭：《国外马克思学概况及对中国马克思学研究的启示》，《马克思主义与现实》2007 年第 1 期。

在虚拟世界应成为马克思主义表达方式和宣传方式发展的重要任务与目标①。二是要从社会的实际出发。尊重社会多样性，尊重社会的多种传统、多种习惯、多种生活方式、多种社会关系、多种社会心理。不同时代、不同社会、不同形势、不同地区，表达方式和宣传方式应有所不同，因此，表达方式和宣传方式要富有时代气息、现代社会气息，要随着社会的发展，实现表达方式和宣传方式的发展。三是把追求社会效益放在首位。要多作公益性宣传。筹设专项资金用于马克思主义的宣传，提供大众的无偿的普及的马克思主义教育。

此外，表达方式和宣传方式还要兼采国内外各种行之有效的方式和手段，实现表达方式和宣传方式、手段的创新。如表达、宣传的品种、样式、载体的拓展，手机、网络已是大众常用的接收信息的手段，尤应特别重视。因此，在这方面必须加快互联网软硬件核心技术的开发和创新，提升对网络的控制力、引导力和利用。

总之，马克思主义的表达、宣传，一要让大众看得到、听得到、读得到；二要让大众喜欢看、喜欢听、喜欢读；三要让大众看得懂、听得懂、读得懂；四要让大众看得进、听得进、读得进；五要让大众记得住、说得出、用得上。马克思主义的表达、宣传只有面向人民、面向现实、面向社会、面向世界、面向未来，才能赢得人民、赢得社会、赢得世界、赢得未来。

（二）当代中国马克思主义哲学研究与当代中国马克思主义哲学大众化相结合

马克思主义哲学大众化运动的成功与当代中国马克思主义哲学大众化的艰难之对比，可以唤醒我们对于当代中国马克思主义哲学理论本身的深入反思，加强当代中国马克思主义哲学的基础理论研究，夯实其学理根基，探究当代中国马克思主义哲学研究与当代中国马克思主义哲学大众化相结合的正确道路。

1.马克思主义哲学的创新、发展与马克思主义哲学大众化相结合。马

---

① 吴玉荣：《在虚拟空间唱响社会主义意识形态的主旋律》，《科学社会主义》2004 年第 4 期。

克思主义哲学大众化的前提是保证其科学性、先进性,马克思主义哲学是实践的哲学、生活的哲学,这就要求让它贴近实际、贴近群众、贴近生活,以通俗易懂的形式,使中国化的马克思主义哲学真正为大众所理解、接受和掌握。一旦把马克思主义哲学研究教条化、神圣化,去搞复杂烦琐的论证和大部头的著作,只能使哲学脱离实践,脱离人民,最终使哲学淡出现实生活而成为历史的东西。所以,大众化是当代中国马克思主义哲学发展的必由之路。几十年来中国共产党领导的革命与建设实践证明:马克思主义哲学只有与人民大众相结合才能产生巨大的精神力量和物质力量,才能夯实中国共产党执政的根基,推动中国共产党革命和建设事业的顺利健康发展。

2.马克思主义哲学中国化与马克思主义哲学大众化相结合。历史地看,马克思主义哲学大众化运动兴起的标志是20世纪30年代上海的中国社会科学家联盟,而马克思主义哲学中国化兴起的标志是中国共产党六届六中全会。大众化运动早于中国化的兴起。但是,在马克思主义中国化兴起的时候,就已经涵盖了大众化的意义,因为中国化意味着不仅在学术研究上和政治层面上要中国化,而且要把学术成果与政策大众化。马克思主义哲学大众化运动结束于工农兵学哲学用哲学运动,而马克思主义哲学中国化的工作仍在继续,马克思主义哲学大众化的工作就应该持之以恒。逻辑地看,马克思主义哲学大众化工作,需要把马克思主义哲学的学术性与政治性经典成就和马克思主义哲学中国化成果中学术性与政治性的部分都予以大众化。那么,大众化工作是相对于学术性工作而言的;凡是以非专业读者为对象①,以非专业学习为目的马克思主义哲学宣传工作,都是大众化的。大众化工作中的一部分就是中国化的继续。从大众化的发展史来看,在第一个高潮中,没有任何中国化的成分,所有理论来源都是马克思主义经典作家和苏联哲学界。在第二个高潮中,有了一些中国化的成分。在第三个高潮中,毛泽东的《矛盾论》和《实践论》等著作成为大众化哲学理论作品中的

---

① 一般而言,李达对马克思主义哲学在中国的传播的贡献,就不是以大众化为目的的。他的主要目的是学术。

经常性内容,特别是到了工农兵学哲学运动的时期,"毛著化"①甚至取得了绝对优势。总而言之,大众化和中国化是根据两个不同的维度划分的马克思主义哲学在中国传播的两种不同的形态,两者相互统一,不可分割。

3.提升马克思主义哲学的"问题"意识与马克思主义哲学大众化相结合。马克思说:"问题就是公开的、无畏的、左右一切个人的时代声音。问题就是时代的口号,是它表现自己精神状态的最实际的呼声。"②当代中国马克思主义哲学的发展不应回避"问题",而应直面现实。目前,中国已进入全面建设小康社会的关键时期和深化改革开放、加快转变经济发展方式的攻坚时期,各种凸显的社会矛盾不可避免地冲击和影响着人们的世界观、人生观和价值观,在理想与现实的矛盾面前,人们有着无比强烈的理论运用的饥饿感,哲学作为"时代精神的精华"和"文明的活的灵魂",不应当脱离现实,而应直面社会问题,作出自己的解答。只有触及、回答和解决时代所提出的问题,哲学才有可能承担并实现自己应有的使命,才能在新的实践中,推动自身理论的创新发展。

4.保持马克思主义哲学的民生向度与马克思主义哲学大众化相结合。马克思主义哲学是大众的哲学,马克思主义哲学大众化运动之所以取得成功,原因固然众多,但其中重要一条是当时的大众哲人们来自"劳苦大众",感受"劳苦大众"的疾苦,与大众同呼吸共患难,他们在传播马克思主义哲学的过程中所举的例子,所引用的典故,均发生在老百姓身边,字里行间表达的是大众心里想说而不敢说的话,他们为了让"劳苦大众"走出被剥削被压迫的伤痛而以笔为刀战斗,为了让马克思主义哲学成为人民大众的斗争武器而奋斗。身体力行实践着"为人民服务",人民怎能感觉不到?怎能不与之产生共鸣?因此,当代中国马克思主义哲学的发展与创新仍应紧密联系群众,从群众中来,到群众中去,不能高高在上,成为少数人的哲学,群众史观告诉我们,自决于人民必然导致失败。

---

① 崔英杰:《对"工农兵学哲学"的回顾和思考》,《赤峰学院学报》(汉文哲学社会科学版)2006年第1期。

② 《马克思恩格斯全集》第40卷,人民出版社1982年版,第289—290页。

马克思主义哲学在意识形态中的核心地位无须笔者多言,即使是国民党人,也认识到马克思主义哲学对共产主义的重要性:

> "共产主义之第一特质为其哲学思想——唯物论。马克思、恩格斯均具有唯物思想,而列宁则特别加以阐扬,因之,一切共产主义者均为唯物主义者。"①

所以,人民大众掌握马克思主义哲学,则国本固;人民大众疏远马克思主义哲学,则国运危。这一固一危,全都取决于马克思主义哲学的大众化与否。

也许,当今社会没有"劳苦大众",但是一定有"工农大众",他们是社会主义革命事业的中坚力量。马克思主义哲学对于他们,和当年"新哲学"对于上海纱厂中的工人具有同样的意义和价值。大众有学哲学用哲学的需要,这从全国各地自发的"毛泽东思想读书会"等学习小组就可以看出来。作为新时代的哲学工作者,我们有义务有责任重新举起哲学大众化的大旗,倡导新时代的哲学大众化!

---

① 王建民:《中国共产党史稿:第一篇　上海时期》(增订本),中文图书供应社1974年版,第1页。王建民在解放前即多次攻击共产党的革命。去台湾后,在"国立"政治大学任中国近代史教授。

参 考 文 献

一、中文文献

[1]《马克思恩格斯全集》第 32 卷,人民出版社 1975 年版。

[2]《马克思恩格斯全集》第 40 卷,人民出版社 1982 年版。

[3]《马克思格斯选集》第 1—4 卷,人民出版社 1995 年版。

[4]《列宁全集》第 30 卷,人民出版社 1985 年版。

[5]《列宁全集》第 12 卷,人民出版社 1987 年版。

[6]《列宁全集》第 36 卷,人民出版社 1959 年版。

[7]《列宁全集》第 4 卷,人民出版社 1987 年版。

[8]《列宁选集》第 1—4 卷,人民出版社 1995 年版。

[9]《列宁选集》第 6 卷,人民出版社 1986 年版。

[10]《斯大林选集》第 2 卷,人民出版社 1979 年版。

[11]《毛泽东选集》第 3 卷,人民出版社 1991 年版。

[12]《毛泽东选集》第 2 卷,人民出版社 1991 年版。

[13]《毛泽东文集》第 6—7 卷,人民出版社 1999 年版。

[14]《毛泽东哲学批注集》,中央文献出版社 1988 年版。

[15]《毛泽东书信选集》,人民出版社 1983 年版。

[16]《中共中央文件选集》第 1—3 册,中共中央党校出版社 1989 年版。

[17]《中共中央文件选集》第 5 册,中共中央党校出版社 1990 年版。

[18]《中共党史教学参考资料》,人民出版社 1979 年版。

[19]《中国现代思想史资料简编》第 2 卷,浙江人民出版社 1982 年版。

[20]《中国现代思想史资料简编》第 4 卷,浙江人民出版社 1983 年版。

[21]中共中央党史研究室:《中国共产党历史》,中共党史出版社 2011 年版。

[22]中共中央党校党史教研室:《中国共产党史稿》,人民出版社 1981 年版。

[23]中共中央马克思恩格斯列宁斯大林著作编译局辑:《马克思恩格斯〈资本论〉书信集》,人民出版社 1976 年版。

[24]《联共(布)、共产国际与中国苏维埃运动》,中共中央党史研究室第一研究室

译,中央文献出版社 2002 年版。

[25]《文学运动史料选》,上海教育出版社 1979 年版。

[26]艾思奇:《艾思奇全书》,人民出版社 2006 年版。

[27]艾思奇同志纪念文集编辑组编:《人民的哲学家:艾思奇纪念文集》,云南人民出版社 1997 年版。

[28]艾思奇文稿整理小组编:《一个哲学家的道路——回忆艾思奇同志》,云南人民出版社 1985 年版。

[29]艾思奇学术思想座谈会秘书组编:《马克思主义哲学家艾思奇》,中共中央党校出版社 1987 年版。

[30]艾寒松:《大众革命知识》,华夏书店 1949 年版。

[31]巴克:《日本资本主义研究》,现代书局 1929 年版。

[32]巴克:《新哲学基础读本》,万叶书店 1939 年版。

[33]巴克:《新哲学教程》,万叶书店 1949 年版。

[34]巴克:《战后世界资本主义研究》,明日书店 1929 年版。

[35]曹达编:《通俗哲学讲话》,一心书店 1937 年初版。

[36]曹达编:《哲学座谈》,青年书店 1936 年 12 月初版。

[37]陈伯达:《新人生观的创造》,辰光书店 1939 年版。

[38]陈瑞志:《现代社会科学讲话》,生活书店 1934 年版。

[39]陈唯实:《革命人生观》,南方大学出版,年代不详。

[40]陈唯实:《民族革命哲学》,辰光书店 1940 年版。

[41]陈唯实:《通俗辩证法讲话》,新东方出版社 1936 年版。

[42]陈唯实:《通俗唯物论讲话》,大众文化出版社 1936 年版。

[43]陈唯实:《新哲学世界观》,作家书店 1937 年版。

[44]陈唯实:《新哲学体系讲话》,作家书店 1937 年版。

[45]丁祖豪等编著:《20 世纪中国马克思主义哲学》,中国矿业大学出版社 2002 年版。

[46]冯定:《冯定文集》上、下册,人民出版社 1987 年版。

[47]葛春霖:《科学的哲学》,生活书店 1939 年版。

[48]葛春霖:《唯物辩证法》,山东人民出版社 1957 年版。

[49]龚达非编:《大众化编写工作》,大众书店 1948 年版。

[50]郭建宁:《20 世纪中国马克思主义哲学》,北京大学出版社 2005 年版。

[51]郭湛波:《近五十年中国思想史》,山东人民出版社 1997 年版。

[52]韩树英编:《通俗哲学》,中国青年出版社 1982 年版。

[53]何行之:《唯生论哲学理论之基础》,正中书局 1935 年版。

[54]何萍:《马克思主义哲学史教程》,人民出版社 2009 年版。

[55]侯才等编:《马克思主义哲学史论》,中共中央党校出版社 2005 年版。

［56］胡绳:《胡绳全书》,人民出版社 1998 年版。

［57］胡绳编:《中国共产党的七十年》,中共党史出版社 1991 年版。

［58］黄楠森等编著:《马克思主义哲学史》第 5—6 卷,北京出版社 2005 年版。

［59］黄特:《批判的武器》,新人出版社 1941 年版。

［60］黄特:《新哲学谈话》,新人出版社 1940 年版。

［61］黄文山:《唯生论的历史观——民生史观论究》,正中书局 1936 年版。

［62］纪弦:《纪弦回忆录》,联合文学出版社 2001 年版。

［63］蒋静一:《唯生论政治学体系》,政治通讯月刊社 1935 年版。

［64］蒋静一编:《唯生论文选》,政治通讯月刊社 1937 年版。

［65］雷英魁等编:《当代大众哲学》,辽宁人民出版社 1988 年版。

［66］李公朴编:《读书与写作》,读书生活出版社 1936 年版。

［67］李衡之:《唯物辩证法的基本知识》,社会科学研究社 1949 年版。

［68］李家齐编:《上海工运志》,上海社会科学院出版社 1997 年版。

［69］李今山编:《常青的大众哲学》,红旗出版社 2002 年版。

［70］李景源等编:《怀念与思考:艾思奇与马克思主义哲学中国化》,中共中央党校出版社 2008 年版。

［71］李平心:《青年的修养与训练》,生活书店 1935 年版。

［72］李平心:《社会科学研究法》,生活书店 1936 年版。

［73］李平心:《社会哲学概论》,生活书店 1933 年版。

［74］李平心编:《各科基本知识讲话》,上海杂志公司 1945 年版。

［75］李平心等:《社会科学论文选集》,生活书店 1936 年版。

［76］李其驹等:《马克思主义哲学在中国(从清末民初到中华人民共和国成立)》,人民出版社 1991 年版。

［77］李石岑:《哲学概论》,世界书局 1933 年版。

［78］李新等:《中华民国史》,中华书局 2002 年版。

［79］李长海:《实践出理论》,辽宁人民出版社 1961 年版。

［80］刘敬琨:《社会科学概论》,国立北平师范大学 1935 年版。

［81］卢国英:《智慧之路———一代哲人艾思奇》,人民出版社 2006 年版。

［82］罗家伦编:《革命文献》第 8 辑,中国国民党中央委员会党史史料编撰委员会出版社 1955 年版。

［83］马汉儒编:《哲学大众化第一人——艾思奇哲学思想研究》,云南人民出版社 2002 年版。

［84］麦园:《哲学门外谈》,读书出版社 1941 年版。

［85］莫乃群:《历史唯物论浅说》,三联书店 1949 年版。

［86］潘梓年:《大家来学点儿哲学》,上海人民出版社 1958 年版。

［87］彭康:《前奏曲》,江南书店 1929 年版。

［88］平生:《写话》,光华书店1947年版。

［89］平生:《新哲学读本》,珠林书店1939年版。

［90］瞿秋白:《瞿秋白文集·政治理论编》第2卷,人民出版社1988年版。

［91］瞿秋白:《瞿秋白文集·政治理论编》第5卷,人民出版社1989年版。

［92］瞿秋白:《瞿秋白选集》,人民出版社1985年版。

［93］瞿秋白:《社会科学概论》,霞社1939年版。

［94］任觉五:《唯生论与民生史观》,拔提书店1934年版。

［95］上海市哲学社会科学学会联合会编:《中国社会科学家联盟成立五十五周年纪念专辑》,上海社会科学院出版社1986年版。

［96］沈以行:《工运史鸣辨录》,上海社会科学院出版社1987年版。

［97］沈以行等编:《上海工人运动史》,辽宁人民出版社1991年版。

［98］沈志远:《妇女社会科学常识读本》,生活书店1936年版。

［99］沈志远:《社会科学底哲学基础》,生活·读书·新知联合发行所1949年版。

［100］沈志远:《现代哲学的基本问题》,生活出版社1936年版。

［101］沈志远:《新人生观讲话》,生活书店1946年版。

［102］史先民编:《中国社会科学家联盟资料选编》,展望出版社1985年版。

［103］宋垣忠:《三民主义概述》,国民图书出版社1941年版。

［104］宋垣忠:《新哲学之建立》,河南民报社1943年版。

［105］宋垣忠:《知命轩哲学论集》,新生晚报社1945年版。

［106］宋垣忠《哲学的新观点》,艺美印刷厂印1953年版。

［107］宋振庭:《新哲学讲话》,知识书店1950年版。

［108］苏绍智等编:《布哈林思想研究》,人民出版社1983年版。

［109］苏渊雷:《苏渊雷全集》,华东师范大学出版社2008年版。

［110］孙伯鍨等:《马克思主义哲学史》,山西人民出版社1986年版。

［111］陶行知:《陶行知全集》第3卷,湖南教育出版社1985年版。

［112］田辰山:《中国辩证法:从易经到马克思主义》,萧延中译,中国人民大学出版社2008年版。

［113］王建初等:《中国工人运动史》,辽宁人民出版社1987年版。

［114］王建民:《中国共产党史稿:第一篇上海时期》,中文图书供应社1974年版。

［115］王尽忠编:《新蔡人物志》,中州古籍出版社2000年版。

［116］王民:《唯物辩证法批判》,国民图书出版社1944年版。

［117］王玉平:《马克思主义哲学在中国的理论嬗变》,中国社会科学出版社2005年版。

［118］文维城辑译:《什么是列宁主义》,解放社1938年版。

［119］吴黎平等编著:《唯物史观》,新华日报华北分馆1939年版。

［120］伍人:《工人哲学讲话》,河北人民出版社1960年版。

［121］肖前等编:《新大众哲学》,辽宁大学出版社1996年版。

［122］谢本书:《战士学者——艾思奇》,贵州人民出版社2000年版。

［123］徐素华:《马克思主义哲学在中国:传播应用形态前景》,北京出版社2002年版。

［124］徐素华:《中国社会科学家联盟史》,中国卓越出版公司1990年版。

［125］许纪霖等编:《中国现代化史》,三联书店1995年版。

［126］杨河等:《马克思主义哲学的传入和研究》,福建人民出版社2006年版。

［127］杨剑秀:《社会科学概论》,现代书局1929年版。

［128］杨苏:《艾思奇传》,云南教育出版社1994年版。

［129］叶青编:《新哲学论战集》,辛垦书店1936年版。

［130］詹竞烈:《唯生论与民生史观》,中南印刷所1947年版。

［131］张如心:《辩证法学说概论》,江南书店1930年版。

［132］张如心:《无产阶级底哲学》,光华书局1930年版。

［133］张如心:《哲学概论》,昆仑书店1931年版。

［134］张铁君:《唯生论的方法论》,贵州全省各界抗敌后援会三民主义学会1938年版。

［135］张铁君:《唯生论与唯物论》,贵州唯生学会1939年版。

［136］张铁君:《新哲学漫谈》,国民图书出版社1942年版。

［137］赵德志等:《中国马克思主义哲学七十年(1919—1989)》,辽宁大学出版社1991年版。

［138］赵敦华:《现代西方哲学新编》,北京大学出版社2001年版。

［139］政治常识编委会编:《新哲学通俗题解》,春明书店1951年版。

［140］中共唐山市委宣传部编:《唐山工人哲学讲坛》,河北人民出版社1959年版。

［141］中共天津市委宣传部编:《怎样组织工人学哲学》,天津人民出版社1958年版。

［142］中共云南省委宣传部编:《哲学向大众普及理论为实践服务:纪念艾思奇〈大众哲学〉发表七十周年暨科学发展观理论讨论会论文集》,云南大学出版社2006年版。

［143］中学生社编:《哲学与社会科学》,开明书店1935年版。

［144］中央档案馆编:《南昌起义(资料选辑)》,中共中央党校出版社1981年版。

［145］钟离蒙等编:《中国现代哲学史资料汇编(第2集第1册)哲学论战(上)》,《中国现代哲学史资料汇编(第2集第2册)哲学论战(下)》,辽宁大学哲学系1982年版。

［146］周鼎安等编:《大众哲学新编》,广西师范大学出版社1990年版。

［147］《周恩来选集》上卷,人民出版社1980年版。

［148］周肖鸥:《辩证唯物论之透视》,正中书局1942年版。

［149］周一平:《中共党史史学史》,甘肃人民出版社2001年版。

［150］周一平：《中共党史文献学》，华东师范大学出版社 2002 年版。

［151］祝百英：《社会科学讲话》，开明书店 1933 年版。

［152］庄福龄编：《中国马克思主义哲学传播史》，中国人民大学出版社 1988 年版。

［153］庄福龄等编：《马克思主义哲学史教学资料选编》，北京大学出版社 1984 年版。

［154］［波］列·柯拉科夫斯基：《布哈林思想研究（译文集）》，人民出版社 1983 年版。

［155］马克思、恩格斯：《社会主义入门》，民族解放社青年社 1938 年版。

［156］马克思著，德特里希编：《社会主义的基础》，巴克译，山城书店 1931 年版。

［157］［日］高桥龟吉：《经济学的实际知识》，巴克译，联合书店 1930 年版。

［158］［日］河上肇：《马克思主义经济学基础理论》，李达译，昆仑书店 1930 年版。

［159］［日］河上肇：《唯物史观的基础》，巴克译，明日书店 1930 年版。

［160］［日］河上肇：《新社会科学讲话》，景山书社 1936 年版。

［161］［日］山川均：《社会主义讲话》，徐懋庸译，生活书店 1933 年版。

［162］［日］杉山荣：《社会科学概论》，李达、钱铁如合译，昆仑书店 1929 年版。

［163］［日］杉山荣：《社会科学十二讲》，温盛光译，乐华图书公司 1930 年版。

［164］［日］中村新太郎：《日本近代文学史话》，卞立强、俊子译，北京大学出版社 1986 年版。

［165］［日］佐野学：《唯物论的哲学》，巴克译，乐华图书公司 1930 年版。

［166］［苏］布哈林：《历史唯物主义理论》，人民出版社 1983 年版。

［167］［苏］哥列夫：《从猿到人》，成嵩译，泰东图书局 1930 年版。

［168］［苏］郭列夫：《唯物史观的哲学》，屈章译，明日书店 1930 年版。

［169］［苏］郭列夫：《无产阶级之哲学——唯物论》，瞿秋白译，新青年社 1927 年版。

［170］［苏］郭列夫：《新哲学——唯物论》，瞿秋白译，霞社 1927 年版。

［171］［苏］郭列夫：《新哲学——唯物论》，瞿秋白译，原野出版社 1949 年版。

［172］［苏］拉比托斯，奥斯托洛维查诺夫等：《经济学教程》第 1—2 册，温健公、黄松岭、李正文合译，骆驼丛书出版部 1934 年版。

［173］［苏］米丁、易希金柯等：《辩证法唯物论辞典》，平生、执之、乃刚、麦园等合译，读书生活出版社 1939 年版。

［174］［苏］米定、拉里察维基等：《新哲学大纲》，艾思奇、郑易里译，读书出版社 1936 年版。

［175］［苏］西洛可夫、爱森堡等：《辩证唯物论教程》，李达、雷仲坚合译，笔耕堂 1936 年版。

［176］［苏］雅洛曼绥夫：《列宁主义初步》，解放社 1938 年版。

［177］［英］J.斯脱拉奇：《社会主义底理论和实践》，何封译，新知出版社 1940 年第

2 版。

［178］［英］朋司辑：《新哲学手册》，周建人译，大用图书公司 1949 年版。

二、英文文献

［1］Chenshan Tian（田辰山），*Chinese Dialectics：From Yijing To Marxism*. Lanham：Lexington Books. 2004.

［2］John Strachey，*The Theory and Practice of Socialism*，New York：Random House，1936.

［3］Joshua A.Fogel，*Ai Ssu-ch' i' s Contribution to the Development of Chinese Marxism.*，Cambridge，Massachusetts，1987.

［4］L. Wittgenstein，*Philosophical Investigations*，translated by G. E. M. Ansoombe，Basil Blackwell. 1958.

［5］Nick Knight，*Marxist Philosophy in China From Qu Qiubai to Mao Zedong*，1923—1945. Amsterdam：Springer. 2005.

［6］Briere，S. J，*Fifty Years of Chinese Philosophy*，*1898—1950*. Translated from the French by Lawrence G. Thompson. New York：Macmillan，1956.

［7］Werner Meissner，*Philosophy and Politics in China：the Controversy over Dialectical Materialism in 1930s*. English translation，Stanford，California：Stanford University Press，1990.

［8］Zapata，Rene（ed.），*Luttes philosophiques en U.R.S.S.*，1922—1931. Presses Universitaires de France，1983.

［9］D. J. Bakhurst，"Deborinism versus Mechanism：A Clash of Two Logics in Early Soviet Philosophy"，*The Slavonic and East European Review*，Vol. 63，No. 3，Jul.，1985.

［10］Ignatius J. H. Ts' ao，"Ai Ssu-ch' i：The Apostle of Chinese Communism. Part One：His Life and Works"，*Studies in Soviet Thought*，Vol. 12，No. 1，Mar.，1972.

［11］Ignatius J. H. Ts' ao，"Ai Ssu-Ch' i' s Philosophy. Part Two：Dialectical Materialism"，*Studies in Soviet Thought*，Vol. 12，No. 3，Sep.，1972.

［12］Terry Bodenhorn，"Ai Siqi and the Reconstruction of Chinese Identity，1935—1936"，*Modern China*，vol. 23，1997.

索　引

后　记

加布里哀·马塞尔说:"不断地重新开始,这是真正的哲学工作不可避免的部分。"海德格尔也说:"哲学探讨最终无非就是意味着当一个刚开始的新手。"

拙著是在原博士论文的基础上修改完成,回想当年论文写作的过程异常艰辛,先后经历了母亲病故、公婆生病、离别幼子、远赴他乡的痛苦,但是,对论题的专注又带来精神上的极大满足,无数次带我入反思、冥想、顿悟、升华的精神境界,让我痴迷于此,更加执着脚下的路,"衣带渐宽终不悔,为伊消得人憔悴"。

师恩浩荡!当我心怀忐忑奉上论文,恩师周一平教授没有过多言语,只是凭借其深厚的史学功底、敏锐的学术眼光细心检阅、指点迷津。回首四年的博士生活,一路走来,印满恩师的关切与嘱咐。恩师严于律己、宽以待人,对学术一丝不苟,求新求精的精神品质,让学生敬佩不已!

感谢扬州大学社会发展学院刘诚教授,几度雪中送炭,几番悉心关怀,让母校成为记忆中温暖的精神家园!感谢周建超教授,诙谐幽默中的智慧,言谈欢笑中的点拨,让学生终身学而不厌!感谢师兄林祖华博士、魏吉华博士、孙进博士、芮鸿岩博士、张爱武博士、缪昌武博士的关照和帮助!

感谢爱人完权博士,冒着北京的酷暑严寒,一直陪伴左右,奔波于国家图书馆、中国社会科学院图书馆与北大图书馆,用爱鼓起我信心之帆,用爱让我们的未来充满希望。难忘中国社会科学院研究生院10平米的小屋,窗外的爬山虎郁郁葱葱,思想在这里凝结,梦想在这里放飞。难忘写作中对幼子无比的思念,备感亲情的温暖,家人的重要。拙著的出版给四年的博士生活画上了一个圆满的句号,逝者如斯夫!流逝的是时间,留下的是回忆。师生情、同学情会陪伴我一路成长,鼓励我不断问学。

感谢北京建筑大学"北京建筑文化研究基地"资助出版！人民出版社哲学与社会编辑部武丛伟老师在本书的选题、修改和出版过程中悉心指导，耐心审阅，表示衷心的感谢！

张　华

2013 年 4 月 1 日

责任编辑:武丛伟
装帧设计:肖 辉
责任校对:吕 飞

图书在版编目(CIP)数据

马克思主义哲学大众化史论/张华 著. -北京:人民出版社,2013.9
(青年学术丛书)
ISBN 978 - 7 - 01 - 012346 - 2

Ⅰ.①马… Ⅱ.①张… Ⅲ.①马克思主义哲学-大众化-研究-中国
Ⅳ.①B261

中国版本图书馆 CIP 数据核字(2013)第 159265 号

马克思主义哲学大众化史论
MAKESI ZHUYI ZHEXUE DAZHONGHUA SHILUN

张 华 著

人民出版社 出版发行
(100706 北京市东城区隆福寺街99号)

环球印刷(北京)有限公司印刷 新华书店经销

2013 年 9 月第 1 版 2013 年 9 月北京第 1 次印刷
开本:710 毫米×1000 毫米 1/16 印张:22.5
字数:330 千字 印数:0,001-2,000 册

ISBN 978 - 7 - 01 - 012346 - 2 定价:48.00 元

邮购地址 100706 北京市东城区隆福寺街 99 号
人民东方图书销售中心 电话 (010)65250042 65289539